本书系国家社会科学基金"十三五"规划2016年度教育学一般课题"新时期我国中小学校园欺凌行为及其治理研究"(BFA160039)研究成果

校园欺凌行为治理研究

刘建 著

南京师范大学出版社

图书在版编目(CIP)数据

校园欺凌行为治理研究 / 刘建著. — 南京：南京师范大学出版社，2023.12
ISBN 978-7-5651-5672-4

Ⅰ.①校… Ⅱ.①刘… Ⅲ.①中小学—暴力行为—学校管理 Ⅳ.①G637

中国版本图书馆 CIP 数据核字(2022)第 252763 号

校园欺凌行为治理研究
Xiàoyuán Qīlíng Xíngwéi Zhìlǐ Yánjiū

作　　者	刘　建
责任编辑	甄文亮
出版发行	南京师范大学出版社
地　　址	江苏省南京市玄武区后宰门西村 9 号(邮编：210016)
电　　话	(025)83598919(总编办)
网　　址	http://press.njnu.edu.cn
电子信箱	nspzbb@njnu.edu.cn
排　　版	南京私书坊文化传播有限公司
印　　刷	镇江文苑制版印刷有限责任公司
开　　本	710 mm×1000 mm　1/16
印　　张	20.5
字　　数	379 千
版　　次	2023 年 12 月第 1 版
印　　次	2023 年 12 月第 1 次印刷
书　　号	ISBN 978-7-5651-5672-4
定　　价	78.00 元

出 版 人　张　鹏

南京师大版图书若有印装问题请与销售商调换
版权所有　侵权必究

目　录

第一章　校园欺凌的理论研究 …………………………………… 001
　第一节　校园欺凌、校园暴力的内涵及其比较 ………………… 001
　第二节　校园欺凌的主体 ………………………………………… 026
　第三节　校园欺凌的主要类型与形式 …………………………… 033
　第四节　校园欺凌的时间与场所 ………………………………… 037
　第五节　校园欺凌行为的后果与影响 …………………………… 038

第二章　校园欺凌治理的比较研究 ……………………………… 042
　第一节　西方国家校园欺凌的研究与治理 ……………………… 042
　第二节　西方国家校园欺凌治理的主要特征 …………………… 075
　第三节　西方国家校园欺凌治理的主要启示 …………………… 078

第三章　我国校园欺凌治理的历史研究 ………………………… 082
　第一节　清末民国时期校园欺凌治理研究 ……………………… 082
　第二节　新中国成立以来中小学校园欺凌治理沿革 …………… 103

第四章　我国校园欺凌的调查研究 ……………………………… 119
　第一节　初中校园欺凌概况 ……………………………………… 123
　第二节　初中生校园欺凌认知情况 ……………………………… 143
　第三节　初中生对校园欺凌影响因素的认知情况 ……………… 153
　第四节　调查报告小结 …………………………………………… 157

第五章　我国校园欺凌治理的个案研究 ········· 160
第一节　案例情况简介 ················ 160
第二节　S中学校园欺凌现状 ··········· 165
第三节　S中学校园欺凌的特征和原因剖析 ··· 174
第四节　S中学校园欺凌治理的启示 ········ 183

第六章　校园欺凌产生的机制、影响因素与原因 ····· 187
第一节　校园欺凌产生的机制 ············ 187
第二节　校园欺凌产生的影响因素 ········· 191
第三节　校园欺凌产生的原因 ············ 194

第七章　校园欺凌治理的理论模型 ············ 221
第一节　校园欺凌治理模型构建的理论基础 ··· 221
第二节　国内外校园欺凌治理模型的研究 ···· 223
第三节　本贝尼希蒂和阿斯特启发探究式模型 ·· 234
第四节　我国校园欺凌多元混合治理生态模型 ·· 243

第八章　校园欺凌治理的策略路径 ············ 254
第一节　个体维度：培养学生具备良好的"美德" ·· 254
第二节　关系维度：警惕学生身边的"重要他人" · 260
第三节　专业维度：进行反欺凌专业治理 ···· 265
第四节　组织维度：把学校建成道德共同体 ··· 275
第五节　社区维度：建设支持系统 ········· 281
第六节　文化维度：塑造经典高雅文化 ······ 295
第七节　信仰维度：坚持信仰与理想 ········ 302

参考文献 ···························· 306

后　记 ····························· 321

第一章
校园欺凌的理论研究

一般来说,概念是对事物本质的表达,是将事物的内涵与外延予以清晰言明的语言方式。厘清概念的内涵与外延对于认识事物、理解事物、分析事物以及如何对待事物,具有重要的理论与实践意义。所以,欺凌概念的界定十分重要,如若关于欺凌概念的界定含混不清,势必给问题的解决造成麻烦,势必会出现错误判别、不当处理等一系列问题。本章就校园欺凌的概念、校园暴力的概念、校园欺凌与校园暴力等概念的异同、校园欺凌的类型、校园欺凌的主体、校园欺凌的特征等予以详尽的分析,以期使得人们在处理形形色色的校园欺凌与校园暴力时能够正确辨别,有效处置。

第一节 校园欺凌、校园暴力的内涵及其比较

校园欺凌到底是什么?如何进行确切的定义?它与校园暴力及儿童玩闹之间如何区分?这无论是对于理论研究者,还是对于学校管理者、家长以及社会利益相关者,都是首先要厘清的问题。但是,由于人们所扮演的社会角色不同,履行的社会责任不同,代表的各方利益不同,所以势必会形成关于这一概念的不同认知。立法者、研究者、行政者、学校管理者、家长、社会相关人员等对此都会有不同的立场,每一方的定义都会有不同。譬如,立法者总是基于国家整体立法体系的关系与制衡来考虑校园欺凌立法问题;研究者总是期望以理想的方式来构想毫无破绽的欺凌理论研究体系;行政者会将政治与社会影响置于概念界定的首要选项;学校管理者更是从便于操作的层面来认识校园欺凌;家长或许更多地从自家孩子的切身利益出发来赋予本该具备同一内涵的欺凌概念以不同解释;如此等等。作为理论研究者,我们还是希望尽可能拉上"无知之幕",尽量以客观、中立、理想的方式把这一概念完全展现给人们,以期获取相对公平、正义与高效益的欺凌治理效果。

一、校园欺凌①概念的界定

严格意义上讲,包括我国在内,全球所有国家关于校园欺凌的界定一直是处于发展变化中的,即便在当下,不同国家的不同人群仍对这一概念存在不同的理解。许多国家对校园欺凌的界定仍不清楚,经常将其与校园暴力、儿童打闹、偶然攻击、玩笑过度等校园安全问题相混同。正是因为学校现实生活中这些安全问题的界定与处理不好区分,所以对校园欺凌概念的界定也不容易。"如同欺凌的行为不好界定一样,校园欺凌的定义长期以来也没有十分严格的表述。在一些国家,可能将校园欺凌界定为校园暴力。"②既然如此,我们就更应该将这一概念认真梳理,以期获得一个相对清晰的界定。

1. 国外关于校园欺凌概念的界定

国外关于校园欺凌概念的正式提出,还要回到20世纪五六十年代。20世纪60年代挪威学者欧维斯(Olweus)在受到本国学者海尼曼(Heinemann)研究聚众滋事(mobbing/mobbning,挪威语)这个概念的影响下,开始研究校园欺凌问题。但欧维斯指出,"聚众滋事"这个词语通常是指发生于动物之间对于非同种类动物的集体攻击行为,如果直接将聚众滋事这个词语套用到学校内专指同学间的欺凌可能并不恰当。他指出,瑞典词语 mobbning 的意思是团伙对个人。他说:"在学校的现实环境中,普遍性的全体针对个人(all against one)的情况还是值得怀疑的……整个班级联合起来并不常见……在我们的学校中,由小团伙引发的欺凌事件是更为常见的。"后来,他继续说:"根据研究数据,我们发现在大多数案例中,欺凌的受害者都是受到由两三个学生组成的团伙所欺负,经常有一个不好的领导者。受害者中相当大的一部分,大概25%~40%都是由单个欺凌者所施加的。"③

基于此,欧维斯给出了"校园欺凌"最初的定义,他在其著作《学校中的攻击:欺凌者与替罪羊》(Aggression in the Schools:Bullies and Whipping Boys)中以"一个人或多个人直接对另一个无抵抗力的人进行长期重复的伤害行为"来定义"校园欺凌"。校园欺凌后来成为他英文版成名作 Bullying at school:What

---

① 本书中,我们使用的是"校园欺凌",而非"学生欺凌"。"学生欺凌"是以学生为欺凌现象主体的概念,"校园欺凌"更强调的是学校教育生活背景,对象也主要指学生,校园欺凌概念一般为人们共同接受,用得最多,而"学生欺凌"概念出现的频率较低。"学生欺凌"与"校园欺凌"的辨析更多被看作"校园欺凌"概念的广义与狭义之间的对比。
② 许明.英国中小学校园欺凌现象及其解决对策[J].青年研究,2008(1):44-49.
③ Smith P K, Mahdavi J, Carvalho M, Fisher S, Russell S and Tippett N. Cyberbullying:Its Nature and Impact in Secondary School Pupils[J]. Journal of Child Psychology and Psychiatry, 2008:376-385.

We Know and What We Can Do 中的关键术语,这本成名作后来被翻译成多国语言,在瑞典语中"校园欺凌"对应的术语是 Mobbning i skola,挪威语版是 Mobbning i skolen。在书中,他指出校园欺凌就是指以校园为背景,施加于学校成员(主要是学生)的反复、持续的刻意伤害行为。以这一表达为基础,他不断丰富校园欺凌这一概念:欺凌行为就是"受害者被一个或多个学生有意地、反复地、持续地施以负面行为,造成身体和心理上的伤害或不适"。这里的负面行为包括肢体上的推、打、踢,以及言语上的谩骂、戏弄、嘲笑、辱骂、起绰号;也包括"人际关系上的孤立、排挤"等间接的方式。后来他进一步将其拓展为三个最主要的含义:一是侵犯性的行为或故意的"有害行为";二是在交往中"长时间反复"出现的行为;三是双方关系的特点是权力与力量的不平衡。关于这三点,欧维斯特别强调了力量不均等的标志性特征:欺凌不同于朋友间友善的嬉闹或势力均等下的争斗,欺凌强调双方力量的不均衡性,处于劣势的一方甚至可能没有基本的反抗能力。[①]

《牛津高级英汉双解词典》(2009)对"bullying"是这样解释的:作为名词,它是指"a person who uses their strength or power to frighten or hurt weaker person",就是我们通常理解的那些"仗势欺人者,横行霸道者";后来这个词由名词引申到动词,意思是"to frighten or hurt a weaker person; to use your strength or power to make sb. do sth.",即"恐吓、伤害、胁迫等"。很明显,这些解释中所提及的仗势欺人者、横行霸道者,恐吓、伤害、胁迫,无论是名词还是动词,都蕴含着校园欺凌的相关特征与构成要素。在《韦氏词典》中该词指代的是"威胁、伤害或恐吓处于弱势的人;使用强制力威胁或侮辱某人让其做某事"的行为。而维基百科定义则是:校园欺凌为发生在教育环境系统内欺凌的一种类型;欺凌是以身体、性、言语以及情感为特征来表现的。英语语境中的校园欺凌第一次出现在托马斯·休斯(Thomas Hughes)的书《汤姆·布朗的学校时光》(*Tom Brown's School Days*)中。在书中作者写到汤姆和他的一些朋友在罗格比学校(Rugby school)受到弗拉什曼及其同伙的纠缠与折磨。"弗拉什曼大概17岁,在同龄人中较为高大强壮……是小男孩可怕的敌人。"房主人说:"这里有大量的欺凌事件正在发生……欺凌是懦夫行为。"早期的文学作品中的例子在于强调欺凌行为中力量的不平衡,主要借助于身体力量。[②]

英国学者史密斯是校园欺凌研究的全球知名专家,他提出的欺凌概念在全

[①] Smith P K, Mahdavi J, Carvalho M, Fisher S, Russell S and Tippett N. Cyberbullying: Its Nature and Impact in Secondary School Pupils[J]. Journal of Child Psychology and Psychiatry, 2008:376 - 385.

[②] Peter K Smith, Keumjoo Kwak and Yuichi Toda. School Bullying in Different Cultures: Eastern and Western Perspectives[M]. Cambridge: Cambridge University Press, 2016.

球很有影响。他强调"欺凌可以被归属为攻击行为的一个子集",并认为:欺凌就是力量较强的一方对较弱的一方实施攻击,通常表现为以大欺小、恃强凌弱、以众欺寡等。① 史密斯的研究成果为英国官方所接受,成为指导英国教育行政部门开展校园欺凌项目的理论支撑,这从英国政府教育与技能部(DFES)给出的校园欺凌定义中可见一斑。英国政府教育与技能部对校园欺凌所做的官方定义是:反复的、有意的或持续的意在导致伤害的行为,但偶发的事件在某些情况下也可被看作欺凌,如个体或群体施加的有目的的有害行为,力量的失衡使得被欺凌的个体失去抵抗能力。

除英国外,欧洲其他国家政府与学者也多有关于校园欺凌的界定。

法国学者对"校园欺凌"的界定是:"一名或多名学生针对另一名无力抵抗的学生重复进行的言语上、身体上或精神上的暴力行为。"俄罗斯学者关于"校园欺凌"的定义中同样强调了"各类故意的言语或身体暴力"②。无论"针对"或是"故意",都在突出欺凌者自身在欺凌事件中的行为是带有目的性的,并且其行为的倾向性具有明显的恶意。③

在北美,美国与加拿大对校园欺凌也非常重视。美国关于校园欺凌的研究师法欧洲,关于校园欺凌的定义也是如此。美国教育部(United States Department of Education)在其创办的"阻止欺凌"网站(stopbullying.gov)中,将"校园欺凌"定义为,"欺凌是施加给学龄儿童的一种不受欢迎的攻击性行为,它涉及到一种真实的或可感知到的权力和力量失衡。随着时间的推移,这种行为会反复出现或者有反复出现的潜力"。该组织指出,欺凌是学龄少年遭受到来自同伴的一种侵犯性的(aggressive)行为;施加方与受害方之间存在身体素质或心理感受上的力量失衡(powerimbalance);这种行为反复(repeated)发生或者有可能反复发生;被欺凌者、欺凌者和欺凌目击者都可能因此面临严重且持久的健康问题。美国教育部和疾病预防控制中心(CDC)共同对校园欺凌进行了统一的界定:校园欺凌是由一个学生或一群学生对另外个别学生或学生群体实施的具有强制性的攻击性行为,它能够对欺凌对象产生生理与心理危害。

美国佐治亚州立法部门于 1999 年 1 月 27 日颁布了《247 号法案》(*House Bill No.247*),要求州教育委员会制定全面的品格教育方案以预防和惩治校园欺凌,并要求各地方教育委员会实施反欺凌政策。该法案对欺凌的定义如下:一方明显实施欺凌,对另一方造成伤害的任何故意行为或威胁;任何有意地展示暴

---

① Smith P K. Bullying in Schools: Lessons from Two Decades of Research[J]. Aggressive Behavior, 2000, 26(1):1-9.
② 李春雨.俄罗斯中学校园欺凌的城乡对比研究[J].上海教育科研,2017(7):41-45,31.
③ 俞凌云,马早明."校园欺凌":内涵辨识、应用限度与重新界定[J].教育发展研究,2018(12):26-33.

力的行为,如使受害人感到恐惧或造成可预见的直接身体伤害。这里对于欺凌的定义,涵盖了可见的欺凌行为以及欺凌发生的可能性。根据《新泽西州反欺凌法》的规定,欺凌是指通过书面、口头、电子工具,或者是身体动作和姿势,造成对方身体或者精神上的伤害,或者财产上的损失,或者使对方陷入人身伤害或者财产损失的恐惧,或者为对方创造了不友好的学习环境,或者实质上影响到学校的教学和管理秩序。《加拿大安大略省校园预防欺凌计划》认为:"欺凌,是一种有害身心健康、动态的互动过程,是重复使用强势力量进行身体的、言语的或者社会侵犯的一种形式。"澳大利亚"校园欺凌"的官方定义中表明,"欺凌是在一段关系中不断地滥用权力反复地进行语言、身体和社会性行为攻击,致使受害者产生身体或是心理的伤害",这一定义被沿用到了澳大利亚的《国家安全学校框架》(National Safe Schools Framework)中。

日本也是研究欺凌的重要国家,在西方研究的基础上,日本官方或学者进行了一定的创新。日本文部科学省将欺凌定义为:"指对比自身弱的人,在身体上或心理上实施单方面持续性的攻击,令对方深感痛苦的行为。"从这一概念可以看出,强调被欺凌者的痛苦感受是日本官方或学者更为关注的欺凌要素。日本文部科学省关于儿童、青少年群体中出现的欺凌问题的定义中,在2007年以前主要强调具有下列特点的行为是欺凌行为:单方面对比自己弱势的人,在身体上、心理上施加持续性的攻击,让对方感受到深重的痛苦。2007年对欺凌重新定义后,不再拘泥于需要具备持续的攻击和痛苦的感受,而是强调该学生遭受与自身保持一定社会关系的人心理性、物理性的攻击,感受到精神上的痛苦,其发生地点不区分校内或校外。2013年日本制定了《欺凌防止对策推进法》,把中小学校园欺凌定义为:在校学生(儿童)受到来自与学校有一定关系的其他学生(儿童)强加的心理或物理的攻击/伤害行为(包括通过网络进行的攻击/伤害行为),身心因此感受到不同程度的痛苦。

除官方外,许多学者也给出了不同的定义。保罗·弗莱雷(Paulo Freire)在《被压迫者的教育学》中指出,校园欺凌就是在校人员借助某种权力长期压迫其他在校人员,造成他人生理、心理上的伤害或干扰正常的教学秩序的行为。朱沃恩(Juvonen)等则将欺凌定义为一种有针对性的恐吓或羞辱,通常情况下,身体更强或更有社会地位的人利用她/他的力量来威胁或贬低其他人。欺凌有多种形式,包括传统方式的肢体、言语或非言语性伤害,以及现代网络欺凌方式。[①]

美国学者芭芭拉·科卢梭(Barbara Coloroso)则认为:"凡是有目的地对其

[①] Juvonen J, Graham S. Bullying in Schools: the Power of Bullies and the Plight of Victims[J]. Annu Rev Psychol, 2014, 65(1): 159-185.

他人进行攻击和伤害,让其承受巨大心理伤害的行为,都是欺凌行为。"与英国学者史密斯一样,她特别强调只要是攻击性行为,都是欺凌行为。她指出欺凌由四个因素构成:一是力量的不对等,二是旨在伤害,三是进一步侵害的威胁,四是制造恐惧。① 澳大利亚学者里格比(Rigby,K.)提醒我们注意,在一个欺凌的案件中的攻击性行为具有明显的非正义性,犯错者不允许去控制一个力量较弱的人,受到攻击的人不应该受到迫害。② 他将欺凌定义为人际关系中权力的系统性滥用(the systematic abuse of power in interpersonal relationships.)③。

日本学者森田(Morita)认为:"欺凌行为属于攻击行为当中的一种,意指某人处于主控的地位,在团体互动的过程中透过意图性或集体的活动,造成团体中的另一个人在心灵上或身体上遭受痛苦。"④

爱尔兰学者基思·沙利文(Keith Sullivan)认为欺凌是一种自觉的、蓄意的、重复的攻击行为和(或)操控行为、排斥行为,它是由某人或多人对付另外一人或另外一群人。她给出了以下欺凌行为的标准:①欺凌具有虐待性和懦弱性;②伤害是蓄意的;③行为是重复的,可以在短期或长期内重复发生;④实施欺凌的人通常比受欺凌的人力量强大;⑤欺凌通常不被掌权者知晓;⑥实施欺凌者既不希望被抓住,也不希望承担任何后果;⑦实施欺凌者通常会为他们自己的欺凌行为担忧;⑧欺凌能逐步削弱并破坏被欺凌者的身心健康;⑨欺凌既可以是有预谋的、有组织的、有步骤的,也可以是随机性的,但是,一旦欺凌开始,通常都会持续;⑩尽管欺凌可能指向某一特定的受害者,但对于那些没有参与欺凌,仅为旁观的人而言,欺凌同样可以传递一种威胁的信息;⑪欺凌的受害者可能遭遇外在的身体伤害,或者是内在的情感或心理伤害;⑫所有的欺凌都会带来心理上的伤害。⑤

还要指出的是,国外早期的欺凌定义仅指身体与语言欺凌,当前的定义则是从更为宽泛的范围予以界定。到了20世纪90年代,概念的定义注重于直接的、心理以及相关的攻击与欺凌形式,自20世纪末起,尤其是2000年后,关于网络欺凌的研究在欧洲和其他地区迅速发展起来。

2. 我国关于校园欺凌概念的界定

在我国,近年来随着人们对校园欺凌的研究越来越重视,成果也越来越多。

---

① [美]芭芭拉·科卢梭.如何应对校园欺凌[M].肖飒,译.上海:华东师范大学出版社,2017:30-31.
②③ Ken Rigby. Children and Bullying: How Parent and Educators Can Reduce Bullying at School[M]. Malden: Blackwell Publishing, 2008:24-25.
④ Smith P K, Y Morita J, Junger-Tas, Olweus D, Catalano R and Slee P. The Nature of School Bullying: A Cross-National Perspective [M]. London: Taylor & Frances/Routledge, 1999.
⑤ [爱尔兰]基思·沙利文.反欺凌手册[M].徐维,译.北京:中国致公出版社,2014:13-14.

很多学者也给出了关于校园欺凌的定义。笔者通过对所检索的文献进行分析,在数百篇文章中发现有关于欺凌的概念。我们将那些定义随意、简单重复、缺乏科学性的概念剔除后,现就欺凌概念的界定情况做以下总结。

我们先看看工具书上的解释。《辞海》中的"欺"字突出"压迫"的意味,而"凌"字则强调"自上而下控制""依仗权势占领"。很明显,这里的欺凌意思更强调利用身体力量或其他优势压迫欺辱他人。

关于官方的定义。在2000年以前,甚或更晚一些时间里,我国教育行政部门关于校园欺凌的考虑主要是融合在学校安全这一范畴内的,具体的政策处理与实践操作也多以"中小学生守则"等原则性的制度规定为主,而严重的欺凌或暴力事件多依赖各种与青少年儿童相关的法律法规,如未成年人保护法、预防未成年人犯罪法,以及各地区制定的学校安全管理条例,等等。真正将校园欺凌上升为"普遍问题"应该是在2016年前后。

2016年4月,国务院教育督导委员会办公室向各地印发《关于开展校园欺凌专项治理的通知》,其中将"校园欺凌"定义为"发生在学生之间蓄意或恶意通过肢体、语言及网络等手段,实施欺负、侮辱造成伤害"。在笔者看来,这一界定虽然对校园欺凌的性质理解与内涵解析体现出中国特色,但部分界定往往针对当时社会上发生的校园欺凌事件,完善程度与成熟程度还有待加强。一年后,在2017年11月23日教育部、公安部等11个部门联合印发的《加强中小学生欺凌综合治理方案》中,进一步明确了校园欺凌的定义,指出中小学生欺凌是发生在校园(包括中小学校和中等职业学校)内外、学生之间,一方(个体或群体)单次或多次蓄意或恶意通过肢体、语言及网络等手段实施欺负、侮辱,造成另一方(个体或群体)身体伤害、财产损失或精神损害等的事件。很明显,这一概念比上一概念有了很大的改进,更科学、更规范、更符合实际,基本表达出人们对校园欺凌的共同理解和普遍认知。

在20世纪以前,我国学者一般把欺凌称为欺负,这一点以张文新教授为代表。张文新认为,欺负[①]是一种特殊类型的攻击行为,或者说是攻击行为的一个子集,在通常情况下它是指力量占优势的一方(一人或多人)对力量相对弱小的一方实施的攻击行为,其根本特征在于双方力量的不均衡。

国内欺凌问题研究专家耿申指出,校园欺凌是在校学生之间发生的强势一方对弱势一方进行侮辱性攻击行为,并通过重复性实施或传播,使受欺凌的学生受到身心伤害的事件。欺凌的核心要素是"身心攻击和遭受痛苦",次级要素是

---

① 这里,张文新教授虽然用的是"欺负"这一概念,但是我们认为,张教授的欺负概念和我国后来学者所说的欺凌概念没有本质区别。

"以强凌弱,重复实施"。①

胡春光认为,校园欺凌行为是指一群学生或单个学生故意重复地对不会报复的受害者施以长期性的身体或心理上伤害的一种攻击形式。②

俞凌云、马早明将校园欺凌界定为在校人员借助某种权力长期压迫其他在校人员,造成他人生理、心理上的伤害或干扰正常的教学秩序的行为。③

杨立新等学者认为,校园欺凌行为是指一个或多个学生,以强凌弱或以众欺寡,集中地、持续地蓄意伤害或欺压其他学生,造成受害学生肉体上或精神上痛苦的行为。校园欺凌体现为一种客观行为,具有主观上的故意,产生了一定的伤害后果。④

纪沅坤指出,欺凌是一种特殊的同伴攻击性互动行为,其构成与"打闹"相类似,但与打闹的区别在于,欺凌的目的是为了伤害、操纵以及控制他人。⑤

印海翔指出,校园欺凌也称校园霸凌,是一种有意图的攻击性行为,通常会发生在力量不对称的学生之间,指一名学生长时间并且重复地暴露于一个或多个学生主导的负面行为之下。⑥

刘旭东指出,校园欺凌是指发生在校园及其合理辐射区域内的学生间的反复、持续的人身财产伤害(如殴打、抢夺财物)、精神伤害(如辱骂、起绰号、人际孤立)及性侵害(如嘲笑性取向)等行为。⑦

陈光辉等学者认为:"欺凌是一种攻击行为的亚类,其独特之处在于受害者因为在力量(身体力量或社会力量)上无法与攻击者相抗衡,因此在遭受伤害时通常无力反击或保护自己,其主要包括身体欺凌、言语欺凌、关系欺凌以及网络欺凌四种类型。"⑧

刘天娥、龚伦军认为:"欺凌行为是一种攻击、暴力的行为,通常表现为采取打、推、勒索、孤立、辱骂和嘲笑等方式有意地伤害别人(身体或心理的)。"⑨

刘建认为,欺凌行为是"发生在学生间的以大欺小、以多欺少或恃强凌弱的

---

① 教育部基础教育司.防治中小学生欺凌和暴力指导手册[M].北京:教育科学出版社,2018:7-11.
② 胡春光.校园欺凌行为:意涵、成因及其防治策略[J].教育研究与实验,2017(1):73-79.
③ 俞凌云,马早明."校园欺凌":内涵辨识、应用限度与重新界定[J].教育发展研究,2018(12):26-33.
④ 杨立新,陶盈.校园欺凌行为的侵权责任研究[J].福建论坛(人文社会科学版),2013(8):177-182.
⑤ 纪沅坤.校园欺凌防治项目的成效及其原因分析——以 OBPP 项目为例[J].外国教育研究,2019(5):118-128.
⑥ 印海翔.校园霸凌的行为与特征[J].大众心理学,2011(4):44-45.
⑦ 刘旭东.法治视阈下校园欺凌的治理路径——以日本实践经验为借鉴基础[J].当代青年研究,2018(6):67-73.
⑧ 陈光辉,杨晓霞,张文新.芬兰反校园欺凌项目 KiVa 及其实践启示[J].中国特殊教育,2018(9):80-85.
⑨ 刘天娥,龚伦军.当前校园欺凌行为的特征、成因与对策[J].山东省青年管理干部学院学报,2009(4):80-83.

持续反复的故意性侵犯行为"①。

向广宇、闻志强认为,校园欺凌"主要是指发生在儿童、学生之间的,通过直接或者间接的方式对某一个或者某些学生(群体)进行肉体、精神等方面的伤害"②。

罗怡和刘长海基于校园欺凌事件本身的角度来论及校园欺凌的内涵,他们指出:"校园欺凌是个别学生欺负同学的恶性行为,带有暴力性、经常性和帮派化的特点,会给被欺凌者的学习、生活和身心健康造成极大危害,干扰学校正常的教育教学秩序。"③

魏叶美和范国睿从社会学的理论出发,认为"校园欺凌是发生在学生之间的以大欺小、恃强凌弱的行为"④。

章恩友和陈胜基于对心理学的考察指出:"校园欺凌是中小学生之间发生的一种力量不均衡的特殊攻击性行为。"⑤

任海涛从法学的专业角度审视我国中小学校园欺凌,他提出校园欺凌是"在幼儿园、中小学及其合理辐射区域内发生的教师或者学生针对学生的持续性的心理性或者物理性攻击行为,这些行为会使受害者感受到精神上的痛苦"⑥。

孙时进等学者从欺凌事件的涵盖范围出发,认为欺凌事件包括言语、身体、网络、关系等各个层面的攻击,如言语上的侮辱、谩骂,身体上的踢打、推搡,网络上的造谣攻击,关系上的孤立排挤,等等。⑦

魏重政等学者从校园欺凌的参与者的角度出发,认为欺凌是强势者对弱势者实施的一种重复性攻击行为。⑧

李雯认为,中小学生欺凌是发生在校园(包括中小学校和中等职业学校)内外、学生之间,一方(个体或群体)单次或多次蓄意或恶意通过肢体、语言及网络等手段,实施欺负、侮辱,造成另一方(个体或群体)身体伤害、财产损失或精神损

---

① 刘建.我国中小学校学生欺凌行为及其治理[J].南京师大学报(社会科学版),2017(1):75-84.
② 向广宇,闻志强.日本校园欺凌现状、防治经验与启示——以《校园欺凌防止对策推进法》为主视角[J].大连理工大学学报(社会科学版),2017(1):1-10.
③ 罗怡,刘长海.校园欺凌行为动因的匮乏视角及其启示[J].教育科学研究,2016(2):29-33.
④ 魏叶美,范国睿.社会学理论视域下的校园欺凌现象分析[J].教育科学研究,2016(2):20-23,46.
⑤ 章恩友,陈胜.中小学校园欺凌现象的心理学思考[J].中国教育学刊,2016(11):13-17.
⑥ 任海涛."校园欺凌"的概念界定及其法律责任[J].华东师范大学学报(教育科学版),2017(2):43-50,118.
⑦ 孙时进,施泽艺.校园欺凌的心理因素和治理方法:心理学的视角[J].华东师范大学学报(教育科学版),2017(2):51-56,119.
⑧ 魏重政,刘文利.性少数学生心理健康与遭受校园欺凌之间关系研究[J].中国临床心理学杂志,2015(4):701-705.

害等的事件。①

吴元发认为,校园欺凌行为是一种故意使用攻击、威胁、强制等手段令他人感到恐惧,从而达到控制他人的目的的行为。欺凌者试图通过引起受欺凌者情感负面反应,来满足自己的正面情感。具体而言,欺凌者通过使受欺凌者产生恐惧从而使自己产生快乐的情感。这些快感包括,以施暴的方式发泄心中的怨恨,为了赢得"尊重"、获得"承认"从而找到自己的存在感等。②

尹美善、杨颖秀认为,欺凌是指在学校内外,两名以上的学生以特定个体或群体学生为对象,实施持续的、反复的身体或心理攻击,令其感到痛苦的行为。③

刘珂、杨启光将校园欺凌界定为发生在学生间,强势者蓄意或恶意通过肢体、语言、人际关系及网络等手段,对弱势者实施反复、持续的欺负、侮辱并造成相应伤害的行为。④

李朝阳指出,欺凌是通过书面、口头、电子或身体的行为,攻击、伤害、骚扰或恐吓他人,给受害者带来伤害和痛苦。⑤

黄亮与赵德成认为,欺凌是发生在力量失衡个体间的故意、反复和伤害性的行为。⑥

胡学亮指出,所谓校园欺凌,也就是发生在同学之间的一方对另一方进行身体或心理上的攻击,让受害者感受到痛苦的行为。⑦

全晓洁、靳玉乐指出,欺凌意指人与人之间由于力量悬殊造成的反复、长期的侵略行为和故意伤害。直接欺凌包括身体上的殴打、言语上的辱骂,间接欺凌包括关系形势上的社会排挤、流言散播等。校园欺凌则是发生在校园场域中的欺凌行为。⑧

杨帆、俞冰、朱永新、许庆豫认为,校园欺凌是指学生反复地、长期地遭受来自一个或几个学生的负面行为,这些负面行为蓄意,或实质性地导致学生遭受伤害或不适,具备欺凌者与被欺凌者之间力量的不均等性、行为的反复性与长期

---

① 李雯.让欺凌远离学生:《加强中小学生欺凌综合治理方案》内容解析与实践要点[J].中小学管理,2018(2):26-30.
② 吴元发.知识与德行的断裂:校园欺凌者何以知善而不为善——从学生意志薄弱现象看校园欺凌事件[J].教育发展研究,2018(12):34-41.
③ 尹美善,杨颖秀.韩国中小学校园暴力校内防控机制及启示[J].教育科学研究,2018(3):18-23.
④ 刘珂,杨启光.校园欺凌的道德教育影响因素与环境重构:关怀伦理的视角[J].教育科学研究,2018(3):12-17.
⑤ 李朝阳.美国校园反欺凌项目的层级、内容与实施[J].比较教育研究,2018(3):26-31,38.
⑥ 黄亮,赵德成.家庭社会经济文化地位与学生遭受校园欺凌关系的实证研究——家长支持和教师支持的中介作用[J].教育科学,2018(1):7-13.
⑦ 胡学亮.中小学校园欺凌高发原因与对策分析[J].中国教育学刊,2018(1):31-37.
⑧ 全晓洁,靳玉乐.校园欺凌的"道德推脱"溯源及其改进策略[J].中国教育学刊,2017(11):91-96.

性、行为的有害性等特征,其中欺凌者与被欺凌者之间力量的不均等性是校园欺凌的本质特征。①

林进材指出,欺凌行为是一种刻意地暴露出某固定的学生,让他长期地、一再地在口头、财物、感情、生理和心理上被其他同学拒绝,意图伤害他而造成其直接或间接的人际关系疏离的行为。②

除上述定义外,还有学者尝试从不同视角提出不同的校园欺凌定义,如:"在权力不平衡的状态下,建立在校园关系基础上的个人或群体对其他个人或群体重复实施的暴力、言语、精神或财产上的侵害行为。"③

"所谓校园欺凌,在其最一般的意义上,就是指在校园中发生的或者直接与校园相关的学生群体中持续性的恃强凌弱、以大欺小、以多欺少的冲突现象。"④

"欺凌是指欺凌者对不能自我保护的受害者进行反复侵犯的行为。"⑤

"校园欺凌(school bullying),有的也称作校园暴力(school violence)、校园霸凌、校园欺负、学校欺凌等,主要是指发生在儿童、学生之间的,通过直接或者间接的方式对某一个或者某些学生(群体)进行肉体、精神等方面的伤害,广义上的校园暴力还包括针对教师等教职人员实施的欺凌和对学校设施、设备等恶意破坏、损毁等。……欺凌是一种以欺凌者和被欺凌者之间力量的不平衡为特征的攻击行为,欺凌往往是力量相对强大的一方对力量相对弱小的一方进行的攻击,通常表现为以大欺小、以强凌弱、以众欺寡。欺凌者在生理、心理、社会关系中一般占有优势地位,而被欺凌者相对来说比较弱小,他们或者在体力上无法保护自己,或者在心理上认为自己是弱者,无法与强大的欺凌者相抗衡而听任欺凌发生。"⑥

"校园欺凌主要是指发生在学生之间的蓄意的肢体或语言攻击性行为,并且这种行为的直接原因可能在于学生之间体力与心理能力的非对称差距,结果对被欺凌者造成心理与生理伤害。"⑦

---

① 杨帆,俞冰,朱永新,等.校园欺凌与学校归属感的相关效应:来自新教育实验的证据[J].课程·教材·教法,2017(5):113-120.
② 林进材.校园欺凌行为的类型与形成及因应策略之探析[J].湖南师范大学教育科学学报,2017(1):1-6.
③ 李伟清,孙炜,徐金坪.我国校园欺凌调查与中美治理对策研究[J].教育科学研究,2017(11):54-59.
④ 高晓霞.日本校园欺凌的社会问题化:成因、治理及其启示[J].南京师大学报(社会科学版),2017(4):100-108.
⑤ 王永春.芬兰中小学 KiVa 反欺凌项目述评[J].上海教育科研,2017(7):46-49.
⑥ 向广宇,闻志强.日本校园欺凌现状、防治经验与启示——以《校园欺凌防止对策推进法》为主视角[J].大连理工大学学报(社会科学版),2017(1):1-10.
⑦ 马倩,徐洁,陶夏.美国规制校园欺凌的三维体系及其组件[J].教育学术月刊,2016(10):49-54,68.

"校园欺凌是指发生在学校内或学校外,施加于学校成员(学生或教师)并导致其身体或精神感到痛苦的行为。"①

"校园欺凌是指由学生实施的针对同伴的暴力行为或语言攻击,并造成对方在心理上、生理上和社会上一定的痛苦和伤害。"②

"校园欺凌"来自同侪蓄意伤害,包括言语、肢体和情绪上的迫害,且通常带有威胁,以使受害者感到害怕。③

需要特别提出的是,作为面向全国中小学治理校园欺凌的指导性资料,教育部基础教育司主编的《防治中小学生欺凌和暴力指导手册》中给出的欺凌的定义为:在校学生之间发生的强势一方对弱势一方进行侮辱性身心攻击,并通过重复实施或传播,使被欺凌的学生遭受身心痛苦的事件。④

这一定义带有官方的性质,对于我们准确认识与界定欺凌的内涵具有重要的标准性意义。在其中,欺凌具体包含以下五个要素:①在校学生。指在本校或他校有学籍的学生,由此隐含了学生欺凌事件的发生地不限于校内的因素。②强势一方。指欺凌者的力量或势力大于被欺凌者。③侮辱性身心攻击。指殴打对方身体或通过各种手段使对方在心理上受到侮辱。④重复实施或传播。指对特定对象实施多次攻击或通过拍摄照片、视频上传网络,使欺凌过程反复重现并使更多人看到,由此包含了学生欺凌事件多存在围观者的因素。⑤身心痛苦。指被欺凌者感受到强烈的身体疼痛和精神痛苦。并把"身心攻击""遭受痛苦"视作核心要素和必要条件,为第一重结构;把"以强凌弱""重复实施"视作次级要素,充分条件,为第二重结构;把"存在围观者""不限于校内"视为附属要素,为第三重结构。并给出了按照这三重结构来判定学生欺凌的基本方法。⑤

谈及我国校园欺凌概念的界定,台湾地区与香港特别行政区相关研究也需要特别关注。在我国台湾地区,一般把校园欺凌称为校园霸凌⑥,台湾地区教育事务主管部门2012年7月26日发布的"校园霸凌防制准则",规定校园霸凌是指相同或不同学校学生与学生间,于校园内、外所发生之个人或集体持续以言语、文字、图画、符号、肢体动作或其他方式,直接或间接对他人贬抑、排挤、欺负、

---

① 马雷军.让每个学生都安全:校园欺凌相关问题及对策研究[J].中小学管理,2016(8):4-8.
② 江宋标,陈定贵.学生欺凌的校园防治策略[J].基础教育研究,2019(12):7-8.
③ 高露,李彬.英国中小学校园欺凌治理政策与实践路径[J].中国人民大学教育学刊,2019(2):20-34.
④ 教育部基础教育司.防治中小学生欺凌和暴力指导手册[M].北京:教育科学出版社,2018:7-11.
⑤ 教育部基础教育司.防治中小学生欺凌和暴力指导手册[M].北京:教育科学出版社,2018:7-11.
⑥ 校园欺凌英文为bullying,笔者认为台湾地区称为霸凌更符合音译的标准,不仅发音相似,更彰显出情感色彩,而大陆称之为欺凌的用词相对中性。其实从翻译音译的视角来看,笔者认为,bullying不仅可以音译成霸凌,也可以音译成"暴力",但是校园暴力与校园欺凌在当下已经成为两个不同用语,故还是音译为霸凌更适切。

骚扰或戏弄等行为，使他人处于具有敌意或不友善之校园学习环境，或难以抗拒，产生精神上、生理上或财产上之损害，或影响正常学习活动之进行。

台湾地区学者周志宏等人认为："霸凌指持续、故意地以图画、文字、言语、符号或肢体动作等方式，间接或直接地对他人实施骚扰、欺负或排挤等行为，致被害人处于弱势、劣势地位。"①

香港特别行政区教育局也曾对欺凌行为进行规定，基本认为同时具备以下三种元素的行为被定义为欺凌：一是重复发生，即欺凌行为在一段时间内重复发生，而不是单一的偶发事件；二是具有恶意，即欺凌者蓄意地欺压及伤害他人；三是权力不平衡的状态，即欺凌者明显地比受害者强大，欺凌是在受害者未能保护自己的情况下发生的。

香港城市大学的黄成荣教授认为，欺凌是一种蓄意及持续性的欺压行为，是有意识的行动，透过言语或肢体暴力侵犯他人，并置他人于压力之下。他认为欺凌包括以下四类：肢体欺凌，即通过肢体暴力恶意戏弄或欺负别人；言语欺凌，辱骂、起外号、嘲笑别人；关系欺凌，联合其他人对被欺凌者实施排挤、孤立并无视其存在，将其排除在社交圈以外；强索欺凌，以粗暴或恐吓的方式将别人的物品据为己有。②

综合分析，我们发现不同主体定义校园欺凌的侧重点虽有所不同，但总体看，校园欺凌一般具有以下特征：①欺凌行为的侵害性。侵害性是校园欺凌的主要特征，也是有必要以法律规制校园欺凌的原因。校园欺凌最直接的危害是给受害者造成身体伤害，轻则为一般的皮外伤，重则可致受害者残疾甚至死亡。除此之外，校园欺凌还可能给受害者造成永久性的心理创伤。②欺凌方式的多样性。科技发展使校园欺凌突破了言语行为、身体动作等传统的欺凌表现形式，呈现出多样化趋势，以电子通信、网络等手段实施的新型欺凌不仅危害大、扩散快，且具有更高的隐蔽性。③欺凌行为的反复性或持久性。校园欺凌不同于一般的骚扰行为或偶尔的、随机的冲突行为，校园欺凌一般会在一段时间内反复发生或有可能长时间持续，会对被欺凌者构成一种长期的威胁。④欺凌行为发生地与学校有关联。校园欺凌主要发生于学校，但不限于学校，也可以辐射到其他与学校或教学有关联的场所。⑤欺凌者与被欺凌者之间存在明显的力量不平衡，被欺凌者多为弱势群体或者处于相对弱势地位。⑥要有与学校有一定关系的行为主体和客体，即欺凌者与受害者。⑦欺凌行为具有故意性与持续性，欺凌者在被

---

① David J, Geraldine L. Do You Like What You See? Self-Perceptions of Adolescent Bullies[J]. British Educational Research Journal, 1999(9):67-75.
② 黄成荣,郑汉光,马勤.香港学童欺凌行为与全校总动员手法[J].预防青少年犯罪研究.2012(7):86-96.

欺凌者未招惹他们时无缘无故地攻击属于欺凌。⑧受欺凌学生的身心感受到不同程度的痛苦,即受欺凌者在被欺凌过程中或结束后,主观上会体验到痛苦或不适。

综上,我们认为,校园欺凌是校园暴力的特殊形式,它是以学校教育生活为背景,发生于校园内外的,一个或一群力量较强的学生对处于相对弱势的一个或一群学生通过现实或网络等不同方式施加的,有意的、反复的、持续的身心伤害,造成弱势一方身心痛苦或不适的攻击性行为。

这里,还需要我们关注的是关于欺凌内涵的其他内容。互联网律师帕里·阿夫泰伯(Parry Aftab)自2006年以来就在她的分类系统中提到了"无意欺凌":"他们为了好玩才做这些事,他们会对他们的朋友做这些事,开开玩笑,但他们的朋友可能并不认为这是在开玩笑,而是很严肃地对待这件事情。"①近年来,育儿专家苏·舍夫(Sue Scheff)又重提"无意欺凌"的概念。她在《赫芬顿邮报》上发表的一篇文章中提及"非故意的"欺凌行为和网络欺凌。她描述了一些青少年通常在网上对其他人说粗话,虽然并不是为了伤害他人,但却可能会被别人放大,甚至让人觉得难堪。当然,在线下也会发生这种事情,但是,网络更容易模糊实际的意图。我们从许多个人经验中就可以知道,缺少重要的面部表情、语气语调或其他能够传达内容的感情色彩和言外之意的表述很容易在两人的沟通中产生误会。同样,互联网安全教育家凯蒂·格里尔(Katie Greer)也提醒人们关注无意欺凌这一问题。格里尔在文章中把无意欺凌解释为:"一般情况下,孩子们试图通过积极、友好的方式向朋友进行描述或通过各种社交媒体网站无意间对他人造成了精神上的伤害,或在此过程中孤立了某人。"通常青少年对同学或好朋友说话是没有恶意的,但这些话导致了误解甚至伤害。

二、校园暴力概念的界定

校园暴力与校园欺凌是一对既有区别,又密切联系的概念。在欧美国家,一开始是将欺凌行为仅仅认作使身体受到伤害的暴力事件。在2002年之前,我国一般也是将"校园暴力"作为"校园欺凌"的同义语,"校园欺凌"概念没有被单独论述。所以,要想真正地理解校园欺凌概念的内涵,还需要我们认真地梳理与分析校园暴力这一概念的基本内涵。

关于校园暴力,不同国家、地区和学者给出的界定不同。

美国预防校园暴力中心将校园暴力定义为:任何破坏了教育的使命、教学的

---

① [美]贾斯汀·W.帕钦,萨米尔·K.辛社佳.校园欺凌行为案例研究[M].王怡然,译.哈尔滨:黑龙江教育出版社,2017:8-9.

气氛,以及危害到校方的预防人身、财产、毒品、枪械犯罪的努力,破坏学校治安秩序的行为。①

美国学者安德森(Anderson)认为:"凡是在公立或私立学校的校园内、学生上学或放学途中、学校举办的活动过程中所发生的暴力行为都可归结为校园暴力。"韩国在关于学校暴力预防及对策的法律中,对"校园暴力"的定义是:"学生之间在校内外发生的以暴力、胁迫、孤立等方式造成身体及精神伤害和财产损失等结果的行为,具体体现为伤害、暴行、监禁、胁迫、引诱掠取、猥亵、名誉损毁、侮辱、恐吓、损坏财物及集体孤立等违背被害人意愿的行为或驱使实施上述行为的行为。"

台湾地区学者陈慈幸认为,校园暴力是指在校园内,为达到特定不法行为的犯罪意图,以强迫威胁为手段,压制被害人的抵抗能力和意图,而针对学生、教师、学校以及校外侵入者之间所发生的暴行、破坏以及侵害生命、身体、财产的行为。②

在我国大陆,校园暴力事关中小学校园安全,一直是我国各类研究人员重点关注的问题。如果说校园欺凌是近年来才被重视的,那么,校园暴力一直是重中之重。姚建龙指出,校园暴力为发生在中小学幼儿园及其合理辐射地域,学生、教师或校外侵入人员故意攻击师生人身以及学校和师生财产,破坏学校教学管理秩序的行为。③ 他大体上把校园暴力的主要构成要素分解为以下几个方面:①发生在何处?即空间要素。②谁是加害人?即主体要素。③罪过形式是什么?即心理要素。④危害结果是什么?即被害要素。⑤是以什么样的方式实施的?即行为要素。④

在徐久生主编的《校园暴力研究》中,他将校园暴力定义为:行为人针对在校师生实施的身体上的和心理上的暴力行为,对学校财物或师生财物实施的暴力行为,以及师生对社会人士实施的暴力行为。简言之,与在校师生直接有关的暴力行为,均可界定为校园暴力。其中,暴力行为主要涉及故意实施的对他人的身体伤害,以及对被害人的身体或财物直接施加其他影响,但尚未达到伤害程度的一些故意行为。⑤

宋雁慧认为,所谓校园暴力就是指在学校实施的教育教学活动,或者学校组织的校外活动中,以及在学校负有管理责任的校舍、场地、其他教育教学设施、生

---

① 戴利尔,戴宜生.美国未成年人司法制度的发展[J].青少年犯罪问题,2005(4):14-18.
② 陈慈幸.青少年法治教育与犯罪预防[M].台北:涛石文化事业有限公司,2002:10.
③ 姚建龙.校园暴力控制研究[M].上海:复旦大学出版社,2010:1.
④ 姚建龙.校园暴力控制研究[M].上海:复旦大学出版社,2010:9.
⑤ 徐久生.校园暴力研究[M].北京:中国方正出版社,2004:54-55.

活设施内,上学、放学路上发生的,针对在校学生,运用躯体的力量,主观上故意,客观上侵害或威胁了他人的身体权、健康权或生命权的行为。①

尹逊强认为,"校园暴力一般泛指发生在青少年之间,与学校的学习生活有直接关系的暴力行为",它既包含了发生在校园内的暴力事件,也包括了发生在校园外但与学校有着直接关系的暴力行为。

还有学者指出,校园暴力通常是指在校园内外发生的,目标直接或间接指向青少年学生,以辱骂、打斗、抢夺等多种暴力方式攻击,并造成学生在身体、心理、财产等方面损失的一切行为。

还有学者认为,所谓校园暴力是指行为人在校园内或校园附近对在校人员进行的暴力性的侮辱、抢劫、强奸,甚至是肉体上的虐待等,给在校人员的精神、身体造成一定严重后果的行为。

有学者指出,校园暴力指的是刻意利用权力或者生理方面的优势,胁迫或者伤害其他人、团体甚至社会,致使他人生理以及心理受损、发育不良、权利被剥夺,甚至死亡的行为。

也有学者指出,校园暴力是发生在校内外,学校组织的活动及其他所有与校园环境相关的暴力行为,方式包括躯体暴力、言语/情感暴力和性暴力,校园暴力可能发生在学生之间、师生之间以及校外人员与校内人员之间。

从以上定义可以初步看出,"校园暴力"概念包含以下要素:第一,校园暴力发生场所是学校(少数学者界定为幼儿园、中小学)及其辐射区域;第二,受害者是学校或者师生;第三,施暴人是师生或者校外侵入者;第四,校园暴力是故意实施的,且形式多样;第五,校园暴力侵害的对象可以是人身也可以是财产。很明显,这与上文讨论的校园欺凌概念还是存在明显的不同的。

基于此,我们认为校园暴力可以从广义与狭义来理解。从广义上讲,只要是校园内或校园辐射区内暴力主体与客体之间发生的一切攻击性行为都是校园暴力行为;狭义上讲,只有那些主观恶意、蓄意、以强凌弱、长期反复的攻击性暴力行为才是校园暴力行为,即校园欺凌行为。这里,我们认为,校园暴力行为应该包含校园欺凌行为。

三、校园欺凌与校园暴力概念辨析

由上述梳理与分析,我们可以看出,校园欺凌与校园暴力既有联系,又有区别。首先,从主体与客体之间的互动性来看,无论是校园欺凌还是校园暴力,它们都是一种对客体的攻击性行为,都是对人身或财物的侵犯。攻击行为是指意

---

① 宋雁慧.中学校园暴力及其防治研究[M].北京:北京师范大学出版社,2013:8.

图造成他人生理或心理的伤害(包括轻微到严重的伤害)行为。暴力行为按照世界卫生组织的定义,是指使用身体的力量对个体或团体进行侵犯,导致受害方受伤、死亡、心理遭受伤害、财物被剥夺,或导致受害方发展不利的行为。

欺凌行为与暴力行为都属于攻击行为,攻击行为所波及的范围最大,但是并非所有的攻击行为都是欺凌行为。在生活中,人们常常会混淆欺凌行为与暴力行为,其实两者是密切相关的,它们都被视为攻击行为,都会对对方的身体和心理造成伤害。当然,也有部分学者认为校园欺凌就是校园暴力,他们没有质的区别,只有量的差异。可以说,这一观点在校园欺凌理论与实践发展的初期是有普遍性的。但是,随着近年来关于校园欺凌研究的深入,人们越来越达成共识,即校园欺凌与校园暴力还是存在明显不同的。

当然,讨论其相同点远不如讨论其不同点更有意义。因为只有清楚地明晰校园欺凌与校园暴力之间的差别,我们才能在实践中有针对性地进行治理与处理,才能对症下药,有的放矢。关于校园欺凌与校园暴力的区别与联系,其实国内外学者多有研究,以下略做梳理与分析。

欧维斯最早对攻击行为、校园欺凌与校园暴力这三个概念进行辨析,他认为,这三个概念是彼此关联、互相区别的。如图1-1所示,攻击行为是最上位的概念,包括校园欺凌行为与校园暴力行为,校园欺凌行为与校园暴力行为是攻击行为的子概念。但是,校园欺凌与校园暴力这两个概念又存在着交叉关系,也就是说,校园欺凌与校园暴力是有交集的,它们会在条件满足的时候互相转化,或者说,在某种条件下可以实现性质转换,或互相交叠。

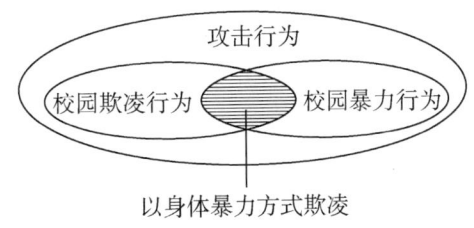

图1-1 攻击行为、校园暴力行为与校园欺凌行为三者之间的关系

澳大利亚学者里格比指出攻击行为①(aggression)和欺凌的区别。人们经常将欺凌与攻击行为相混淆。攻击行为并不经常指向对那些具备较强体力或权威的人的侮辱和伤害。例如,当两个儿童打架或争吵时,他们是很有可能通过强

---

① 从里格比表述的上下文可以推测,在这里他的攻击行为或侵犯行为应该是我们一般理解的暴力行为。所以,将他的观点放在此处,分析欺凌之间的区别应该是可以的。

力或攻击行为来解决问题的,这并不是一个我们想要的行为方式。但是这样的争斗或许可以平静地解决他们的分歧。你可以理性地感觉到你可以干预。但是所发生的并不是欺凌,争斗双方可能在力量上平等,不存在明显的力量差别或没有明显的非正义。双方或许都应该受到谴责,或都不需要受到谴责。

教育部基础教育司主编的《防治中小学生欺凌和暴力指导手册》中把校园暴力定义为给学校师生生命或财产造成伤害、损毁或严重威胁的事件。如果说欺凌主要是通过各种攻击手段达到给对方造成精神痛苦的目的,那么,校园暴力就是以直接伤害他人的身体或损毁对方财物为目的的攻击事件。校园暴力在参与者上与学生欺凌的最大不同在于,校园暴力既包括学生发生的身体攻击事件,也包括师生之间的身体攻击或毁坏物品的事件,还包括专门损毁物品的暴力事件,当然也包括校外人员冲击校园、殴打师生、毁坏学校设施设备等的暴力事件。[①]

对校园暴力的界定容易与对学生欺凌的界定混为一谈,认为学生欺凌是一种"较低水平"的校园暴力,或者校园暴力是一种致使对方受到明显伤残的"严重欺凌"。

笼统地看,校园暴力造成的后果和影响要大于学生欺凌,但人们在泛化校园暴力的同时,也时常窄化校园暴力行为的范围。例如学生或社会青年在校外拦截殴打年龄较小的学生,多数情况是为了抢劫数目很小的财物,包括手机、游戏机、书包、围巾等,此类事件均属于校园暴力事件,但其危害程度是低于学生欺凌行为的。校园暴力事件主要指以下三类事件:①对师生人身造成伤害的事件;②对师生及学校的财产造成损毁的事件;③对师生生命安全构成威胁的事件。也就是说,对那些发生在学生间抢劫同学的低价值用品或玩具之类的事件,由于情节、性质、后果均不严重,属于"轻微型校园暴力",通常不列入校园暴力事件。

简要地说,学生欺凌主要指发生在在籍学生之间的凌辱事件,其后果通常会给学生造成身心伤害,严重的甚至会导致被欺凌者自杀;校园暴力主要指以伤人和毁物为目的的"打砸抢"类事件,其后果通常会给师生生命安全造成严重威胁,会破坏学校的正常教学秩序,严重的会导致人员死伤、财产损毁。

学生欺凌与校园暴力的比较如表1-1所示。

---

① 教育部基础教育司.防治中小学生欺凌和暴力指导手册[M].北京:教育科学出版社,2018:17.

表 1-1 学生欺凌与校园暴力的比较①

比较维度	学生欺凌	校园暴力
关系	双方有一定关系	不一定有关系
对象	基本固定	不一定
原因	不需要原因	有原因
次数	重复性	不一定
目的	获得一时快感	不一定
伤害	直接或间接	直接
强弱	力量不对等	不一定

对此,我国学者也各有表述。

叶徐生认为,欺凌与暴力是一对不相同的概念,欺凌并非暴力的一个子集。欺凌可以转换为暴力,暴力也可以转换为欺凌。在校园欺凌中,欺凌者与被欺凌者存在权力之间的强弱差异,欺凌者往往会对被欺凌者加以身体、言语、社交等不同方面的攻击,当这种攻击性行为严重到一定程度时,欺凌行为则上升为暴力行为。暴力的特点是伤人与毁物,欺凌是持续性的侮辱与痛苦。至于欺凌是不是暴力,暴力是不是欺凌,两者是不是并列的关系,这或许要具体分析。暴力有时也会具备欺凌的三个特征,欺凌同样也会伤人与毁物,关键问题可能不在性质上,而在程度上。欺凌行为有时介于玩笑与暴力之间。他认为问题可能不在概念问题上,而在实践问题上,即人们在使用相关概念时存在着无知与误解的问题,正是这一问题反过来导致理论研究上的混淆与错乱。这一点在各级教育行政部门与大中小学等出台的文件、规章、规则与办法等上一目了然。②

祝晓鹍等人转引世界卫生组织(World Health Organization, WHO)对"暴力"的定义,即"暴力"是指"蓄意地运用躯体力量或者权力,对自身、他人、群体或社会进行的威胁或伤害,造成或极有可能造成损伤、死亡、精神伤害、发育障碍或权益的剥夺"③。

但是两者又不是完全相等的,当攻击行为是由于双方力量的对比悬殊而发生,并且造成双方损失和伤害时,被视为欺凌行为;当攻击行为是由于双方力量的对等而发生,并且造成双方极大的损失和伤害时,被视为暴力行为;当攻击行为是由于双方力量悬殊,并且以暴力方式发生时,则既被视为严重欺凌行为,也

---

① 教育部基础教育司.防治中小学生欺凌和暴力指导手册[M].北京:教育科学出版社,2018:21.
② 叶徐生.欺凌并非暴力的子概念[J].教育科学研究,2016(10):1.
③ 祝晓鹍,金鑫.校园暴力和公共卫生学预防[J].江苏预防医学,2005(2):84-86.

被视为暴力行为。任海涛在给出校园欺凌概念后，从主体范围的视角指出其与校园暴力之间的不同，他认为，校园欺凌的主体不应该包括外来侵入者，也不包括教师作为欺凌者或受害者的行为。①

吴桂翎、辛涛指出，"校园暴力"是指行为人以校园为背景实施的暴力攻击行为，而校园欺凌是一种较低水平的暴力行为。张国平认为，狭义的校园暴力就是校园欺凌，即指发生在校园或主要发生在校园里，由学生或校外人员针对在校学生身体和精神所实施的、违背社会规范的伤害行为。

从语义上分析，"校园暴力"与"校园欺凌"的概念是不同的，school violence 对应翻译为"校园暴力"，而 school bullying 则被翻译为"校园欺凌"（又可译为"校园霸凌"，因为从发音来看，bullying 更接近"霸凌"）。二者区别主要表现在：第一，校园暴力的施暴者可以是校外侵入人员，也可以是学校师生，而校园欺凌的施暴者只能是师生，而不能是校外人员；第二，校园暴力的受害人可以是师生，校园欺凌的受害人仅是在校学生；第三，校园暴力多是偶发性的单独侵害行为，而校园欺凌大多是长期的、反复的行为；第四，校园暴力一般是比较容易被发现，且会立即受到阻止的行为，而校园欺凌受害人长期不敢声张，也不易被发现；第五，校园暴力以赤裸裸的"硬暴力"为主，而校园欺凌更多的是羞辱、孤立、嘲笑、起绰号等"软暴力"；第六，校园暴力的创伤比较显见且大部分可以短期内治愈，而校园欺凌对受害人心理的影响很大，甚至会持续到几十年之后；第七，校园暴力行为在各类学校都可能发生，而校园欺凌的受害人一般是缺乏反抗能力、身心发展还不成熟的未成年人，因此，最典型的校园欺凌现象应该是发生在幼儿园、中小学，而不包括高校。

台湾地区学者吴明隆、陈明珠以身份、受害对象、加害对象、加害时间等11个项目为分析维度，对校园欺凌与校园暴力行为进行区分，简单明了地指明了校园欺凌与校园暴力行为的主要不同点，见表1-2。

表1-2 校园欺凌与校园暴力行为的比较②

项目	校园欺凌行为	校园暴力行为
身份	同团体内的成员	不一定
受害对象	固定	不一定
加害对象	自发性、无缘由	有原因

---

① 任海涛.校园欺凌法治研究[M].北京：中国政法大学出版社,2019:46.
② 吴明隆,陈明珠.霸凌议题与校园霸凌策略[M].台北：五南图书出版公司,2012:145.

续表

项目	校园欺凌行为	校园暴力行为
加害时间	重复性	不一定
加害目的	获得权力掌握	不一定
伤害形态	直接、间接	直接
加害意图	故意	不一定
伤害方式	肢体、言语、性、网络、反击型欺凌	肢体、性暴力
双方关系	权力不对等	不一定
加害者情绪反应	不牵涉情绪的愤怒与反应	不一定
行为形式	团体对个人、个人对团体、团体对团体、个人对个人	团体对个人、个人对个人

除了分析欺凌行为区别之外，爱尔兰学者基思·沙利文还提醒我们，不要只关注欺凌行为的区别，还要关注欺凌与犯罪行为的区别，分清次欺凌行为与非欺凌行为。[①] 他说，欺凌是对抗社会的，也具有破坏性，但它不是犯罪行为。一些攻击行为具有欺凌的全部特点，但是在强烈程度和严重性上，它们超越了学校欺凌的界限，因此在学校的管辖权之外。同样，孩子们经常会玩一些活跃的身体游戏和语言游戏，在成年人看来，表面上具有侵犯性，是不守规矩的。这些活动包括具有平等地位的孩子们之间的战斗游戏，不合规矩的乱打、戏弄、谩骂，如果这些行为不具有重复性，也不是故意造成伤害，那么，它们最多被认为是次欺凌行为。另外，孩子，特别是男孩子，当战斗游戏或打嘴仗失去控制时，通常会以全面的、一次性的身体冲突来结束游戏。侵犯性的攻击一旦发生（假设它是殴打、骚扰、威胁或是排斥），就可能造成感情上和身体上的伤害。虽然它们可能被认为是纪律问题，但没有将它们列入欺凌之列的必要。[②] 同样，他也给出一个欺凌与非欺凌行为表（见表1-3），以使人们能够清楚地分辨。

---

① 沙利文对这一问题分析得颇为独到，看到了其他学者没有看到的欺凌内涵。特别是次欺凌行为与非欺凌行为的提法很有创意，对于我们分析欺凌、暴力和玩闹行为之间的关系很有启发意义。
② ［爱尔兰］基思·沙利文.反欺凌手册[M].徐维，译.北京：中国公出版社，2014：17.

表 1-3 什么是欺凌以及什么不是欺凌①

可能被误解为欺凌但并非欺凌的行为	欺凌	犯罪行为
1. 闹着玩的戏弄 2. 一次性的打架 3. 举止粗鲁以及打斗,或是闹着玩的打斗,但无意造成任何伤害	1. 生理欺凌 咬啮、拉扯头发、脚踢、锁在房间里、掐捏、拳击、抓挠、吐唾沫、任何其他形式的身体攻击,破坏某人的财物 2. 非生理欺凌 (1) 语言欺凌 骂人的语言、恐吓电话、敲诈金钱或财物、胁迫/暴力威胁、谩骂、种族言论/取笑、性暗示语言、恶意取笑(无情言论)、传播错误/恶意的谣言 (2) 非语言欺凌 ①直接非语言欺凌:恶毒面孔/粗鲁手势 ②间接非语言欺凌:操纵友谊、有组织地排斥、忽视以及孤立、发送(通常匿名)恶意中伤的短信。欺凌可以是上述任何一种或多种的结合,欺凌含有恶意、蓄意进行、具有懦弱性并对权力进行滥用,欺凌是一个重复性的过程	1. 使用武器的袭击 2. 严重的身体伤害 3. 严重威胁要造成伤害或谋杀 4. 重大盗窃 5. 性侵犯

总之,关于校园欺凌与校园暴力两者的关系,目前主要包含三种观点。第一,一致关系论:两者内涵一致,并无区别。第二,包含关系论:两者为包含关系,持此观点者将校园欺凌看作是校园暴力范畴内一种特别的暴力形式,二者为包含关系,校园欺凌是攻击行为演化为校园暴力的前奏。第三,交叉并列论:两者为有交叉部分的并列关系,与前两种关系论不同的是,交叉并列论既强调两者的联系,又突出两者的差异。

在分析、整理、归纳了校园欺凌与校园暴力的概念界定和异同之后,笔者就两者之间的关系提出以下观点。

首先,校园暴力与校园欺凌都是攻击性行为。简单说来,两者是攻击性行为的子集,都是蓄意伤害或欺压其他学生,造成受害学生肉体或精神上痛苦的行为。

其次,校园欺凌和校园霸凌视为同义,可以互换使用。且学界对于两者的基本特征描述与本质内涵界定相同,皆可对应英文词组 school bullying 的中文翻译,不存在根本差别,校园欺凌和校园霸凌可以等同视之和互换使用。②

---

① [爱尔兰]基思·沙利文.反欺凌手册[M].徐维,译.北京:中国致公出版社,2014:18.
② 在我国大陆(内地)地区,基本用"欺凌"这一概念,这或许与国家机关在正式文件中也使用了"校园欺凌"概念有关。而在我国台湾地区与香港特别行政区,一般使用"霸凌"这一概念。笔者认为,除去历史与习俗等原因,欺凌这一概念更显理性与客观,而霸凌更富情感与倾向色彩。

再次，关于校园欺凌和校园暴力的辨析，许多学者均有论证。笔者认为，校园欺凌和校园暴力的概念内涵具有差别，不应混用。

借鉴国内外其他学者的观点，我们发现两者的关系主要有以下几种。

第一，对立的关系。这一观点认为，校园欺凌与校园暴力完全不是一回事，没有大的关联。从行为发生范围、参与者类型、行为性质等角度细分对比，二者各有独自内涵、主体与特征。很明显，随着各种式样的欺凌问题出现，业已表现出与暴力行为相同的特点，因此，这种观点是站不住脚的。

第二，同一的关系。这一观点认为校园欺凌与校园暴力只有量的差别，并无质的不同，或认为校园欺凌即狭义的校园暴力，对二者持统一论的观点。这一观点在我国一直是主流性观点，延续至今。伴随着校园欺凌问题的演变，局限于在生理上造成伤害的暴力事件已经远远不能囊括校园中频繁出现的欺凌现象，笼统画等号的行为将会带来对隐蔽性欺凌现象的忽视，所以将"校园欺凌"看作是"校园暴力"的同义词是不可取的。

第三，交叉并列关系论。该观点认为校园欺凌和校园暴力是攻击性行为的下位的、并列的两个概念，两者处于同一等级和位次。笔者认为，将欺凌视作并列交叉关系存在概念混淆的错误，将同一范畴领域的不同位次概念进行等同并列，有简单问题复杂化之嫌。将校园暴力与校园欺凌并列，也有将欺凌这一校园问题大事化小的嫌疑。若沿着这一观点，现实生活中还应存在有"不属于校园暴力的欺凌问题"。试问，在现实生活中，有哪一个校园欺凌问题不是校园暴力问题呢？弱暴力或微暴力就不是暴力吗？这显然与现实存在不符。

第四，包含关系论。这一观点主张"校园欺凌"是"校园暴力"的下位概念。校园暴力被界定为发生在校园内所有具有负面影响的行为，成为一个近乎无所不包的概念。笔者也对这一观点持赞同态度。暴力包括欺凌是有一定说服力的，只要是恃强凌弱，从某种意义上就可以认定为暴力。暴力并非单指对身体方面的伤害，精神上的摧残也同样要划归到暴力中。具体言之，主要理由如下。

在词源和词义角度，校园欺凌由 school bullying 翻译而来，而校园暴力由 school violence 翻译而来，就两个词组的翻译以及运用场合加以区分，虽然表明二者具有不同的内涵和特征，但是用词不同，并不是否定二者呈现包含关系的原因。毕竟 bullying 本就是 violence 的一种表现形式。

在行为实施者的角度，二者的行为实施者有重叠，但校园暴力实施者的范围更为广泛，包括校园欺凌的实施者在内。校园欺凌的实施者仅限于师生，而校园暴力的实施者并不限于校内师生，也可以是校园内其他工作人员，甚至是校外侵入人员，校外人员对学生的长期欺凌也是暴力，这充分说明校园欺凌是校园暴力的子集。

从受害者角度,无论是暴力行为还是欺凌行为,受害者均主要是在校学生,校园欺凌的受害者仅指学生,校园暴力的受害者更广泛,也可能是老师,即老师可能是校园暴力的实施者,也可能成为校园暴力的受害者。换言之,校园暴力的受害者是包括学生在内的更大范围的群体,作为欺凌受害者的学生就是作为暴力受害者师生的一部分。

从行为发生频率角度来看,校园暴力通常是偶发性的侵害行为,一般被视为校园安全事故。如我国2006年发布的《中小学幼儿园安全管理办法》中第56条明确规定,将校园暴力事件认定为"突发安全事故"的类别之一;而校园欺凌大多是长期的、反复的行为。近些年校园欺凌发生率逐年上升,其中一部分原因在于之前人们对于校园欺凌的认识程度和关注度不够高,没有形成独立的校园欺凌概念,长期将欺凌行为视作暴力行为与学校安全行为一并处置。其实校园暴力一直是人们关注的话题,随着暴力问题越来越多,人们尝试选取更加明晰和确切的概念,即用"校园欺凌"来表达情节轻微的校园暴力事件。而现实中,我们稍微思考,就会发现造成社会恶劣影响、引发人们关注的大多并不是欺凌事件,反而是造成严重伤害的暴力事件,只是这些暴力事件或许是由前期的欺凌事件慢慢演变而来的。

从行为方式来看,校园欺凌也是一种暴力,是校园暴力行为中的一种。一般来说,校园暴力以"硬暴力"为主,比较容易被发觉,并遭到阻止,其造成的创伤更明显见于身体,且大部分短期内可愈合;而校园欺凌更多的是"软暴力"行为,如语言羞辱、行为孤立、嘲笑、起绰号、网络欺凌等,被害人长期处于被压迫状态,并很少声张,鲜被察觉,其对被害人造成的创伤更大,更持久,多表现为心理创伤,更有甚者会持续一生。校园欺凌亦包括肢体欺凌,可上升为校园暴力的程度,也就是说,无论是硬暴力,还是软暴力,它都是暴力行为。不能因为是所谓的软暴力就遭轻视,事实证明,许多软暴力,如语言暴力、精神暴力、孤立暴力等更具危害。

综上所述,笔者认为校园欺凌和校园霸凌无本质差别,校园欺凌与校园暴力是一对包含性的概念,校园欺凌包含于校园暴力之中。两者性质、对象、主体、方式等都相同或相似,只是伤害的程度与形式有所不同罢了。这也是为什么笔者将校园欺凌和校园暴力两个概念并用的主要原因[1]。正是由于校园欺凌与校园

---

[1] 同样,在教育部主导制定和发布的《教育部等九部门关于防治中小学生欺凌和暴力的指导意见》中也使用"学生欺凌"的新提法。对此,姚建龙认为,这样主要基于以下两点考虑:一是认为学生之间的欺凌行为大多数并非发生在校园内,使用"学生"欺凌而非"校园"欺凌的提法,一方面更准确,另一方面也是对学校责任的"合理规避";二是将"欺凌"与"暴力"并列,突出了对学生之间身体暴力治理的重点关注。我认为,除此以外,还有一些原因需要我们关注:一是欺凌与暴力两个概念不需要也不必要进(转下页)

暴力有所不同,在有些方面存在较大差异,我们才不能等同视之,才得出欺凌是暴力的子集这一初步结论。

除了校园欺凌与校园暴力之间的区别外,我们还应该辨析一下校园欺凌与学生之间的偶发性的玩闹行为。笔者认为,儿童、青少年在学校学习期间,正常的玩闹行为是学生学习生活不可缺少的一部分,也是学生成长过程中的自然性体现,虽然这种偶然性或自发性的玩闹行为会导致某种程度上的"伤害",看起来会给被伤害者带来些许"痛苦",但是,这种"伤害"不是主观的,更不是恶意的,所带来的"痛苦"大多是成人的非自身化感觉。所以,总的说来,这种玩闹行为可以以正常的纪律或常规管理处理,不必上升到欺凌这一问题。当然,即便如此,我们也要分析阐述清楚这种玩闹和欺凌之间的具体区别,以在行动中予以辨别与处理。

台湾地区学者吴明隆、陈明珠以原因、次数、力量、目的和结果等5个因素为分析维度,对校园欺凌行为与玩笑行为的区分进行阐述,简单明了地指明了校园欺凌行为与玩笑行为的主要不同(见表1-4)。

表1-4 校园欺凌行为与玩笑行为的比较[①]

因素	校园欺凌行为	玩笑行为
原因	有预谋	临时性
次数	重复性	偶发性
力量	权力或力量不对等	权力或力量对等
目的	获得权力掌握	出其不意地捉弄对方
结果	受害者被孤立,受到不同程度的身体或心理伤害	双方仍属于同一群体,并不意味着友谊的结束

台湾地区学者刘南琦也指出玩闹和霸凌的区别,整理如下。(1)面部表情方面。打闹时双方表情是高兴或愉悦的,霸凌时至少有一方表情是害怕、纠结,而

(接上页)行绝对的划分,两者是包含的关系;二是欺凌与暴力概念并用有实践操作层面的考虑,欺凌概念或许在理论层面可以阐述清楚,边界可以分明,但是在实践操作时或许不那么容易了,这在现实学校治理欺凌的实践中多有体现,也就是说,操作层面的边界可能不会比理论层面的边界来得简明了。一般来说,中小学在处理欺凌问题时,不会用两种单独的方法来处理,大多采取同样或相似的方法来处理。毕竟欺凌的实践性与个性化特点决定了中小学校没有足够的精力与能力来处理这类问题。除非极个别涉及违法犯罪的暴力事件,大多数的情况下,校园欺凌与校园暴力的处理方式大同小异。笔者认为,将欺凌视作暴力的子集,不仅有利于理论的清楚明白,更有利于实践操作的有效实施。事实也是如此,中小学在处理这类问题时几乎都是打包处理的。

① 吴明隆,陈明珠.霸凌议题与校园霸凌策略[M].台北:五南图书出版公司,2012:145.

霸凌者的表情也常常较为狰狞。(2)参与意愿方面。玩闹是孩子可以决定要不要参加,而霸凌常是被迫或被挑逗参加。(3)用力程度方面。玩闹时通常不会使尽力气伤害他人,而霸凌常常会演变到激动、冲动而失控。(4)角色是否可转换方面。玩闹时孩子是你打我,我打你,而霸凌的角色关系通常是固定的。(5)是否合群方面。玩闹结束后孩子还是会一起玩,霸凌结束后大家常常一哄而散。(6)蓄意程度方面。玩闹是无意要伤害他人,霸凌则是有意图伤害他人,并要造成这种结果。(7)重复发生方面。玩闹具有偶发性,而霸凌现象常会重复发生,且特定的孩子可能长期会受到欺压。[1]

上述学者们的观点,为我们界定与处理欺凌和玩闹行为提供了启发和思考。

第二节 校园欺凌的主体

从本质上讲,校园欺凌就是人与人之间的关系冲突。校园欺凌行为是一个人或一群人针对另一个人或一群人的消极性行为。不同的人通过欺凌行为组成一个欺凌行为的人员组合体。这些组成人员的构成、角色以及行为都会对校园欺凌产生重要的影响。

校园欺凌没有赢家,不同的参与人员都会或多或少承担物质与精神上的负面影响。正如芭芭拉·科卢梭(Barbara Coloroso)所指出的一样,欺凌就像一个悲伤的场景,每个人在欺凌的舞台上扮演着不同的角色,发挥着不同的功能。她说:霸凌者、被霸凌者与旁观者合演的是一出有许多版本的剧目,有同样的悲剧主题,不同的演员,穿不同的戏服,说着不同的对白。[2] 日本森田洋司还提出了关于校园欺凌的"四层构造"理论,将日本校园欺凌现象的构造分成四层,从最里层到最外层分别是:被欺凌者、欺凌者、观众、旁观者。在森田模型中,"观众"是指没直接欺凌别人,但在看见别人被欺凌时,起哄、鼓噪、幸灾乐祸的人,他们对欺凌行为的态度是积极认可的;"旁观者"是指看见别人被欺凌却视而不见的人,其对欺凌行为的态度是默认支持。如果有学生看见别人被欺凌时,勇于充当"调停者""制裁者",或者表示出否定欺凌行为的态度,其也会对欺凌行为有抑制作用,成为欺凌行为的"抑制者";反之,当看见别人被欺凌时,起哄、鼓噪、视而不见就会助长欺凌行为,成为欺凌行为的"强化者"。森田模型强调了欺凌行为的群体性特征和关系性实质,以及被欺凌者的弱势特征和易受攻击的现实处境,同时

---

[1] 刘南琦.向霸凌说不[M].台北:远流出版事业股份有限公司,2011:50-51.
[2] [美]芭芭拉·科娄罗索.陪孩子面对霸凌[M].鲁宓,廖婉如,译.台北:心灵工坊文化事业股份有限公司,2018:27.(芭芭拉·科娄罗索在我国大陆地区通常译作芭芭拉·科卢梭,下同)

也指出了"观众"和"旁观者"对于欺凌行为的助长作用和抑制作用。① 在此基础上,广岛经济大学饼川正雄教授又提出了关于校园欺凌的"六层构造"模型,强调了校园欺凌问题中的"首谋者"以及"教师与监护人"的作用。②

国内诸多学者也对此进行了研究。校园欺凌作为一种存在且引起公众关注的社会现象,其直接行为主体主要是欺凌者和被欺凌者,协助者是助长校园欺凌现象的重要主体之一,而旁观者是决定校园欺凌走势的重要群体。近年来,学界对于校园欺凌旁观者的关注度不断增高,对于校园欺凌旁观者的研究在增长,如向术溯认为旁观者是决定欺凌事件走向的关键群体之一。弋英、曹睿昕认为校园欺凌事件中,旁观者并非中立者,他们可能助长欺凌者的行为,也可能因为目睹欺凌的发生而受到伤害,更可能在中止欺凌行为的过程中发挥积极的作用。有国内学者总结指出,在欺凌发生的过程中,可能会有这么几种角色:①实施者,发动和实施欺凌行为的人,在欺凌事件中欺负别人,有时还会召集带领其他同学欺负其他人;②受害者,遭受欺凌的人,是欺凌事件中受欺负的人;③旁观者,冷眼观看,漠不关心的人,感觉自己是局外人;④协助者,有意无意帮助欺凌者实施欺凌行为欺负受害者的人;⑤附和者,在一旁附和欺凌行为或欺凌者的人;⑥保护者,设法保护受害者的人,也是欺凌行为的反抗者。国内学者在罗列不同角色的同时,也对不同角色在其中发挥何种作用进行了分析。在校园欺凌主体中,一般认为欺凌者处于强势地位,掌控着被欺凌者,对其实施欺凌行为,并对协助者形成压迫;被欺凌者处于弱势地位,受欺凌者控制,并通常无反抗能力;协助者依附于欺凌者,协助欺凌者通过某种方式对被欺凌者施以伤害;旁观者是指知道或目睹校园欺凌事件的发生,并对其产生间接影响的一群人。旁观者可以分为积极的旁观者和消极的旁观者:消极的旁观者,即采用消极的行为对待校园欺凌的一群人,这里的消极行为指的是呐喊助威、冷眼旁观等;积极的旁观者,即采取积极的行为干预校园欺凌的一群人,这里的积极行为指的是将欺凌事件告诉他人,寻求帮助或采取措施对抗欺凌者。

关于校园欺凌主体,总的来看,不同的研究者罗列出欺凌行为中不同的参与主体。有二主体说,即欺凌行为主要就是由欺凌者与被欺凌者构成的固定关系,其他人与欺凌行为无关;有三主体说,即欺凌行为由欺凌者、被欺凌者以及旁观

---

① [日]森田洋司(2012)「いじめとは何か教室の問題、社会の問題」『中央公論新社刊』、132—133ページ。摘自高晓霞.日本校园欺凌的社会问题化:成因、治理及其启示[J].南京师大学报(社会科学版),2017(4).
② [日]饼川正雄(2011)「学校のいじめ問題に関する研究(IV)」『広島経済大学研究論集』第34卷第2号、65—84ページ。摘自高晓霞.日本校园欺凌的社会问题化:成因、治理及其启示[J].南京师大学报(社会科学版),2017(4).

者构成,除欺凌者与被欺凌者以外,旁观者也会因其扮演不同的角色起到促进或阻止的作用;除此之外,还有四主体说、五主体说等,这些都是三主体说的变种,只不过把旁观者的角色进一步细分而已。总的来说,国内外对于欺凌参与主体的观点基本是一致的,即欺凌行为是由欺凌者、被欺凌者以及旁观者三部分构成的,以下我们就这三类主体在校园欺凌行为过程中所扮演的角色与发生的行为略做分析。

1. 欺凌行为中的欺凌者

就欺凌者与被欺凌者的来源看,据美国学者研究,所有人都可能成为欺凌者与被欺凌者。美国学者指出,校园欺凌的受害者与行凶者表现在所有的种族与民族,以及各个收入群体。尽管男性更可能卷入校园欺凌事件,但是近年来女性涉及校园欺凌的案件日渐显现。换句话说,校园欺凌任何人都可以在任何地方任何时间进行,无需一个合理的理由。一般来说,年轻的学生相对于年长的学生而言更容易成为受害对象,那些家庭频繁迁居的学生更可能成为身体的受害者。学生如果穿着华贵的或时髦的衣服,或佩戴珠宝,或者带照相机或其他电子设备到学校,更容易成为受攻击的受害者。

弗洛伊德说过,人是受一种天生的力量驱使而会做出破坏性举动的。那么,具体地说,哪些人容易成为欺凌者呢?欺凌者具有哪些特点呢?按欧维斯的研究,那些容易成为欺凌者的人大多是高度敏感的、容易冲动的、被同伴抛弃的、成绩不好的、在高压的家庭环境中成长的学生。一般来说,男性比女性更倾向于直接欺凌,而女性更倾向于采取间接欺凌的形式。欺凌者一般比欺凌对象更强壮、更高大,对被欺凌者缺乏同情。欺凌者学习成绩一般较差,学校评价低。他们可能吸食毒品,具有犯罪行为倾向,行为不良,品行不端。就家庭来源来说,欺凌者多来自那些对孩子不甚关心的家庭,以及那些对孩子经常使用暴力的家庭。就人际交往而言,一些案例显示,欺凌者并不难于处朋交友,他们甚至以拥有几个欺凌同伴为"酷"。欺凌者与欺凌者之间更容易结成友谊。据科卢梭分析,霸凌者并不是天生就成为霸凌者的,天生的性情是一个因素,但也有社会环境的影响。从某种意义上讲,霸凌是被教导出来的。她认为,霸凌者大概有以下七种:①自信的霸凌者不会安静登场,而是大摇大摆进来,四处碰撞;②擅长社交的霸凌者用谣言、嘲弄与逃避来系统化孤立选定的目标,有效地把他们排除于社交活动之外;③全面装甲的霸凌者很酷,与人关系疏离;④情绪激动或敏感的霸凌者课业成绩很糟,社交能力也不强;⑤被霸凌的霸凌者既是受害者,也是加害者;⑥成群结队的霸凌者是一群朋友,他们会做出单独一人绝不会做的事;⑦组成帮派的霸凌者是一群混混,聚集在一起,并不是朋友,而是策略性的联盟,追求权力、控制、主宰、征服与地盘等。①

针对欺凌者的行为特点,科卢梭进一步分析指出,虽然霸凌者的行径手段可能不一样,但仍有共同的特征:①喜欢掌控他人;②喜欢利用其他人来达成自己的欲望;③难以从他人的视角来考虑事情;④只在乎自己的欲望与快乐,而不在乎其他人的需要、权利与感受;⑤父母与成人不在场时会伤害其他孩童;⑥把较弱的弟妹或同学视为猎物;⑦用怪罪、批评与错误指控别人,把自己的无能投射到受害者身上;⑧拒绝接受自己的行为责任;⑨缺乏远见,也就是缺乏考虑到自己行为在短期、长期与可能想不到的后果的能力;⑩渴望得到注意。②

里格比就曾指出,欺凌别人主要是因为:①他们惹恼了我;②互相扯平;③好玩;④其他人也这样干;⑤他们就是懦夫;⑥展示强大;⑦获取财物等。③

美国研究者指出攻击者具有某些攻击性个体特征,譬如有认知与学术能力欠缺;对外部刺激的过度解释;过高的情感唤醒;无效的交流;偶发事件的错误管理;亲社会(prosocial)能力的欠缺;亲社会的价值欠缺。④ 另有美国学者指出,一般而言,攻击性行为有以下几种诊断性类别或标签。最明显的是品行障碍(conduct disorder,CD),对立违抗性障碍(oppositional defiant disorder,ODD),反社会型人格障碍(antisocial personality disorder,APD),注意缺陷多动障碍(attention-deficit and hyperactivity disorder,ADHD)。还有一些传统称为"外部化"(externalizing)与"破坏性"(disruptive)行为缺陷等问题。⑤

这里需要特别提出的是,当前女生成为欺凌者的案例呈增多趋势。女生的成长具有特殊性,在一定的环境中,女生也容易冲动恣肆,固执妄为。女生成为欺凌者,主要是因为青春期自我肯定的需要,推翻自己性别角色的需要,释放负面情绪的需要,彰显自我的需要。⑥ 对女生进行人格、行为教育时,应根据其特点,给予更多心灵的关怀。

2. 欺凌行为中的被欺凌者

除了欺凌者,哪些人容易成为被欺凌者,被欺凌者具备哪些共同的特点?科

---

① [美]芭芭拉·科娄罗索.陪孩子面对霸凌[M].鲁宓,廖婉如,译.台北:心灵工坊文化事业股份有限公司,2018:40-42.
② [美]芭芭拉·科娄罗索.陪孩子面对霸凌[M].鲁宓,廖婉如,译.台北:心灵工坊文化事业股份有限公司,2018:42-43.
③ Ken Rigby. Children and Bullying: How Parent and Educators Can Reduce Bullying at School[M]. Oxford: Blackwell Publishing, 2008:113-126.
④ Jane C Conoley and Arnold P Goldstein. School Violence Intervention: A Practical Handbook [M]. New York: the Guilford Press, 1997:103-130.
⑤ Jane C Conoley and Arnold P Goldstein. School Violence Intervention: A Practical Handbook [M]. New York: the Guilford Press, 1997:359-399.
⑥ 宗春山.少年江湖——校园欺凌的预防和应对[M].上海:华东师范大学出版社,2018:17-18.

卢梭指出,当霸凌者想要贬低某人来获得优越感时,很容易就能找到借口,目标可能是任何人,比如:①新搬来或转来的孩子;②学校中年纪最小的孩子;③受过创伤的孩子;④被动的孩子;⑤有些行为被他人厌烦的孩子;⑥不愿意打架的孩子;⑦害羞、内向、安静、胆怯、敏感的孩子;⑧穷困或富裕的孩子;⑨霸凌者认为目标的种族或血缘是劣等,是可以被鄙视的孩子;⑩霸凌者认为目标的性别与性倾向是劣等,是可以被鄙视的孩子;⑪霸凌者认为目标的宗教是劣等,是可以被鄙视的孩子;⑫聪明、有天分的孩子;⑬独立的孩子;⑭自在表达情绪的孩子;⑮胖或瘦,矮或高的孩子;⑯戴牙套或眼镜的孩子;⑰有面纹或其他皮肤病的孩子;⑱在生理上与大多数孩子不一样的孩子;⑲有生理或心智障碍的孩子;⑳运气不好的孩子。①

为什么受到欺凌了,被欺凌的孩子不愿意告诉别人呢?科卢梭认为,理由有许多:①他们认为遭受霸凌很丢人;②他们害怕若告诉成人会遭受报复;③他们不认为有人能够帮助他们;④他们不认为有人愿意帮助他们;⑤他们认为被霸凌是成长的必要过程;⑥他们也许相信成人谎言的一部分,因为不仅孩童对他们霸凌,有些成人也会霸凌他们;⑦他们认为"告密"是错的,不酷且幼稚,就算同学对他们进行霸凌。②

一般来说,被欺凌者要比欺凌者身材矮小,体形纤弱。一些被欺凌者往往会因为某些外貌特征而受欺凌,比如,超重、戴眼镜、穿吊带,或者染与众不同的发色。一些学业困难,行为与众不同的孩子也容易被欺凌。在心理上,被欺凌者表现出一些共同的心理特点,如不自重,焦虑,有自杀观念,绝望等。被欺凌者不善与人相处,交友困难,自我封闭孤立,缺乏社会生活能力,逃学旷课,学业成绩较差。有研究表明,那些经常被欺凌的孩子多来自家风粗暴的家庭,经常被打骂,家长溺爱与过度保护或是以专制独裁方式进行管教。台中教育大学魏丽敏教授等的调查研究表明,欺凌受害者经常独来独往,很爱告状,成绩不佳,散漫肮脏。此外,受欺凌的学生与父母、手足的关系较差,家庭较少有情感支持,缺乏家庭凝聚力。③

3. 欺凌行为中的旁观者

就像马丁·路德·金所说的那样,"到头来,我们记住的不是敌人的攻击,而

---

① [美]芭芭拉·科娄罗索.陪孩子面对霸凌[M].鲁宓,廖婉如,译.台北:心灵工坊文化事业股份有限公司,2018:69-71.
② [美]芭芭拉·科娄罗索.陪孩子面对霸凌[M].鲁宓,廖婉如,译.台北:心灵工坊文化事业股份有限公司,2018:75-76.
③ 魏丽敏,黄德祥.台湾学生欺凌行为受害学生特质之分析研究[J].台中教育大学学报:教育类,2009(1):175-196.

是朋友的缄默"。研究人员对研究旁观者也很感兴趣。迄今为止,萨尔米瓦利(Christina Salmivalli)等人利用同伴提名法归纳出的校园欺凌中围观群体可分为四种角色的观点最受大众认可。这四种角色分别是:局外人、欺凌者的助手、欺凌强化者以及被欺凌者的捍卫者。"局外人"是指什么也不做,既不支持也不劝阻欺凌行为,不牵涉进欺凌事件中的人。① "助手"是指那些加入欺凌团伙,并帮助欺凌者一起欺凌他人的人。② "强化者"是指通过嘲笑或欢呼为欺凌者提供积极反馈的人。③ "捍卫者"是指敢站出来制止欺凌事件,并安慰、支持被欺凌者的人。④ 里格比也提出,作为欺凌的旁观者,其作用与影响很大。旁观者的影响主要有以下几个方面。

一是直接帮助受害者。主要表现为:①强烈的道德支持;②感同身受;③同情弱者;④认同受害者;⑤寻求互相得利;⑥对朋友履行义务;⑦为了争光。

二是告诉老师。一些孩子认为,如果我告诉老师,一切都不会发生了。

三是忽视欺凌行为。主要是因为:①与我无关;②害怕后果;③责任在受害者身上;④可能适得其反。

四是支持欺凌者。主要是因为:①安全选项;②乐于观赏;③钦佩欺凌者;④具有敌意情绪。⑤

但是,研究者发现,大多数情况下,旁观者多是旁观而已,很少会有实质的帮扶被欺凌者的行为。旁观者选择旁观与熟视无睹,最常提的四个不干预的理由是:①旁观者害怕自己受伤害;②旁观者害怕成为霸凌者的新目标;③旁观者担心插手会使情况恶化;④旁观者不知道该怎么办。

其实,旁观者还有更多的理由,只是不太合理。如:①霸凌者是我的朋友;②这不是我的问题;③被打的又不是我的朋友;④他是孬种;⑤他活该被打;⑥霸凌会把他磨炼得更强;⑦不想当打小报告的或告密鬼;⑧和大家是同一类,总比

---

① Salmivalli C. Bullying and the Peer Group:A Review[J]. Aggression and Violent Behavior,2010,15(2):112-120.
② Silja Saarento,Aaron J Boulton & Christina Salmivalli. Reducing Bullying and Victimization:Student- and Classroom-Level Mechanisms of Change[J]. Journal of Abnormal Child Psychology,2015,43(1):61-76.
③ Christina Satmivalli. Participant Roles in Bullying:How Can Peer Bystanders Be Utilized in Interventions?[J]. Theory into Practice,2014,53(4):102-113.
④ Dan Olweus. School Bullying:Development and Some Important Challenges[J]. Annual Review of Clinical Psychology,2013(9):78-92.
⑤ Ken Rigby. Children and Bullying:How Parent and Educators Can Reduce Bullying at School[M]. Oxford:Blackwell Publishing,2008.

替那个不一类的说话来得好;⑨不想为这种事伤脑筋。①

爱尔兰学者基思·沙利文提出欺凌是一个恶性循环,在这一恶性循环中,实施欺凌者、欺凌受害者与旁观者都扮演着不同的角色,发挥不同的作用,具体见表1-5。

表1-5 欺凌的恶性循环②

五个阶段	实施欺凌者	欺凌受害者	旁观者
第一阶段 观察和等待	·了解课堂的动态情况并确定潜在的欺凌受害者	·安顿下来并没有察觉自己可能正成为被欺凌的目标	·在学位安顿好; ·给出暗示(身体语言或其他手势)表明他没有欺凌的倾向
第二阶段 投石问路	·较小的欺凌象征性行为,赢得其他人的支持	·没有处理好欺凌象征性行为,感到局促不安和不舒服,但是希望事情不要变	·感到不舒服,但可能会退出,或给欺凌提供一些帮助
第三阶段 较大幅度的行动发生	·实施身体欺凌并演变得更为严重; ·受害者被贬损,没有被视作"人"	·感到自己很无用,应当自己对遭遇欺凌负责,对于没能对抗欺凌者感到内疚; ·可能他们以后不会干涉我,他们不过是开玩笑而已	·一种无能为力感和负罪感,感到应当为没有干预欺凌负责
第四阶段 欺凌升级	·欺凌恶化并且受害者在校外位置也受到烦扰; ·欺凌者没有被制止行动,并且对他们自身有不切实际的权力感	·欺凌行为明显很恶毒,并且是有意为之; ·无助感和自尊心受损感增强	·感觉欺凌是生活的一部分,因此最好首先保护自己; ·最好忽视欺凌的存在或支持欺凌者; ·受害者不值得帮助; ·社群是以恐惧为基础的
第五阶段 欺凌完全形成	·欺凌被扩展到更广泛的世界当中; ·欺凌不被容忍,以刑事犯罪和监禁结束	·世界是个恐怖而危险的地方; ·极端和最终的反应是尝试自杀	·在社会当中,个人是没有力量的,照顾好自己

最后需要我们注意的是,除了正常的人群外,欺凌主体也有一些特殊的群体,如网络欺凌、种族欺凌、特殊教育儿童欺凌、同性恋欺凌以及性欺凌等。由于这些欺凌行为主体较为小众,需要进行针对性研究,这里就不做过多的阐述。

---

① [美]芭芭拉·科娄罗索.陪孩子面对霸凌[M].鲁宓,廖婉如,译.台北:心灵工坊文化事业股份有限公司,2018:93-96.
② [爱尔兰]基思·沙利文.反欺凌手册[M].徐维,译.北京:中国致公出版社,2014:29-50.

第三节　校园欺凌的主要类型与形式

在明确了校园欺凌主体之后,让我们回到校园欺凌形式这一维度上来。了解校园欺凌的主要类型,就是要了解在校园欺凌行为中,欺凌者主要是采取了哪些形式与手段对被欺凌者进行攻击的。

1. 校园欺凌的类型与形式

国内外关于校园欺凌类型的研究非常多见。如上所述,欧维斯是最早对校园欺凌进行分类的。里格比在界定何为校园欺凌的同时,也大概对校园欺凌的定义进行分类。她将校园欺凌分为直接欺凌与间接欺凌,并罗列出具体的欺凌形式,见表1-6。

表1-6　校园欺凌行为的分类

分类向度		直接欺凌	间接欺凌
身体		打、踢、吐口水、丢石头、拉头发	叫别人去揍他
非身体	口语	口语侮辱、叫难听的名字	叫别人去骂他、侮辱他;散播恶意的谣言
	非口语	威胁、猥亵的动作	拿走或藏匿他的物品;故意在团体或活动中排挤他

美国教育部和疾病预防控制中心规定,校园欺凌行为包括如下几类。①身体欺凌:一个人或一群人使用肢体行为对他人造成痛苦或伤害。②语言欺凌:一个人或一群人使用口头语言对他人产生压迫并造成伤害。③关系欺凌:一群人孤立一个人或另一小群人。④网络欺凌:借助电子工具(如手机、电脑、平板)在社交媒体网站、短信平台或聊天室等网络平台中伤害他人。英国学者史密斯等更详细地罗列出具体的欺凌形式,他指出欺凌的主要类型有五种。①身体欺凌:打、踢、用拳猛击、取走或毁坏随身物品。②语言欺凌:取笑、嘲讽、威胁。③社会排斥:将某人从同伴团体中排除出去。④间接欺凌:传播谣言,告诉别人不要和他玩。⑤网络欺凌:使用电子设备欺凌,主要包括短信欺凌、音频或视频欺凌、电话欺凌、电子邮件欺凌、聊天室欺凌、社交网站欺凌。除上述常见的类型外,他们还专门提出另一类型"偏见欺凌"(bias bullying or prejudice driven bullying)。这种类型主要是针对团体特征而非个人特征方面的,包括种族骚扰、与信仰相关的欺凌、性骚扰、同性恋欺凌。①

---

① Peter K Smith, Keumjoo Kwak, Yuichi Toda. School Bullying in Different Cultures: Eastern and Western Perspectives[M]. Cambridge: Cambridge University Press, 2016:13.

在我国，教育部基础教育司主编的《防治中小学生欺凌和暴力指导手册》中把欺凌类型分为肢体欺凌、言语欺凌、社交欺凌、网络欺凌、财物欺凌、性欺凌等六种类型。[①] 杜芳芳认为，校园欺凌包括言语攻击（辱骂、威胁）、身体行为（殴打、踢打、损害受害者的财物）、关系/社会攻击（社交孤立、传播谣言），以及通过互联网和新技术的攻击（又称网络欺凌）等。王玥认为校园欺凌大体可分为直接欺凌和间接欺凌两类。直接欺凌是对受害者直接的肢体或者言语攻击，如殴打、推搡（身体欺凌）和当众恐吓、辱骂等（言语欺凌）；而间接欺凌则通常是对人际关系的操纵，旨在暗中败坏受害者的声誉或贬损其社会地位，因此也可称为关系欺凌。林进材认为校园欺凌分为关系欺凌、言语欺凌、肢体欺凌、性别欺凌、反击型欺凌和网络欺凌。其中以电子通信、网络等手段实施的欺凌被称为新型欺凌。相对于传统欺凌，新型欺凌具有一些新特征，如匿名性、跨时空地域的传播性、欺凌者和受害者由比拼身体力量转为比拼信息技术手段。新型欺凌和传统欺凌的相同点是两者均具有重复性、目的性、攻击性的特征。随着互联网的大众化和使用人群的低龄化，网络欺凌现象有增加趋势，研究者对新型欺凌的关注度不断提高，相关研究数量逐年上升。还有学者直接罗列出常见的校园欺凌形式：①言语骚扰——透过面对面、电话、短信或是网络；②踢打或拉扯头发；③嘲笑或言语侮辱；④造谣；⑤蓄意损毁受害人的物品；⑥威胁恐吓；⑦借玩乐时间、社交活动或社交网络的机会排挤受害人；等等。

总的来看，校园欺凌大概可以分为肢体欺凌、言语欺凌、关系欺凌、性欺凌和心理欺凌五种。

肢体欺凌（physical bullying）是校园欺凌中最容易辨别的一种，这种校园欺凌的实施者通常会以殴打、推搡、抢夺他人财物等方式欺凌受害者。肢体欺凌是一种常见的校园欺凌方式，它表现为对被欺凌者身体的伤害，主要就是施害者通过殴打、恐吓、夺取财物等行为，直接对被害者造成身体上的伤害。这种欺凌方式严重地威胁到被害学生的人身安全。

言语欺凌（verbal bullying）是指欺凌的实施者以语言来刺激或者伤害他人，具体采用恐吓、侮辱、嘲笑等方式。这种方式一般是施害者以谣言、恐吓、嘲笑等，对被欺凌学生进行语言攻击。它虽然不会对被欺凌学生造成生理上的伤害，但会给被害者造成心理阴影，直接影响被欺凌学生的心理健康。

关系欺凌（relational bullying）是指欺凌的实施者通过孤立受害者，使其人际关系受到影响，不能正常和同学交往、活动。关系欺凌，主要是施害者鼓动其他学生疏远被害学生，破坏被害学生与其他学生之间的人际交往行为。同时，它

---

① 教育部基础教育司.防治中小学生欺凌和暴力指导手册[M].北京:教育科学出版社,2018:15-16.

还伴随着一些语言的攻击与诋毁。

性欺凌(sexual bullying)是指通过语言、肢体或者其他暴力,对他人实施基于性别指向的骚扰,甚至侵犯;或者对他人的性别特征、性别倾向进行贬损或攻击。

心理欺凌(psychological bullying)一般都是施害者对被害者的生理缺陷进行挖苦讽刺。表现为根据学生外貌和身体缺陷取外号、随意开玩笑、随意破坏被害学生的私人物品等一系列的行为。这会让被害学生在无形中感受到心理上的压迫。

2. 网络欺凌①的内涵与特征

在这里,我们再花点篇幅来谈谈网络欺凌。英格兰德(Elizabeth Kandel Englander)指出,在过去的几十年里,人们只要提及欺凌,提及欺凌儿童,总是固着于身体方面的欺凌。他认为,正是因为现今这一代的成人是在一个野蛮的身体欺凌行为中长大的,所以为了不重走老路,他们的孩子被要求在一个布满监控的环境中成长。在这种环境中,身体上的威胁或攻击往往不能被容忍。但是在当下不断变化的世界中,欺凌已然蔓延至心理、社会等层面。借助隐匿的网络,欺凌者既无需身体上的冒险,也不用处处躲避负责监管的成人。

那么,什么是网络欺凌呢? 网络欺凌(cyber-bullying)一词首见于美国巴克内尔大学(Bucknell University)1998年的研究报告,是指"通过电脑、手机等电子设备,利用严重、反复实施且具有敌意的方式,意图对他人进行强暴、胁迫、骚扰等造成他人心理痛苦的行为"。欺凌的对象既包括学生,也包括教职工和社会上的其他人。比尔·贝尔西(Bill Belsey)认为,网络欺凌是指借助于信息和通信技术,故意地、反复地针对个人或团体进行伤害的敌对行为。主要是指个人或群体使用信息传播技术,如电子邮件、手机短信、个人网站和个人投票网站,有意、重复地实施旨在伤害他人的恶意行为。贾斯汀·帕钦(Justin Patchin)和萨米尔·辛杜加(Sameer Hinduja)认为,网络欺凌是通过电子媒介对他人造成伤害,这种伤害是有意的、重复的。彼得·史密斯(Peter Smith)等认为,网络欺凌还具有"欺凌者和被欺凌者双方能力的不平等性",是个人或群体利用电子交流方式,针对无保护自己能力的个人或群体持续实施的有意的攻击性行为。综上,我们认为,网络欺凌就是信息通信技术(ICT)兴起之后产生的负向影响之一,其定

---

① 其实,关于网络欺凌可以作为单独一个主题进行研究,国内外也有相关独立的研究成果。鉴于研究的时间与精力,以及研究的内容安排不可能面面俱到,所以,本研究只能将网络欺凌视为校园欺凌的一部分来进行简单研究。需要我们注意的是,网络欺凌与普通形式的欺凌在概念、内涵、原因、主体、技术支持、治理策略上有着很大的差异,的确需要我们单独作为一个专题进行研究。

义为:"由团体或个人使用信息媒介,长期、反复地针对不能轻易为自己辩护的受害者进行的故意性侵犯行为。"

虽然欺凌与网络欺凌不是一回事,但是它们彼此间互相影响。网络欺凌和传统欺凌一样具有重复性、目的性、攻击性的特征。同时,网络欺凌也有区别于传统欺凌的特点,主要表现为隐蔽性与不平等性,这里的不平等更多是技术的不平等,而不是身体力量的不平等。网络欺凌具有匿名性和跨时空传播的特点。与其他欺凌方式不同,网络欺凌无需身体间的遭遇,欺凌者和受害者由比拼身体力量转为比拼信息技术手段,故而可以在任意的时间与地点发生。网络欺凌行为的特殊性在于其行为发生的渠道,即主要通过新媒体平台实施,包括手机短信、邮箱、网络聊天室、博客、即时通信、社交媒体等以互动和交往为主的网络平台。英格兰德指出,传统欺凌与网络欺凌有很大的不同,因为传统欺凌概念的三个要素(重复性、目的性和力量不均等性)在网络欺凌中有不同的表现。在网络世界,力量的不均等性会发生畸变,最大的困难在于受害者可能体验到这三个要素,但是欺凌者本身却没有故意去伤害他们。所以,评估网络欺凌往往依靠的是受害者的主观体验,我们应该时刻在头脑中保持这样的理念,即网络欺凌受害者的存在并不经常意味着一个有目的网络欺凌者的存在。[1]

从技术层面上看,网络欺凌作为新生事物,其产生主要是由于信息通信技术的发展,新的电子设备特别是智能电子设备的发明与普及造成的,可以说,有现代科学技术在背后进行支撑是网络欺凌最大的特征。①新设备。不再仅仅是电视,还有台式电脑、笔记本电脑、平板电脑、移动电话、智能手机、音乐播放器、电子阅读器、游戏软件等。②视频互动。人与人之间可以网上互动,但很多是消极行为,如彼此取笑等。③观看视频时间。20世纪70年代,美国人平均每天花在电视屏幕前的时间为2.9小时,20世纪80年代稍微增长至3.1小时,而到了2004年,美国人均每天花在电视屏幕前的时间达到了6.3小时。虽然后来观看电视的时间有所下降,但是盯着各种屏幕的总时间在2010年还是增长到7.6小时。即便参与许多活动,这个时间数量也没有明显的下降。④取代了人与人之间面对面的接触。⑤黄金段时间电视内容对欺凌造成的影响十分严重。

网络欺凌基于数字交流,而数字交流不同于非数字交流,主要表现在以下几点:一是更易于使用与传播;二是自我、匿名、去抑制、偶然残忍等方面的假象或错觉;三是情绪的夸张或膨胀;四是欺凌目标没有能力逃避;五是比传统欺凌会产生更为强烈的影响。

---

[1] Elizabeth Kandel Englander. Bullying and Cyberbullying: What Every Educator Needs to Know[M]. Cambridge: Harvard Education Press, 2023:27.

当然，上面只是从技术层面来阐述网络欺凌的产生，除了技术因素外，还有其他非技术因素。除去学生品德、制度不完善、管理不到位等原因外，从学生生活的视角也会发现诸多原因。其中，儿童生活的异化、儿童游戏的消失等也是其中重要的因素。

网络欺凌的主要表现形式是多种多样的。南希·威拉德（Nancy Willard）根据网络欺凌的性质将其分为七种形式：情绪失控、网络骚扰、网络盯梢、网络诋毁、网络伪装、披露隐私、在线孤立。我国学者经研究，也从多方面指出网络欺凌的表现形式与主要内容。有学者指出，网络欺凌可分为六种主要形式：网络论战、假冒他人身份、信息骚扰、散布流言、诽谤、排挤。还有学者提出八种网络欺凌形式：网络论战、骚扰、诋毁、模仿、揭露、诈骗、排挤以及网络跟踪。

网络欺凌产生的后果同样十分严重。既然网络欺凌背后是技术，那么就需要我们好好地控制技术，以防它控制我们。关于网络交流，我们要教育学生，加强学生对网络技术以及背后的网络欺凌的了解。一是数字交谈不像面对面交谈，所说的一切事情非常容易大范围地扩散与传播。二是数字交谈能够让你感觉无所限制，会导致更多的轻率和偶然性粗暴及残忍。三是来回发送或传递某一情感会导致情感升级，会使情况更糟。四是很难从电子问题上逃脱出来，如果需要你的支持，请理解并帮助他们。五是有时网络欺凌比现实欺凌影响更大，不面对面并不意味着不能造成伤害。

第四节　校园欺凌的时间与场所

关于校园欺凌行为发生的时间与场所，中外研究人员也做了许多研究。首先要明确的是，理论上讲，校园欺凌在任何地方、任何时间都可以发生，目前还没有发现时间与地点是影响校园欺凌发生的重要因素。但研究结果显示，在不同的地方，不同的时间，校园欺凌行为发生的次数与概率有很大的区别。

首先，从地区类型和学校类型来看，哪些地区和学校更容易发生校园欺凌呢？一般来说，无论是国外的研究，还是国内的研究，虽然学者们的表述不太相同，但是大家都一致认为，经济相对落后地区、城市经济落后区域、外来人口聚集地区一般校园欺凌行为发生次数和概率较高；同样，那些办学质量较低、文化气氛较差的学校比较容易发生校园欺凌行为。反之，无论是农村还是城市，越是经济文化发达地区，越注重人文关怀、民生发展的农村与城市校园欺凌就越少；同样，越是注重办学绩效，注重常规管理，注重校园文化建设的学校，校园欺凌发生次数与概率就越低。1993年美国的都市生活调查数据显示，校园欺凌更可能发生在教育质量低下的学校。教师与学生都认为导致校园暴力增加的重要因素是教育质量没有达到一定的标准。在教育质量低下的学校中,33%的老师成为财物犯罪的受害人,还有11%的老师成为暴力案件的受害者。所有学校的欺凌都一样吗?当然是不一样的。研究表明:①欺凌经常发生在较为贫穷的地方;②越是关注学术的学校,欺凌发生得越少;③一所学校的精神特质决定了欺凌的程度。[1]

其次,在学校内部或周边,哪些地方更容易发生校园欺凌呢?这要从以下两个方面进行分析:一是要思考学生在校期间的活动地点;二是要思考校园欺凌行为发生时学生的心理状态。我们认为,校园欺凌一般较多会发生在学生不多的地方或者不易被教师发现的地方,譬如校园的某处角落与校园周边的学生回家的路旁,这也被国内外许多调查研究数据所证实。美国的一项调查研究显示,大多数老师相信欺凌经常发生在走廊、楼梯下、午餐厅或自助餐厅,或未被注意的教室。学生也认同这些地方,又加上体育馆与衣帽间作为最重要的选项,当然还有厕所。

最后,我们来看看哪些时段最容易发生校园欺凌。同样,分析这一问题我们也要先分析学生在校活动规律和学校日常作息时间,即学生在正常的教育教学管理外要有相对自由与独立的时间发起攻击。就此,我们认为校园欺凌最容易发生在课堂教学与学校活动外的某一时间,以及学生从放学到家中这一段时间。这也被国内外调查研究的数据所支撑。

第五节　校园欺凌行为的后果与影响

从某种意义上讲,校园欺凌行为的发生可以说是青少年学生成长过程中的烦恼。学生时期,儿童的成长与发展是人生中最重要的一个阶段,这一阶段儿童身心、品性、社会等发展的质量如何,直接影响着儿童后续人生的生存与生活质量。所以,了解校园欺凌对儿童产生的危害与后果,无论是对于欺凌者来说,还是被欺凌者来说,都是非常重要的。

美国学者阐述了欺凌对儿童的影响,他们认为,校园欺凌的影响主要体现在学校安全、缺席与旷课、身心健康(诸如提高焦虑级别,失去自尊和自信,抑郁,增加诸如头疼、口腔溃疡、胃疼等身心病状,自残、自杀,校园环境导致的精神异化等)等方面。从具体行为结果上看,那些涉及欺凌的人要比没有涉及欺凌的人经常表现出不良的身心反应,如灰心丧气,失落感上升,有自杀念头与企图。英国学者威廉姆斯(Williams K.)等人在伦敦的一项研究表明,那些经常欺凌别人的

---

[1] [爱尔兰]基思·沙利文.反欺凌手册[M].徐维,译.北京:中国致公出版社,2014:22.

人会出现身心失调症状,如头疼、脖子与肩疼、胃疼、疲劳、情绪紧张,等等。① 一般来说,因为被欺凌者要比欺凌者身材矮小,体形纤弱,被欺凌的孩子也表现出一些症状与缺陷,譬如经常性的头疼、胃疼、头晕眼花、肌骨柔弱等。甚至一些病症,如上呼吸道感染、尿床、睡眠障碍以及身体亚健康,等等。② 台湾地区学者刘南琦指出,霸凌行为可能带来以下创伤:学业适应障碍,认知调控障碍,情绪调控障碍,行为调控障碍,人际调控障碍,精神病理方面。③

有意思的是,美国教育法律权威人士安迪·浮士德(Andy Faust)指出,根据美国残疾人教育法案(IDEA)的定义,许多牵扯进欺凌行为的孩子都可以归类为"残疾儿童"。当这些年轻人长期以严重的欺凌方式行事时,他们就符合了严重情绪困扰(SED)的定义。这是法案中12个残疾类别之一。根据该类别的说明,学生有资格获得特殊教育服务,值得注意的是,SED的定义要求这个孩子在以下五个特征中具备任何一种,且在很长一段时间内的表现达到"明显程度"。这五个特征如下:①并非主要由智力、感觉或其他健康因素造成的无法学习的情况;②无法建立或保持人际关系并严重影响了其社会发展;③在正常情况下不适当的行为或感觉;④普遍存在的不高兴或抑郁情绪;⑤倾向于关于个人或学校问题出现相关的身体症状或恐惧感。④ 可见美国社会对欺凌者或被欺凌者所受不良影响与后果的重视。

相对于直接欺凌的影响与后果,许多学者指出,某些间接欺凌的影响更大,后果更严重。美国学者经研究认定,与身体欺凌不同,有证据证明关系欺凌,如孤立、打击信心、散布敌意的谣言等对人可以造成长期的痛苦与心理伤害。换言之,校园欺凌对欺凌者或被欺凌者来说,当下的痛苦(如害怕、惊恐、受伤、疼痛、失眠、逃学等)远不及潜在的痛苦(如消极、抑郁、孤立、逃避、自残、自杀等)严重。基思·沙利文关于欺凌的显性与隐性的冰山理论值得我们借鉴。他说,在现实生活中,我们能够体察到的校园欺凌是很少的,更多的校园欺凌或校园欺凌的引发因素都是人们不易察觉的。他指出,对校园欺凌体察可以分为三层。第一层,报告出来的欺凌。仅有极少数量的欺凌事件被教师发现或进入教师的视野。如阿代尔等人研究认为,仅有21%的欺凌被报告给教师或者其他成年人。第二

---

① Williams K, Chambers M, Logan S, Robinson D. Association of Common Health Symptoms with Bullying in Primary School Children[J]. BMJ, 1996, 313(7048):17-19.
② Due P, Hanson E H, Merlo J, Anderson A, Holstein B E. Is Victimization from Bullying Associated with Medicine Use among Adolescents? A National Representative Cross-Sectional Survey in Denmark [J]. Pediatrics, 2007, 120(1):110-117.
③ 刘南琦.向霸凌说不[M].台北:远流出版事业股份有限公司,2011:46-47.
④ [美]贾斯汀·W.帕钦,萨米尔·K.辛杜佳.校园欺凌行为案例研究[M].王怡然,译.哈尔滨:黑龙江教育出版社,2017:54-55.

层,未被报告出来的欺凌。近半数的学生认为欺凌不能被制止,并认为没有任何策略可用于处理欺凌问题。如阿代尔等人研究认为,79%的欺凌没有被报告出来。第三层,欺凌的隐蔽影响。欺凌让受害者受到威胁,怕上学(逃学),害怕欺凌会再次发生(缺乏自信),担心欺凌会在某地发生(在走廊、在学校操场、在更衣室、在午餐队伍中、在去学校的路上、在回家的途中、在街道上、在当地俱乐部里、在当地的商业中心)。鉴于此,我们需要更加关注处于冰山底层的那些影响与后果。[1]

需要指出的是,虽然欺凌会产生严重的后果,但是也不要予以夸大。摩尔(Moore,M. H)等人说:"欺凌会涉及同学们之间大范围的关系互动,所以,当无害的笑话成为有害的语言辱骂,或当玩笑式的推搡成为身体攻击时,有时的确很难判定。学生对欺凌的反应也相当主观,对一个同学而言讥笑可能会被忽视,但是对一个自尊心很强的同学来说这可能是无论如何接受不了的。就算是在校园枪击事件发生后,教师和同学们还是很难测量或判定曾经发生过的欺凌的严重性如何。"有许多研究成果提出校园欺凌会导致学生自杀,现实中也会偶尔出现这样的案例。但是,对于校园欺凌引发学生自杀的判断,人们还是相当谨慎。美国许多学者都直接甚至批评式地指出,不要危言耸听,绝大多数的欺凌不会导致杀人或自杀。[2] 2013年,德伯拉·特姆金(Deborah Temkin)在《赫芬顿邮报》上发表了《别再说欺凌行为会导致自杀》。特姆金是儿童发展走向领域的高级研究专家,她曾协助美国教育部和奥巴马政府的禁毒工作。她说,当看到那些千篇一律地支持传统看法,认为欺凌导致自杀的标题时,我们会过度紧张。特姆金指出,一些研究表明,欺凌确实和自杀有一定的关系,但是,大多数遭受欺凌的青少年都没有死亡或是自杀,这也是真的。许多社会科学家花了很多时间来研究两种行为之间的关联,但很多情况下,其中的关联远比因果关系更为复杂。有许多已知的与自杀相关的因素,与其他情景或持久的生活压力(如欺凌)相结合时能够预测到具有自杀的风险。但即使如此,大多数有过这种经历的人都不会自杀。[3] 所以,学生受到暴力或欺凌时,会不会自杀,或者说自杀的原因是不是因为受到了欺凌,这是不好断定的。也就是说,把学生自杀全部归结为其受到校园欺凌之故是不合适的。

总之,我们认为,论述校园欺凌的影响与后果,可以从两个维度来分析:第一

---

[1] [爱尔兰]基思·沙利文.反欺凌手册[M].徐维,译.北京:中国致公出版社,2014:29-53.
[2] Moore M H, Petrie C V, Braga A A, McLaughlin B L. Deadly Lessons: Understanding Lethal School Violence[M]. Washington, D.C.: The National Academies Press, 2003.
[3] [美]贾斯汀·W.帕钦,萨米尔·K.辛社佳.校园欺凌行为案例研究[M].王怡然,译.哈尔滨:黑龙江教育出版社,2017:27.

个维度是直接的影响和后果;第二个维度是间接的影响和后果。直接的影响和后果就是指校园欺凌发生过程中或结束后,欺凌者与被欺凌者产生即时性或短时间延时性的影响与后果。而间接的影响和后果指的是校园欺凌行为发生后,对欺凌者或被欺凌者产生的未来的长久性的影响。基本结论是,虽然校园欺凌会给儿童带来即时性的痛苦体验,但是最具危害性的还是潜在的持久性负面影响,会给儿童的后续生活带来一定的负面后果。

  康德说过,理论无直观则空,直观无理论则盲。理论的重要价值是激发我们思考探索欺凌内在的理性和逻辑,明确校园欺凌的性质,校园欺凌与校园暴力的概念界定,校园欺凌有什么特点,有哪些类型,行为影响与后果表现如何。认识这些基本的理论问题可以使我们很清楚地面对纷繁复杂的校园欺凌行为。正如英格兰德所指出的那样,解决欺凌问题之前,必须认识几个关键性问题。第一,对欺凌这一术语长期的过度使用,导致事实上阻碍了我们在预防上的努力。第二,欺凌是一种虐待和侮辱性行为,我们需要从这一点上进行理解。第三,欺凌一般不太容易被发觉与识别,教师和管理者需要努力去找寻更多的信息以鉴别。第四,校园欺凌与网络联系密切,我们也许将欺凌与互联网欺凌视作两个相互区别、并不联系的存在,但是事实上它们并非如此。第五,欺凌并不是一个完全能由成年人单独解决的问题,儿童同样需要掌握如何依靠自己去应对那些卑劣行径。最后,当我们传授给学生有关社会生活知识的同时,我们也需要思考如何将这些信息传递给他们。[①] 我们认为,这些问题都是在调查欺凌现状和提出具体治理举措之前必须认真思考与对待的,这也是本章内容的意义与价值所在。

[①] Elizabeth Kandel Englander. Bullying and Cyberbullying: What Every Educator Needs to Know[M]. Cambridge: Harvard Education Press, 2023:4-5.

第二章
校园欺凌治理的比较研究

他山之石,可以攻玉。西方国家教育近代化起步相对较早,对于日益泛滥、呈现趋势化特征的欺凌问题较为重视,为此开展相对规范的研究,并收获了一定的研究成果。反观我国,正因为校园欺凌问题不突出,致使中小学校园欺凌科学、规范的研究与实践起步稍晚,为了预防可能出现的变数,仍需要以防患于未然的态度加大对校园欺凌的研究。学习与借鉴国外特别是发达国家校园欺凌最新的研究成果,比较国内外校园欺凌研究和实践的发展,对于解决我国未来可能出现的校园欺凌问题具有重要的启示与借鉴意义。以下我们主要以欧美日澳等西方发达国家为对象,对它们近年来校园欺凌研究与实践的代表性成果进行梳理、分析和阐述。

第一节 西方国家校园欺凌的研究与治理

校园欺凌行为是西方国家中小学长期存在的问题,给学校教育教学与管理工作带来了无限的困扰。近年来,西方国家对中小学欺凌问题愈加重视,通过颁布法律、出台政策、制定策略,进行形式多样的欺凌治理项目实验,构建中小学安全工作体系。经过多年来的持续努力,西方国家中小学校园欺凌事件呈下降趋势,欺凌问题得到了一定程度的缓解与控制。

一、美国、加拿大校园欺凌的研究与治理

1. 美国、加拿大校园欺凌的研究状况

在美国,校园欺凌①行为并不是一个新问题,一直是威胁美国校园安全的重

---

① 我们发现,在欧美,关于欺凌、暴力、反社会行为并不是截然分清的。在西方国家20世纪关于欺凌问题内涵的认识上,总的来看,暴力问题是包括欺凌问题在内的。也就是说,欺凌问题是作为暴力问题的特殊形式存在的,有些研究具有明显的欺凌行为特点,有些研究具有暴力行为特点,这要看具体的研究对象与研究任务。所以,我们在本研究中有时用暴力概念,有时用欺凌概念,也有时将暴力欺凌两个概念合并使用,没有做严格的区别。

要因素,给学校师生、家长带来严重的不安与烦恼。曾有一名学生问克林顿总统:"我们已经能够将人送到月球,那么为什么我们不能在校园中阻止暴力?"早在 20 世纪 50 年代,美国学者威廉姆斯(John W. Williams)在《公立学校的纪律:一个可感知的问题?》中就指出,"在我们部分年轻人身上,一些严重的反社会行为正在明显增加"①。20 年后,在《卡潘》②(Phi Delta Kappan)中也提出了与 20 世纪 50 年代相似的问题,只是问题更为严重一些。20 世纪 90 年代的校园欺凌问题与 20 世纪 50 年代最大的不同在于学生开始使用武器,特别是校园枪击事件屡屡发生。直至今日,欺凌问题仍然是困扰美国中小学安全的社会性问题之一。

美国关于校园欺凌的研究与实践并不比欧洲早,从某种意义上讲,美国校园欺凌研究与实践是从学习欧洲开始的。也就是说,尽管在美国关于学生同伴间互相伤害的研究出现得很早,但是对校园欺凌问题进行大范围科学研究则来得迟一些。其中较为有代表性的是胡佛(Hoover J. H.)、奥利弗(Oliver,R.)和哈兹勒(Hazler,R. J.)等人在 1992 年所做的研究。他们从美国中西部三个州的 207 个初中与高中收集数据。研究发现,大概 77% 的调查回应者声称在他们求学期间某个时间受到过欺凌攻击,大约 14% 的调查回应者声称其遭受的欺凌经历更为严重,18% 的男生与 14% 的女生认为他们的学习成绩因为遭受伤害而受到消极影响。从年龄段来看,10 岁到 14 岁的学生遭受欺凌攻击最多。最常见的方式是嘲笑与戏弄。成绩优秀也成为受到欺凌的原因,而成绩不良却不是受到欺凌的主要原因。在性别上,女生比男生在受欺凌后更容易感到情绪失落与悲痛,受到欺凌的学生不相信学校工作人员可以有所帮助。总的来看,研究者得到的结论较为保守,他们一致认为美国的欺凌问题比欧洲要严重。③

从 20 世纪 90 年代到新世纪初期,与其他国家一样,美国媒体上公开报道的自杀、枪杀或与欺凌相关的悲剧使公众和研究者对此更加关注。研究者大多关注和研究这些事件的发生是否与在校受到欺凌或暴力攻击有联系。比较有代表性的事件有:1997 年 12 月,美国肯塔基州帕迪尤卡的希思中学 14 岁学生迈克·卡尼尔(Michael Carneal)在遭受比他大的同学欺凌后,持枪射击了 8 位同

---

① Williams J W. Discipline in the Public Schools: A Problem of Perception? [J]. Phi Delta Kappan, 1979,60(5): 385 - 378.
② 《美国公众眼中的公立学校:1969—2007 年卡潘·盖洛普教育民意调查报告》是经《卡潘》杂志授权编译,并在中国出版发行的调查报告集。自 1969 年起,美国盖洛普组织(Callup)借助相关基金会的支持,进行美国公众对公立学校态度的民意调查,持续至今,其调查报告的简写本陆续在美国著名教育杂志《卡潘》(Phi Delta Kappan)上发表,成为反映美国教育舆情的重要文献。
③ Hoover J H, Oliver R, and Hazler R J. Bullying: Perceptions of Adolescent Victims in the Midwestern USA[J]. School Psychology International, 1992,13(1):5 - 16.

学。阿肯色州琼斯伯勒的韦斯特赛德中学13岁的米切尔·约翰逊和他的同伴11岁的安德鲁·戈尔登在受到同学的取笑和找茬后,开枪射杀了5名同学,射伤了10名学生。美国联邦调查局(FBI)和校园枪击案秘密服务研究中心(Secret Service Studies of School Shootings)都得出结论认为,那些向他们同学开枪的学生中,有三分之二的学生是因为受到欺凌而报复性枪击的。[①] 1999年4月20日,哈里斯(Eric Harris)和克莱伯德(Dylan Klebold)在哥伦比亚中学谋杀了12名同学与1名教师,还有许多人受伤,他们也开枪自杀,付出了生命。调查报告指出,他们这样做的主要原因是经常遭到同伴的欺凌与耻笑,特别是来自那些比他们强壮的人。这些事件开始激起北美的许多研究者进行研究。例如,利里(Leary)等人2003年研究发现,在15次学校枪击案中,有12次与行凶者遭到恶意取笑和暴力欺凌相关。20世纪90年代开始出现许多这方面的研究成果,进入21世纪后这类研究成果又有所增加。

　　美国近年来进行过许多项全国性的调查研究,从现有文献上看,近年来引用最多的是南塞尔(Nansel, T. R.)等人2001年的研究成果。因为它是第一个关于全美年轻人代表性样本的研究报告和发现。研究者对从六年级到十年级的15 686个学生的调查数据进行分析。总的来说,有13%的学生承认卷入到适度(有时)或频繁(一周一次或更多)的欺凌当中,10.6%的学生成为欺凌目标,6.3%的学生既是欺凌者也是受害者。样本中29%的人卷入适度和频繁的欺凌行为当中,他们或是欺凌者,或是受害者,或者两者都是。无论是欺凌还是被欺凌,男生都要高于女生。初中的学生(六至八年级)要高于高中的学生(九、十年级)。西班牙裔的学生比其他群体略高,黑人年轻人成为受害者比其他人要少。男孩一般身体欺凌多一些,女孩一般语言或关系欺凌多一些。在美国,种族和宗教是欺凌行为发生的动机之一,学生的外表与语言是引发欺凌的最主要原因。研究还发现,涉及欺凌的学生,无论是被欺凌者,还是欺凌者,他们的社会心理调整能力较差,那些受害者的心理调整能力最差。那些被认为是欺凌的同学最有可能卷入一些学生问题行为,如喝酒、抽烟、成绩较差。这个研究为理解美国年轻人的欺凌问题提供了基本的资料与分析框架。根据2013年美国教育部国家统计中心(the U.S. Department of Education's National Center for Education Statistics)(NCES)的统计显示,在12岁到18岁之间发生的欺凌事件已从过去

---

① Vossekuil B, Fein R A, Reddy M. The Final Report and Findings of the Safe School Initiative: Implication for the Prevention of School Attacks in the United States[M]. Washington, D.C.: U. S. Secret Service and U. S. Department of Education, 2004.

十年的28%降到了22%(2005年大致是28%~32%)。① 除了上述研究外,美国著名的青少年伦理品格研究机构约瑟夫森青少年伦理品格研究所2010年发表了一份关于美国高中校园欺凌行为的研究报告,这个报告的数据在美国也产生了很大的影响,鉴于内容大同小异,在此不做过多阐述。

在加拿大,查拉克(Charach)、佩普勒(Pepler)和齐格勒(Ziegler)的研究具有代表性,他们在1995年提出了加拿大第一个欺凌研究报告。研究者提出了许多当前仍在研究与调查的问题,所以他们的研究特别值得我们关注。研究的参与者是来自多伦多学校的211名不同种族的学生,22名教师,172名家长。研究的参与者大都是四至八年级的学生,也有一些是三年级的学生。结果显示,49%的学生声称在调查提及的两个月内受到欺凌,20%的学生声称欺凌行为发生不止一两次,8%的学生声称他们每周都会受到欺凌,甚至更为频繁。家长对自己孩子所受欺凌的预估要略低于学生的报告数量。研究者指出,加拿大的受欺凌比率是挪威的2倍,大概与英国相仿。关于欺凌别人,24%的学生说他们欺凌过别人一次或两次,15%的学生承认会更多一些,2%的学生承认欺凌别人一周一次甚至更多。这项研究也针对欺凌的性别与年龄进行,研究发现男女生受害率大体相近,男生比女生欺凌别人的比率更高,更为年少的学生比那些相对大一些的学生受到欺凌会更多些,五年级和六年级的学生欺凌现象最多。至于原因,大多数学生声称这样做是因为显示力量和临时冲动,是一种很"酷"的行为。

另外,关于欺凌受害者的主要行为特征,研究发现受害者在休息期间经常孤单一人,不被其他同学所喜欢。当问到如果看到欺凌事件会怎么办时,61%的人说他们会很讨厌,29%的人说会有些讨厌,10%的人漠不关心。当研究者问及学生看到欺凌正在发生时会怎么办时,43%的学生表示会去帮助,33%的人相信他们应该去帮助,但是不一定会去做,只有24%的人说欺凌不是他们所关注的。关于"当你受欺凌了,你会怎么办"这一问题,大多数回应者称应该告诉成人(父母或教师),也有回应者称不敢告诉成人,因为害怕行凶者进行严重的报复,还有一些受害者一般什么也不做。事实上,有近三分之一的受害者没有将他们的受害情况告诉成人。这个研究还提及了教师和学生对欺凌回应情况的调查结果,75%的教师称他们进行了干预,但是只有25%的学生认为教师进行了干预。

总的来说,近年来,美国、加拿大对于校园欺凌研究在不断加强,这种加强伴随着国内校园欺凌事件的发展曲线而表现出起伏的特点。在对于校园欺凌内容

---

① Espelage D L, Low S, De La Rue L. Relations between Peer Victimization Subtypes, Family Violence, and Psychological Outcomes during Adolescence[J]. Psychology of Violence, 2012, 2(4):313-324.

研究上,大多是关于欺凌伤害者与受害者的研究、关于社会经济地位的影响研究、关于学校欺凌文化气氛的研究等,方法上以实证调查为主。就研究对象来说,美国、加拿大也特别强调少数族裔以及特殊群体的研究,所以除了正常的校园欺凌问题的研究,北美特别是美国的研究还包括许多亚团体的欺凌流行性研究。如残疾学生[①]、种族与民族[②]等。

2. 美国、加拿大校园欺凌的治理

针对越来越多的校园欺凌问题,美国率先构建校园安全法律体系,寻求以法律的方式治理校园欺凌问题。自20世纪90年代以来,针对校园欺凌日趋严重这一问题,美国政府颁布了系列学校安全法案,这些法案涉及校园毒品、枪支、犯罪等相关校园安全问题。例如,1994年3月,时任总统克林顿签发《美国教育法案》,法案中列出了到2000年要努力达成的主要目标。法案指出,到2000年,美国的每个学校将祛除毒品与暴力,为学生提供一个纪律严明的环境,引导学生积极学习。"没有哪个儿童或年轻人在上学的路上会感到害怕,或者必须面对做出一种痛苦选择的压力。"进入21世纪,美国校园安全法律制定工作继续向前发展。2000年5月,众议院议员巴卡(Joe Baca)提出预防青少年欺凌行为的立法议案。在议会通过的《2000年度综合校园安全法》(*Comprehensive School Safety Act of* 2000)中,要求学校制订和完善校园安全计划。2001年,时任总统布什签署《不让一个孩子掉队法》(*No Child Left Behind Act*),明确要求每个州要认定并说明哪些学校"长期处于危险境地",各个学区必须详细统计校园欺凌事件。联邦政府对校园安全问题的重视,促使各州都建立健全校园安全法律体

---

① Rose C A, Espelage D L, Monda-Amaya L E. Bullying and Victimization Rates among Students in General and Special Education: A Comparative Analysis[J]. Educational Psychology, 2009,29(7): 761; Poteat V P, Espelage D L. Exploring the Relation between Bullying and Homophobic Verbal Content: The Homophobic Content Agent Target(HCAT) Scale[J]. Violence and Victims, 2005,20(5): 513 - 528; Espelage D L, Aragon S R, Birkett M, Koenig B W. Homophobic Teasing, Psychological Outcomes, and Sexual Orientation among High School Students: What Influence Do Parents and Schools Have? [J]. School Psychology Review, 2008,37(2):202 - 216; Berlan E D, Corliss H L, Field A E, Goodman E, Bryn A S. Sexual Orientation and Bullying among Adolescents in the Growing Up Today Study[J]. Journal of Adolescent Health, 2010,46(4): 366 - 371.

② Charach W, Pepler D, Ziegler S. Bullying at School: A Canadian Perspective[J]. Education Canada, 1995,35(1): 12—18; Nansel T R, Overpeck M, Pilla R S, Ruan W J, Simons-Morton B, Scheidt P. Bullying Behaviors among US Youth: Prevalence and Association with Psychosocial Adjustment[J]. JAMA: Journal of the American Medical Association, 2011, 285 (11): 2094 - 2100; Graham S, Juvonen J. Ethnicity, Peer Harassment, and Adjustment in Middle School: An Exploratory Study[J]. Journal of Early Adolescence,2002,22(2): 173 - 199; Larochette A C, Murphy A N, Craig W M. Racial Bullying and Victimization in Canadian School-Aged Children: Individual and School Level Effects[J]. School Psychology International, 2010,31(4): 398 - 408.

系。许多州先后制定了直接针对学校欺凌事件的法律,或通过法律授权给学校处理此类问题。① 以纽约州为例,在2000年的立法会议上,纽约州通过了《反教育暴力学校安全法》(Safe School Against Violence in Education),主要包括诸如实施学校安全项目、规范学生日常行为、制定教师纪律、遴选学区雇员和教师资格申请人、制定暴力事件报告制度等13项内容。再如,2003年9月,新泽西州制定出要求学区采用反欺凌政策的法规,规范学校处理违纪事件的权限,制定出相关的学生行为规范,以及报告和调查投诉程序,要求为一切犯罪和犯罪后果做出解释,禁止一切形式的欺侮、骚扰或恐吓学生的行为。据统计,截至2010年,美国已有45个州(包括哥伦比亚特区)制定并通过了学校反欺凌法规。

具体来看,美国目前关于校园欺凌的相关法律主要有以下几部:《1993年学校安全法》(Safe School Act of 1993)、《1995年青少年预防犯罪和改革法》(Juvenile Crime Prevention and Reform Act of 1995)、《1997年保护儿童免受暴力法》(Protect Children From Violence Act 1997)、《1999年学校暴力预防法案》(Prevention of School Violence Act of 1999)、《1999年学校安全法案》(Safe School Security Act of 1999)、《2001年学校安全经费法案》(School Safety Fund Act of 2001)、《学校反暴力授权法案》(School Anti-Violence Empowerment Act)、《不让一个孩子掉队法》(No Child Left Behind Act)、《为了每个孩子的美国安全法案》(SAFE Act:SaferAmerica For Everyone's Children Act)、《校园性侵犯预防法》(The Campus Sex Crime Prevention Act)、《学校恐怖行为零容忍法案》(Zero Tolerance School Terror Act)、《2003年在社区提供可靠官员、技术、教育、社区监督、培训法案(保护法)》(PROTECTION Act:Providing Reliable Officers, Technology, Education, Community Prosecutors, and Training In Our Neighborhoods Act of 2003)、《克雷莉修正案》(Jeanne Clery Act Amendment)。当然,这些基本都是联邦政府教育部颁布的法律,而各州也有许多关于校园欺凌的相关法律,在此不一一列举。

其次,营造反欺凌的社会环境,严格管控社会负面影响因素。按照美国宪法规定,美国人有持枪的权利,但这直接引发了严重的校园枪支犯罪问题。1994年,在联邦政府颁布的《攻击型枪支法》中就提出了要加大控枪力度的主张。同年,时任总统克林顿签署《学校禁枪法令》,规定对携带枪支上学的学生给

---

① Whitaker D J, Rosenbluth B, Valle L A., Sanchez E. Expect Respect: A School-Based Intervention to Promote Awareness and Effective Response to Bullying and Sex Harassment. In: Espelage D L, Swearer S M, eds. Bullying in American Schools: A Social-Ecological Perspective on Prevention and Intervention[M]. Mahwah:Lawrence Erlbaum and Associates, 2004:327-350.

予停学 1 年的处分。1999 年,国会又颁布《儿童持枪暴力犯罪防治法》,该法案严禁青少年持有枪支,规定禁止向 18 岁以下青少年出售或转让攻击性武器。在毒品问题上,美国政府积极向毒品宣战,创建无毒社区、无毒校园和无毒工作环境。1997 年 7 月,为打造无毒社会环境,时任总统克林顿签发《无毒社区条例》,旨在减少毒品供给和需求,并想尽一切办法严禁青少年吸食毒品。关于青少年酗酒的问题,早在 1993 年 1 月,全国学校董事会协会(the National Boards Association)就指出,青少年饮酒是发生欺凌行为的最直接原因。为此,美国联邦和各州政府都制定了严格的售酒和饮酒规定,很多州规定,任何餐馆、商店、酒吧不能售酒给未满 21 周岁的人,否则一旦饮酒者出现违法犯罪行为,餐馆老板要负连带责任。美国大众传媒对学生欺凌行为的发生影响巨大。为了防止青少年受到负面强化而做出各种不良行为,美国对新闻娱乐业实施了严格的管治举措:谨慎处理新闻传播内容;减少追求轰动效应的暴力色情新闻报道;规避血腥、暴力以及游戏人物的恶俗肮脏的对话,避免儿童在网络上接触到成人内容等。针对电视暴力的负面影响,美国成立针对电视暴力的市民专门小组(the Citizens Task Force),该小组提出每天要禁止网络和有线电视暴力内容传输 16 个小时(从上午 6 点到晚上 10 点),以便有效地保护儿童。全国预防犯罪联合会(the National Crime Prevention Coalition)与广告委员会(the Advertising Council)也共同发起一个反暴力的公共性服务运动。基于此,美国有线电视方开发出一个评级系统,对暴力色情内容进行外部监控。

再次,美国制定学校反欺凌工作预案,加强中小学安全管理。为了更专业地处理欺凌问题,美国政府要求学区和学校制定反欺凌专项校园预案。2001 年,美国教育部制定了《保护我们的孩子行动指南》(*Safeguarding Our Children: an Action Guide*),从预防、针对性早期干预、个别强化服务三个层次为学校提供了减缓校园欺凌的具体操作步骤。① 2003 年,美国教育部又下发了《危机计划的实用信息:学校与社区工作指南》(*Practical Information on Crisis Planning: A Guide for Schools and Communities*),更强调把预防欺凌放在首位,以便将危机消除在萌芽中。2011 年 3 月 10 日,由时任总统奥巴马和夫人主持,美国教育部和卫生与公共服务部主办了"阻止欺凌"白宫会议。会议邀请学生、家长、教师和非营利组织领导人 150 人,讨论了如何共同努力让学校更加安全。会上奥巴马公布了美国"阻止欺凌"网站(https://www.stopbullying.gov/)。2012 年 4 月,美国教育部部长阿恩·邓肯(Arne Duncan)在第三届"阻止欺凌"联邦峰会

---

① U.S. Department of Education, U.S. Department of Justice. Safeguarding Our Children: An Action Guide[M]. Washington, D.C.: U.S. Department of Education, 2000: 4 - 35.

上宣布"阻止欺凌"网站经过更新已于 2012 年 3 月 30 日公开使用,旨在鼓励全民采取行动制止和预防欺凌,进一步加强美国公民对校园欺凌的认知,帮助他们学会预防和阻止校园欺凌。[①] 网站为欺凌涉及的家长、教育工作者、社区工作人员和儿童等不同人群提供了颇具针对性的建议和措施。

除联邦政府重视外,美国各州也特别重视学校安全预案工作。譬如,纽约州就赋予校长和教师严格管理学生的各项权限,制定危机事件的报告制度,并开展校园欺凌预防培训等。在联邦政府与地方政府的督促下,各学区与学校加强校园防护工作,完善并细化规章标准,例如设立校园警察,对来访者进行登记,组织人员执勤,使用监视仪器等。学校会定期召开有关欺凌问题的培训会议,对教职工进行安全技能和暴力预防训练,如控制压力管理、培养学生自尊、尊重多元文化、控制情感情绪、应对团伙措施、培养合作协调能力等。

最后,积极强化品格教育与心理教育,引导中小学生亲社会行为。品格教育的复兴是美国 20 世纪末以来道德教育的一个显著特征。自 1996 年起,美国联邦政府每年拨款 270 万美元,资助树立青少年品格教育的典范,以在全社会树立典型。受此鼓舞,各州均制定了相关政策,要求中小学开展品格教育,以扎实的德育工作来推进反欺凌事件的发生。例如,1999—2004 年 5 年间,美国有 23 个州通过或修正了品格教育法案,许多州还设立了具体的品格教育校园活动周,如"勇气周""诚实周""友爱周"等。2006 年 10 月,时任总统布什召开"美国白宫校园安全专题会议",要求学校实施积极的品格教育来抵制消极的欺凌文化。直到今天,品格教育仍是美国中小学校形塑学生良好行为、规避欺凌风险的基本举措。在美国,心理健康教育作为反欺凌举措的重要内容也得到了普遍重视。美国中小学校特别关注处于心理发展特别周期的学生。近年来,美国中小学心理健康教育领域开始出现新的发展趋势,即侧重为青少年创造一个良好的学习与生活环境,提供一个增进学生积极心理品质的安全成功的学校和社会环境。在这种积极心理学的指引下,近几年来美国中小学应对学生心理问题更强调营造一种安全的校园文化,打造关爱和谐的学校共同体,强调为治理中小学欺凌问题提供健康心理的知识基础与技能支撑。

加拿大地广人稀,情况要稍微简单一些,具体实践举措主要在重要的省级行政层面实施。加拿大没有全国统一的教育立法,但是各省具体预防和处理学校安全问题的教育法规政策几乎覆盖了学校生活的各个方面。譬如安大略省的《校园安全法》明确地规定了只有以下人员能够进入学校:注册学生、学生父母或监护人、学校雇员、信件递送人员、受邀参加学校活动的人员、校长或副校长或其

[①] 张沿沿,顾建军.美国"阻止欺凌"教学视频制作研究[J].比较教育研究,2019(6):83-89.

他有权限管理人员邀请来校的人员。2004年,安大略省教育局制订了《构建安全校园:欺凌预防行动计划》(*Shaping Safer Schools: A Bullying Prevention Action Plan*)。从"欺凌概念的界定""政府的高度重视""第三方机构评估""专业化的评价工具",一直到"确定学校共同体成员的角色",形成完整的欺凌预防和治理体系。[①] 该计划指出,高达80%的学生在学校有过被欺凌的经历;校园欺凌已经成为一个严重影响学校乃至整个社会安全的问题;并明确界定了校长、老师、学生、家长以及教育局等部门的具体职责,各角色相互配合,形成一个良性的循环体系。校长要在学校开设相关课程培训,提高学生和教师对不同种类欺凌行为的鉴别和应对能力,负责建立一个安全的报告欺凌机制,鼓励学生报告欺凌行为;教师需要掌握技巧去鉴定、回应和预防欺凌事件,还要在日常教学中把欺凌预防有效融入课程教学中;学区教育局、学校以及各种公益机构都为家长提供多种培训或资料;各类非政府机构在反校园欺凌方面也发挥着重要的作用,比如通过开设反欺凌网站和儿童欺凌热线等多种渠道关注和解决校园欺凌问题。加拿大不光重视学校的外在环境安全,还更加重视学生之间友好相处的心理环境的构建。作为相关法律法规的配套措施,加拿大中小学为学生提供心理健康教育、公民教育和法制教育等教育内容,以期通过提高学生的心理健康、道德素养和理性能力来减少相关安全问题的发生。同时中小学都设有心理辅导室,以帮助那些在心理方面有特殊需要的学生。[②]

需要特别提出的是,欧美发达国家在治理校园欺凌方面,特别热衷于以项目的形式进行,各地都提出了许多治理欺凌行为的不同项目。下面就介绍几个在美国与加拿大颇有影响的欺凌治理的项目。

(1) Second Step 项目。这是一个通用的暴力预防项目,它可以促进社会—情感学习,促进社会能力和自我规范行为的发展。目的在于减少冲动的、高风险的和攻击性的行为,提高学生的社会—情感能力,以取得学业的成功。这个项目首先开发于美国,现在已经在加拿大、澳大利亚、新西兰、德国、挪威和英国运用。Second Step 包括三个发展性的有针对的项目,分别针对学前或幼儿园、小学(一至五年级)、中学(六至八年级)使用。项目由大约15个7～50分钟的视频课程组成,由教师或其他年轻的服务者在班级里放映,还有一个为家长提供的家庭指南(Family Guide),给家长提供支持,使他们能够应用在学校学到的策略。所有三个项目都聚焦于提供移情训练(empathy training)、情绪管理(emotion management)、冲动控制(impulse control)和问题解决能力。学前与小学项目

[①] 杨廷乾,接园,高文涛.加拿大安大略省校园预防欺凌计划研究[J].比较教育研究,2016(4):62-65,77.
[②] 殷之嵩.加拿大:学校安全深入细节[J].人民教育,2015(8):10.

开发了自我规范能力和社会—情感能力,中学项目还有相应的针对欺凌的策略。尽管早期的项目没有直接针对欺凌,但是为教育儿童通过团体讨论、模型化(modelling)、辅导、角色扮演和班级实践等方式管理情绪和处理同伴间的冲突打下了基础。中学项目建立在这些能力基础上,针对性地减少问题行为、不恰当行为的风险因素,也会提升诸如与同伴和教师进行积极互动的保护性因素。

尽管这个项目并非一个纯粹的欺凌预防项目,但是社会—情感学习在欺凌预防方面是一个关键而有效的因素,它可以通过教育学生获得必要的能力,与其他人以一种亲社会方式相处,并能够提供给学生处理同伴冲突的策略。[1] 通过开发年轻人的社会能力,学生可以更好地结交朋友,降低伤害的可能性与影响。再者,移情训练和情绪管理能够增加旁观者对欺凌的反应。埃斯皮兰(Espelage)等人对 Second Step 评价指出,与控制组学校相比,实施这个项目的学校的在校生很少声称参与身体性的攻击行为,然而,他们发现在语言攻击、性骚扰或同伴伤害方面干预没有什么效果。[2] 另外一些研究者也发现,实施这一项目的学校学生很少具有攻击性,社会性能力和亲社会行为增加;同样,同伴冲突也无需成人进行干预。然而,第一年所获得的社会能力并不能够保持到项目运行的第二年,即在控制组与干预组之间不再具有显著的团体区别。[3] 因而,尽管这一项目可以明显减少攻击性,以及增加积极行为,但是它在减少欺凌的行凶者与受害者方面效果不大。

(2) Steps to Respect 项目。这是一个广泛应用于学校的欺凌预防项目,是为三至六年级的学生而开发的。目的在于提升包括学校员工在内的成人对欺凌事件的监控和责任;灌输社会责任意识,使学生行为发生内部转变,开发培育社会情感能力,以提升学生的情绪能力等。它强调所有学校共同体成员共同认识、报告和降低欺凌行为,以求提升学校的安全环境。它也可以帮助学生发展积极的和支持性的同伴关系。项目的课程分为三个不同的层级:层级 1 为三、四年级学生而设计,层级 2 为四、五年级学生而设计,层级 3 为五、六年级学生而设计,项目有 11 个 50 分钟的课程,这些课程编排在 12 个周。使用认知—行为技术,

---

[1] Smith B H, Low S. The Role of Social-Emotional Learning in Bullying Prevention Efforts[J]. Theory Into Practice,2013,52(4):280-287.

[2] Espelage D L, Low S, Polanin J R, Brown E C. The Impact of A Middle School Program to Reduce Aggression, Victimization, and Sexual Violence[J]. Journal of Adolescent Health,2013,53(2):180-186.

[3] Frey K S, Nolen S B, Edstrom L V, Hirschstein M K. Effects of A School-Based Social-Emotional Competence Program: Linking Children's Goals, Attributions, and Behavior[J]. Journal of Applied Developmental Psychology,2005,26(2):171-200.

以建立社会责任方面的规范,并鼓励社会—情感性行为。① 具体地说,要教给学生不同的欺凌预防技能和策略,比如对不同欺凌行为的认识,果断地反应,采取适当的寻求帮助行为。也要训练学生一定的社会—情感能力,如同情、换位思考、情绪调节能力和安全地解决冲突策略。除了课程外,员工培训也是一个关键的内容:学校中的所有成人,包括教师、校长、驾驶员以及餐厅员工,都要经过培训,以认识欺凌事件并采取适当的方式进行干涉。

对这一项目进行评价显示,与控制组的学校学生相比,实施这个项目的学校的学生可观察的欺凌行为在不断降低。学生支持受害者的责任感更高了。② 整体来说,相比控制组,实施项目的学校可观察到的欺凌、伤害、破坏性旁观者行为,以及非欺凌式攻击行为显著减少,但是同最初的研究一样,在欺凌与受害的自报告层次上没有发现什么变化。③

(3) Safe School Ambassadors(SSA)项目。这是一个关于旁观者的教育项目。目的在于提升学校的社会—情感氛围和降低学校欺凌、网络欺凌及其他形式的暴力行为。SSA项目已经在美国的32个州和加拿大的两个省实施,这个项目通过招募有社会影响的学生(称为"信使")来减少欺凌行为。项目认识到旁观者在强化欺凌者的攻击行为中所发挥的影响力,同样认识到旁观者在解决冲突中的影响力。④ 通过对适当年龄的学生领导者进行有关非暴力交流、冲突解决和干涉能力的培训,这些安全"信使"可能改变有关欺凌的社会规则。选择学生大使和成人监控人员要有一个为期两天的互动性训练过程。为保证项目持续进行,也需要额外的支持、监管和提供实践的机会。

这一项目运行两年后,对项目进行评价发现,男性"信使"称其对欺凌事件的干涉比控制组的学校学生干涉情况要频繁。"信使"们的朋友也称他们看到了更多的帮助和更少的虐待事件发生。随着时间的推移,与控制组学校相比,SSA项目实施学校的学生休学(student suspension)率有显著的降低。然而,在学校整体气氛方面,SSA项目实施学校和控制组学校没有显著差异,从学校整个校

---

① Huesmannn L R, Guerra N G. Children's Normative Beliefs about Aggression and Aggressive Behavior [J]. Journal of Personality and Social Psychology, 1997,72(2):408-419.
② Frey K S, Nolen S B, Edstrom L V, Hirschstein M K. Effects of A School-Based Social-Emotional Competence Program: Linking Children's Goals, Attributions, and Behavior[J]. Journal of Applied Developmental Psychology, 2005, 26(2):171-200.
③ Frey K S, Hirschstein M K, Edstrom L V, Snell J L. Observed Reductions in School Bullying, Nonbullying Aggression, and Destructive Bystander Behavior: A Longitudinal Evaluation[J]. Journal of Educational Psychology, 2009,101(2):466-481.
④ Craig W M, Pepler D J, Atlas R. Observations of Bullying in the Playground and in the Classroom[J]. School of Psychology International, 2000, 21(1):22-36.

园文化范围上来看,项目效果也不太明显,与控制组学校比较来说,SSA 项目实施学校没有出现明显的欺凌行为降低趋势或效果。①

(4) RCCP 项目。琳达(Linda Lantieri)、德容(William DeJong)和迪特雷(Janet Dutrey)在《让学校充满和平:解决冲突的创新性项目》一文中,介绍了 RCCP 项目。这个项目开始于 1985 年,由纽约市公立学校合作进行,这个项目教给学生、老师、学校管理者、父母一些开拓性的解决冲突的方法。1993 到 1994 学年度,超过 300 个学校的 12 万名年轻人参与了 RCCP 项目,使这个项目成为全国最大的项目。RCCP 项目包括:①一个 K-12 的教学课程;②一个学生主导的调解计划;③对教师进行专业训练和持续性的帮助与支持;④家长训练;⑤管理者训练。在课程中,强调面对冲突的非暴力替代选项,教他们谈判协商,以及一些其他的解决冲突的技能。向学生说明在一个和平的世界中他们能够起到更重要的作用。RCCP 项目着重教下面几项核心技能:积极倾听、自信、用适当的方式表达情感、换位思考、合作、谈判协商、反对偏见。因为学习这些课程需要全周训练,所以教师被鼓励每周上一课。主要教学方法有角色扮演、访谈、小组讨论、头脑风暴,以及其他学习方法。RCCP 项目的一个关键内容就是学生调解,它提供了一个非暴力解决冲突的强大同伴模型,使学生具备自我解决问题的能力。最后通过减少学生间打架的数量,为学校提供一个更为和平的氛围。

(5) NMCDR 项目。史密斯(Melinda Smith)在《减少学校暴力策略:新墨西哥争端解决中心》一文中介绍了新墨西哥的项目 The New Mexico Center for Dispute Resolution(NMCDR)。新墨西哥争端解决中心是一个社区调解机构,专注于儿童和家庭项目。在 1984 年,只有新墨西哥的两所小学在开发同伴调解项目,十年后,全州近 150 所小学和中学在 NMCDR 项目的帮助下开始实施这些项目。NMCDR 项目主要包括:①父母和孩子的调解计划,帮助家庭在日常生活、预防逃学和一些屡教不改的行为上达成协议;②受害者与青少年侵犯者的调解计划,让侵犯者与受害者走到一起,在调解志愿者的帮助下,实现补偿协议;③暴力干预计划,教给那些青少年暴力侵犯者及其家长一些冲突解决技能;④青少年矫正设备设施的使用,这用于训练那些使用矫正或拘留设备的人员来处理各种冲突。

除此以外,美国还有许多反欺凌实施项目,譬如,"尊重行动"项目(Operation Respect)是"彼得、保罗和玛丽演唱团"的亚罗(P. Yarrow)创立的社

---

① Pack C, White A, Racynski K, Wang A. Evaluation of the Safe School Ambassadors Program: A Student-Led Approach to Reducing Mistreatment and Bullying in School[J]. Clearing House, 2011, 84(4):127-133.

区层面的项目,其最大的特点是提供一门"不要嘲笑我"(Don't Laugh at Me)课程,主要使用磁带、录像、CD等进行教学。针对城市暴力越来越严重这一实际,里士满开发了"和平积极应对暴力"项目(Responding in Peaceful and Positive Way,RIPP)。这是一个旨在减少城市少年暴力的校本预防项目,它关注情景与关系暴力,目的在于教授学生应对冲突的技能,提高青少年积极回应挑战的意愿和能力,促进学生获得社会交往能力,积极承担个体责任。[1] 还有针对学生情感训练的"社会和情感学习"(Social and Emotional Learning)项目,它建立在支持性的关系基础上,旨在发展学生的社会和情感能力。

(6) WITS项目。这是在加拿大运行的项目,WITS的意思是:walk away(走开),ignore(忽略),talk it out(说出来)和seek help(寻求帮助)。即鼓励儿童处理同伴冲突时运用WITS。WITS初级项目是一个基于社区、学校欺凌和同伴伤害的预防性项目,为幼儿园到三年级的儿童设计。而WITS LEADS项目是为四至六年级儿童设计的。两个项目都是为了将儿童的学校、家庭与社区聚合在一起,开创一个积极和安全的环境,以防止欺凌和同伴伤害。在这样的一种社会背景和环境中,每个人都要持续不断地传达一个信息,那就是同欺凌和伤害做斗争。

所有WITS项目的训练模块和资源都可以在网站上免费获得。WITS项目为每个省定制常规的课程目标。课程计划包括课前与课后的问题与活动,可以在线获得。在WITS项目中,教师扮演着重要的角色,并且参与一个90分钟的在线模块,为如何在班级中整合运用WITS提供指导。除了学校员工,社区领导人(警务工作者,消防员等)也在项目实施和提供支持上起着重要作用。家长们也被邀请参与,他们也要学习这一项目,并负责给学生提供WITS阅读书籍。

透过一些随后的项目评价可以看出,WITS初级项目在小学儿童中降低伤害非常有效。在接受WITS培训后,学生报告称,其关系伤害和身体伤害大幅下降。[2] 再者,那些在干预组中的教师称,他们的学生在社会能力和责任方面比控制组的学生要高。[3] 在一项长达6年的跟踪评价中,研究者再次证明了身体伤

---

[1] 李朝阳.美国校园反欺凌项目的层级、内容与实施[J].比较教育研究,2018,40(3):26-31,38.
[2] Leadbeater B,Sukhawathanakul P. Multicomponent Programs for Reducing Peer Victimization in Early Elementary School:A Longitudinal Evaluation of the WITS Primary Program[J]. Journal of Community Psychology,2011,39(5):397-418.
[3] Leadbeater B,Sukhawathanakul P. Multicomponent Programs for Reducing Peer Victimization in Early Elementary School:A Longitudinal Evaluation of the WITS Primary Program[J]. Journal of Community Psychology,2011,39(5):606-620.

害与关系伤害下降十分明显,社会能力提升明显。但是,当学生从小学转移到中学后,项目的成效就降了下来。①

在加拿大,除了 WITS 外,还有 the Quest for the Golden Rule(为 5~11 岁的学生设计)和 The Fourth R(为 14~18 岁的高中学生设计)两个项目运用得也比较广泛。

二、欧洲主要国家校园欺凌的研究与治理

欧洲国家的校园欺凌研究与治理走在全世界的前面。自欧维斯向全世界抛出校园欺凌这一概念,并将自己的研究成果公布后,在全球产生了很大的影响和推动效应,自此,世界许多国家才真正进入科学、规范的校园欺凌研究阶段。在欧洲,校园欺凌研究与治理存在着明显的分化现象,有些国家特别重视校园欺凌研究与治理,做了许多的调查研究,提出了许多的治理方案;而有些国家仍将校园欺凌视作正常的学生纪律问题,没有予以特别的重视。

1. 瑞典与挪威校园欺凌的研究与治理

在上文分析校园欺凌概念的时候,我们就说过,欧洲最早对欺凌进行科学研究的国家是瑞典和挪威。海尼曼作为一名校医,在 1972 年的一本名为《欺凌——儿童和成人之间的群体暴力》(*Mobbning-Gruppvåld Bland Barn Och Vuxna*)的书中引介了瑞典词语 mobbning(欺凌)。这个词是从行为学术语"mobbing"或者"all against one"借用而来的,描述的是由一个小团伙对个人进行群体性攻击。他的研究成果被瑞典伯根大学(the University of Bergen)的欧维斯所接受。

欧维斯在他的著作《学校欺凌行为研究》(*Forskning om Skolmobbning*,1973)中提及了"欺凌"这一概念,这本书被翻译成英文《学校里的攻击性:欺负和殴打孩子》(*Aggression in the Schools:Bullies and Whipping Boys*,1978),他的后一本书《欺凌——我们知道什么,我们能做什么》(*Mobbning—Vad Vi Vet och Vad Vi Kan Göra*,1986)沿用了"欺凌"这一术语,在这本书基础上出版的英文版 *Bullying at school:What We Know and What We Can Do* 成了他的经典名作,并被翻译成多种语言,所以从某种意义上讲,谈及瑞典和挪威校园欺凌的研究与治理,其实主要就是阐述欧维斯的研究与治理举措。

在瑞典与挪威,关于校园欺凌的研究都是由欺凌问题引发的。挪威的学校反欺凌行动主要是由 1982 年发生的 3 个 10~14 岁男孩自杀事件而引发的,因

---

① Hoglund W, Hosan N, Leadbeater B. Using Your WITS: A 6-year Follow-Up of A Peer Victimization Prevention Program[J]. School Psychology Review, 2012,41(2):193-214.

为后来调查发现,这 3 个自杀男孩是由于遭受过严重的欺凌。这一事件与欧维斯的研究发现相呼应,促进了第一次挪威国家反欺凌运动,这次反欺凌运动开始于 1983 年,主要包括一个全国性的调查(这个调查使用的是欧维斯开发的调查问卷),一个供学校使用的视频,以及为教师和父母提供的反欺凌材料。同时,欧维斯还开发了一个学校反欺凌干涉项目。项目实施后,得到很高的评价,项目本身也带来降低 50% 的欺凌行为的效果,这样又引起了新一轮的研究高潮。

1988 年,在挪威斯塔万格市(Stavanger)举行了一次学校欺凌的研讨会议,这个会议由著名欺凌研究专家罗兰(Erling Roland)组织。大概从 1989 年起,关于欺凌的著作与文章开始出现。除了自我报告式的调研外,一些研究也开始使用同伴提名(peer nominations)的方法。同时,一些干预措施也陆续出现,这些干预措施主要使用欧维斯和罗兰的方法。

欧维斯项目最具代表性,我们现称之为欧维斯欺凌预防项目(Olweus Bullying Prevention Program,OBPP),OBPP 的核心是构建与整合整个学校的内容与要素来共同治理校园欺凌。如欺凌预防与合作委员会(Bullying Prevention Coordinating Committee),制定并介绍学校反欺凌制度;班级层面的内容与要素,如班级会议与家长会议;个人层面的内容与要素,如严肃的谈话,相关学生的干涉计划等;还有社区层面的内容与要素,如与社会成员建立一种支持性伙伴关系。[①] 这个方法应用的第一个干预项目就是挪威国家反欺凌运动(Norwegian Nationwide Campaign Against Bullying)。

欧维斯欺凌预防项目四个核心维度如表 2-1 所示。

表 2-1 欧维斯欺凌预防项目四个核心维度

学校层面	班级层面
·建立欺凌干预协调委员会 ·培训委员会及教职工 ·组织教职工小组讨论会 ·提出学校反欺凌规章制度 ·检查并修订学校的监督系统 ·举行项目启动大会 ·吸引家长参与	·发布并执行反欺凌规章制度 ·定期组织班会 ·组织家长会

---

① Olweus D, Limber S. The Olweus Bullying Prevention Program: Implementation and Evaluation Over Two Decades. In: Jimerson S, Swearer S, Espelage D, eds. Handbook of Bullying in Schools: An International Perspective[M]. New York: Routledge, 2010.

续表

个人层面	社区层面
• 指导学生活动 • 确保所有教职工在欺凌事件发生时能够当即阻止 • 与涉事学生家长会面 • 为涉事学生设定有针对性的干预计划	• 将社区成员吸纳到欺凌干预协调委员会中 • 同社区成员建立合作关系,获得社区成员对学校项目的支持 • 在社区中进行反欺凌宣传,传播反欺凌实践原则

关于OBPP的运用效果情况,评价结论不一。① 我们以同一项目为例,挪威于1983—1985年间进行的第一次欺凌调查治理的伯根项目(Bergen Project),就使用了OBPP早期版本,在42所学校进行调查。调查结果显示,受害率下降了约50%,既包括男生也包括女生。同时,反社会行为也在减少,学校的氛围也得到了改观。第二次伯根项目(1997—1998年)包括了14个干预学校和16个对比学校作为控制组。在干预学校,欺凌行为降低了21%~38%,而对比学校没有发生任何变化。同样,在第一次奥斯陆项目(Oslo Project,2001—2002年)中涵盖了37所学校的调查,显示受害与欺凌行为减少了30%~45%。而在2010年,欧维斯联合挪威一批人进行了一项新国家倡议(New National Initiative)的研究,研究发现欺凌与受害率降低了37%~49%。以上可以看出,OBPP在瑞典和挪威的运用是成功的,虽然这个方法在其他国家并没有得到全部的认可。

在瑞典,除了欧维斯以外,阿纳托尔·皮卡斯(Anatol Pikas)的研究也非常重要,他开发了一个PIKAS方法,这是一个注重非惩罚性的方法,强调专业支持和咨询,强调个人方法和小组会议的结合,主要有五个步骤:与疑似欺凌者进行个人谈话;与受害者进行个人谈话;准备小组会议;召开最高级会议;跟踪会议结果。这个方法是想刺激那些欺凌者对他们所伤害的人保持敏感和同情。强调对受害者采取积极行为,也鼓励那些被动的受害者以一种积极的方式改变他们的行为。英国欺凌研究专家史密斯等人发现,经过PIKAS方法培训的老师认为,对于欺凌而言,它是一项适当而有帮助的方法,有四分之三的学生声称运用这一方法干涉之后,学校的欺凌行为在不断地减少。但是在一些案例中,欺凌儿童会将他们的注意力从原初的受害目标转向团体外的儿童,这说明这一方法对于短期干涉来说非常有效,但是要防止持续性的欺凌行为,还需要进一步地改革其干

---

① OBPP在其他国家不都是取得成功的。在德国、荷兰、美国,相关研究证明,OBPP效果并不显著。虽然它在挪威取得了很大的成效,但是在其他文化背景中并没有移植这种成功。

涉方式。虽然 PIKAS 方法有其局限,受到包括欧维斯在内的许多人的批评,但是它也是一个在全球产生了很大影响的欺凌治理项目。

2. 芬兰校园欺凌的研究与治理

芬兰的校园欺凌研究闻名于世,值得我们高度关注。芬兰有很强大的欺凌研究传统,他们从 20 世纪 80 年代起就开始从事校园欺凌研究了。据文献记载,早在 20 世纪 80 年代就有研究小组开发使用"同伴提名"这一方法来收集材料了。这种方法就是在同伴提名的过程中,信息提供者提供自己或他人参与欺凌或受害的情况。这一方法在 1996 年经由萨尔米瓦利(Christina Salmivalli)和她的同事改进而得到发展,主要是允许不同的参与角色进行提名,如小头目、跟随者、助威者、外围者、局外人、防御者和受害者。[1]

芬兰 2002 年教育法第 175 条规定,地方教育当局和管理机构既有责任保护和提升所有学生的健康,也有责任去阻止各种形式的欺凌。要求学校必须制定反欺凌政策,着手安排预案来记录欺凌事件、调查和处理事件、支持受害者以及对横行霸道者进行纪律处罚。在各地纷纷出现欺凌事件的背景下,具有芬兰特色的治理项目也纷纷出台。

在芬兰,最著名的欺凌治理项目是萨尔米瓦利和她的同事开发的国家级的干涉项目 KiVa。"KiVa"是芬兰语"反欺凌"的缩写。The KiVa(反欺凌)和 the KiVa Koulu(反欺凌学校)项目大概在 2006—2009 年间开发,[2]项目包括一些一般性干预,以班级为主体,通过"学生课程"(小学)和"主题日活动"(中学)对学生进行教育,把班级建成一个反欺凌的真实学习环境。The KiVa 为学生全天候提供电脑游戏,通过使用模拟形象、真实情境片段,以及提供试行策略来教育学生。除此之外,还有一些针对性干预,如同受害者和欺凌儿童个别性地讨论,让那些在学生群体中地位高的同学保护他们不受侵犯。KiVa 项目的"针对性的干预"由学校的 KiVa 小组和课堂教师实施。"针对性的干预"的目的主要在于阻止正在发生的欺凌,解决欺凌事件。在参与 KiVa 项目的学校,每个 KiVa 小组由三名学校教职员工组成,小组成员与欺凌的行凶者和被欺凌的学生进行个体和小

---

[1] Salmivalli C, Kärnä A, Poskiparta E. From Peer Putdowns to Peer Support: A Theoretical Model and How It Translated into a National Anti-Bullying Program. In: Jimerson S, Swearer S, Espelage D, eds. Handbook of Bullying in Schools: An International Perspective[M]. New York: Routledge/Taylor & Francis Group, 2010: 441 - 454.

[2] Salmivalli C, Kärnä A, Poskiparta E. From Peer Putdowns to Peer Support: A Theoretical Model and How It Translated into a National Anti-Bullying Program. In: Jimerson S, Swearer S, Espelage D, eds. Handbook of Bullying in Schools: An International Perspective[M]. New York: Routledge/Taylor & Francis Group, 2010: 441 - 454.

组讨论，他们的主要任务是与上课教师一起处理他们观察到的欺凌案件。KiVa 为教师提供一个标准的方案去解决欺凌事件，给教师提供的手册也有详细的指导纲要帮助教师开展讨论和治理。①

2007—2008 学年，卡纳（Kärnä, A.）等人对 KiVa 进行随机对照试验，把 78 所学校的四至六年级的学生随机分配为干预组和控制组，每组 4 000 名学生。在学年末，自报告显示，控制组的学校的欺凌与伤害率有一定幅度的降低，但是变化不大，而干预组的结果显示自报告的欺凌与受害率大幅降低。KiVa 干预的学校，相对控制学校来说，在自报告上显示受伤害降低了 30％，欺凌别人降低了 17％。② 该项目现在正在荷兰运用 KiVa＋版，添加了使用社会网络分析，以更好地确定目标性干预，随机对照试验也在爱沙尼亚、意大利和英国的威尔士，以及美国的特拉华州进行。

总的来看，KiVa 项目整合了"对抗性方法"和"非对抗性方法"，在"对抗性方法"中，欺凌者必须立即公开停止其行为，教师在询问学生是否同意解决问题的方案之前，明确提出欺凌者在欺凌事件中的破坏性角色和其应该承担的责任。教师在采用"非对抗性方法"中，并不责备欺凌者，而是共同关心被欺凌的儿童。与欧维斯实施的"零容忍政策"等对抗性方法和在英国、加拿大等国家实施的"小组支持计划"等非对抗性方法相比，KiVa 项目既照顾了"对抗性"，又关注了"非对抗性"，治理的效果明显，在世界欺凌治理上具有一定的影响。

3. 荷兰校园欺凌的研究与治理

荷兰语欺凌是 Pesten，意思是瘟疫，折磨，使之痛苦。在荷兰"全国安全学校"运动中，使用的是一个十分简单的定义：欺凌或暴力就是没有得到邀请或准允就跨越是非界线。每个人都可以在不打扰、激怒、伤害或危及他人时做自己喜欢做的事，但是一旦跨越了这道线，他或她的同学或教师就有权利说："不要这样做。"

欺凌行为在荷兰也非常严重。1992 年，莫伊（Mooij, T.）报告了他们在 1991 年 4 月到 5 月间所调研的结果，这个研究主要包括 30 所普通小学和特殊小学（45 个班级，从 9 岁到 12 岁的 1 065 名学生），36 所普通中学与特殊中学（43 个班级，从 13 岁到 17 岁的 1 055 名学生），使用的是欧维斯的"欺凌与受害者问卷"（the Olweus bully/victim questionnaire）。低年级版（junior version）用

---

① Salmivalli, C., & Poskiparta, E. Making bullying prevention a priority in Finnish schools: The KiVa antibullying program[J]. New Directions for Youth Development, 2012(133):41-56.
② Kärnä A, Voeten M, Little T, Poskiparta E, Kaljonen A, Salmivalli C. A Large-Scale Evaluation of the KiVa Antibullying Program: Grades 4-6[J]. Child Development, 2011,82(1):311-330.

于小学,高年级版(senior version)用于中学。具体见表2-2。

表2-2 中小学生受害者与欺凌者的百分比

单位:%

分类	受害者		欺凌者	
	小学	中学	小学	中学
本学年以前	39	71	30	44
本年度1~2次	38	23	50	40
定期的	15	4	14	11
一周一次	4	0	3	2
一周数次	4	2	3	3

在学校欺凌国家层面的治理政策方面,早在1992年,荷兰教育文化与科学部就要求在学校实施"性骚扰预防工程"(the project for the prevention of sexual harassment)。1994年10月,副部长蒂内克·内特伦博斯(Tineke Netelenbos)任命一个委员会来设计一个反学校暴力的行为计划。1995年6月,这个计划以题为"预防和反对学校暴力"(Voorkoming en Bestrijding Geweld in Scholen)公布发行。1999年年底,教育部让萨迪斯(Sardes)教育服务机构开发一个在所有中小学校都要运行的冲突管理项目,其中也包括关于同伴调解的教学资料、训练和模式。2001年5月,内政部与教育部实施了一个推行这个项目的四年工程,所有乐意参与的学校均可参加。

最值得我们关注的是,除了上述行政性治理之外,在整个20世纪90年代,荷兰进行了一场关于学校安全的全国性行动。1994年,在听取莫伊等人的调查辩论后,议会开始着手解决学校内外的安全问题,帮助激励学校预防暴力并同暴力做斗争。这项行动主要关注三点:一是提升社会能力;二是暴力预防和事件处理;三是安全设施和制度。对学校的考评主要有以下几点:一是危机支持系统的开发;二是一个简明的分析工具的开发,这可以为具体的问题提供适切的解决方法;三是关于具体方法的成功案例和模式方面的资料宣传;四是关于校内研讨的指导方针的起草和渐近式策略的开发;五是系列培训和支持性评价措施的起草;六是符合法律的学校健康与安全计划的起草(包括秘密顾问的任命,控诉程序的建立,以及一个学校四年政策计划)。

这项运动持续进行了5年(1995—2000年),这对于将学校安全问题置于学校行政和专业议程上来说起到重要的作用。它有利于避免学校被贴上"问题学校"的标签,学校可以公开讨论这些问题。当然由于运动本身有提升的空间,后来这项运动被"青年、学校和安全转化中心"(Transfer on Youth, School and Safety)项目代替,全国电话热线和预防性骚扰工程也整合到了这个中心里。该中心开发制定了年轻人行为法则,2001年4月,一系列关于学校安全问题的小册子印刷发行,包括年轻人行为规则、参与治理、冲突管理、危机处理程序和安全政策计划等内容。

4. 德国校园欺凌的研究与治理

在德语语境中,只要是学校内发生的身体冲突都被称为暴力(gewalt)。在德国,人们对校园欺凌的研究与治理仍然停留在校园暴力的层面,将校园欺凌视为校园暴力问题的一个特殊形式。

在德国,众多的研究结果显示,十分严重的、犯罪性质的暴力行为是十分罕见的,不是学校暴力的典型特征。一些对学生的访谈也表明那种严重的暴力行为是十分少见的。另外,性骚扰等比较严重的暴力事件在一些访谈中也极少遇到。在德国学校,最典型的暴力行为方式是语言暴力。根据研究结果,发现语言暴力的比率要远远超过身体暴力。人们都趋向认为暴力呈不断增长的趋势,特别是当教师、班主任被问及此问题时。例如,施温德(Schwind)、罗伊茨(Roitsch)和吉耶朗(Gielen)1999年的研究成果显示,在波鸿(Bochum),有一半的班主任和三分之二的教师都认为身体暴力的频次在增加。但与之相反的是,文茨克(Wenzke)在1997年的研究显示,连续几年的研究没有发现校园暴力在增长,他调查了650个柏林的学生,事实却是暴力行为在下降。从性别上来看,直接的攻击行为发生在男生身上比发生在女生身上要多,男生与女生均会是肇事者与受害者。女生像男生一样,也参与身体暴力。一项对海塞(Hesse)的六、八、九年级的3540名学生的调查显示,11.1%的男生(女生只有4.2%)是持续性的肇事者(至少每周一次),51.6%的男生(女生28.6%)是偶尔肇事者(最多每周一次)。研究认为,身体暴力在13岁后会增加,到了16岁达到了顶峰,而年龄再大些,就会呈下降趋势。在德国,校园暴力在种族间时有发生,在学生与学生、学生与老师、社会人员与学生之间都存在暴力问题,严重的还会出现使用凶器等情况。

对于校园暴力的处理,德国没有特别制定相关的法律法规,只是在国家的基本法律中体现人权、尊严不受侵犯等内容。德国校园暴力的处理没有明确的书面形式,学生没有什么关于受到惩处的威胁概念,每个欺凌案件都被区别对待与处理。在德国,学校对暴力的处理与介入,以及制定行为规则没有统一的标准。近年来,随着诸如种族等问题的发生,人们也越来越注意到校园暴力的危害,有进一步加强立法与学校管理的呼声,这也是德国未来强化欺凌管理的发展趋势。

5. 英国校园欺凌的研究与治理

在英国,整个20世纪80年代,学校欺凌问题并不是特别紧要的问题。洛温斯坦(Lowenstein)进行过两次早期研究,主要关注欺凌的特征与被欺凌的儿童。阿罗拉(Arora)和汤普森(Thompson)在1987年使用一个名为"学校生活"(*Life in School*)的手册来定义英格兰北部的中学欺凌。然而,公众与媒体对欺凌的关注主要起于1989—1990年。1989年,英国出现了三本关于欺凌问题的书,同年,"埃尔顿纪律报告"(Elton Report on Discipline)也涉及学校欺凌问题。报告中提及挪威正在开展的工作以及进一步研究的需要。古尔本基安基金(Gulbenkian)支持了英国最初的几个研究,其中一个是基于欧维斯问卷(英文版)的调研。早期研究的结果显示,英国学校的欺凌比率比挪威的要高。

20世纪90年代后,随着欺凌事件的增加,英国媒体对欺凌问题越来越感兴趣。1992年,英国广播公司BBC《这就是生活》(That's Life)栏目,追踪报告了一个女生在校受到欺凌而自杀的事件。受其影响,英国议会就学校欺凌进行干涉,于是,教育部决定1991—1993年在谢菲尔德(Sheffield)进行一项调查和干涉项目。研究结果是为学校提供一个资料包:"别在沉默中忍受"(Don't suffer in silence),1994年第一版大多数学校都申请使用。第二版于2000年提出,网上就可以获取。全国慈善组织儿童天地(KIDSCAPE)长期关注儿童保护问题,也在学校欺凌上进行研究和行动。这些支持性活动不仅使校园欺凌"摆上日程",也为学校和教师的工作提供了新的内容。20世纪90年代有关学校欺凌的研究主要针对某些特定的被欺凌风险群体。例如,少数种族的儿童、不同性取向的儿童以及特殊教育需要儿童(SEN)。也有研究关注家庭因素与儿童欺凌或被欺凌的关联,同时还有几个研究也描述了影响欺凌的消极因素,例如受害者的身心征兆、焦虑、灰心丧气和较低的自尊等。电话在线帮助成为支持解决欺凌问题的有效方式之一。1994年,一个致力于解决儿童欺凌问题的在线电话一共接听了58 530个电话。打电话的主要是11~14岁年龄的人,以女孩为主。1998年,考伊(Cowie)进行了一个"同伴支持"为主题的调查,发现这对于提升那些同伴帮扶者的自信与责任很有好处,对学校氛围的改善也有帮助。当然也会存在其他同学对帮扶者怀有敌意、教师需要更多的时间与资源等问题。1999年,伦敦大学戈尔斯密学院教授史密斯等人主持的一项跨国调查发现,在英格兰地区调查的半年时间内,大约有10%~20%的学生受过欺凌,其中65%的学生回答说欺凌持续的时间为一周或一个月,13%的学生回答说持续了一个学期,9%的学生回答说持续了一年,而有13%的学生回答说持续了若干年。

到20世纪末,英国关于学校欺凌的认知与政策建议与前十年相比发生了很大的变化。现在大家都知道任何学校都存在欺凌或相关问题。1998年颁布的《学校标准与框架法》的第六十一款就将制定反欺凌措施作为对中小学的法定要求。1999年起,英国政府就将欺凌问题作为中小学优先关注的领域。同年,英国首次在法律上规定中小学必须制定反校园欺凌的政策。2002年,教育法要求中小学和地方教育部门确保青少年的福祉,其中就涉及儿童的健康、安全和欺凌问题。2003年11月,教育与技能部出版了《反欺凌行动章程》(*Anti Bullying Charter for Action*),鼓励学校和学生签署。同年,教育标准局OFSTED(Office for Standards in Education)发表了《欺凌:中学的有效行动》,提出了应对校园欺凌现象的指导性意见,包括发动学生参与、与家长密切配合、地方教育部门支持、加强师资培训等多方面的内容。[1] 标准局规定:对学校的常规视察要问及学校的欺凌程度如何,是否采取有效措施,有没有什么政策等问题。

进入新世纪,英国校园欺凌研究与实践进展明显。一个名为"安全学习"(Safe to Learn)的全新资料包从2007年11月开始发行。下议院教育和技能委员会在有关欺凌的报告中再次强调学校拥有有效的反欺凌政策的重要性。作为回应,政府在2007年6月提出了一个未来"安全学习"指南,包括以下内容:学校应对政策行为与结果进行审议,政策必须每两年复审;反欺凌政策必须针对所有的欺凌形式,包括种族和宗教方面的欺凌、同性恋欺凌、性别歧视和性欺凌、特殊教育需要儿童(SEN)和残疾相关的欺凌、网络欺凌,也包括学校员工的欺凌,以及家长或其他成员的欺凌。

在组织与协会建设上,英国的反欺凌联盟(ABA)于2002年成立,该联盟包括英国50多个全国性组织,从志愿组织到私立部门、专业协会、研究团体,形成一个协同工作的网络,共同减少欺凌行为,为儿童和年轻人生活、成长、游戏和学习提供一个安全的环境。联盟支持区域性的研讨会,开发资源文件包,决定自2004年起每年实施一次"反欺凌工作周"活动。慈善机构Beatbullying(反欺凌)也提出了许多倡议,最著名的是用网络顾问为那些受到欺凌或网络欺凌的受害者提供咨询和建议。国际儿童网(Childnet International)也曾积极关注网络安全(e-safety)和网络欺凌领域的问题。

随着2010年新联合政府的成立,教育与技术部于2010年11月发表了一个学校白皮书《教学的重要性》,其中第9部分规定:班主任(head teacher)要采取强力反对欺凌行为,特别是种族、性和同性恋欺凌,班主任要教育学生在校园外同样保持好的行为和形象。[2] 2014年10月,教育与技术部发布了《预防和应对欺凌——给校长、员工和管理机构的建议》(*Preventing and Tackling Bullying—a Device for Head Teachers, Staff and Governing Bodies*),文件的

---

[1] 许明.英国中小学校园欺凌现象及其解决对策[J].青年研究,2008(1):44-49.
[2] Department for Education. The Importance of Teaching: The Schools White Paper 2010 [M]. London: Department for Education,2010.

内容主要包括地方政府解决校园欺凌的措施、法律规定学校必须解决的欺凌问题及其实施的原则。里面涵盖了法律要求:"教师有权处理在校外犯错的学生。""学校要提供一个对欺凌同学的纪律措施,以让他们明白他们的行为是错误的。"

英国地方政府在治理校园欺凌方面也不遗余力,不但制定了专门的反欺凌政策,还把治理校园欺凌作为教育领域优先解决的问题之一。以英格兰南部的布里斯托尔市议会(Bristol City Council)为例,市议会制定的《反欺凌指导纲要》(Anti-Bullying Guidance)明确规定地方政府的责任如下:通过网络培训教师以提高学校的反欺凌意识;指导学校制定有效的反欺凌措施;全面监测学校,学校每三年向地方政府上交一次反欺凌报告。利物浦市议会(Liverpool City Council)也从政府层面制定相关政策,如 2013 年发布的《利物浦地区儿童和青少年的反欺凌策略服务 2013—2016》(Liverpool Children and Young People's Services Anti-Bullying Strategy 2013-2016),明确指出利物浦市议会将反欺凌策略作为儿童和青少年保护机制的重要组成部分。①

就项目来说,在英国最主要的评估性的干涉项目就是谢菲尔德项目,于 1991 年到 1993 年实施。这个项目在 23 个干预学校和 4 个控制学校中进行,并发表了指南手册《别在沉默中忍受》。项目具体开发了一个整全的学校政策,同时可以选择其他干涉方法,如课程工作、质量圈、自信心训练、操场工作、同伴支持等。这一项目的实施使小学受欺凌率降低 17% 左右,但是在中学只有 3%～5%,具体结果与学校运用项目时的投入程度紧密相关。

除了谢菲尔德项目外,还有同伴支持计划。同伴支持指的是运用学生们的经验、知识和能力,以一种计划和结构性的方式来预防和降低欺凌行为。同伴支持者,无论是志愿者,还是学校遴选出来的学生,都被培训以一种主动和非暴力的形式来处理学生间的人际冲突、社会性排斥和各种欺凌行为。在小学,帮扶者在课余时间帮助那些情感失落或没有人一起玩的学生。还有"操场好友计划",志愿者清晰地予以标识,穿戴特定的衣服帽子,在休息时间或午饭时间帮助孤单的或受欺凌的儿童。他们认真组织操场游戏,陪同孤单学生。在中学,经常实施同伴监控或咨询计划,在一个秘密的地方或经过重新设计的房间里,由一些同伴支持者在特定的时间里帮助需要帮助的同学,或者通过校内网或一个"担忧/欺凌盒"(worry/bully box)来进行帮扶。"伙伴计划"(Buddy Schemes)通过配备好朋友的方式来帮助那些新来的学生在转换学校期间很好地适应新的学校。

---

① 屈书杰,贾贝贝.英国校园欺凌综合治理体系及其对中国的启示[J].河北大学学报(哲学社会科学版),2018(1):57-63.

关于学校同伴支持项目,考伊和史密斯在 2010 年总结时认为,作为一种预防和减少欺凌的方式,同伴支持计划实现了对学校环境的整体提升。首先,有许多例子证明那些使用同伴支持计划的学校都是更加重视关爱的,重视学生的幸福,同伴支持计划被同学们和员工们支持和认可,同伴支持者本身也从这种经历中获益。① 其次,通过帮助运用这项计划的每个学生,可以有效地避免他们受到伤害。最后,可以有效地降低整个学校的总体欺凌率。同伴支持计划的核心问题是:要对同伴支持者进行选择和培训;招募中的性别平衡(一般来说,女学生志愿者要比男学生多,特别是在中学阶段);由一定数量的职员进行充分而持续的监管;计划的有效提升;要让志愿者感觉到自己作用很大。②

6. 法国校园欺凌的研究与治理

法国情况与德国相似,主要是使用"校园暴力"这一概念指代所有校园攻击性行为。暴力的概念也相对宽泛,由三个程度变量构成:犯罪和侵犯、极小的暴力以及不安全感。在法国,研究者一般选用丹尼斯·戈特弗雷德森(Denise Gottfredson)的定义:按因果关系而发生的类似于犯罪行为的行为,这些行为当因变量被限制为非法行为时,行为的原因也无须被限制。

在法国,关于校园暴力或侵犯行为的准确报告始于 1993 年,主要是因为在这个时间里,出现许多针对学生和教师的攻击行为。这也使学校安全问题成为全国人民普遍关心的公共安全问题。

一个关于学校暴力事件的持续性普查从 1996 年开始进行,到了 1999 年,在中学,发生各种类型的暴力事件为 24 万个,其中只有 6 240 个,也就是 2.6% 的事件被认为是严重的事件(主要是身体攻击),1 750 个涉及破坏财物。86% 的攻击者为学生,擅自闯入学校者为 12%,员工为 1.3%,家长为 0.7%。受害者也主要是学生,占 70%,主要是男生,然后是员工 20%,擅自闯入者 1.6%,以及家长 0.4%。

在治理举措上,从 20 世纪 90 年代起,法国政府和教育部长们都试图解决暴力问题。第一个计划由教育部、内政部和司法部部长们提出,但是仅仅停留在设计层面,没有解决实际问题。1998 年,克劳德·奥雷格(Claude Allègre)任部长时,提出了一个新的反暴力方案。这一方案在 291 个大学、65 个高中和 54 个职业高中实施,涵括了 270 854 个学生。目的在于通过一些新的手段(增加专业人

---

① Houlston C, Smith P K. The Impact of A Peer Counseling Scheme to Address Bullying in An All-Girl London Secondary School: A Short-Term Longitudinal Study [J]. British Journal of Educational Psychology, 2009, 79(1):69-86.
② Cowie H, Smith P K. Peer Support as A Means of Improving School Safety and Reducing Bullying and Violence. In: Doll B, Pfohl W, Yoon J, eds. Handbook of Youth Prevention Science[M]. New York: Routledge, Taylor & Francis Group, 2010.

员和资金),使那些处境危险的中学在暴力和不文明方面有所改观。这一举措的创新之一是在学校设立一个新的职位叫教育助理(aide-éducateurs)。年龄从21岁到29岁,他们致力于帮助学校教职工与学生处理好关系,帮助完成教育任务,做好调解工作。

2000年1月,法国教育部又实施了第二计划,在原先方案的基础上,增加了60所中学和将近7 000名员工。将人数众多的中学进行分割,在国家课程中设立公民教育。创立"学生引导中心"(Pupil Referral Units),帮助那些不满16岁的在校行为有问题的学生保持正常的生活和学习。2000年10月,新任命的教育部长杰克·朗(Jack Lang)实施了一个新的反暴力举措,那就是成立全国反暴力委员会(Anti-violence National Committee),由教育部、司法部、内政部、城市部、国防部、青年体育部人员,家长与学生代表,大学专家共计36人组成。委员会的目标就是分析和判定学校暴力,设计预防方案,并采取行动处理问题,同时动员学生反对学校暴力行为。

7. 比利时校园欺凌的研究与治理

在比利时,关于欺凌的概念,人们大抵使用欧维斯提出的欺凌定义。与校园欺凌相比,"校园暴力"则运用得十分普遍,这个概念一般不仅指身体暴力,也包括所有的攻击行为,从语言到心理,再到身体的暴力。除了校园欺凌、暴力概念外,还有"学校反社会行为"概念,主要是从违反正常制度与行为规则视角来看的。在比利时,欺凌、暴力与反社会行为的概念是打包的,没有做十分严格的区分,最起码实践领域是这样处理的。

英格·惠布雷格斯(Inge Huybregts)、妮可·维滕伯格(Nicole Vettenburg)和莫妮克·德埃斯(Monique D'Aes)在《解决学校中的暴力:来自比利时的报告》一文中详细介绍了比利时欺凌的状况。在比利时的弗兰德教育地区,攻击性行为是最为关切的主题,欺凌成为人们热心研究的内容。有两项研究最引人关注,一项是史蒂文斯(Stevens)和范·奥斯特在1994年到1995年做的研究,使用的是1991年欧维斯设计的"同学关系问卷"(the Classmates of Relation Questionmaire),并结合弗兰德地区的背景进行了修订。他们调查了84所中小学10~16岁的学生1万名。另一项是学习与职业指导中心董事会(the Central Board for Study and Career Guidance)做的全日制中学六年级(在欧洲一般是中学的最高年级)1 054个学生的调查。史蒂文斯和奥斯特研究发现:15.9%的小学生经常欺凌别人,5.6%的小学生最少一周一次。在中学,这个数字大概是12.3%与3.9%。对于受害人,23%的小学生报告他们经常受到欺凌或伤害,9.1%的小学生报告一周最少受欺凌一次。在中学,这个数字分别为15.2%和

6.4%。学习与职业指导中心董事会的调查发现,18%的中学生受过较小程度的欺凌,2.6%的中学生受到严重欺凌。最频繁的欺凌形式为嘲笑(60%),辱骂(22.4%),社会性排斥(20.5%),威胁(9.8%),损坏物品(6.3%)。研究发现,随着年龄的增大,欺凌和被欺凌次数逐渐降低,在史蒂文斯和奥斯特的研究中,年龄在10岁到16岁间,欺凌的频率在逐渐降低。这个趋势也被学习与职业指导中心董事会的研究所证实。在性别上,欺凌与被欺凌一般发生在男孩子身上的要比女孩子多,特别是在直接身体攻击的案件中更是如此。而间接欺凌中,无论是欺凌别人,还是受别人欺凌,女孩子都要比男孩子多。学习与职业指导中心董事会的研究也有同样发现。至于在团体内部受欺凌的情况,则没有发现性别差异。

关于具体行动方案,主要由弗兰德与瓦隆地区构成。在弗兰德,教育行政部门实施了一项行动计划,这个行动计划按照基于反社会行为的内涵,整合已有的预防、恢复和治理工作,提出了学校暴力的定义,目的在于解决与说明学生反社会行为的数量与性质。第一,引介诸如团队学习这样的学习目标作为优秀的学习内容与方法给予学生。第二,重建检查制度,用检查小组来考核学校的整体功能表现,而非专门针对特定主题和个体教师检查。第三,行动方案的目的是强化积极的学校氛围与学生的成功和幸福感。学校的规则与制度以及学生的权利要予以特别的重视,强化父母与孩子的参与度。第四,应高度重视教学专业化。提供更多的在职培训项目,以便增加学校与班级的新实践。除此之外,比利时还有另外一些预防欺凌的做法,如应对移民学生的留级问题,刺激学校环境提升等。同样还有一系列的治理政策,如对反社会行为的严肃处理,实施替代性惩罚,成立青少年保护合作中心等。

在项目运用上,比利时实施了诸如"支持学校特殊需要"方案与"年轻人为学校,学校为年轻人"方案。前者实施于2000年9月1日,以支持最需要帮助的弗兰德中学。参与的学校将提供更多的职员以用于咨询和监控学生。后者实施于2001年1月1日,共涉及学校暴力冲突的115名失学学生。这个项目有多个目的:一是允许失学学生从事或参加一个他所喜欢的工作或活动,通过特殊培训鼓励他们在这方面有所追求。二是分配一个额外的职员名额给有问题学生的学校,帮助学校形成积极的学校氛围,强化教师和外来家庭与贫困家庭的联系。另外,一些地方实施"学校调解"(school mediation)、"学校收养"(school adoption)、"积极报告卡"(the positive report card)等做法。最后一项主要是针对那些不能遵规守纪的学生,实验表明十分之七的学生使用这种卡片可以避免被学校驱逐。这种方法就是每天发给那些问题学生一张卡片,在上课前交给老师,下课时老师填写学生表现后返还给学生,放学时学生将卡片交给班主任。每一周都会由一个"联系老师"(link-teacher)和这个学生讨论过去一周的表现,并分配下一周的安排。

三、日本中小学校园欺凌研究与治理

欺凌,日文为"いじめ"(罗马字写为 ijime,日本汉字写为苛め、虐め,平假名写为イジメ,谐音就是"异己灭"),是日本学校在过去30年中最重要的问题之一。

1. 日本校园欺凌治理研究的历史

与世界其他国家相似,日本关于校园欺凌行为的研究与治理也是伴随着学生欺凌问题行为发展而衍生的,并且有着十分明显的历史轨迹。每十年左右的时间因欺凌而自杀的学生人数会达到一个峰值,便引起社会的强烈不满,政府与学者便开展相对应的研究与治理。

20世纪80年代,尽管日本学校中极其严重的欺凌行为数量在减少,但是伴随战后时期的社会变迁,媒体在20世纪80年代早期就开始聚焦有关教师对学生的暴力问题。为了维持秩序,许多教师运用权力与惩罚对学生进行控制,这种控制不仅有语言上的,还有身体上的。但这并没有减少问题的发生,反而加大学生间关系的失衡与人际冲突。这种问题被标识为 ijime,即欺凌。

1986年,日本社会因为一名八年级的学生自杀而震惊,这个男孩不仅受同伴欺凌,而且还遭受三名教师欺侮。例如,有人在卡片上写上"再会"的字样,放在这个学生的课桌上,并同时放一个花瓶,这个意思是表示学生的葬礼。结果孩子自杀,确实迎来了真实的葬礼。当他上吊自杀时,留下了伤害他的人的名字。这些人最后被警察带走并送上了法庭。

日本文部科学省(MEXT)通过召开会议向地方政府、教育董事会和学校提出建议、呼吁和要求。文部科学省第一次召开关于问题儿童的专家会议是在1985年,专门商讨和处理严重的欺凌问题。会议致力于研究欺凌产生的真实条件并讨论提出一个更长久、更广泛的问题解决方案。鉴于问题的严重性,他们决定发布教育公开信,提出关于欺凌的基本内涵和理解,就是:①对儿童身心造成强烈的负面影响;②与孩子体质较弱紧密相关;③经常发生于同学之间,因而教师的引导非常重要;④与家庭关系密切相关,因而对父母的辅导非常重要;⑤为了处理欺凌问题,即时操作与长期评价都是必要的。

以此为基础,日本各类学校以及由教育部门、家长和学生组成的地方董事会也提出了一系列针对欺凌的政策。1985年,日本政府第一次将欺凌相关的条款加入"校园问题行为的年度调研结果"中。在这一系统举措后,20世纪80年代后期与90年代前期,年度调查发现欺凌的数字在减少,教师欺凌学生的事件也

在减少。媒体的关注点与公众的兴趣开始转向学校旷课问题,大多数学校开始转变政策,从严格管控学生行为转向正常的教育教学。

但是好景不长,到了1994—1995年,伴随又一波自杀事件的发生,日本的欺凌研究进入第二个关注期。1994年,一个14岁的男孩子因遭受欺凌而上吊自杀,媒体开始报道跟进。这起事件起源于犯罪者通过严重的身体伤害敲诈了受害者100万日元,最后他们全部被逮捕。自那以后,日本引进了谢菲尔德项目(The Sheffield Project)[①]、PEACE项目(the PEACE Pack)[②],以及其他一些项目用于学校。

第三次媒体关注的浪潮发生在2006—2007年,媒体报告了系列因欺凌而自杀的严重事件。大多数媒体批评学校和地方教育委员会,这给学校和教师增加了新的压力。在这一时期,政府再一次召开官方会议和专家大会,来讨论处理这一问题的举措,提出了许多建议、呼吁和行动指南。这些建议、呼吁与行动指南的内容与以前的基本相似,然而,建议对行凶者的处理要更为严厉,包括了一系列处罚举措,如停课,尽管这些严厉的处罚举措也引起人们对其利弊得失的争议。相对来说,政府特别关注两点:一是他们强调欺凌在任何学校的任何班级都能被发现,目的就是告诫学校不要因为学校的声誉而有所隐瞒或消极对待;二是政府强调"任何形式的欺凌行为都不被允许,学校要经常从受害者一边考虑问题"。因为学校长期以来对行凶者的欺凌责任所持的态度有所消极,他们把大部分的精力用在解救和关爱受害者上面了,而不是对行凶者进行惩罚。为此,1995年,日本政府开始向主要的地方政府的初高中派遣辅导员,负责处理欺凌问题以及其他方面的问题。起初,大概150所学校配备了辅导员,现在已经超过1万所学校配备了辅导员。但是,对此举措社会也有争议,认为这只是强调救护受害者,而更应该强调并实施严格的处罚行凶者的工作指南。在第三次媒体关注后,日本开始实施教师培训工作。但坂根(Sakane, K.)和青山(Aoyama, I.)2011年的研究表明,因为越来越多的官员相信欺凌问题在减少而不是增加,所以就一直没有对各个地方的教师提供系统的培训。

2011年10月,一名滋贺县中学男生自杀,他也是欺凌行为的受害者。这再一次引起公众与媒体的关注。然而,这个案件引起关注不仅是因为欺凌行为本身的严重性,更是因为学校和地方教育董事会的消极反应,他们被公众认为企图掩盖校园欺凌的事实与真相。事件发生后,社会又一次地剧烈争论,大众对相关

[①] Smith P K, Sharp S. School Bullying: Insight and Perspectives[M]. London: Routledge, 1994.
[②] Slee, P T. The P. E. A. C. E. Pack. A Program for Reducing Bullying in Our Schools, 2001. In: Jimerson S R, Swearer S M, Espelage D L, eds. Handbook of Bullying in Schools: An International Perspective[M]. New York: Routledge/Taylor & Francis Group, 2010:63-69.

人员和部门的谴责逐步升级,甚至发展到地方教育委员会的学监被一名大学生用锤头攻击而受伤。作为回应,2012年9月,文部科学省提出了一个"反欺凌行动计划"(Anti-ijime Action Plan),接着于2013年7月制定了《预防欺凌促进法案》(Act of Promotion of Bullying Prevention),于2013年10月制定了"欺凌预防基本国家政策"(Basic National Policy on Bullying Prevention)。这项行动计划包括:①在省内建立一个有关欺凌的咨询委员会,包括不同领域的专家,如律师、精神病专家、前任警官和学术专家;②在地方教育董事会建立一个欺凌支持小组,同样由不同领域的专家组成;③通过增加学校辅导员和社会工作者的数量来提升咨询和支持效果;④修订关于欺凌问题的规章制度,特别要强化同外部组织的合作,包括警察和社会福利服务中心等。

可以看出,这段时间无论是法制建设,还是政策治理,日本社会基本形成了欺凌治理的规范体系。学校及有关部门应对欺凌问题所依据的不仅有文部科学省出台的政策文件,还有日本"教育再生会议"于2006年发布的《欺凌问题紧急建言——面向教育者和国民》,它在指导学校规制和预防欺凌方面也发挥着一定作用。再加上"欺凌预防促进法案"和"欺凌预防基本国家政策"的实施,全日本的地方政府、教育董事会和学校都开始尝试组建行动小组,开发不同层级的欺凌预防基本政策。

例如,据日本教育新闻网报道,东京都教育委员会制定了第二版《校园欺凌综合对策指南》,东京都内公立学校都要按照这个对策指南开展校园欺凌预防工作。新的综合对策指南由五个部分组成。第一部分是"学校的应对措施",详细说明了推进校园欺凌对策时应注意的重点,以及针对不同校园欺凌而应采取的具体措施。第二部分是相关"资料",包含了校园欺凌现象解说,并附有复习卡片和工作卡片等参考资料。第三部分是"预防校园欺凌的学习项目",这是为了使每一个学生掌握应对校园欺凌的能力而开发的,以创造一个没有校园欺凌的学习环境,强调教师在学习环境创造中起到的重要作用,以教师为对象的研修学习必不可少。第四部分是"为了使全体教师形成共识"。第五部分是"参考教材"。这一系列学习,能够使各个学校根据自身情况开展教育研修活动,制定更为切合实际的应对举措。但是,需要我们注意的是,这些政府主导的行动方案还没有真正地被评价过,需要认真跟踪和分析这些行动的实际效果。

近年来,除了立法和政策方面的举措外,日本也越来越多地从道德层面来思考如何治理欺凌行为。据日本产经新闻网报道,日本中小学在2017年以后将实施道德学科化。日本文部科学省为此公布了德育课学习指导要领的修正案,在指导项目中追加了欺凌问题等。新增加的内容涉及判断善恶、相互理解与宽容、公平与公正等关键词。为解决欺凌问题,修正案指出,要从小学低年级开始教授

"公平性"。在教学形式上,鼓励教师以便于学生理解的形式进行教导,比如课堂讨论、发表自我观点等。

总的来看,在过去的三十年中,日本社会大概经历了三次欺凌事件高峰,大约每十年一次,媒体多有报道,公众关注度高,社会负面影响较大。这也影响着日本关于欺凌的研究。从日本教育心理学会提交的报告便可看出,每次媒体关注和公众焦虑的时刻都是提交报告中欺凌问题发生最多的时刻。

2. 日本校园欺凌治理项目

在日本,关于反欺凌的行动是由不同的学校具体实施的,很多学校尝试了不同的欺凌干预项目,这些项目大多数是从西方国家引进来的,如自信心训练、社会能力教育和压力管理等。然而,这些项目没有经过修订,经翻译后直接被引进,学校并不了解这些项目是否适合日本的教育制度与学校氛围,这也导致了这些项目在实施中效果并不理想。再者,由于这些项目都是由有社会影响的研究者与实践工作人员负责实施的,所以不同的项目与方法往往存在冲突。在一些区域,地方教育董事会尝试向该区域的每一所学校推行实施一个特定的项目,尽管老师们尽其努力,但是这些项目往往只实行短暂几年,很多老师抱怨这种自上而下的项目的实施效果不佳。

在日本,学校反欺凌的一个主要项目是"同伴支持方案"。在不同类型的同伴支持方案中(同伴咨询、同伴调解、同伴辅导等),川田(Kawata)在1996年开发了一个独创的同伴支持方案类型,名叫"纸上法"(on Paper Method)或"问答讲义法"(Q&A Handout Method),这一方法在日本金泽市的一所初中得以实施。作为川田方法的延续,户田(Toda)2005年在鸟取县的一所中小学一体化学校中也实施了问答讲义法。

在这所学校,学生们被允许匿名或使用一个笔名写下他们关心的事情,把它们投到一个小盒子里。盒子由负责这项活动的教师打开,通常是一名学校专职辅导员和几个其他协助教师。教师小组认真阅读这些内容,并决定是否将这些问题提交给同伴支持者,或者鉴于问题的紧急性和严重性由教师自己解决。如果教师感觉学生关注的事情和问题特别有价值,可以与其他同学共享,为保密起见,教师会重新誊写一遍原初的信息,以消除笔迹与个人信息,并将其交给同伴支持小组。接着,在教师密切的监督之下,同伴支持者认真阅读并以他们的经验和意见写下对这些关注事情的回答,再将经教师认定的回答内容印在问答讲义上,分发给学校的所有成员,在学校内分享,以培育学生之间互相支持的态度。

金纲(Kanetsuna)和户田曾经于2007—2008年间在兵库县的一所中学实施过一个反欺凌项目。这个项目由地方教育董事会资助,主要由三个基本的方法构成:一是整个学校的方法,通过这个方法使班里的所有学生参与这个项目;二是学生主导的方法,除了对教师和家长进行培训外,其他主要的活动由学生主导;三是多元目标的方法,项目的主要目的是处理欺凌问题,同时也解决学生职业生涯教育方面的问题。

这个项目一开始要在学校建立一个由教师、家长、学生和地方代表组成的项目小组。小组提出项目目标,即提升校内对欺凌重视的程度,转变教师、家长和学生关于欺凌问题的态度。为了达到这一目标,教师们要接受大学教授的系统培训,家长也会被给予系列的培训。培训者向他们解释什么是欺凌,应当如何洞察自己的孩子是否卷入欺凌,以及应当如何自己或和教师一道处理这些问题。选举成立一个学生委员会,一般由每个班级出 1 或 2 名同学组成,这个委员会负责校内多种活动。他们首先从学生那收集欺凌情况,接着提出预防欺凌的宣传标语,设计一个禁止欺凌的警示牌,最后汇集两年间反欺凌过程中积累的材料,制作提升反欺凌意识和策略的视频。项目的效果会因年级和班级差异以及不同学生团体投入的精力和态度而有所不同,但是总的来看,项目实施结束后,同学们对学生委员会的态度变得更为积极,更多的学生希望成为委员会的一员,参与学校的反欺凌行动。

除上述学校类项目外,日本还实施了若干非学校类的干预方法。宫川(Miyakawa)等人在 2013 年提出一个网络 BBS(bulletin board system)的方法。在日本,最早使用网络 BBS 进行在线反欺凌支持出现在 20 世纪 90 年代初期,在 2000 年后数量增长迅速。目前,已经有很大数量的不同类型网站参与解决校园欺凌的伤害问题。这些网站的运营者既有政府部门,又包含私人群体。宫川本人就管理着一个类似的反欺凌支持网站。在这里,任何人都可以写下或者阅读别人留下的问题和建议。在线支持这一方法的最大优势是儿童无须写下自己的名字就可获得帮助,因而不必担心遭受行凶者的报复,而成为一个新的受害者。但是问题是,他们只能在网站得到相关建议,却不能得到真实的干预。所以,如果网上支持和学校真实的干预能够相互联系运用,效果或许会更好。

四、澳大利亚中小学校园欺凌研究与治理

虽然校园欺凌在澳大利亚长期被关注,但是对欺凌进行科学研究却不早于 20 世纪 80 年代末。近年来,澳大利亚对学生欺凌行为越发重视,其中的原因之一是国际欺凌研究运动的推动。另一个原因是 1994 年澳大利亚政府对全国校园暴力行为进行研究,发现校园欺凌是澳大利亚的主要问题,而非此前人们认知中的校园暴力。为此,政府建议加强对校园欺凌开展研究,实施干预项目以减少校园欺凌行为。

就研究而言,近年来澳大利亚学者进行了若干次校园欺凌的调查研究。里格比和斯里(Slee PT)在1999年借助其共同开发的"同伴关系问卷"(Peer Relations Questionnaire,PRQ),对澳大利亚60多所宗教、私立、公立学校大约2.5万名中小学生进行调查。从收集的欺凌数据来看,学生每周受到欺凌的概率大概在五分之一到七分之一之间。根据受害者的自我报告,欺凌发生在低年级学生中的概率较大,男生受欺凌的概率较女生高。在初中学段,欺凌最多发生在八年级至九年级之间,受害者年龄大约在12~14岁。

随后,斯里在2001年再次使用PRQ问卷对9 889名中小学生进行了调查。5%的学生称他们经常(每周一次或更多)欺凌别的学生,欺凌行为或是团伙行为,或是个人行为。大约23%的学生报告称他们是欺凌中的受害者。无论男生还是女生,只有不到20%的学生把学校视作保护弱势学生的安全之地。在那些遭受欺凌的学生中,约有9%的学生在报告中称自己曾经逃学旷课,15%的学生想要退学。男生参与的欺凌要比女生多,中学生卷入的欺凌要比小学生多。[①]

另一项由欧文斯(Owens)、舒特(Shute)和斯里在2004年进行的研究提供了女孩在校园欺凌中攻击性行为的特征,以及在同伴关系中非直接欺凌或关系欺凌所带来的破坏性后果。在他们进行的另一项针对青春期男孩的校园欺凌攻击性行为的研究中,分析结果显示,男孩、女孩和教师对校园欺凌都有相同或差异化的解释,他们都承认男生在语言上攻击女生,或是为了给其他男生留下印象,或是纯粹为了搞笑。男生和教师认为,男生对女生的冒犯行为有时也是为了给女生留下印象。然而,一些男生伤害女生的行为有时是出于报复。一些教师指出,男生的欺凌行为可能是其在家庭环境中所习得的性别态度所致。这一项研究明确表示,同伴群体在刺激男生攻击女生行为中起关键作用。[②]

最近,一项澳大利亚隐性欺凌流行性研究(the Australian Covert Bullying Prevalence Study, ACBPS)指出,在每几周或稍长的时间内,超过四分之一(27%)的8~14岁的学生被欺凌过,9%的学生欺凌过其他同学。

就治理方面来看,澳大利亚制定了面向全国的国家安全学校框架(The National Safe Schools Framework, NSSF)。早在1994年,澳大利亚联邦政府在对欺凌进行研究后就提出要开发、实施和评价欺凌项目。但是直到约十年后,政

[①] Slee P T. The P. E. A. C. E. Pack. A Program for Reducing Bullying in Our Schools. In: Jimerson S R, Swearer S M, Espelage D L, eds. Handbook of Bullying in Schools: An International Perspective[M]. New York: Routledge/Taylor & Francis Group, 2010.
[②] OwensL, Shute R, Slee P T. "You just stare at them and give them daggers": Nonverbal Expressions of Social Aggression in Teenage Girls[J]. International Journal of Adolescence and Youth, 2002, 10 (4): 353-372.

府才开始真正实施相关措施。在 2003 年 7 月,NSSF 才得到联邦所有教育部长的签署批准。NSSF 的主要目的是提升澳大利亚所有学生的身体、情感安全和幸福重要性的意识。为了更好地确定教师是否具备关于运用 NSSF 的知识,与针对学生欺凌或学生报告的欺凌行为进行处理的能力,澳政府开展了一项针对 NSSF 的调查研究。通过对选取的 106 个代表学校中年龄 9～14 岁的 7 418 名学生和 453 名教师进行研究,[1]得出如下结论:NSSF 需要更大的执行领域支持,教师需要更多的实施指导方面的培训。绝大多数的调查对象(90%)称,他们的学校有针对欺凌的政策,但超过 25% 的调查对象称,他们不知道政策内容;许多学校管理者称,没有充足的时间和资源投入学校政策的实施与开发。

澳大利亚中小学管理的责任主要在各州政府。针对日益严重的校园欺凌现象,不同的州出台了不同的反校园欺凌政策。比如,澳大利亚首都堪培拉颁布了《澳大利亚首都地区公立中小学反欺凌、反骚扰和反暴力法案》。维多利亚州要求每所学校为学生提供安全良好的学习环境,同时将校园欺凌发生的概率降至最低,并要求每所中小学都要制定具体的校园欺凌预防措施和方针,州内每所学校的学生都参与学校反欺凌政策的制定,同时积极预防和介入校园欺凌以确保学生在校安全。维多利亚州最大的反校园欺凌机构是州政府教育部属下的网站 Bully Stoppers,该网站提供了完整的校园欺凌介绍和反暴力措施。在新南威尔士州,制定了一系列应对欺凌行为的文件,包括《阻止及回应学生欺凌事件行为指南》(*Bullying: Preventing and Responding to Student Bullying in Schools Guidelines*)、《阻止及回应学生欺凌事件方案》(*Bullying: Preventing and Responding to Student Bullying in Schools Planning Document*)、《反校园欺凌计划模板》(*Anti-bullying Plan Template*)。新南威尔士州教育与社区部设计了一系列的项目,以期建立学生之间和谐相处的关系。例如小伙伴项目(Buddy and Peer Support)、指导与过渡项目(Mentoring and Transition)以及冲突解决项目(Conflict Resolution)等。学校通过个人能力发展、健康与体质教育等课程向学生讲述什么是欺凌行为。学生的自我保护教育和价值观教育也教会他们如何自我保护。为防止校园欺凌,新南威尔士州教育与社区部还开设了 Bullying No way 和 Safe School Hub 等网站,用简洁的语言向孩子介绍了一系列相关信息,诸如"什么是校园欺凌""现在校园欺凌现象有多严重""校园欺凌引起的恶果举例"等,作为抵制校园欺凌基础知识教育的补充。[2]

---

[1] Cross D, Epstein M, Hearn L, Slee P T, Shaw T, Monks H, Schwartz T. National Safe Schools Framework: Policy and Practice to Reduce Bullying in Australian Schools[J]. International Journal of Behavioural Development, 2011, 35(5): 398-404.

[2] 驻澳大利亚使馆教育处.澳大利亚:"反欺凌"的责任主体下移[J].人民教育,2016(11):23-25.

第二节　西方国家校园欺凌治理的主要特征

总的来看,西方发达国家中小学校园欺凌治理的基本特点就是坚持两条路径,"双管齐下",从外部与内部两个维度着手:外部强调依法治理,将法治作为治理欺凌的强制手段;内部强调学生的品格养成,将品格教育作为治理欺凌的价值引导。法制与规则所带给学生的威慑力量使他们不敢恣意妄为;高尚的人格与健全的心理也使学生真正地认识到欺凌行为对他人的危害,由此所带来的羞耻感与负罪感使他们不想胡作非为。再加上传统的宗教信仰、各种社会群体的介入与配合,学校欺凌管理科学有效,使得西方发达国家近年来校园欺凌治理取得了一定的成效。

1. 坚持依法治理与以德治理相统一,强调欺凌治理的强制性与自觉性

在有法可依上,正如上面谈到的,西方发达国家用于防控校园欺凌行为的学校安全法律内容比较全面,从学校安全法律的整体构建到午餐、校服管理等细节内容,从学校暴力预防工作评估到各项措施的法律程序,从法律解释到司法处置,各项内容均有详细的条文规定。在执法必严上,按照美国法律,在中小学,一个学生被另一个学生伤害时,虽然行为人和受害者一样都是未成年人,但是也要接受青少年法庭的起诉。青少年法庭设立的目的在于改正年轻人的过错行为,恢复年轻人的正常行为,避免他们以后成为一个成年犯罪者。再加上有效的法治教育,使这些国家中小学生能够预先认识到欺凌他人的严重后果,轻易不敢去侵犯其他学生。

在西方发达国家,人们意识到仅注重规训惩罚并不能从根本上解决欺凌问题。正如美国学者威廉·基尔帕特里克(William Kilpartrick)所指出的:"我们学校面临的核心问题是一个道德问题,其他所有问题都源于此。因此,除非把品格教育摆在首要位置,否则学校改革中的所有尝试都不会成功。"基于这一认识,西方国家中小学普遍重视品德教育。加强学生社会公德与公民教育,培养学生美好的德性,高尚的品格,营造互相关爱与尊重的情境与气氛,关心学生的幸福与成长,营造和平的学校气氛已成为美国中小学的重要教育内容。这样依法治理与以德治理相得益彰,彰显出欺凌治理的强制性与自觉性。

2. 坚持安全计划与常规管理相统一,强调欺凌治理的前瞻性与实效性

做好安全计划与预案管理工作是西方发达国家中小学欺凌治理的主要举措之一。在这些国家的中小学中,有效的学校安全计划强调要有一个专业的、有领导经验的管理者,他能够全面地控制项目的实施,并能够向上层领导进行汇报。

他们的中小学校园安全计划,强调将处理欺凌的能力素养体现在教师专业标准中,并用于对学校安全人员的招募、培训、发展和管理。另外,这些中小学的安全计划特别强调计划的设计者在开发和提供测量工具中要发挥作用,管控、评估获学区认可的硬件设备使用情况,并将本校教师和其他员工的在职培训费用纳入学校安全预算中。西方国家中小学的校园安全计划往往以学生为中心,学校组织的相关安全活动往往尽最大可能地囊括所有学生。

西方发达国家的中小学校园安全工作不仅在顶层设计中有所前瞻,在具体常规管理中也做出了相关探索,且取得了一定成果。在常规的安全管理中,这些国家中小学坚持全面管理与重点管理相结合。安全教育内容细致具体,安全管理体系系统完善。学校通过制定详细的欺凌治理规则、预警机制与处理流程来科学且规范地处理校园欺凌事件。在总体性学校发展愿景与办学目标中突出校园安全的地位,强调学校安全管理工作的整体性、程序性与可操作性。同时又特别关注对重点区域的管理,譬如,美国中小学对教师与安全员提出了"监视学生在校活动"的特殊要求。因为在美国,欺凌经常发生在校园走廊里、楼梯下、午餐厅、自助餐厅、体育馆、衣帽间和厕所等处所。

3. 坚持多元参与和协同治理相统一,强调欺凌治理的整合性与一致性

在欺凌治理方面,西方发达国家特别注重多部门合作,充分发挥各部门的治理作用,共同解决校园安全问题。综合来看,政府的作用主要在于制定法律和提供基金,提供一个安全的教育环境。自20世纪90年代以来,美国前后通过了10余部与欺凌有关的法律法规。在提供资金方面,从1995年起,美国政府就发起一项长期基金,这些经费用于学校暴力的预防、同伴调停的培训和冲突的解决。如,近年来美国政府另一个重要举措是针对欺凌问题设立一个特殊的工作组,从教育部、劳工部、司法部、住房与城市发展部,以及卫生与福利部等部门组织抽出100多位专家。由他们选定若干个城市作为试点,在联邦基金的支持下共同制定反欺凌的总体规划。其他国家也不乏应对这一问题的类似组织。

在部分西方发达国家,协调治理也体现在警察局、教会、协会以及家庭等对中小学欺凌的治理活动的参与上。警校合作是这些国家中小学欺凌治理的一大特色。警务部门或在学校教学期间被指派到学校中巡视,或设立主要职责为"对危机事件提供帮助与技术支持"的"社区支持性警察"。此外,家庭也在协调治理中小学欺凌中充当重要角色。家庭的参与对任何暴力预防和干预措施的成功与维护都起着至关重要的作用,家长可以有效减少孩子的反社会行为,避免他们与不恰当的人交往,以及远离吸毒和酗酒。除此之外,专业协会也起到很重要的作用。例如,美国有全国儿童医院和相关机构协会(the National Association of

Children's Hospitals and Related Institutions)、美国心理协会（the National Psychological Association）、全国学校董事会协会（the National Boards Association)等先后参与美国中小学欺凌调查项目,分析美国中小学欺凌存在的问题,针对性地提出了解决问题的策略。这些主体往往能够群策群力,共同合作,在治理中小学校园欺凌中积极发挥作用。

4. 坚持欺凌研究与项目实验相统一,强调欺凌治理的科学性与示范性

在西方发达国家,人们认为,要想对学校特定的欺凌动态拥有准确的认识,就必须强化理论研究与科学实验,需要不同的调查者运用多元方法进行多元调查研究。事实也确实如此,通过对西方发达国家中小学欺凌治理的研究成果进行综合分析,我们发现,许多成果和举措都是建立在理论研究与科学实验的基础上,在治理实践中将上文中所介绍的法治、德治、多元参与、科学治理、预案管理等手段融合在一起,以项目推进的方式开展校园欺凌治理实践。譬如著名的"第二步项目"(Second Step)、"走向尊重项目"(Steps to Respect)和"学校安全信使项目"(Safe School Ambassadors Program)。"第二步项目"是一个通用的暴力预防项目,它可以促进学生的社会—情感学习,推动社会能力和自我规范行为的发展。其目的在于降低冲动的、高风险的和攻击性的行为,提高学生的社会—情感能力,以取得学业的成功。"走向尊重项目"是学校范围内的欺凌预防项目,这个项目为三至六年级的学生而开发,目的在于提升包括学校员工在内的成人对欺凌事件的意识和责任。通过强调所有学校共同体成员的需要而共同认识、报告和降低欺凌行为,以提升学校的环境安全。[1] "学校安全信使项目"是一个以学生为中心的旁观者教育项目。其目的在于提升学校的社会—情感氛围和减少学校欺凌、网络欺凌及其他形式的暴力行为。[2] 这样的项目在西方发达国家分布广泛,在此不一一列举。

可以看出,为探寻更为有效的治理欺凌的方法手段,许多西方发达国家都进行了长期且多样的实验探索,运行了一定数量的欺凌干预项目,并且积极将这些项目的研究成果用于反欺凌实践。这些探索为不同地区的中小学提供了差异化的欺凌治理方案和举措,有些实验项目得到许多中小学的高度认可与运用,相关实践经验的科学性与示范性较为丰富。

---

[1] Huesmannn L R, Guerra N G. Children's Normative Beliefs about Aggression and Aggressive Behavior [J]. Journal of Personality and Social Psychology, 1997,72(2):408−419.

[2] Craig W M, Pepler D J, Atlas R. Observations of Bullying in the Playground and in the Classroom[J]. School of Psychology International, 2000, 21(1):22−36.

第三节 西方国家校园欺凌治理的主要启示

长期以来,尽管欺凌问题在我国受到广泛关注,欺凌行为也被教育部制定的中小学生守则禁止,但是关于欺凌的科学性研究在我国时间并不算长。[①] 近年来,我国中小学校园欺凌问题逐渐显现,已经引起社会的关注。那么,我国中小学校园欺凌行为发展到什么程度?它以什么形式表现出来?根源是什么?谁应该为日趋严重的校园欺凌行为负责?校园欺凌会对学生产生什么样的影响?我们如何治理?如何给学生提供一个安全无忧的学习环境?这些都是需要我们认真思考的问题。西方发达国家中小学欺凌行为的治理坚持法治与德治相统一,学校与社会相配合,治理欺凌科学化、规范化、标准化,取得了良好的治理成效,为我国中小学校园欺凌问题的治理提供了很好的启示与借鉴。

1. 严格依法治教,构建安全高效的学校法治环境

西方国家校园安全立法体系完整,涉及学生欺凌的多个方面,基本上实现了全覆盖,能够不给学生的欺凌行为留下法治漏洞,从而实现依法管理,依法惩治。相较于这些国家的校园法治工作,我国的中小学校园法治水平还有很大的进步空间。我国中小学校园安全立法起步较晚,还没有专门的校园安全和反欺凌方面的法律法规,校园法治体系尚未成熟,对欺凌行为的治理更多地局限于在"道德"层面,在治理过程中有时对欺凌者过度迁就、忍让和妥协,以致欺凌治理效果不佳,欺凌事件治理不彻底。借鉴欧美日澳校园安全立法工作经验,当下我国中小学也应强化和加快校园安全立法工作,推动科学立法,严格执法。

结合西方发达国家的中小学校园欺凌的治理经验,要实现校园欺凌行为的依法治理,我国校园安全法治工作应该从以下几个方面做起。一要有法律,即要在中小学建立健全校园安全法律体系,制定与校园安全有关的专项法律法规,针对校园欺凌行为有的放矢地设置专项法律法规或条款。可以说,当下我国中小学校园欺凌治理效果不尽如人意,主要原因之一就是专项法律缺失,这会导致欺凌或暴力实施者的过错行为或违法行为成本过低,也缺乏足够的法治威慑力量。二要懂法律,建议学校或教育主管部门聘用法律代表,与学校的管理团队一起工作,组建校园安全法治工作团队,把涉及校园安全方面的知识技能培训与实施交给专业人员负责,并定期举办校园法律普及方面的讲座或论坛,让学校师生了解

[①] Wenxin Zhang, Liang Chen, Guanghui Chen. Research on School Bullying in Mainland China. In:Peter K. Smith, Keumjoo K., Yuichi T., eds. School Bullying in Different Cultures:Eastern and Western Perspectives[M]. Cambridge:Cambridge University Press,2016:113-132.

法律、认识法律、学会法律。三要守法律,保证学校管理者正确地遵循法律规定,依法管理,遵照法律规定来处理校园欺凌,师生员工遵纪守法,严格按照法律规定行事。四要用法律,要求师生员工遇到校园欺凌行为时,坚守法治思维,用法律条文内容来解释问题,用法律程序来处理问题,用法律手段来解决问题,用法律武器来惩处欺凌实施者,同时保护自身权利。

2. 建设和谐校园,塑造中小学生健康的品格和心理

众所周知,良好的个性和品德是获得别人尊重的前提,也是自我安身立命的保证。就像洛克(John Locke)所说的,你只有先尊重别人,别人才会尊重你,这样才会形成一个彼此尊重的社会;否则,就会如同霍布斯(T.Hobbes)所指出的那样,你有权侵犯我,我同样也有权侵犯你,这样社会就变成了人对人的全面战争。受各种因素的影响,当前我国部分中小学生在品格、德性和心理方面存在一定的问题,有些学生的品性有待提升,学校美德教育、心理教育亟待加强。从某种意义上讲,学校品格与心理教育的成效直接影响着学校欺凌治理的成效。为此,2016年11月11日下发的《教育部等九部门关于防治中小学生欺凌和暴力的指导意见》明确提出,要培养学生的健全人格和积极心理品质,引导全体中小学生从小知礼仪、明是非、守规矩,做到珍爱生命、尊重他人、团结友善、不恃强凌弱,弘扬公序良俗、传承中华美德。

参照西方发达国家的中小学校品格、心理教育的做法与经验,塑造我国中小学生良好的品格与心理,首先要强化美德教育,全面落实德育工作的首要地位。美德教育应该从中小学严格抓起,弘扬社会美德,坚守核心价值观;使中小学生做具有诚实、守信、正义、节制、感激、宽容、慷慨、温和等美好德性的人;秉持真、善、美,摒弃假、恶、丑,为祛除学生欺凌行为打下坚实的伦理基础。除常规教育与管理之外,形塑和谐的学校氛围同样至关重要。在一个健康和谐的校园文化中,孩子们和谐相处;学生安心学习,尊敬教师;每个人都被尊重并感到安全。为了防止校园欺凌行为发生,美国学校曾围绕"6C",即核心价值观(core values)、交流(communication)、合作(cooperation)、联系(connection)、品德(character)和关怀(care),着力构建一种全纳、和谐的校园文化,这一做法对我国中小学加强校园文化建设,提升中小学生品格教育与心理教育效果也具有启示意义。

3. 坚持多元治理,构建全社会治理欺凌的共同机制

库克(Gwendolyn J. Cooke)在《为所有人建立一个安全的学校》一文中认为,我们社会中的每一方面都应对学生欺凌负责,枪支制造商、电影制造商、教育者、父母、警察、健康供应者(healthy providers)、立法者以及媒介,谁都不能逃脱

这一挑战,我们中的每个人都要为挽救儿童负责。[①] 学者普遍认为,个人总受到他们所处的环境影响,因而逻辑上欺凌干预同样需要针对那些对学生产生作用的环境。就目前的研究来看,那些没有针对多元环境的干预举措比那些考虑到多元环境的干预举措效果要差得多。事实上也是如此,在我国,每一个儿童的生活不仅由其父母来塑造,而且也是由邻居、同学、学校,以至整个社会文化来塑造。遗憾的是,当下我国各界在对待中小学生欺凌问题时,还没有形成一个共同作用的有效机制,政府、社区、学校、家长以及其他利益相关者还没有就这一问题达成高度一致,他们大多各行其是,自说自话,致使协同治理校园欺凌的效果不佳。

以美国为例,史威尔(Swearer, S. M.)和埃斯皮兰(Espelage)曾提出一个治理欺凌的社会生态架构,他们认为治理欺凌必须跨过单一的个人、家庭、同伴、学校和社区背景等因素,因为欺凌和伤害是一个生态现象,是个体之间与个体内部诸变量互相作用、长期渗透而形成的结果。这个框架为我国中小学校园欺凌的治理提供了一个多元的分析视角。鉴于此,我国中小学欺凌的治理须注重多元参与,充分考虑欺凌治理的影响因素,将其全部纳入欺凌治理的变量中来,注重家长、教师、同伴群体、学校、社区、政府、警察、传媒、专业协会等个人和组织在欺凌治理中的功能与作用,目标统一,群策群力,为我国中小学欺凌的治理提供全方位、多层次、宽领域的治理体系。

4. 强化科学治理,提升学校欺凌治理的规范化水平

强调科学治理,实施不同的项目实验,提高欺凌治理的科学化水平是欧美日澳中小学欺凌治理的主要经验之一。威斯特马克(S. D. Vestermark, Jr.)在《有效学校安全项目中的关键决策与因素》一文中提到,科学治理学校安全问题,要考虑五个关键问题:一是要有一个有效可靠的方法和管理结构;二是要有明确可接受的风险级别;三是学校需要制定一个长期稳定并且思路清晰的安全项目;四是在一个特定的安全计划中,要做到多种资源有效组合;五是在定义与实施学校安全计划中,要制定明确细致的专业标准。当前,从科学治理和规范研究的角度来看,我国校园欺凌的理论研究与科学治理属于发展初期,学校治理欺凌事件还属于"就事论事"阶段,随意性较强,主观性明显,科学化水平与规范性程度有待提升。为此,设立专门机构,建立应急预案,组织专业培训,开展科学治理是我国中小学欺凌治理的当务之急。

在具体实施方面,结合西方发达国家中小学校园欺凌治理的相关科学性举

[①] Kerns S E, Prinz R J. Critical Issues in the Prevention of Violence-Related Behavior in Youth[J]. Clinical Child and Family Psychology Review, 2002, 5(2): 133 - 160.

措,我们认为,在提升我国中小学欺凌治理的科学化与规范化水平实践中,可以从以下几方面进行思考。第一,要有科学理性的问题意识。"我校有欺凌行为吗?其性质如何?是什么原因导致的?背后的规律与发生机制是什么?"第二,要进行科学评估。"在过去的几年里,我校有没有对学生、员工和家长进行调查研究,以判定他们对我校安全的整体感知?"第三,要使用一个科学方法。"我校有没有一个治理学校欺凌的综合性的科学方法?学生、教师、警察、父母、社区等参与讨论安全问题有行动计划吗?"第四,反欺凌的课程介入。"使学生养成积极品质、形成反欺凌技能方面的教学成为学校课程的一部分吗?"第五,提供解决冲突的科学训练。"我校教师受到过平息欺凌问题的培训吗?"第六,聚焦治理目标。"学校每一个具有潜在风险的欺凌实施者受到专门关注吗?"第七,建立纪律标准。"针对欺凌实施者的处理纪律标准是否被公正地执行?"第八,制定备选方案。"如果一种方案效果不好,我校有没有另一个备选的处置方案?"

  当然,西方发达国家中小学校园欺凌的治理也存在许多问题。欧美国家中,有许多国家仍没正视其自身存在的校园欺凌问题,既没有将欺凌作为独立的问题来研究,也没有提出针对性的校园欺凌政策,仍是将校园欺凌作为校园暴力的部分内容加以处理。同时,部分国家校园欺凌的研究水平较低,提出的问题解决方案较为幼稚,路径单一,仍停留在传统的安全事故层面,缺乏前瞻性与系统性。例如,欧美许多中小学老师坦言,学校管理者与董事会对于解决欺凌问题做得不够,有些学区和校长没有把欺凌当作严重的问题来对待,喜欢一带而过。教师们相信,有些问题他们没有被告知的原因是在学校管理者看来,维护学区的形象比学校安全与否更为重要。还有一些老师坚信,基于现实利益的考虑,学校管理者与董事会甚至会极力否认本学区校园暴力问题的存在。除此之外,西方国家关于校园欺凌研究的国际合作有待加强,虽然国与国不同,教育各有特色与实际,但是在对待校园欺凌这一普遍问题上,还是有共同的治理政策的。在方法上,据文献显示,西方国家在研究上多采用实证的研究方法,这可能会由于调查对象、时间、地点等独特性因素而造成调查结论不一,甚至相反的局面。有影响的质性研究成果并不多见,对校园欺凌进行方法整合式研究后得到的结论似乎更有说服力。另外,在整体建构上,虽然西方国家出现了不少系统性、生态性的研究成果,也意识到社会综合治理的重要性,但是就项目实施来说,仍然缺乏有效性,调查全社会资源共同处理校园欺凌问题其效果仍有待改进,这些问题也是值得我们思考并引以为戒的。

第三章
我国校园欺凌治理的历史研究

诺斯在其制度经济学中特别强调"路径依赖"这一方法。路径依赖对于分析我国校园欺凌研究和治理的发展阶段、反思我国校园欺凌研究和治理中存在的问题,总结我国校园欺凌研究和治理的规律,前瞻我国校园欺凌治理的未来趋势等具有重要的意义。以下我们从清末民国和新中国成立后两个阶段来详细剖析我国教育现代化以来校园欺凌的历史发展状况,总结一百多年来校园欺凌的研究和治理的总体特点,以期为当下校园欺凌的研究和治理提供启示和借鉴。

第一节 清末民国时期校园欺凌治理研究

清末民国时期是我国教育近代化的起步阶段,在西方各国教育思想的轮番影响下,新式学校逐步取代传统私塾成为教育机构的主流。教学组织形式、教育内容、教学方法等都发生变化的同时,校园欺凌问题日渐显现。欺凌是人类社会中一种常见的越轨行为,是个人或群体对另外的个体或群体有意地、反复地、持续地施以伤害或不适的负面行为。欺凌行为广泛分布于各个历史时期,作为社会微缩形态的校园在不同时期同样存在着欺凌现象。

受限于校园欺凌隐匿性特质以及教育近代化初期问题繁杂,尽管当时研究者已经认识到校园中存在欺凌现象,但并未将其视作一个独立问题加以研究,故而缺少对欺凌的科学定义与内涵解释,普遍将打架、斗殴、辱骂等学生冲突行为划归到欺凌中。相较于今日,当时的研究者更倾向于将中小学校园中的欺凌行为归因为"儿童顽皮""劣性未驯",并将之划归到"训育"与"纪律管理"当中。

一、民国时期中小学欺凌治理的阶段划分

以清末商务印书馆于 1909 年创刊,纵贯清末民国时期的《教育杂志》为例,根据其所刊与中小学欺凌治理相关文章的年际变化,可将清末民国时期中小学欺凌治理按照时间顺序划分为"初现阶段""起步阶段""发展阶段""消退阶段"。

1909 年至 1912 年为清末民国校园欺凌行为治理的初现阶段。

第三章　我国校园欺凌治理的历史研究

1909 年《教育杂志》中首次出现涉及中小学校园欺凌的文章,为日人某在当年第五期的"杂纂"板块发表的《儿童感化》一文。文章记录了对一位"与同学言论,一不当意,即肆力殴击,或毁坏他人用品。全校生徒,无敢抗其者"的欺凌者进行感化教育。①

李廷翰在当年第 7 期中的《贫民教育谭(续)》中提出贫民学校的教师要对"除相殴外,无他理。胜则直,败则曲耳。故贫儿之有强暴习惯者,十之九焉。入校之始,旧性未驯,殴打之事,必日有数起"的贫儿进行说理教育:"细评其理,曲直分明,是之知事之曲直,皆可以理明之,无需此强暴手段。"②

自此直至 1912 年末,《教育杂志》中再无文章涉及中小学校园欺凌问题。

进入中华民国后从 1913 年到 1920 年,《教育杂志》接连刊载与欺凌治理相关的文章,校园欺凌行为治理进入起步阶段。除 1917 年外的七年中,《教育杂志》共计 14 篇文章谈及校园欺凌治理。1913 年至 1916 年间,分别有 2 篇、2 篇、3 篇、3 篇关于学校规章制度建设与儿童品德养成的文章谈及中小学校园欺凌问题;1918 年至 1920 年间,分别有 2 篇、1 篇、1 篇涉及学生缺席和劣等生教育问题的文章与中小学校园欺凌治理相关。

1921 年至 1935 年为民国校园欺凌行为治理的发展阶段,这一阶段包含"停滞—高潮—停滞—复苏"四个时期。1921—1924 年间,《教育杂志》中并无刊载与欺凌治理相关的文章,欺凌行为治理进入停滞期。从 1925 年起至 1931 年,作为欺凌重要治理路径的训育成为当时的教育热点,民国校园欺凌行为治理在此期间达到高潮。五年间,涌现出如《论小学校训育》(章柳泉,1925 年)、《小学校里的训育标语》(赵廷为,1928 年)、《小学训育上几个实际问题的处理》(罗迪先、黄紫轩,1929 年)、《小学训育问题之原理与实施》(杨彬如,1928 年)、《小学儿童不良习惯之改正》(韦息予,1930 年)、《小学训育具体标准与使用之研究》(刘孟晋,1930 年)、《顽劣儿童的研究》(马精武,1930 年)、《浙江一中训育上的新计划》(王骏声,1931 年)等训育以及问题儿童研究中,各位教育研究者诉诸"开设专项活动周""增设校内训育机构""制定校园训育规范"等形式管理校园欺凌行为。当训育研究热度退去后,《教育杂志》从 1932 年起直至 1934 年再无文章与校园欺凌治理相关,民国校园欺凌行为治理再次进入停滞期。在经历了欺凌行为治理发展阶段的二次停滞后,《教育杂志》在 1935 年再次出现《新进教师常遇到的难问题》《儿童社会性之发展及其教育》《对于全国儿童年实施委员会提倡小学生废止体罚的我见》三篇与校园欺凌行为治理相关的文章,民国校园欺凌行为治理

---

① 日人某.儿童感化[J].教育杂志,1909(5):27-28.
② 李廷翰.贫民教育谭(续)[J].教育杂志,1909(7):27-32.

的发展得以复苏。

1937年抗日战争全面爆发,教育研究的焦点受局势影响发生了转移,民国校园欺凌行为治理进入消退阶段。在战争背景下,研究者无暇顾及微观层面的学生失范行为,自抗战爆发后仅有1937年的《乡村小学儿童缺席的原因及补救法》与1939年的《儿童的诊断和问题处理》两篇文章涉及中小学欺凌问题。此外,直至1948年《教育杂志》停刊,再无文章与中小学欺凌相关。

二、清末民国时期校园欺凌治理的内容特点

从内容上看,清末民国时期的记载主要分布于学校管理与训育研究中,当时对待欺凌行为的态度与今日迥异,一些具体欺凌的案例与当时社会变革及历史事件息息相关。

1. 清末民国时期关于校园欺凌的文献主要涉及学校管理与学生管理

首先,部分校园欺凌问题见诸学校规章制度与管理实践的研究中。例如在谢冰、易克枭译的《学校管理法要义》一文中,在学校管理角度对学生间言语辱骂以及斗殴行为做出要求,剥夺欺凌者游戏的权利;将放学回家路上欺负人的学生在放学后留校片刻,将之与潜在被欺凌者回家时间错开:

> 如在游戏散步时,有妨同行之安宁,或使用粗鄙之语言,则暂命退去……凡生徒课毕归家,在途中有恶行或与同学争斗者,则于课毕后,留禁该生校中约十数分时,俟他生均去,然后释之。①

郑朝熙在《单级小学校管理法》通则部分,也提出了"各级学生均有爱护箴规之义务,不得互相侵凌"的明文要求。②

除了上述学校管理条例,部分描述学校管理问题的文章也有校园欺凌的相关记载,例如巽吾在《教室外之管理》中描述了因运动场器械不足而致学生出现因争夺而相互打骂的欺凌现象:

> 然以数百儿童聚居一处,只此少数玩具,虑不足以满其活动之欲望,而溢而他出,每有下流等游戏及叫骂相殴等事出焉。且或不按学生年龄之程度,运动具无浅深,任学生自由玩弄,则所备诸具,非为高学年生所强占,即

---

① 学校管理法要义[M].谢冰,易克枭,译.蒋维乔,校订.上海:商务印书馆,1917:186-187.
② 郑朝熙.单级小学校管理法[M].上海:商务印书馆,1920:125.

为强有力者所霸夺。低学年生及弱无能者,遂永不得玩弄。①

其次,民国时期中小学欺凌的记载见诸学生逃学、问题学生管理等具体教育问题研究的文章中。例如在《劣等生学习指导法》中,作者厚生认为儿童逃学的原因包含"因学友之压迫笑骂",主张教师"宜研诘其原因所在,而速为除去",调查清楚儿童逃课的缘由,从根本上解决学生逃课问题。②

朱智贤在其编撰的《小学学生出席与缺席问题》中,对江西省会三所小学缺席情况加以统计,将学生缺席原因分为"因病""因事""因环境",而"因环境"又分为"自然的"和"人为的"两种。其中当时江西省三所小学缺席的人为环境原因包括"因同学的压迫笑骂而裹足"③。经分析,他将"受同学压迫或笑骂"的欺凌行为归结为缺席的儿童一方原因。④

王丙辰在《乡村小学儿童缺席的原因及补救法》中,也将学生缺席归结为校园欺凌:

(五)因受同学欺侮 "力大欺人",在儿童队伍里最易找到。三言两语不和,便诉诸小拳头。"骂不如打的疼",这是力气大的儿童常常骄矜自夸的,同时也易得到一部分儿童的拥护,所以欺弱凌寡的行为是常常发生的。遇到性情孤僻体质衰弱的儿童,便成了他们的对象了。受嘲弄、讥讽、侮辱、殴打,而又不敢告诉先生,因为那将要使他受到更大的灾难。因此而逃学者,多系性情孤僻,体质衰弱的儿童。

(六)畏惧学级领袖 训练小领袖可以为教师的助手。训练好了,固然可以省力。反之,流弊却非浅鲜,在乡村单级小学教师往往事前并不慎重选择,事后也不特别训练,先生有事出门,小领袖便做起皇帝来,任所欲为,其余儿童稍有不听,先给你来个下马威;回头告诉先生,还得加料的惩罚,如此足以使其擅自作威作福,弱小儿童可有冤无处诉了。因此而逃学者,多系弱小儿童。⑤

按照王丙辰的观点,当时的校园欺凌不仅有"力气大的儿童"恃力欺人,还有教师提拔的"小领袖"作威作福。

---

① 巽吾.教室外之管理[J].教育杂志,1913(5):43-49.
② 厚生.劣等生学习指导法[J].教育杂志,1920(7):1-18.
③ 朱智贤.小学学生出席与缺席问题[M].上海:商务印书馆,1935:74.
④ 朱智贤.小学学生出席与缺席问题[M].上海:商务印书馆,1935:78.
⑤ 王丙辰.乡村小学儿童缺席的原因及补救法[J].教育杂志,1937(6):47-51.

在一些城市与农村教育水平对照的研究中,存在"城市学校比农村学校的欺凌现象更少"的观点。例如巽吾在《都会与儿童之关系》中总结道:"口出恶言而动手虐打者,以都会为较少。"①

再次,民国时期教师的教学反思也散佚些许对管理校园欺凌的记录。在《教育杂志》1935年儿童年专号中,众多教师与学者合著了《对于全国儿童年实施委员会提倡小学废止体罚的我见》,就"废止体罚"问题发表了各自的观点。其中,吴守谦的文章详细地记录了他任教师时对欺凌低年级学生现象处理的全过程:

> 回忆十年之前的今日,我正在一所小学担任四年级的级任。每周教一千二百多分钟,再加课外活动指导,日记、笔记、练习簿等的批订,真是忙得应付不了;又因为自己级里学生的秩序,清洁都不及别级,校长已经向我催促过几次了,"你级的秩序要特别注意呢!"下一周又遇到举行全校秩序清洁的总比赛,事务繁忙,心中更焦急着。一天早晨李、张两生清晨进校,带了一包熟老菱来,不到几分钟,教室抛满了菱壳和纸屑,排得整整齐齐的桌椅,也被冲得七歪八倒,他们把自己的东西吃完了,就出去骗低年级学生的东西吃,有一个低年级的小朋友为自己要吃没有把他们,就被打得大哭,我看到了这种情形,不禁火冒起来,就拿起李、张两生的手,用案头的米突尺痛打几下。这一天学生似乎安静了些,我暗暗地得意,信任今天所用的方法是有效的。②

除了上述的教学记录外,吴守谦还在后文中明确将"骂人打人欺侮幼小及女同学"划分为"儿童不良行为"③。上述对学生的惩戒既出于整顿纪律的目的,也体现了对欺凌行为的规训。

另外,民国时期的训育研究中也有治理中小学欺凌的记录。章柳泉在《论小学校训育》中讲解消极训练的回避制止与替代法时选取解决学生间凌侮现象为例:

> 设有一儿童,因先天或后天的关系,对于某种境况有不良的反应。——例如见弱小同学生凌侮的反应。——有三种方法可用:(一)回避此种情况,

---

① 巽吾.都会与儿童之关系[J].教育杂志,1912(12):11-16.
② 孙钰,吴增芥,吴守谦,等.对于全国儿童年实施委员会提倡小学废止体罚的我见[J].教育杂志,1935(12):87-108.
③ 孙钰,吴增芥,吴守谦,等.对于全国儿童年实施委员会提倡小学废止体罚的我见[J].教育杂志,1935(12):87-108.

则此种不良的反应,或者可因缺乏练习机会的缘故而消失。例如不使此种儿童和弱小儿童接触;(二)不良的反应呈现时,使发生不快的感觉;他因为要想免不掉快的感觉(疑是原版杂志有误,应为"免掉不快的感觉"),一定会自己制止他这种不良的反应。例如每次有凌侮的情形发生以后,就给他惩罚;(三)用适当的反应代替不良的反应,或拿这种不良的反应移到合宜的境况中去,或者这两样同时并用。例如使侮人的儿童保护弱小儿童,抵御其他侮人的顽童,或助幼小儿童游戏,这就是拿适当的反应来代不良的反应;还有迁移一种办法,就是拿这种好斗的反应,用到有组织的竞技运动上去。①

赵廷为在《小学校里的训育标语》中主张在开办的"秩序周""礼貌周"等活动中,"于教员休息室内贴着一张大字——'本周训练目标—秩序'",并张贴"勿大声乱叫""勿和人相打骂"②等标语;此外,在"礼貌周"中,张贴"我骂人么""我对待人家和气么""我讥笑别人么""我的动作粗暴么"③等类似标语。这些标语对学生的日常行为提出要求,在训育的同时对学生间欺凌行为加以干预。

此外,罗迪先、黄紫轩在《小学训育上几个实际问题的处理》中对小学训育常出现的"骂"与"打"两个问题进行了探讨。文章将儿童骂人的原因归为社会风气,认为打人是因为骂人的后果或"强者欺负弱者"。针对小学中的打人现象,采用将打人的手举起来或戴红手套两种方法加以训育:

(一)一只手打人,把这一只手平举起来。两只手打人,把两只手都平举起来,直立二三分钟。

(二)那一只打,就把那只手套红手套;两只手都打,两只手都带。④

2. 民国时期部分学者对校园欺凌的态度与今日迥异

在当时教育研究者眼中,学生之间的冲突等野蛮行为是本能的外化,争吵、打闹主要是因为小孩子精力过于旺盛。倘若对这些本能加以引导,则会对日后的生活大有裨益。为此,教师应组织竞技类体育等运动对学生因势利导。例如,朱元善在《少年义勇团与儿童之心理》中讲道:

---

① 章柳泉.论小学训育[J].教育杂志,1925(4):1-19.
② 赵廷为.小学校里的训育标语[J].教育杂志,1928(6):1-8.
③ 赵廷为.小学校里的训育标语[J].教育杂志,1928(6):1-8.
④ 罗迪先,黄紫轩.小学训育上几个实际问题的处理[J].教育杂志,1928(9):1-7.

> 试一考此种心理之发达,却与人类进化之最初阶级相当。专尚势力勇敢,以从事野蛮的之行为而已,然苟能顺其本能活动,绝不加以妨害,则其原始的之特性,亦即因之而发辉,此于将来之生活,实多资赖。①

王素意在其著的《校长和小学》中谈及儿童被罚的原因时,也表达了同样的观点:

> 竞争是人类天生的本能,小孩没有不打架的。做教员的应当辅导竞争本能,叫小孩赛球,两班比赛,赛跑等等,将竞争本能引到正当的轨道上。②

罗迪先、黄紫轩在《小学训育上几个实际问题的处理》中对小学中的打架行为也做出了类似的论述:

> 对于"打"这个问题,很有人主张是儿童时代应有的现象,不能算他是个坏习惯。因为奋斗的精神,勇敢的行为,往往由"打"而养成。不会和人打的儿童,总是一个懦弱的儿童、阴险的儿童。我想,这也许是事实。③

可见,"打架等欺凌行为有益于儿童成长"的观点在民国时期确有一定的支持者。

3. 一些具体欺凌的案例能够从侧面映射当时的社会变革与历史事件

一些民国时期中小学欺凌事件具有所处时代的特征,能够在一定程度折射出当时的社会风貌,反映当时的重大变革。例如,《小朋友》杂志935期的《馨女日记》刊载的衣青小朋友来信,记录了"男女同校"时期女生进入学校后受到男生言语欺凌的问题:

> 学校里上课好多天了。女生也在慢慢地增多了。我们也有一个"休息室"。男同学们把它叫做"女子部"。
>
> 他们给我们许多绰号,小西施、小田螺、小美人、小菜饼、小娃娃、小竹竿……因为我们学校里已经有六个女生了。
>
> 在我没有进这学校时,我想:"在学校里,男女学生一定毫无界限,不把

---

① 朱元善.少年义勇团与儿童之心理[J].教育杂志,1916(5):69-73.
② 王素意.校长和小学[M].上海:商务印书馆,1933:141.
③ 罗迪先,黄紫轩.小学训育上几个实际问题的处理[J].教育杂志,1928(9):1-7.

女孩看作是女孩,大家一块儿上课,一块儿休息,一块儿游戏。"

可是,开学以后,情形完全不如我所料想的,男女同学间一向不在一块儿玩耍,或者一块儿说话,如果谁向男同学说话,男同学们就会很奇怪!大家谈论着,嘲笑着。这使我们上学时,像几只小兔子走进大动物园一样!

我的一级里,只有我是一位女生,我就成为一只可怜的小兔子,常常遭受男同学的嘲笑和欺侮。

今天,英文先生要考试了。

我走进教室,一位同学也没有,但教英文的高先生已经走进来了他问:"怎样一回事?他们呢?"我很恭敬地微笑回答着说:"我不知道。"

后来我听见走过窗口的一位男同学嚷着说:"一数同除,其实不变,大家不考,一个人考有什么用处?英文谁都没有念熟!"

我正急着要走开时,忽然听见楼下有男同学吵闹的声音。

"女子是驴子,所以,'女子部'是'驴子部'!"

"哈!哈!哈!""没有人格,没有人格!"女同学在楼上答。

"你们快滚蛋,滚出我们的这所学校,今天放学时,你们滚出我们学校时,我们要放爆竹来欢送!"郑训育主任来了,大家都退进教室里。

我很不高兴地走进休息室。女同学们都很生气,想把这事去报告校长。为什么男同学有这么不好的思想呢?放学的时候,当我们走出校门时,果然听见了他们放爆竹的声音。①

除了男女同校之外,在国家沦为半殖民地半封建社会背景下,民国时期校园欺凌的施暴者不仅有国人,还包括侵略者。第一次世界大战结束后的巴黎和会上,中国要求归还胶州湾地区遭到拒绝,引发了声势浩大的"五四运动"。在后续的华盛顿会议中,经美国调停,中日两国于1922年12月1日在《山东悬案细目协定》签字,青岛主权回归中国。尽管如此,青岛的日本侨民依旧飞扬跋扈,侨民、学生欺凌中国百姓与学生的现象屡见不鲜。在1930年末的国际运动会的篮球预赛中,日本队因实力差距败给中国队,于是恼羞成怒,在比赛现场恶意滋事,殴打中国学生,经裁判调解后又在比赛结束后围堵中国学生,将中国学生面部踢伤,打落牙齿数枚,跋扈至极!

> 据十月三十日新闻报青岛通信:青岛在日本管辖时代,处积威之下,民众备受压迫,而莫敢谁何。经我国接收,国土重光,方庆还我自由,永享幸

---

① 衣青.谁欺负我们[N].小朋友,1949-03-10(19).

福。不料日本侨民仍假领判权为护符，施其强横主义，口事寻衅，非理相加；而侮辱残害我同胞之事，遂日有所闻。去岁六月间，日人小谷太一郎为争执车价问题，竟将车夫马洪成用皮靴踢毙，此案至今尚悬未结，国人犹为痛心。乃昨日日本学生又以殴伤铁中学生，包围派出所，并以捣毁公堂闻。以堂堂中国领土，任其横行如是，国体何存？兹将肇事详情分志于次，愿国人注意焉。

肇事原因：本月二十四日，铁中学生与日本中学学生，在汇泉运动场举行秋季国际运动会篮球预赛，结果铁中以三十二比十二大胜。日中失败后老羞成怒，无故寻衅，当在球场时将铁中学生于志馨腿部踢伤数处，姜希龄脚面踏伤两处。结局后，又遍寻铁中学生，意在殴斗，终以国际运动会裁判员之维护，未至发生意外。

殴打情形：不料当日下午六时左右，铁中学生刘振德余益奎散学回家，行至江苏路中段，突来日本中学学生十余人，将刘余二生包围，拳足交加，将刘振德面部踢伤，并踢落牙齿数枚，流血如注。幸有礼贤中学学生二人，赶至排解，并寻来公安局第十五派出所警士邢吉瀛，极力解劝。

包围警所：是时日本学生愈聚愈多，约有四十余人。恃强行凶，不服劝解，竟将警士邢吉瀛按下痛打，并将领章撕去，制服右臂亦被去一大段。该警士初无法制止，恐酿成事变，遂冒出重围，归所报告。学生刘振德余益奎因寡不敌众，亦逃至该所，暂避凶锋。日本学生见铁中学生逃入该所，即时将该所包围，并有日本中学教员在旁指挥。该所巡长见来势汹汹，当报告第一分署，并电知铁中及日领事馆。是时日生高桥宪一，率武田吉术、林田毅、林田清等十余人，已强行闯入办公室内，将室内器具尽行掀翻，凌乱不堪。幸一分局长孙秉贤及该管分驻所巡官石正发率警赶到，日本领事署亦派馆员平山勇带日警二名到场帮助。先将中日学生百余人，劝令散去，始未酿成大变。最后由孙局长将日生高桥宪一铁中学生刘振德带局，详加问讯，并将被打之警士邢吉瀛，极力安慰。

事后交涉：此事发生后，公安局除将受伤学生警士送往普济医院治疗外，因日人侮辱警士，捣毁公堂，有伤国体，已转呈市府据理交涉。并闻铁中方面已将上项情形，详报胶济铁路教育委员会，向日方提出严重抗议云。①

三、民国时期中小学欺凌的治理路径

为了解决校园欺凌问题，民国时期除了对教师提出素养要求、发挥教师作用

---

① 佚名.青岛日本学生之蛮横[J].教育杂志，1930(11):119.

外，还设置管理与惩戒条例，增设专门管理人员，创建并利用学生组织，通过开办专项活动与课程、营造优美校园环境等方式管理中小学的欺凌问题。尽管尚处于教育近代化的起步阶段，当时选用的校园欺凌治理策略在今天仍具有指导意义。

1. 民国时期在欺凌治理中重视并发挥教师的作用，对教师提出针对性要求

一方面，民国时期的各教师在校园欺凌治理中扮演重要角色，灵活运用多种教学方法。在《儿童感化》一文中，作者日人某记录了一名教师运用谈话法与榜样法教育，令一名校园欺凌者迷途知返的故事。

> 某校有高等科二年级生某者，孤儿也。目光炯然，颊骨高耸，发蓬蓬垂耳际，望而知为强毅之人。其父平生以慷慨称，殁时，儿甫五岁。继母遇之甚酷，性遂流于顽僻。在校时常褰衣卷袖，奔驰庭中。与同学言论，一不当意，即肆力殴击，或毁坏他人用品。全校生徒，无敢抗者。其余乱规则紊秩序之事，不一而足。教师戒饬之，不悛。笞责之，仍不悛。命之停校，仍不悛，智力俱困。会余就职是校，校长具以前事告余。余知其不可强抑，乃别图所以感化之道。一日，召至余室而问之曰：子不见邻近之乞人乎？衣褴褛，手瓦钵，风餐露宿，乞怜于人。其境遇不可哀耶？对曰：然。曰：子不见市井之无赖乎？耽博喜斗，时为警官所捕，其行为不可耻耶？复对曰：然。曰：子愿为是等人耶？亦有羡于徽章灿烂之军人，峨冠博带之绅士耶？曰：吾愿为其后者。曰：如何则可以为之耶？曰：勤学敦品，则可以为之。余复诘之曰：所言均出于汝之本心耶？曰：出于本心。先是余备一簿，录其每日所为之事。至是乃出示之，命其自省。且以沉痛之言训之曰：吾初来此校，即知汝不凡，异常爱汝。不意一月以来，汝之行为日非，其受生徒之告诉，及为管理员所觉察者，不可胜数。吾每思之，不禁为汝惜，今吾举其大者示汝，汝思之，若此等行为，谓之汝敦品励学耶？汝不悛，将来必无军人绅士之望。彼闻之悄然，垂头不语，似萌悔意。余曰：汝不欲答之言，吾不复诘。今与汝一簿，自此以后，凡他人之行为，汝以为善或恶者，均记录之，课毕呈余。若汝或倦怠，即告余，当使之归。其后彼虽勉遵余命，日日为之，然其习惯尚未尽改，嗣是余卜居其邻，俟彼散课后，时时招至余家，厚款之。彼心喜，每晚必来，余乃取豪杰幼时事迹及圣贤格言加以点缀，与之讲说，以动其观感。且又嘉其记录之不怠，并使自为日记，录其日常行动，加以判断。如是数月，过失日少。余大喜，益尽力开导抚育之。彼对余曰亲，事余如父，趋承前后，悉遵命令。狂暴执拗之儿童，一变而为勤恳黾勉之学子。其收效之速，为余

始愿所不及。语曰:人皆可以为善,信不诬也。^①

这名问题少年幼年丧母,因"继母遇之甚酷,性遂流于顽僻",在学校期间"与同学言论,一不当意,即肆力殴击,或毁坏他人用品"。教师在了解这一情况后,将这名学生召至办公室。询问该生对乞丐、无赖与军人、绅士的看法,引导学生对自身未来规划的思考。接下来教师又列举了该生日常的劣迹,表达了对他生活的关心与对未来的担忧,至此学生已然悔悟。随后教师为他布置了一个任务,令他每日记录他人行为,在课后提交。在随后的日子里,教师"时时招至余家,厚款之……取豪杰幼时事迹及圣贤格言加以点缀,与之讲说",通过讲述古代豪杰与圣贤的故事为他树立正确的榜样。数月后这名学生犹如脱胎换骨一般,"狂暴执拗之儿童,一变而为勤恳黾勉之学子。其收效之速,为余始愿所不及"。

李廷翰在《贫民教育谭(续)》中主张教师在面对视打架骂人为解决方式的贫儿时,应多与学生接触,"当注意于课余休息时,与之共同散步,使得正当之动作",使其适应行为交往规则。"遇有相争之事出,则教师当细评其理,曲直分明,使之知事之曲直,皆可以理明之,无需此强暴手段。"在教师的榜样作用与言语教导中,凡是诉诸暴力的儿童"已知勇于私斗之非宜"且"知有合群之乐",最终达到"此恶习惯可除矣"的理想效果。^②

时任江苏省立第三师范附属小学校教员的盛佽侠在《记一日间之教授训练》中详细介绍了他通过谈话的方式管理一起学生间因言语侮辱而诱发的校外斗殴全过程:

> 中膳后,与同事诸君杂论校外管理之困难。某君告余曰:昨日下午四时半后,余自外来,至校门处,遥见对河有本校儿童数人相争,余呼止之始散。其中有一人,似为贵级中之陆炳庆也,请询之。余曰诺。
>
> 余柔声向陆炳庆曰:已中饭未?曰已食。余曰:再经若干时始食夜饭?曰至五时半许乃食夜饭。余曰:日日相同乎?曰大约相同。余曰:然则去放学时有一时半之久也,此一时半中,汝常作何事?曰:常与他人同至公园游戏,若有雨,则在家温课。余曰:昨日如何?曰昨日至家已五时矣,故不外出。余曰:何以至五时始返家耶?彼见问,颇形仓惶,久不答。余曰:何耶?……何久不答?岂有不规则之事,难告尔师耶?……虽然,尽言之,须知不肯直言,厥过更大。彼仍不答。余又曰:然则汝诚心欲欺尔师矣。曰:

---

① 日人某.儿童感化[J].教育杂志,1909(5):27-28.
② 李廷翰.贫民教育谭(续)[J].教育杂志,1909(7):27-32.

否,昨日放学后,余与陆锷王元均徐德明等同归,中途,陆锷骂余,余愤而殴之。元均德明护陆锷,余几为所困。幸唐先生在对河见而遥止之,始散。是以迟归耳。余曰:原来如此。虽然,彼陆锷何以骂汝?曰:陆锷之衣服,东补西缀,余戏呼之为乞丐,彼遂大骂。余曰:陆锷信乞丐乎?曰否。余曰:乞丐之为人善乎?曰卑劣之人也。余曰:凡贫者皆为卑劣之人乎?曰否,贫而不肯力作,则为卑劣之人。余曰:然则能力作者,虽贫,实非贫也。今陆锷何如者?曰:吾级中之图画手工能手也。余曰:其为人何如?曰规矩也。余曰:名规矩人为乞丐可乎?曰不可。余曰:然则汝知过乎?曰:知之。余曰:既知过矣,甚善。但陆锷今尚怒汝,汝将何以释其怒?曰:我往谢罪。余曰:善。汝今立往谢之,更来告余以情状。

陆炳庆复来告余曰,余对陆锷曰,顷师责我,我知过矣。特来此谢罪,望君弗以昨日事介介于怀。言毕,我复行一敬礼。陆锷笑而不答。余曰:善哉,我甚嘉汝之能改过也,今后汝须记之。人之智愚贤不肖,在其精神,不在其衣服。衣服敝而精神美,无伤也。反是则败矣。惟欲求精神上之美,将用何术欤?……是有待乎学也。汝在校,对于功课上,尚能勤慎将事,回家时,不肯时时温课,是汝之弱点也。此后能注意于此乎?曰能,遂去。①

一日午饭后,某位教师声称昨日下午河对岸有本校儿童斗殴,似乎一人为盛侬侠班级学生。得知此事后,盛侬侠询问该生因何在昨日与他人斗殴,学生一开始有所隐瞒,后来交代"昨日放学后,余与陆锷王元均徐德明等同归,中途,陆锷骂余,余愤而殴之。元均德明护陆锷,余几为所困。幸唐先生在对河见而遥止之,始散"。在进一步询问中,盛侬侠得知争吵原因是此学生因同行学生衣服破旧而"戏呼之为乞丐",便对其进行说服教育。学生自知悔改,主动向对方道歉。

另一方面,民国时期就校园欺凌治理对教师提出针对性的要求。

其一,教师应首先使学生明白欺凌是错误的。韦息予在《小学儿童不良习惯之改正》中建议教师向学生说明欺凌行为的后果:"你骂人,人便生气,这不是与同学和好的办法,所以不许骂人。"当有学生"以恶毒的行为作弄别人至其受伤"时,"不要把甲儿先加诃责,先使他帮同教师为乙儿料理救护的手续,并且向他道歉。事后,教师乃与甲儿谈话,使他详述当时作弄的情形,相机指明其足以使人受到意外的伤害之弊"。②

其二,教师在管理学生欺凌时应精神饱满,有足够的精力去了解欺凌双方情

---

① 盛侬侠.记一日间之教授训练[J].教育杂志,1918(5):21-28.
② 韦息予.小学儿童不良习惯之改正[J].教育杂志,1929(3):47-57.

况,避免因决断草率而处事不公造成消极后果。杨彬如在《乡村小学训育方面之改进》中结合自己的实践经历表达了这样的观点:

> 我们从经验上得来的觉悟,就是逢到教师精神不十分旺盛时,不宜去训导儿童,因为在这时去训导儿童,是要意气用事,反而无效的。常见教师在休息的时候,教师因上课疲劳,亟欲休养精神,而儿童的上诉源源前来。往往置诸不理,或随便呵斥几句,或不问情由责罚了事,蒙冤受屈者在所不免,于是教师的信用失,而顽劣者更加顽劣,优良者亦学坏了。①

其三,教师要能够结合学生的性格特点与其他特质对其进行个别化教育。贾丰臻在《说训育不振之原因》中以"儿童为他人所打"为例,根据被欺凌者的不同反应而采取不同的处理方式:

> 对于一笑之儿童,谓汝对于他人加害毫无所怒,诚不易得。即可藉是以养成其宽大之德,又可鼓舞其勇气之德,或见他人之争斗而能为之和解也。对于哭泣之儿童,谓汝直软弱不济事,如我遇横逆之来,决不轻易哭泣,惟不至发怒而为复仇的举动,盖忍耐之德,亦当养成也。此对于意志弱之儿童而为之指导也。若对于怒而还打之儿童,则可告以吾人不可轻怒,一决雌雄,乃匹夫之小勇,非好男儿之真相。当静诉之教师,以判断事理之曲直,对于此种儿童,自宜养其沉勇之德。②

其四,教师在管理欺凌行为时应对学生有耐心,选取恰当的道德教育方式,讲求方式方法。

> 最忌当儿童犯过时当着大众训斥;这样,使儿童羞忿交集,迁怒于教师,怀恨于教师,反不肯悔改自己的过失了。至于膝前训导,收效亦大与儿童表示,示十分亲爱,(疑是原版杂志有误,应删去",示")儿童往往为感情所冲动而改变其野性。③

教师要根据学生实际情况,对问题学生施加更多的关注:

---

① 杨彬如.乡村小学训育方面之改进[J].教育杂志,1926(12):8-16.
② 贾丰臻.说训育不振之原因[J].教育杂志,1913(9):99-105.
③ 杨彬如.乡村小学训育方面之改进[J].教育杂志,1926(12):8-16.

在上课时把顽劣儿童的坐位,调至教师容易招顾的地方,教师多加一些注意,使他不得不循着轨道走去。①

其五,教师在进行谈话教育时也要注意方法与技巧,杨彬如认为教师在进行谈话教育时"决不宜用粗鲁性急的方法去督责","教师能用密室谈话、膝前训导等方法去规劝他们,用和颜悦色、循循善诱等态度去感动他们,收效最为可观。密室谈话,最能收效,因为儿童本属天真,一时失于检点,犯了罪过;教师应当用原谅的言语,同他在密室中细细谈话作诚恳的指示,儿童自然为之感动而改其顽劣的性情了"。② 教师应在谈话中注意自身态度,指出学生所犯的错误,诚恳地对学生进行劝导,才能取得最好的教学效果。

其六,教师在治理中小学欺凌中除了要对欺凌者进行训育,还要关注被欺凌者,既要对被欺凌者进行心理疏导,又要鼓励这类学生奋起反抗,培养其勇敢的品质:"鼓励怯懦儿童要有自信力,决不受强者无理的欺负,要自己硬硬朗朗的站起来。同时对顽强儿童要讲述义侠故事,抗强扶弱的精神。"③

2. 民国时期设置明确的校规校纪与惩戒条例管理校园欺凌行为

众多学者普遍认为,应重视校园欺凌问题,明确相应的校规校纪,严惩校园欺凌者,施暴者不仅要受到相应的惩罚或被剥夺相关权利,在屡教不改的情况下应被学校劝退、开除。

郑朝熙所著的《单级小学校管理法》第二章第三节"管理之规则"部分记载了民国时期单级小学在游戏等活动中的纪律要求:

> (一)……各级学生均有爱护箴规之义务,不得互相侵凌……(六)自由游戏……游戏器具之取用,以先后为序,毋许争夺;游戏时不许有妨碍他人之行为;游戏时不许争打或谩骂。④

朱元善的《小学校公共心养成之要求》也针对校园欺凌提出了相应的纪律条例:

> 在教室学习上之须知:(A)不可欺弄他生。(B)不可欺弄他学级。⑤

---

① 杨彬如.乡村小学训育方面之改进[J].教育杂志,1926(12):8-16.
② 杨彬如.乡村小学训育方面之改进[J].教育杂志,1926(12):8-16.
③ 王丙辰.乡村小学儿童缺席的原因及补救法[J].教育杂志,1937(6):47-51.
④ 郑朝熙.单级小学校管理法[M].上海:商务印书馆,1920:125-129.
⑤ 朱元善.小学校公共心养成之要求[J].教育杂志,1914(12):143-156.

王骏声的《浙江一中训育上的新计划》记载了该校惩戒委员会的纪律要求与对欺凌行为的递进式惩罚流程:

> 寝室公约:四、高声大叫,和乱跑乱打的举动,我们认定他是有妨碍团体秩序的,所以要大家自觉。①……本会惩戒标准,分左列各种:1.口头警告。2.普通书面警告。(每三次作一次特别警告论)3.特别书面警告。(每学期三次,得请校长令其退学)4.剥夺选举权及被选举权。5.取消学籍。(呈请校长裁酌施行)②

在1921年周维城、林壬、李步青合著,经由教育部审定、师范学校适用、中华书局发行的《新制学校管理法》中,第二编第一章第三节"儿童之赏罚"部分明确提出对"非礼之行为,较为重大或屡加谴责直立而尚不悛改"的儿童进行"留置"惩罚。③

谢冰、易克臬译,供当时师范学校专用的《学校管理法要义》,同样主张对"在途中有恶行或与同学争斗者"进行"课毕留禁"惩罚,要求"于课毕后,留禁该生校中约十数分时,俟他生均去,然后释之";并对"有贱劣品性妨害全群难期悛改者"进行开除处理。④

罗迪先、黄紫轩合著的《小学训育上几个实际问题的处理》也详细介绍了对骂人、打人行为的治理与惩戒方法:

> (一)积极方面,叫儿童背诵愿词,如"我不破口骂人。"
> (二)消极方面,凡遇到骂人的儿童,便叫他食指指着自己的嘴巴直立。或者用盐汤叫他荡口。……
> (一)一只手打人,把这一只手平举起来。两只手打人,把两只手都平举起来,直立二三分钟。
> (二)那一只打,就把那只手套红手套;两只手都打,两只手都带。⑤

二人主张通过背诵愿词、漱口罚站、罚举手等惩戒方法对欺凌行为进行管理,建立惩戒制度以减少学生间欺凌现象的发生。

---

① 王骏声.浙江一中训育上的新计划[J].教育杂志,1927(6):1-8.
② 王骏声.浙江一中训育上的新计划[J].教育杂志,1927(6):1-8.
③ 周维城,林壬,李步青.新制学校管理法[M].上海:中华书局,1921:65.
④ 学校管理法要义[M].谢冰,易克臬,译.蒋维乔,校订.上海:商务印书馆,1917:186-187.
⑤ 罗迪先,黄紫轩.小学训育上几个实际问题的处理[J].教育杂志,1928(9):1-7.

吴鼎在《对于全国儿童年实施委员会提倡小学废止体罚的我见》中列举了十项顽皮行为,并将其视为"学校中施用体罚的依据"。这十项顽皮行为包含:

(一)吵闹:包含口角,叫嚣,争辩,口出恶言,骂人等。
(二)斗打:包含打架,凶猛,校外犯事,作无益游戏等。
(三)懒惰:包含迟到,缺课,说谎,不请假,不听讲,逃学,忘带课业用品等。
(四)不守秩序:包含不安静,乱跑,乱跳,大声喊叫,吓人,捣乱,时常弄坏校具等。
(五)不整洁:包含全身肮脏,随地吐痰,乱抛纸屑或果壳,涂污墙壁等。
(六)暴躁:包含时常打骂同学,号啕大哭,强蛮,不讲道理等。
(七)偷窃:包含好吃阔用,欠债,强借别人东西,借人东西不还,欺骗,偷窃等。
(八)傲慢:包含轻浮,无礼貌,自夸,自大,无理强辩,讥笑同学等。
(九)滞钝:包含呆板,不喜运动,指定功课不能做到,健忘,回答不出教师的问题。
(十)不怕羞:包含不怕人家耻笑,受罚时常嬉笑等。①

上述描述中的"口出恶言""骂人""打架""吓人""强借别人东西""借人东西不还"等行为具有一定的欺凌性质。对这些"顽皮"行为的管理也是一种变相的欺凌管理。这篇文章介绍的体罚方式除了普遍的罚站、面壁、罚跪之外,还包括"罚对面抵手"和"罚背红布条":

(十)罚对面抵手:遇有两个儿童相打或相骂时,罚其对面举手。
(十一)罚背红布条:考查儿童犯过原因,罚背某项红布条在群众中环行一次或数次。如迟到的,罚背"我迟到"的红布条,打人的,罚背"我打人"的红布条。②

刘孟晋的《小学训育具体标准编订与使用之研究》中介绍了民国时期低中高年级"模范学生"具体条文准则,其中一些条文能够起到预防与解决校园欺凌的

---

① 孙钰,吴增芥,吴守谦,等.对于全国儿童年实施委员会提倡小学废止体罚的我见[J].教育杂志,1935(12):87-108.
② 孙钰,吴增芥,吴守谦,等.对于全国儿童年实施委员会提倡小学废止体罚的我见[J].教育杂志,1935(12):87-108.

作用。例如低年级用之条文第 13 条"我待人家和气",高年级用之条文第 67 条"我不私议人家的短处,不讥笑人家,不看轻人家",都要求学生互相尊重,养成谦和的习惯,以减少欺凌行为的发生;中年级的第 81 条"我对于别人向我吵闹,仍能平心静气应付"、第 85 条"我用正当的方法应付人家的欺侮"和第 97 条"我受了不正当的攻击,不惧怕,不退缩",则鼓励学生在面对欺凌时奋勇反击,不卑不亢;中年级用之条文第 70 条"我见了同学有危险举动,立刻劝止"、高年级用之条文第 98 条"我见了人家发生危险,立刻去救助"则针对旁观者,要求学生在欺凌等失范行为发生时挺身而出,及时制止不良行为。①

3. 民国时期的学校设置专业人员对学生间的欺凌行为进行管理与监督

参与管理的人员可由校长、训育主任、教师、实习教师、学生,甚至是欺凌者出任。

首先,校园欺凌的管理者主要由教师担任。侯鸿鉴在《劣等儿之德性及其涵养法(续)》中主张"教师当伴侣儿童",要求教师参与学生间的游戏活动,以对儿童进行监督与管理:

> 凡遇儿童游戏,教师当混入其中。一图儿童之满意;二减其恶劣行为之,俾失发挥之机会……②

杨彬如在《乡村小学训育方面之改进》中建议教师在课间"加入他们的游戏圈中,同他们共同游戏,得以监视他们的举动,使顽劣者无从发泄其顽劣"③。

其次,部分学校设立学生管理者对欺凌行为进行管理与监督。吴谷峰在《涟水县立初等小学校概况(民国三年七月以前)》中介绍了该校的"级长照料生"制度,该校除了教员"每日日落时,分区巡视一次,间亦异其时易其人,巡视二次"之外,还专门设立"级长照料生"一职定期对儿童进行巡视。④

郑朝熙在《单级小学校管理法》中的"管理之规则"部分主张设置"级长及组长"来对学生间的欺凌行为进行管理,"同学相争斗者,级长组长均有劝解调和之义务",由学生来担任校园欺凌的管理者。⑤

杨彬如还建议在学校管理中推举三、四年级儿童轮流担任"巡查员",他认为轮流当值的方式能够避免权力被少数人把持的弊端:

---

① 刘孟晋.小学训育具体标准编订与使用之研究[J].教育杂志,1930(4):45-57.
② 侯鸿鉴.劣等儿之德性及其涵养法(续)[J].教育杂志,1915(6):89-100.
③ 杨彬如.乡村小学训育方面之改进[J].教育杂志,1926(12):8-16.
④ 吴谷峰.涟水县立初等小学校概况(民国三年七月以前)[J].教育杂志,1914(9):11-19.
⑤ 郑朝熙.单级小学校管理法[M].上海:商务印书馆,1920:131.

要知道巡察员的职务,是维持上课下课和休息时的秩序,以及代理教师处分相打骂的事情的,倘被少数人把持,往往养成骄横的不良态度,而且同学中易生恶感。①

采用"轮流当值"的方式可以使"大家经过困难,大家互为曲谅",在增进学生间了解的基础上增进互信,在有效减少学生间的纠纷之余降低校园欺凌发生的风险。

再次,民国时期部分学校将欺凌者擢升为校园欺凌的监管者,以此来解决学生间的欺凌问题。章柳泉在《论小学校训育》中谈及训育中的消极训练时,主张避免具有欺凌习惯的学生与弱小儿童接触,并在"每次有凌侮的情形发生以后,就给他惩罚",还建议采用"使侮人的儿童保护弱小儿童,抵御其他侮人的顽童,或助幼小儿童游戏"的方式,让欺凌者成为监督管理欺凌的专门人员,在加强自我管理的同时能够一定程度改善学生间的欺凌问题。②

杨彬如也在《小学训育问题之原理与实施》中建议将欺凌者提拔为监督欺凌的管理者,"对于常犯规则的学生,就叫他做某种规则执行的领袖,如他好和人争斗,就请他管理别人的争斗",通过将违纪者任命为监管者的方式,使欺凌者或其他违纪学生达到"难为情再犯"的效果。③

同时,吴守谦也在《对于全国儿童年实施委员会提倡小学废止体罚的我见》中建议,在对"骂人打人欺侮幼小及女同学"的不良儿童进行训育时,采取"加重工作或指定担任公共职务"的方法。④

4. 民国时期尝试建立或借助学生组织对中小学欺凌行为进行管理

贾丰臻在《童子军与教育主义》中谈及了童子军组织对教育的积极作用,其中附录部分记载的《中华童子军规律》能够通过对学生提出纪律约束,对治理校园欺凌发挥积极作用。例如《规律》中的第四条"童子军宜以公众为朋友,其他童子军为兄弟";第五条"童子军宜谦让有礼,对于妇孺老幼尤当爱护"有助于营造友善的校园氛围,减少同伴间恃强凌弱行为的发生;第十条"童子军须勇敢,不惧危险,凡受朋友之褒奖称道、仇敌之讪笑恫吓,均宜无所动于中。即失败时,亦宜百折不回,不宜自馁",鼓励学生不畏强暴,勇敢坚强,对欺凌行为奋起反击。⑤

---

① 杨彬如.乡村小学训育方面改进[J].教育杂志,1926(12):8-16.
② 章柳泉.论小学校训育[J].教育杂志,1925(4):1-19.
③ 杨彬如.小学训育问题之原理与实施[J].教育杂志,1928(12):1-15.
④ 孙钰,吴增芥,吴守谦,等.对于全国儿童年实施委员会提倡小学废止体罚的我见[J].教育杂志,1935(12):87-108.
⑤ 贾丰臻.童子军与教育主义[J].教育杂志,1916(10):151-156.

除了借助童子军进行校园欺凌行为管理,民国时期还主张在学校中成立相关学生组织来管理欺凌行为。例如,时任江苏省立第三师范附属小学教员的陈献可在《特殊级教学的报告》中介绍了该校针对学生间打骂而成立的"劝人为善会":

> 相打相骂,是恶劣儿童最易犯的弊病。处置方法,纯用感化主义;组织劝人为善会。犯上二项弊病的,就作为该会会员。遇有事故发生,就开会讨论,请会员出席,公议惩戒方法。(如相打,须对亲爱二字行礼,或停止游戏之类。)会员在平日,倘能劝人息争,有确凿之事实的,就可希望出会。这种办法,是透进一层;即使不能劝人,那末自己定能稍形敛迹哩。①

陈献可在教育实践中将具有打人骂人劣习的学生统一起来成立"劝人为善会",在会议中讨论打骂行为的处罚方式。如果"劝人为善会"的会员能够在日常学习生活中主动阻止他人打人或骂人,则可以离开"劝人为善会"。他认为将有欺凌倾向的学生组织起来是一种有效的管理方式,即便学生不能劝说他人,也会在一定程度上减少自身的失范行为。

《顽劣儿童的研究》介绍了马精武在民国十八年(1929年)三月,在尚公小学校里开设的儿童感化院的教育实践。其中"感化院规程"部分首先介绍了感化院设立的宗旨以及开放时间:"感化院以积极训练顽劣儿童为宗旨""感化院除星期日外,每日开放时间,自上午八时至下午五时止"。同时将欺凌行为明确划定为进入感化院的理由:

> 凡有下列情事者得送入感化院:甲、破坏秩序,屡戒不悛者;乙、公然侮辱师长者;丙、侮辱或欺凌同学者;丁、窃取物品,查有确据者;戊、阴谋破坏学校者。②

学生在进入感化院后,有明确的管理方法与规训原则:

> 4.凡送入感化院之学生,须登记于感化院日志,以备稽考。5.凡公安局可以直接处置之案件,不得送入感化院。6.送入感化院之学生,其感化时间,至多不得过二小时。7.送入感化院之学生,由各该有关系教师会同训育系积极训练。8.学生送入感化院,以不妨正课为原则。9.送入感化院之学

---

① 陈献可.特殊级教学的报告(附表)[J].教育杂志,1921(3):1-10.
② 马精武.顽劣儿童的研究[J].教育杂志,1930(9):41-47.

生,应通知该级级任教师,以便平时加紧训练。①

除了以上的常规教育外,倘若学生屡教不改,就会对其进行进一步惩罚:

学生每学期送入感化院至五次以上者,即行停学。停学时期,临时决定。②

5. 民国时期开设专项活动与课程对学生间的欺凌行为进行干预

吴谷峰在《安东县立初等小学初学年修身教授实况》一文中介绍了其所在的安东县立初等小学修身教育。其中,第一学年的修身教授主旨包括"对己:开发道德之知识,矫正不良之习惯"。第一学期的课堂目标包括"(三)爱同学:应用作法对学生之敬礼;(五)慎言:言语卑野及谩骂"。这些主旨与目标关注学生品德与言行,能够对欺凌行为起到预防与矫正的效果。该校开展修身教学后,的确取得了一定的教学效果。尽管学生在游戏中难免有冲突发生,但学生互相谩骂的问题得到了解决:"第三目于游戏时难免冲突……第五目未授之前,尝有谩骂者,盖城市儿童,又无家庭教育,恶习实深。及既授之后,竟各自相戒,不闻有一卑野语。"③

赵廷为的《小学校里的训育标语》一文也介绍了该校针对具体训育问题所开展的专项活动。"例如第一周的训育目标是秩序,而此周即定名为秩序周。"在一周中通过张贴"勿和人相打相骂""勿大声乱叫"等标语督促学生自省,"这些标语,都写在长方形的木板上,而悬挂于适当的地点。在路口最足令人注意的处所,又贴着一张用大字写的总标语。教室里的标语,在秩序周里,也是与秩序的目标有关系的;但皆由级任教师与学生在礼拜一上公民课时共同议定"。④ 根据具体实施情况决定是否延长活动时长或转换活动目的。当"秩序周"结束后,在接下来的一周中开展秩序评比,并"用奖品奖给秩序最好的年级"⑤。

除了上述列举的训育周活动外,民国时期的教育研究者提倡通过举行体育运动或文娱活动,对学生间打骂欺凌行为进行训导。吴守谦也认为"举行礼貌训练或集团游唱""提倡集团游戏或运动""举行袭击偷营等练习"等活动也能够对"骂人打人欺侮幼小及女同学"的"儿童不良行为"起到一定的规训作用。⑥

---

① 马精武.顽劣儿童的研究[J].教育杂志,1930(9):41-47.
② 马精武.顽劣儿童的研究[J].教育杂志,1930(9):41-47.
③ 吴谷峰.安东县立初等小学初学年修身教授实况[J].教育杂志,1914(12):162-166.
④ 赵廷为.小学校里的训育标语[J].教育杂志,1928(6):1-8.
⑤ 赵廷为.小学校里的训育标语[J].教育杂志,1928(6):1-8.
⑥ 孙钰,吴增芥,吴守谦,等.对于全国儿童年实施委员会提倡小学废止体罚的我见[J].教育杂志,1935(12):87-108.

6. 民国时期部分学校营造优美校园环境对校园欺凌施加积极影响

侯鸿鉴在《劣等儿之德性及其涵养法（未完）》中举了这样一个例子：在学校中有一个男孩子，不仅不怕蛇，甚至"能以两手逐蛇搏而杀之，握诸手中以追女子"，他主张采取培养同情心的方式对其进行教育。他建议"于学校之庭，栽养群芳，示以结实开花之乐趣，或指庭园飞蝶以起其观感之情，或养金鱼饲鸟兔，假化育流行之妙，涵养爱情同情。俾始，于个人渐次扩充至于共同的，然后残忍之性，由是变易。同情爱情由是养成"，将天性残忍的学生置于优美温馨的校园环境中，使其感受自然的魅力，在潜移默化中培养其同情心，驱散心中戾气，进而减少欺凌行为的发生。①

四、民国中小学欺凌治理研究的启示

尽管民国时期对中小学校园欺凌的重视程度与治理方式与今日有较多不同之处，但通过整理当时对校园欺凌的思考与研究，仍然能够为当下的欺凌问题治理带来许多启示。

第一，应重视教师在欺凌治理中的作用，在鼓励教师灵活运用多种教学法的同时，对教师专业素养提出新要求。民国时期注重教师在欺凌治理中的作用，并针对欺凌治理对教师提出相应要求。当下，应认识到教师在欺凌治理中所扮演的关键角色，有针对性地丰富教师教育内容，拓展专业素养维度，将应对、治理校园欺凌能力上升至教师职业技能的高度。在职前、入职、职初、在职等专业发展阶段中增添治理欺凌的内容，鼓励教师自主探寻实践方法，培养教学机智。

第二，应为治理校园欺凌行为制定明确的校规校纪与惩戒条例。民国时期针对校园欺凌等失范行为制定了明确的校规校纪与有力的递进式惩戒机制。在当下校园欺凌管理中，学校与相关部门应构建完善、有力的法律法规体系与纪律规范，让学校与教师在处理具体欺凌时有法可依、有规可循。

第三，可尝试在学校中设立专门人员对学生行为进行监管。民国时期的学校设置专门人员监督学生间的欺凌行为的模式在当下仍具有价值。中小学可增设专业人员于存在突出欺凌隐患的时间和地点进行看护，以消除校园欺凌隐患。

第四，要发挥校内正式群体与非正式群体的作用，培养集体意识。民国时期中小学借助童子军或建立其他校内学生组织来对欺凌行为进行管理。结合当下我国基础教育现状与班级组织形式，可以发挥少先队、共青团等团学组织在思想道德修养方面的作用，利用学生团体治理校园欺凌。

---

① 侯鸿鉴.劣等儿之德性及其涵养法(未完)[J].教育杂志,1915(3):32-41.

第五,可针对中小学欺凌开发专项课程,利用集体活动预防校园欺凌。民国时期针对校园欺凌的问题开设了专项课程、举办"纪律周"等活动。在当下的教育中,也可以尝试在现有中小学阶段"道德与法治"等课程中增添反欺凌的内容。同时,在入学以及其他欺凌高发阶段举办相关主题活动,以此对学生进行教育宣传。

第六,可尝试营造和谐友善的校园环境,发挥隐性课程作用。民国时期中小学有意创设优美的校园环境与校园文化,通过陶冶学生情操来减少校园欺凌的发生。现下的中小学同样可以借鉴此类经验,甄选装修风格,在校园中合理布置动植物,营造温馨友善的校园氛围。

第二节　新中国成立以来中小学校园欺凌治理沿革

在对新中国成立七十多年以来校园欺凌治理进行整理和分析的基础上,我们发现校园欺凌治理大概经历了五个发展阶段,分别是"校园欺凌治理恢复发展阶段"(1949年至1954年)、"校园欺凌治理由稳步发展到陷入停滞阶段"(1955年至1976年)、"校园欺凌治理引发重视阶段"(1977年至1998年)、"校园欺凌治理日渐规范阶段"(1999年至2014年)、"校园欺凌治理形成热潮阶段"(2015年至今)。纵观新中国成立以来校园欺凌治理的发展历程,可以看出我国的校园欺凌治理呈现出治理视角多元化、治理方案规范化和相关研究类型化的特点。对新中国成立以来的校园欺凌治理发展历程进行回顾和总结,亦可为今后校园欺凌的治理提供启示。

一、校园欺凌治理恢复发展

解放战争期间,由于战争的影响,我国有关校园欺凌治理的研究基本陷入停滞状态。新中国成立后,对校园欺凌的研究才得以恢复与发展。在有关学生纪律培养及顽皮儿童改造的文章中,零星可以看到有关校园欺凌治理的研究。

1950年李世声在《我们怎样教育顽皮儿童》一文中提到,我们对于各个顽皮儿童,绝不能一律看待,也就是说不好用同样的方法去教育。顽皮儿童形成的原因主要有:①家庭的环境,包括家长的溺爱以及家长教育方法的不正确;②社会的原因,有的顽皮方法或当街讲粗俗的话是因为他们所居住的环境造成的;③不良教育,教师因为不了解情况,而对顽皮儿童加以不正确的处理,便会得反效果。他提出针对五、六年级顽皮儿童教育的一些经验:①说服教育必须以感动和帮助的态度——教师实行说服时不要和学生站在完全对立的立场;②鼓动他的自尊心和启发他的责任感;③对于顽童的家长,要密切地保持联系;④对于顽童实施处罚有时是必要的；⑤转变后的掌握问题——这是一个最后而最重要的问题，一个顽童改正错误了，并没有解决问题，我们应该再深入地使他在行为上建立一种遵守纪律的良好习惯。①

《我们是怎样进行整顿学生纪律工作的》一文中也提到，"五三年开学以来，同学之间口角殴打，时有发现。有流氓习气的学生竟常在外调戏妇女或打架，社会影响很坏"，这里的"调戏妇女"其实是属于校园欺凌分类里的性欺凌，而"打架"则属于肢体欺凌，但当时并没有针对校园欺凌的明确概念及类型划分，因此，统称这些行为是顽皮行为。文章从学生、教师和行政角度提出整顿纪律的方针：明确学生学习目的，纠正教师中的客观主义思想和急躁情绪，克服学校行政的单纯说服放任自流的教育方法，运用多种多样的方式方法，对学生进行耐心、细致的积极正面教育。②

廖志燕等人在《在热爱儿童的基础上耐心细致地教育顽皮的儿童》中提出："有些儿童所以特别顽皮，是由于家庭教育得不好和感染了旧社会遗留下来的坏习气。顽皮儿童会欺负别人，学业又不好，在同学中常常是孤立的，这样就会加深他和同学的对立，坚持错误的倾向。像砀山县五里庙小学的顽皮儿童孙宗立，同学都讨厌他，并讽刺他是'斜子'（因他是个斜眼）。但这样反而促使他不求上进，常和同学打架。"针对顽皮儿童的教育，廖志燕等人认为：教师应掌握多表扬、少批评的精神，对于顽皮儿童的一些细小的优点都不放过，要随时加以有分寸的表扬，这样可以树立他们进步的信心，同时可以更好地来改变同学对他们的看法；除了教师要亲近顽皮的儿童外，还需教育同学们和他们亲近，不能歧视他们；经常举行家庭访问，和家长取得密切的联系，这是教育好顽皮儿童的一个重要关键点。③

《加强纪律教育》一文提到，由于资产阶级思想的影响和沾染了旧社会残留下来的坏习惯，以及教育工作上的一些缺点，现在若干学校还存在着偷窃、打架、侮辱女生、生活极端散漫等不遵守纪律的行为。而进行纪律教育的办法是：首先，学校订立严格的学习和生活规则，请假及奖惩制度，教师对学生提出学习和行为上的严格要求，并进行监督检查；其次，必须在广大师生中进行思想动员，叫大家了解遵守纪律的重要性，并纠正对纪律问题的错误认识。④

当时也出现了教师对顽皮学生改造的具体案例。如《郭学敏同学变好了》中

---

① 李世声.我们怎样教育顽皮儿童[J].天津教育,1951(2):45-48.
② 北京第十二中学.我们是怎样进行整顿学生纪律工作的[J].人民教育,1953(10):32-33,15.
③ 廖志燕,獐四足,毛基甫,等.在热爱儿童的基础上耐心细致地教育顽皮的儿童[J].江苏教育,1953(12):5-6.
④ 佚名.加强纪律教育[J].江苏教育,1953(8):3-4.

的郭学敏原来在学校打同学、骂老师、偷东西,无所不为,并影响了不少学生,在母亲工作的地方甚至用砖头砸汽车,用小刀要杀小孩。姜老师通过家访了解到这孩子顽劣的根源在于小时候父母过分纵容,养成了什么也不怕的性格,同时经观察发现,他喜欢看连环画,并有强烈的自尊心。于是姜老师让他看连环画,并为他讲解连环画里面英雄人物的积极行为,从而激励他改正错误,积极上进。针对他的错误,老师根据他自尊心强的特点,在指明他错误的同时,对他提出期望,以保护他的自尊心。同时,组织好学生和他玩,并指导如何团结他和用行动影响他,在他不会做题时,老师悉心指导,不断给他信心。经过不断的鼓励与帮助,郭学敏的学习积极性终于提了起来,学业成绩也有了进步,对老师敬爱,对同学也很亲近。①

《回忆唐豫仁的转变》一文中,唐豫仁原本是一个在学校打架骂人、翻墙头、欺女生,聚众殴打同学的顽皮学生,对他用过轮流说服、表扬、批评、集体帮助等教育方法,但均无效。教师首先总结之前对他教育失败的原因,并对其进行家访,了解他性格形成的原因。通过抓住每个和他接近的机会,用革命先烈的英雄事迹和轶事,对他灌输正确人生信念,获得他的信任,引导他和优等生交朋友。因他热爱劳动,教师建议学校让他领导全校生产,他体会到全校师生对他的信赖,积极劳动,并竞选班干和大队长,在教师的鼓励下提升成绩,小学毕业,加入青年团,最终找到好的工作。②

相关文章也记录了个别教师对待学生违纪的消极做法,如一位教师面对儿童的纠纷问题和犯规行为,不分析学生间纠纷的原因,习惯于向家长"告状",将进行家庭访问作为处置学生的手段,而家长则惯用体罚,由此教师"告状"行为招致学生不满,学生与教师之间呈现对立甚至仇视的状态。③

当时也出现针对顽皮儿童教育的争议与讨论,讨论较多的是四年级学生张发仁事件。据其父亲给编辑部的来信:"张发仁因学习、品行不好,连年降级、留级,并两度转学,最后被清江市老坝口小学开除学籍,张发仁因被学校开除,遭到失学、遭到家庭打骂的痛苦,一度产生自杀的念头。"④关于对张发仁的处置,许多教育工作者给出了自己的看法。

立章认为张发仁并非极端顽皮而不可教育的孩子,如果教师能够注意张发仁的个性特点,加以分析研究,再以热爱的态度和对事业高度负责的精神,多方

---

① 杨世英.郭学敏同学变好了[J].江苏教育,1954(6):21.
② 曹玉成.回忆唐豫仁的转变[J].江苏教育,1953(13):18-19.
③ 高瑞莲."告状"[J].江苏教育,1954(2):17.
④ 本刊编辑部.我们应该怎样对待张发仁这样的孩子?[J].江苏教育,1953(14):20-23.

面开动脑筋,依靠他的好的方面去克服他坏的方面,张发仁是一定可以教育好的。①

贾振翼认为老师们对张发仁随便降级和开除是不妥的,但同时他也认为张发仁的劣根性是难以教育的,教师在这方面也无能为力。②

徐毅、许慎忻认为张发仁不能算是太坏的学生,张发仁的性格倔强、好胜、莽撞和喜爱顽皮。他不肯在别人面前失面子,也不愿意人家看不起他。他虽然顽皮,不专心学习,会和同学闹纠纷,不守纪律,看不起科任教师,仇视批评他的人,但是,他还有很多好的地方。例如:学校里举行大扫除,他不顾自己年小力弱,抢着搬东西,爬上屋顶,打扫卫生;在抗美援朝运动中,学校里发动捐献,他捐的钱比别人多;学校筹集经费,他省吃俭用,陆续捐款一万元。徐毅、许慎忻还认为学校只看到了他的缺点,而没有看到他的优点,这样的学生在他看来不算太坏,是绝对可以教育好的。③

李方认为张发仁的倔强性格具有不好的一面,也具有积极的一面,不能统统把"倔强"叫作"顽皮",教师需要将张发仁的倔强引导到正常发展的道路,需要较长时间多方面的努力。④

综合来看,大部分教育工作者对张发仁的教育持积极乐观态度,相信张发仁是可以教育好的。

对新中国成立前几年有关校园欺凌治理的文献进行分析,可以发现,相关文章主要集中于顽皮儿童教育及纪律培养,相对于新中国成立前校园欺凌治理陷入停滞,这一时期的校园欺凌治理呈现恢复发展的状态。有关校园欺凌治理的文章不仅体现在学者的研究中,也体现在教师对顽皮学生治理的经验中。同时,也可以看出,教育工作者对校园欺凌的治理基本上比较积极乐观。在治理校园欺凌的措施上,相关人士大多提出说服教育、情感感化、家校合作、鼓励儿童、激发学生兴趣等方法。

二、校园欺凌治理由稳步发展到陷入停滞

随着1955年教育部发布《小学生守则》,至1965年,校园欺凌治理进入稳步发展阶段。这一时期,校园欺凌治理不仅体现在学生纪律培养及顽皮儿童教育的相关文章中,在《小学生守则》中亦有所体现。

---

① 立章.他不是极端顽皮而不堪教的孩子[J].江苏教育,1954(3):24.
② 贾振翼.张发仁的劣根性是难以教育的[J].江苏教育,1954(2):25.
③ 徐毅,许慎忻.张发仁不能算是太坏的学生[J].江苏教育,1954(2):25.
④ 李方.从张发仁的倔强谈起[J].江苏教育,1954(2):25-26.

在学生纪律培养方面,这一阶段学生纪律培养手段相较于前一阶段呈现出多样化,如在教学过程中培养学生的自觉纪律[1],教师同家长合作培养学生的自觉纪律[2],通过少先队的组织培养学生的自觉纪律[3],在课外活动中培养学生的自觉纪律[4],用优良班集体的传统教育学生自觉遵守纪律[5]。

顽皮儿童教育的相关文章也呈稳步发展趋势。《顽皮儿童也是要求进步的》《加强对个别顽皮儿童的教育》《如何对待顽皮的孩子》等6篇文章均对顽皮儿童的教育提供了方法,且均为一线老师结合自己的教学经历与感悟所撰写。

《顽皮儿童也是要求进步的》中的"朱悦兴是出了名的调皮孩子,上课坐不住,逗靠近的同学,讲话,做小动作。同学不理睬他,他就用小纸团掷人,课后打架,惹是生非,在家里不做事,常和人打架,在收庄稼的季节和赌钱的老朋友一起在野外牧堆里赌钱",教师对他鼓励、批评都无效,通过家庭访问,教师了解到是朱悦兴的父亲对他过于宠爱,于是对朱悦兴的父亲进行教育:"家长不能无原则的溺爱他,应和学校配合起来共同教育。"又通过其父亲的组织关系,进行帮助和教育,使朱悦兴父亲体会到党和政府以及各方面对他的孩子都是非常关心的,从而扭转了他单纯溺爱孩子的错误思想,使他开始对自己孩子的行为注意,并经常与教师联系研究共同教育的方法。在班主任的耐心教导下,朱悦兴在学习和行为上都有了极大进步,最终被评为中队委员、大队壁报缮写员。[6]

《如何对待顽皮的孩子》一文中,"唐学期是学校一个性情最暴躁、倔强、好打人、不爱学习的顽皮孩子",教师首先研究唐学期性格形成的原因,发现其母亲早逝,父亲忙于工作,且经常打骂他。了解情况后,教师首先从生活上关心他,并针对唐学期的点滴进步,给予及时表扬。在老师的关爱下,唐学期改掉暴躁的性格,以及好打人的行为,成了一个认真学习的孩子。[7]

《"调皮"儿童是可以教育好的》一文中,调皮学生张兆信在课堂上公然打同学,教师耐心说教无果,通过发现学生兴趣,并及时引导、鼓励,张兆信最终转变成为全校三好生。教师通过对顽皮学生的教育,总结出:"对个别'调皮'儿童,教师要更多的关心他们,了解他们,对他们的缺点不应放松,更重要的是要看到他们的优点。要用正面积极的精神,多鼓励,少责备,循循善诱地去教育他们,就能

---

[1] 虞诚.在教学过程中培养学生的自觉纪律——纪律教育讲话之五[J].江苏教育,1955(24):21.
[2] 虞诚.教师同家长合作培养学生的自觉纪律——纪律教育讲话之七[J].江苏教育,1956(2):15-16.
[3] 虞诚.通过少先队的组织培养学生的自觉纪律——纪律教育讲话之八[J].江苏教育,1956(3):32.
[4] 虞诚.在课外活动中培养学生的自觉纪律——纪律教育讲话之六[J].江苏教育,1956(1):13.
[5] 左叶发.用优良班集体的传统教育学生自觉遵守纪律[J].江西教育,1963(10):15-16.
[6] 杨庚泉.顽皮儿童也是要求进步的[J].江苏教育,1956(20):15-16.
[7] 王政先.如何对待顽皮的孩子[J].湖南教育,1959(4):19-20.

收到应有的效果,并给教师带来莫大的安慰和愉快。"①

《顽皮的孩子变成了优秀学生》一文中陈广荣上课随便骂同学,不守纪律,下课打骂同学,教师采用批评教育的方式,效果更差。在校长的启发下,教师对学生进行家庭访问,了解到学生在家经常被打骂,父母对其亦束手无策;老师反思自己之前对陈广荣的态度,进行改正,观察学生纪律差的原因,并帮助学生养成预习的良好习惯,抓住学生的兴趣点,引导学生遵守课堂纪律,并对学生的点滴进步给予及时的表扬,不断增进学生进步的信心,最终陈广荣变成了一个优秀学生。②

班主任林默卿对待不同的顽皮儿童,采取不同的教育方法,如对性情倔强,但喜欢看图书的同学,就采取上课时多关心他,以校内优秀儿童的实际事例或故事来教育他,介绍优秀儿童和他做朋友,鼓励他担任班级中的轮流工作,统一和家长及科任老师对他的教育方法;而对待偷东西的儿童,就首先教育学生,其次和学生亲近,让学生体会到关爱,对老师说真心话,帮助他解决家庭困难的问题,并以好人好事的事例来影响、教育他。③

马俊英从毛主席的《矛盾论》中受到启发,运用班级的力量,通过召开班干部扩大会,发动大家一起寻找班级纪律差的原因,针对发现的问题,自己首先做自我检讨,并向班干部和好学生提要求,开展"以好带差""一帮一,一对红"的竞赛活动,学生之间互相帮助,差生被带动起来,调皮学生改正了缺点。④

从相关文章可以看出,这一时期校园欺凌治理呈现稳步发展的状态。当时教师们在校园欺凌治理方面注重家校合作,且对学生耐心、关爱,不断发现学生身上的优点,对学生进行鼓励和爱的教育,善于发现学生的兴趣点,并对学生进行耐心引导,教师对校园欺凌治理基本持乐观积极态度。

在这一时期,1955年颁布的《小学生守则》涉及校园欺凌治理,但当时的表述较为笼统,仅要求小学生要"对人有礼貌,不骂人,不打架"⑤。1963年,修订版的《小学生守则》原封保留了此条规定,可见,教育部对学生打架斗殴明令禁止,尽管这一守则对校园欺凌治理尚缺乏针对性,但这也表明校园欺凌开始得到教育部的关注。

"文化大革命"期间,有关校园欺凌治理的研究基本陷入停滞。

---

① 陈娟."调皮"儿童是可以教育好的[J].江苏教育,1961(12):10.
② 王亦名.顽皮的孩子变成了优秀学生[J].安徽教育,1959(12):43-45.
③ 林默卿.加强对个别顽皮儿童的教育[J].江苏教育,1957(Z2):33.
④ 马俊英.调皮学生转变了[J].黄河建设,1965(9):38.
⑤ 中华人民共和国教育部.小学生守则[J].江苏教育,1955(5):3.

三、校园欺凌治理引发重视

随着"文化大革命"结束,学校教育教学重回正轨,从 1977 年起到 1998 年,校园欺凌相关研究恢复发展,相关研究范围不断扩大,引起人们广泛重视。从顽皮学生教育、学生打架、学生违纪、学生暴力等相关研究中,均可见有关校园欺凌治理的研究,部分校园欺凌性质恶劣,甚至达到犯罪程度。因此,从部分学生犯罪的研究中,也可以发现校园欺凌治理相关研究。此外,1978 年改革开放,开放城市经济发展迅速,由此出现的财物欺凌事件不断增多,引发人们重视。这一时期,校园欺凌也不断引起教育部门和法律部门的重视,这从相关法规文件中关于校园欺凌的治理要求可以看出。

在顽皮学生教育方面,艾政梅认为"少年儿童大多缺乏辨别是非的能力,容易接受外界不良现象的影响,如骂人、说下流话、打架、偷摸、损坏公物等等",对顽皮儿童进行教育,首先要认识其心理及成因;不能强求其在短时间内转变;对顽皮生的教育要按照心理学和教育学规律办事;要与家长通力合作,制定教育措施。①

陈正国认为教师应该把学生中发生的事情弄清楚,不能轻易下结论,不能横加指责,随便伤害学生的自尊心。学生犯了错,批评教育要有分寸,不要太刻薄;多从正面教育学生,培养和发展他们的优点,逐步克服他们的缺点;从学生的特点和实际情况出发,因势利导,哪怕是一点微小的进步也要给予肯定,顺着学生的情趣、爱好和特长,一步一步把他们的精力、才智引导到有利于他们成长和发展的轨道上来,使他们扬长避短,取得进步。②

在学生打架治理的相关研究方面,吉龙认为儿童发生打架斗殴,多数是因为自己的愿望得不到满足而引起的。例如,自己的人格得不到别人的尊重,或受到侮辱,自己的利益受到侵害,自己的决定被否决,自己的安全受到威胁,等等;其次是因为存有报复和嫉妒心理而引起的,例如,自己曾被某人伤害(侮辱)过,一有机会就会产生报复雪耻的念头;另外,对孩子的虐待和放任等也会导致攻击性行为。对待学生打架斗殴,首先父母和教师要了解儿童社会行为和心理发展特点,关心学生;其次,注重道德教育;再次,对有心理问题的儿童,进行说服教育和心理疏导治疗,严重者用行为治疗。③

在学生违纪治理方面,谷永磊在文章中指出,学员的主要违纪现象包括酗酒

---

① 艾政梅.顽皮学生的心理及其教育[J].九江师专学报,1987(Z1):126-128.
② 陈正国.正确对待顽皮好动的学生[J].宁夏教育,1987(Z1):16-17.
③ 吉龙.怎样对待打架斗殴的孩子?[J].大家健康,1994(3):49.

滋事,打架日益增多。学员违纪的对策包括:加强对学员的教育和管理,对学员进行养成教育,对易引起严重事故的违纪行为要加大治理的力度。①

在学生暴力治理方面,庞桂美、杨守存在对校园暴力案例分析的基础上,认为校园暴力的形成原因主要是:家庭教育的失误及家庭暴力的影响;不良大众传媒及暴力影视的影响;学校教育的某些失误和偏差。具体体现在当前我国学校教育在总体指导思想上出现了偏颇,教师对学生的体罚和变相体罚是校园暴力的重要诱因,学校学习竞争的压力过大,个别学生无法承受,也是诱发校园暴力的原因。②

雷少波、姚贵平将校园暴力分为教学过程中的暴力现象、青少年学生的施暴行为、校外人员对学生的暴力行为。在对校园暴力案例分析的基础上,他们提出校园暴力的对策:加强师德、师能及教师队伍的法治观念建设,提高教师素质;加强教育环境建设,为学生创造健康的教育氛围;加强青少年学生的心理知识教育和心理技能训练,提高其心理的容纳性和承受力。③

在学生犯罪的部分研究中,也可以看到校园欺凌治理的相关研究,如程英帆认为:解决中学生违法犯罪问题,学校负有重要的责任。但仅仅依靠学校的力量还是不够的,必须动员家庭和整个社会的力量,实现综合治理。④

《青少年学生犯罪的初步研究》一文,通过对汕头市和潮州市青少年学生犯罪案例进行分析,发现比较突出的犯罪案例是打架斗殴、偷窃、传播黄色书刊和不遵守交通规则致造成伤亡事故等。分析原因,主要是法制教育不普及;学生是非不清,手段野蛮;受"文化大革命"的影响,人们把抢劫当成光荣、英雄、闹开心;学生思想不成熟,被坏人引诱,误入歧途;缺乏道德修养,存在封建的哥们儿义气思想,聚众打架闹事;受资产阶级不劳而获的剥削思想和社会不正之风的影响;观看黄色书刊、小报或淫秽录像,造成强奸犯罪;家庭教育的不当等。⑤

《开放城市的家庭问题与中学生违法犯罪》一文总结出:家庭结构的缺陷、家庭教育的失误对学生违法犯罪均会产生影响,而经济因素是中学生违法犯罪的最根本家庭动因,开放城市中学生违法犯罪的主要类型是抢、偷等"经济型"犯罪。因此,在开放城市每个家庭富足的情况下,家长要教育子女正确对待金钱,引导其消费方向,防范中学生违法犯罪。⑥

---

① 谷永磊.试论学生违纪现象及其对策[J].中央政法管理干部学院学报,1996(3):60-62.
② 庞桂美,杨守存.校园暴力及其成因分析[J].山东青少年研究,1996(3):37-38.
③ 雷少波,姚贵平.校园暴力的现象分析及教育对策初探[J].教学与管理,1998(11):18-19.
④ 程英帆,赵海燕.中学生违法犯罪问题试析[J].北京政法学院学报,1982(2):70-73,88.
⑤ 吴松涛.青少年学生犯罪的初步研究[J].教育论丛,1985(S1):44-45.
⑥ 倪小宇.开放城市的家庭问题与中学生违法犯罪[J].青年研究,1986(6):31-36.

可见,在这一时期,校园欺凌引发学者们广泛研究,校园欺凌后果严重,不少校园欺凌已经触犯法律,对学生进行法制教育必不可少。

此外,改革开放后开放城市经济水平大幅提升,在这种社会背景下,也出现了较严重的财物欺凌案件。在《由一少年抢劫引起的思考》中出现了更为典型的财物欺凌案例:少年被抢劫,为了把钱"要"回来,决定去向比自己弱小的学生实施抢劫,导致犯罪;家境富裕的中学生出于好奇,参与抢劫,最终被判刑;14岁少年被抢劫勒索,向老师寻求帮助无果,自己将刀带在身上,当被殴打时,向欺凌者拔出了刀,最终被欺凌者被判刑,欺凌者一个重伤,一个死亡。①

从这一时期的校园欺凌治理相关文章可以看出,学者和教师开始从心理学视角探究校园欺凌发生的原因,并注重根据教育学和心理学的规律对校园欺凌进行治理,重视家校合作,同时也逐渐意识到大众传媒中暴力文化对校园欺凌的诱导。

与这一时期的校园欺凌日渐严重相对应,规章文件中也出现了更多的校园欺凌治理相关内容。

1963年、1979年、1981年《小学生守则》先后三次修订并颁布,修订后的第八条,仍然保留对学生"不骂人,不打架"的要求。

1979年,《中华人民共和国刑法》(以下简称《刑法》)首次颁布,从其中有关未成年人犯罪的规定中,也可看到校园欺凌治理相关内容,《刑法》第十四条规定:已满十六岁的人犯罪,应负刑事责任。已满十四岁不满十六岁的人,犯杀人、重伤、抢劫、放火、惯窃罪或者其他严重破坏社会秩序罪,应当负刑事责任。已满十四岁不满十八岁的人犯罪,应当从轻或者减轻处罚。因不满十六岁不处罚的,责令他的家长或者监护人加以管教;在必要的时候,也可以由政府收容教养。校园欺凌可能会触犯《刑法》中的故意杀人罪、故意伤害罪、抢劫罪等罪名。

1981年、1991年、1994年教育部三次颁布《小学生日常行为规范》和《中学生日常行为规范》,均要求学生"举止文明,不说脏话,不骂人,不打架","不以大欺小,不欺侮同学,不戏弄他人,发生矛盾多做自我批评"。

1986年,《中华人民共和国民法通则》(以下简称《民法》)首次颁布,在《民法》中,也可以看到校园欺凌治理的相关内容。《民法》第四节"人身权"规定,我国公民依法享有财产所有权、生命健康权、名誉权等权利,不容侵犯,而校园欺凌会侵犯到公民的这些权利。

1991年《中华人民共和国未成年人保护法》(以下简称《未成年人保护法》)首次颁布,从家庭、学校、社会、司法、法律几方面对未成年人提出保护要求,

---

① 秦润华.由一少年抢劫引起的思考[J].少年儿童研究,1995(3):8-9.

从中也可看到校园欺凌治理相关内容。如第十三条规定,学校对品性有缺点的学生应当耐心教育。第三十八条规定,对违法犯罪的未成年人,实行教育、感化、挽救的方针。第一百三十二条规定,故意杀人的,处死刑、无期徒刑,或者十年以上有期徒刑;情节较轻的,处三年以上十年以下有期徒刑。

四、校园欺凌治理日渐规范

1999年,张文新教授对世界上最早进行校园欺凌研究的挪威学者欧维斯的儿童欺负问卷(Bully/Victim Questionnaire)进行了中文版修订,并首次将bullying翻译为"欺负"[①],此后,国内学者在进行问卷调查时大都采用中文版的Olweus问卷,并在研究中将"欺负"与"bullying"视作同义。

1999年至2001年三年间,出现了十多篇关于"学生欺负"的研究。2002年,在《香港小学校园欺凌现象及处理方法》一文中,首次出现以"校园欺凌"为主题的研究,该研究以问卷形式对香港小学生校园欺凌现象进行研究,并提出校园欺凌治理方案,包括:改善校园的挤迫情况,降低师生比例,增加小学辅导老师及社会工作者资源,及早订定创造和谐的校园策略,给教育署增拨资源训练老师,并让学校与社会服务单位合作抗衡欺凌。[②]

此后两年,未见以"校园欺凌"为主题的研究,2005年至2012年,以"校园欺凌"为主题的年研究总量不超过十篇,2013年和2014年的年研究总量也仅为十余篇。而自2002年起,有关"学生欺负""学生暴力""学生犯罪"等的相关研究逐年增多,从这些文章中也可见有关校园欺凌治理的研究。

如在学生校园欺负的对策分析上,桑标、陈国鹏提出:首先,有关道德法规、校纪校规的宣传教育,是预防和纠正学生欺负行为的第一步,也是最为关键的一步;其次,要建立良好的班集体;第三,在处理欺负问题时,教师要时常借助心理咨询和心理辅导;第四,要对学生进行青春期的自我保护教育。[③]

李莉认为学校要制定严格的学校规范,制定各种反欺凌的规则并加强宣传;提高老师的素质和职业道德;开展家校合作;开展各种有益的文化活动;在培训成人对学校欺负行为进行干预的同时,也要培训一部分社会地位高、自尊自信、受同学欢迎的学生协助老师对欺负行为进行监督和干预。[④]

在校园暴力的防治对策方面,郑兴勇、雷鸣认为首先要加强学校法制教育,

---

① 张文新,武建芬.Olweus儿童欺负问卷中文版的修订[J].心理发展与教育,1999(2):7-11,37.
② 马勤.香港小学校园欺凌现象及处理方法[C]//澳门青少年犯罪研究学会.青少年偏差行为学术研讨会论文集.澳门青少年犯罪研究学会:福建省闽学研究会,2002:215-219.
③ 桑标,陈国鹏.校园内外欺负现象的心理学分析与解决对策[J].当代青年研究,2000(3):10-12.
④ 李莉.学校欺负行为的类型、特点及其干预[J].四川教育学院学报,2007(4):8-10.

增强学生法律意识;其次要加强学生养成教育,培养良好品质。①

邱慧萍、叶清认为防治校园暴力,首先要转变教育观念,促进个体和谐、科学的发展;其次要积极开展心理健康教育,促进个体健康人格的形成;最后,学校、家庭、社会齐抓共管,为青少年学生成长提供良好环境。②

由于校园欺凌与校园暴力密切联系,在 2002 年之前,我国一直将"校园暴力"看作"校园欺凌"的同义词,对"校园暴力"的治理方案在很大程度上也可供"校园欺凌"治理借鉴。2007 年,教育部颁布《中小学公共安全教育指导纲要》,首次在教育部文件中提出"校园暴力",对初中学生的教育内容重点中要求学生"了解校园暴力造成的危害,学习应对的方法",对高中学生的教育内容重点中要求学生"自觉抵制校园暴力,维护自己和同学的生命安全",这表明,"校园暴力"已经引起教育部的重视。2008 年,《教育部关于印发中等职业学校德育课课程教学大纲的通知》提出学生要正确辨别校园暴力,掌握应对校园暴力的知识和方法。2009 年,《教育部办公厅关于中小学幼儿园安全工作 2009 年第 2 号预警通知》要求:"学校要及时化解校园内部矛盾,慎重处理学生违纪行为,防止因处理问题不当而导致校园暴力事件或学生自杀事件的发生。"同年,在《教育部、中宣部、中央文明办等关于加强和改进中等职业学校学生思想道德教育的意见》中也提出:对有不良行为的学生要重点实施帮教,有效预防校园暴力和学生犯罪。2014 年发布的《义务教育学校管理标准(试行)》要求学校制定突发事件应急预案,预防和应对校园暴力。可见,校园暴力逐渐成为各级教育相关部门共同关注的问题。

五、校园欺凌治理形成热潮

自 2015 年起,以"校园欺凌"为主题的研究数量不断上升,其中,2015 年的相关研究论文数量为 51 篇,2016 年达到 400 余篇,2017 年至 2020 年相关年研究论文总量均在 600 篇以上。研究领域涉及教育学、心理学、法学、犯罪学、政治学等,并对校园欺凌的具体类型及主体进行分类细化研究。校园欺凌相关法规文件也呈规范化、专门化趋势。校园欺凌治理研究在全国范围掀起热潮。

从法治视角,刘建、闻志强认为:在理念层面上,校园欺凌的防控应当从理念纠偏与法治化重塑角度出发,树立和坚持教育与惩罚并重、重视事前预防、全法域视野下的立体法律责任认定和综合惩戒体系构建、青少年基准下的以人为本等法治理念。在校园安全法治建设方面,应当从制度规则层面出发,着力构建和

---

① 郑兴勇,雷鸣.预防学生暴力行为的对策[N].广安日报,2005-11-12(3).
② 邱慧萍,叶清.学生暴力行为分析及其防治[J].江西教育科研,2006(5):27-29.

完善以《反校园欺凌法》为核心的专门性、针对性法制体系,发挥综合惩治与多元防控效果,合力应对校园欺凌。①

从伦理学视角,刘於清、唐莉红认为中小学校园欺凌治理需要发挥伦理教育的合力作用,重视德育课程,建设德育教育主阵地,加强道德引导,优化校园伦理文化环境,并借鉴国外欺凌治理伦理经验。②

从犯罪预防视角出发,邵守刚认为校园欺凌的预防和治理首先应明确相关责任主体的强制报告义务,其次对欺凌者采取适当的惩戒措施,并强化专门学校的教育矫治功能,同时对受欺凌者提供适时的救助。③

从心理学视角出发,朱瑾提出要与受欺凌者共情,加强受欺凌者的自信心训练,提高其人际交往能力,由此减轻欺凌行为对受欺凌者产生的负面心理影响。④

2000年以来,随着计算机、手机等通信设备的普及,QQ、微信等社交软件的出现以及中小学生对通信设备接触的增多,网络欺凌作为一种新型欺凌逐渐引起人们的重视,成为影响更为广泛、伤害更大、更为隐匿的一种欺凌方式。

2007年,林瑞青对青少年学生言语欺凌行为进行了研究,这是首个针对特定类型校园欺凌行为进行的治理研究,并提出干预措施:首先要实施环境干预并解决欺凌问题;其次是加强心理健康教育;第三要展开对话与合作;第四是积极开展生命教育。⑤

在此之后,逐渐有更多的学者开始对校园欺凌行为进行分类型研究,并提出更加有针对性的治理方法。林进材将校园欺凌划分为关系欺凌、言语欺凌、肢体欺凌、性欺凌、反击型欺凌和网络欺凌,并针对各种欺凌类型探究其成因与因应策略。⑥

同时,对校园欺凌治理的研究也不再仅局限于对欺凌者的治理,而是逐渐开始从被欺凌者角度及旁观者角度探究校园欺凌的治理措施。如从被欺凌者角度,朱瑾提出要与受欺凌者共情,加强受欺凌者的自信心训练,提高其人际交往能力,由此减轻欺凌行为对受欺凌者产生的负面心理影响。⑦

孙时进、施泽艺认为应结合团体心理辅导和心理治疗的方式,转化参与者扭

---

① 刘建,闻志强.法治中国建设背景下校园欺凌的法治化防控[J].教育科学研究,2019(3):37-43.
② 刘於清,唐莉红.伦理学视角下中小学校园欺凌治理研究[J].湖南广播电视大学学报,2020(1):91-96.
③ 邵守刚.犯罪预防视角下校园欺凌防治机制的构建与完善[J].预防青少年犯罪研究,2019(5):53-60.
④ 朱瑾.校园受欺负学生的心理分析与干预策略[J].现代中小学教育,2009(3):48-51.
⑤ 林瑞青.青少年学生言语欺凌行为研究[J].天津师范大学学报(基础教育版),2007(3):58-62.
⑥ 林进材.校园欺凌行为的类型与形成及因应策略之探析[J].湖南师范大学教育科学学报,2017(1):1-6.
⑦ 朱瑾.校园受欺负学生的心理分析与干预策略[J].现代中小学教育,2009(3):48-51.

曲的人际关系,使受欺凌者内心更为强大,提升欺凌者的冲突处理能力使其向善,从源头消除欺凌行为。①

从旁观者角度,李天航认为校园欺凌中旁观者行为失范的成因是:旁观者效应和从众效应;学生人际关系冷淡或紧张;学校道德教育失衡和社会失范。而矫正校园欺凌中旁观者行为失范的对策是:以活动为依托,实现校园人际交往良性互动;学校道德教育回归生活世界;重构社会秩序,整理社会失范。②

校园欺凌治理相关法规文件也呈现规范化、专门化趋势。

2015年6月,国家互联网信息办公室《关于进一步加强对网上未成年人犯罪和欺凌事件报道管理的通知》针对当时网上对欺凌事件的报道情况,提出欺凌事件报道管理要求,这既是校园欺凌在部门规章中的首次出现,同时表明,当时网上已有相当多的校园欺凌案例报道。

2016年4月,国务院教育督导委员会办公室《关于开展校园欺凌专项治理的通知》发布,这是我国历史上首个针对性校园欺凌专项治理的文件,文件要求校园欺凌治理分两阶段进行:第一阶段学校要集中对学生开展以校园欺凌治理为主题的专题教育;制定和完善校园欺凌的预防和处理制度、措施;加强校园欺凌治理的人防、物防和技防建设;及时发现、调查处置校园欺凌事件;各地教育部门要加强对学校开展校园欺凌专项治理的指导和检查;各地需制定本省(区、市)开展校园欺凌专项治理的具体实施方案,抓紧部署。第二阶段各地各校要对专项治理第一阶段专题教育情况、规章制度完善情况、加强预防工作情况、校园欺凌事件发生和处理情况等,进行学校自查、县级普查、市级复查、省级抽查。这一文件的颁布标志着校园欺凌治理迈入规范化阶段。同年11月,教育部等九部门《关于防治中小学生欺凌和暴力的指导意见》提出:要积极有效预防学生欺凌;依法依规处置学生欺凌事件;切实形成防治学生欺凌的工作合力。这一文件的颁布,标志着校园欺凌治理进一步规范化。

2017年11月,教育部等十一部门印发《加强中小学生欺凌综合治理方案》(以下简称《方案》),在2016年所颁布的《关于防治中小学生欺凌和暴力的指导意见》的基础上,提出"中小学生欺凌治理方案",《方案》中首次对校园欺凌进行了概念界定,并要求建立健全防治学生欺凌工作协调机制,提出积极有效预防校园欺凌的措施,规定对校园欺凌要依法依规处置,并要求各有关部门建立防治学生欺凌的长效机制。同时,对校园欺凌治理的职责分工和工作要求均进行了较

---

① 孙时进,施泽艺.校园欺凌的心理因素和治理方法:心理学的视角[J].华东师范大学学报(教育科学版),2017(2):51-56,119.
② 李天航.校园欺凌中旁观者行为失范的反思[J].教学与管理,2017(36):32-34.

为详细的部署。这是关于校园欺凌防治的更为详尽的治理方案,标志着校园欺凌治理向进一步规范化迈进。

2018年4月,国务院教育督导委员会办公室发布《国务院教育督导委员会办公室关于开展中小学生欺凌防治落实年行动的通知》,要求各省、自治区、直辖市教育厅(教委)、新疆生产建设兵团教育局要按照《加强中小学生欺凌综合治理方案》建立学生欺凌防治工作培训、考评、问责处理、依法治理等长效机制。此后,各省市纷纷转发《加强中小学生欺凌综合治理方案》,并结合本省特点,进行校园欺凌的地方化治理,校园欺凌治理在全国引起广泛重视。

2021年1月,为持续做好中小学校园欺凌防治工作,加大专项治理力度,教育部制定《防治中小学生欺凌专项治理行动工作方案》,对各地区校园欺凌治理工作目标、工作任务、组织实施和工作要求做了进一步的明确要求。

六、新中国成立后校园欺凌治理的总结与反思

纵观新中国成立以来校园欺凌治理的发展历程,不难看出,新中国成立以来校园欺凌治理呈现以下发展趋势。

(1)校园欺凌治理视角多元化。由新中国成立初期多从教师、学生、行政角度提出治理措施,到逐渐意识到家校合作共治的重要性,再到重视社会力量的参与治理。最近几年,学者的研究视角更为多元,出现了法学、社会学、伦理学、犯罪学、心理学等视角的研究成果。可见,新中国成立以来校园欺凌治理视角呈多元化发展趋势。

(2)校园欺凌治理方案规范化。纵观整个校园欺凌治理方案的发展过程,由最初在其他法规文件中零散出现校园欺凌治理相关内容,到校园欺凌概念逐渐清晰,再到校园欺凌专项治理方案形成,并逐步推进落实,可以发现,校园欺凌治理方案的规范化在不断增强。

(3)校园欺凌治理研究类型化。"校园欺凌"概念出现之前,人们通常以"顽皮""暴力""欺负"等相关概念作为"校园欺凌"的同义词,相关研究多集中于对欺凌者的治理。近些年,人们开始关注到校园欺凌的被欺凌者和旁观者,并从这两个群体的角度提出治理措施,且出现了针对特定类型校园欺凌行为的治理研究。可见,校园欺凌治理研究逐渐类型化。

在对新中国成立以来校园欺凌治理发展历程分析的基础上,我们得出以下几点启示。

(1)教师可尝试以"欣赏型探究"的眼光对待欺凌者。首先,教师要善于发现学生的优点和特长,并加以肯定、赞许和表扬;其次,教师要多与学生进行"对话",及时发现欺凌苗头,防微杜渐;再次,教师要对包括欺凌者在内的每个学生

充满信心;最后,教师要热爱学生,让学生充分感受班集体的温暖。

(2)加强家校合作共育。首先,要定期召开家长会,向家长普及校园欺凌的相关知识及防治措施,提升家长的反欺凌意识;其次,家校双方及时沟通学生的行为表现,严防校园欺凌苗头。

(3)营造和谐、友爱的校园文化氛围。首先,学校要将营造和谐、友爱的校园文化氛围作为发展目标,关心、爱护每一位师生;其次,教师要尊重、关爱每一位学生,时刻"以学生为中心";再次,班主任在日常管理中,要经常对学生进行正确的行为引导;最后,学校要重视校园特色文化建设,在拓展学生能力的同时,为学生创造友谊的平台。

(4)加强对中小学校园欺凌治理的立法研究。第一,要明确校园欺凌的概念,制定统一的界定标准;第二,明确校园欺凌类型及特征,制定具有类型针对性的法律保护措施;第三,从立法上明确校园欺凌责任主体,并进行职责分工,形成校园欺凌治理合力;第四,根据欺凌者的年龄、欺凌影响程度、主观动机等因素,制定相应惩罚措施;第五,以立法形式完善校园欺凌预防机制;第六,完善校园欺凌修复机制。

(5)加大对校园欺凌旁观者及协助者的研究。校园欺凌旁观者和协助者能在很大程度上影响整个校园欺凌事件的发展趋势,加大对这两个群体的研究非常必要。

《旧唐书·魏征传》有云:"夫以铜为镜,可以正衣冠;以史为镜,可以知兴替;以人为镜,可以明得失。"总的来看,回顾清末至今校园欺凌及治理的历史,有助于我们更好地理解、认识校园欺凌行为,结合历史经验,从而丰富与完善当下校园欺凌行为治理的路径。

站在宏观角度思考,清末至今的校园欺凌及其治理的历史经验启发我们在治理实践中应超越固有理论,站在更高的维度重新审视校园欺凌问题。

一方面,校园欺凌是一种与人类社会伴生的社会存在,既受到社会中多方面因素的影响,也会对社会发展产生一定的反作用。为此,在探寻校园欺凌行为的治理过程中,首先应遵从矛盾论的基本原理,承认并正视校园欺凌行为的存在,采用多视角开展分析,不断加深对校园欺凌问题的认识,积极探索治理校园欺凌行为的路径。另一方面,在探寻校园欺凌行为的解决路径中,应超越校园欺凌及治理的问题本身,站在更高的理论高度进行上位思考。从社会运行、心理发展等学科,多维度思考校园欺凌行为的生成机制与解决路径,统筹、整合多种方法与思维范式,探寻根源性治理校园欺凌的多维度实践路径。

在微观视角下,清末至今的校园欺凌及其治理的历史经验为当下的治理实践提供了丰富的实践原则与操作范例,部分经验在治理实践中仍然行之有效。

其一,自清末以来,我国教育工作者在治理校园欺凌行为时普遍主张建立完善的校规体系与失范惩戒机制,运用制度来管理校园欺凌等失范行为。当下的治理实践中可借鉴此类经验,以完善制度与法规体系为着力点,运用规则与制度对欺凌行为进行规训的同时,培养学生的法治观念与规则意识。其二,自清末以来的校园欺凌治理经验启发我们在治理实践中应对欺凌者与被欺凌者施加关注。既要在惩戒欺凌者中施展"霹雳手段",又要在抚慰被欺凌者中体现"菩萨心肠"。将对欺凌者的惩前毖后与对被欺凌者的关怀康复相结合,努力降低校园欺凌行为所带来的不良影响。其三,清末以来的校园欺凌治理历史为当下校园欺凌治理提供了较为丰富的实践路径,部分经验仍可在实践中发挥作用。除了完善法规与关注欺凌双方外,开展教师反欺凌技能培训、发动学生组织、借助家校合作、创设良好隐性课程等以往校园欺凌治理使用的手段仍可以借鉴,在当下的校园欺凌治理中展现价值。

第四章
我国校园欺凌的调查研究
——以初中为例

为了更好地了解我国校园欺凌的现状,获取学生对校园欺凌认知情况的相关信息,我们设计了一份校园欺凌调查问卷(初中生版)。本次调查在全国范围内抽取了 80 所初级中学共计约 12 000 名初中生作为调查样本,该样本在全国范围具有代表性。这是我国首次开展的,专门针对初中校园欺凌问题的大型调查,样本的全国代表性为研究提供了坚实基础。本章将呈现此次调查的主要数据结果,着重分析初中校园欺凌现状与学生认知在省份间、地区间、城乡间,以及年级和性别上的差异。我们期望这些数据能够为教育政策制定者和学校管理者在制定和执行校园欺凌防治措施时提供基础数据参考,并促进社会公众对校园欺凌问题的了解与重视。

本次调查采用问卷法收集数据。问卷设计分为两个主要部分:第一部分旨在收集答卷初中生的基本信息;第二部分关注学校、教师、家庭和学生在校园欺凌中的角色和反应,以及答卷初中生对校园欺凌相关话题的认知和态度。

调查工作自 2021 年 3 月启动,并于同年 4 月底完成了纸质问卷的收集工作。调查范围广泛,覆盖了除台湾地区和香港、澳门两个特别行政区之外的 31 个省级地区,包括 22 个省、4 个直辖市和 5 个自治区(见表 4-1)。为确保调查的顺利进行,每个省级地区指定了一名联络人,负责组织样本抽取、问卷分发与回收,以及后续的邮寄工作。所有问卷均以匿名形式进行,以保护参与者的隐私,并由班主任协助安排,确保学生有充足的时间认真填写问卷。本次调查采用分层随机抽样方法,旨在从每个省级地区随机选取一所城区初级中学和一所乡镇初级中学,然后在这些选定的学校中,我们随机抽取 1 至 6 个班级,要求被选中班级的学生全员参与问卷填写。在大多数省级地区,我们成功地执行了既定的分层随机抽样方案。然而,由于地区教育资源分布的特殊性及本次调查的人力资源限制,有6个省级地区的样本在城乡分布上存在一些缺失。① 最终,我们共收集到11 375份纸质问卷,经过筛选剔除空白问卷或完全未回答问卷核心问题的无效问卷后,得到有效问卷11 124份,有效回收率达到97.8%。问卷数据的录入和整理工作借助Excel软件完成,统计分析采用SPSS26.0软件进行。

在问卷数据处理过程中,我们采取了一系列措施以确保分析结果的准确性和可靠性。首先,我们注意到在数据分组后的百分比计算中,由于四舍五入的标准,各组的百分比相加总和可能会出现±0.1%的统计误差。这种误差通常是微小的,不会显著改变整体数据的分布和趋势。

此外,在我们的数据分析中,所有百分比都是基于有效样本数计算得出的,这意味着在不同变量的分析中,由于各变量的响应人数可能不同,导致总人数出现差异。例如,在分析性别分布时,我们基于提供有效性别信息的问卷总数进行百分比计算;而在年级分布的分析中,则是根据提供有效年级信息的问卷总数进行百分比计算。这种处理方式确保了每个变量的百分比都是相对于其相应的有效样本数而得出的,从而提供了准确的群体特征描述。

尽管由于四舍五入的原因,百分比总和可能会略微偏离100%,以及由于样本对问卷各题项的响应率不同,而在不同变量的分析中总人数可能会出现差异,但这些并不影响数据的整体分布情况。我们的调查问卷有效回收率为97.8%,剔除的无效问卷数量极少,仅有251份,在问卷的各个题项上,缺失比例也非常小,这表明数据缺失对本次调查最终统计结果的影响甚微。因此,尽管存在上述数据处理的特点,本章提供的数据和分析仍然是可靠和有效的,能够为理解我国初中校园欺凌现象提供坚实的实证基础。

---

① 在北京市、天津市和上海市,由于城市化程度较高,乡镇初级中学的数量有限,本次调查未能随机选取到乡镇初级中学样本。此外,在江西省、辽宁省和内蒙古自治区,可能由于城区教育资源相对集中,加之本研究人力资源有限,我们未能随机选取到城区初级中学样本。

第四章 我国校园欺凌的调查研究

表4-1 调查样本性别、年级及学校所在地分布情况（n=11 124）

省级地区	性别				有效样本数	年级						有效样本数	学校所在地				有效样本数
	男		女			初一		初二		初三			城区		乡镇		
	n	占比/%	n	占比/%		n	占比/%	n	占比/%	n	占比/%		n	占比/%	n	占比/%	
安徽	150	50.2	149	49.8	299	106	35.5	95	31.8	98	32.8	299	150	50.2	149	49.8	299
北京市	128	54.2	108	45.8	236	124	52.5	56	23.7	56	23.7	236	237	100.0	0	0.0	237
重庆市	137	46.8	156	53.2	293	48	16.2	160	53.9	89	30.0	297	148	49.8	149	50.2	297
福建	146	49.7	148	50.3	294	107	36.1	141	47.6	48	16.2	296	148	50.0	148	50.0	296
甘肃	131	45.5	157	54.5	288	92	31.6	99	34.0	100	34.4	291	150	51.5	141	48.5	291
广东	189	48.8	198	51.2	387	96	24.6	248	63.4	47	12.0	391	244	62.2	148	37.8	392
广西	248	44.4	311	55.6	559	189	33.3	192	33.8	187	32.9	568	276	48.6	292	51.4	568
贵州	120	42.0	166	58.0	286	96	33.1	98	33.8	96	33.1	290	146	50.2	145	49.8	291
海南	115	43.1	152	56.9	267	0	0.0	40	14.4	238	85.6	278	194	69.8	84	30.2	278
河北	378	51.2	361	48.8	739	246	33.0	250	33.6	249	33.4	745	299	40.1	446	59.9	745
河南	150	53.4	131	46.6	281	111	38.9	96	33.7	78	27.4	285	149	51.9	138	48.1	287
黑龙江	136	47.2	152	52.8	288	128	44.0	96	33.0	67	23.0	291	141	48.5	150	51.5	291
湖北	150	53.0	133	47.0	283	96	33.8	113	39.8	75	26.4	284	138	48.6	146	51.4	284
湖南	154	55.0	126	45.0	280	47	16.4	197	68.6	43	15.0	287	139	48.4	148	51.6	287
吉林	157	53.0	139	47.0	296	101	32.9	132	43.0	74	24.1	307	154	50.2	153	49.8	307
江苏	169	44.7	209	55.3	378	160	41.9	115	30.1	107	28.0	382	257	67.3	125	32.7	382
江西	138	47.4	153	52.6	291	94	32.1	91	31.1	108	36.9	293	0	0.0	294	100.0	294

续表

省级地区	性别					年级							学校所在地				
	男		女		有效样本数	初一		初二		初三		有效样本数	城区		乡镇		有效样本数
	n	占比/%	n	占比/%		n	占比/%	n	占比/%	n	占比/%		n	占比/%	n	占比/%	
辽宁	63	44.4	79	55.6	142	49	33.3	47	32.0	51	34.7	147	0	0.0	148	100.0	148
内蒙古	129	45.4	155	54.6	284	89	30.7	111	38.3	90	31.0	290	0	0.0	290	100.0	290
宁夏	200	45.2	242	54.8	442	141	31.6	148	33.2	157	35.2	446	299	66.9	148	33.1	447
青海	141	51.1	135	48.9	276	82	29.1	94	33.3	106	37.6	282	136	48.2	146	51.8	282
山东	159	49.8	160	50.2	319	106	33.0	108	33.6	107	33.3	321	146	45.5	175	54.5	321
山西	471	47.5	520	52.5	991	346	34.7	352	35.3	299	30.0	997	373	37.3	626	62.7	999
陕西	272	48.3	291	51.7	563	254	45.0	182	32.3	128	22.7	564	282	49.9	283	50.1	565
上海市	150	56.0	118	44.0	268	93	34.2	97	35.7	82	30.1	272	272	100.0	0	0.0	272
四川	129	47.3	144	52.7	273	137	49.3	49	17.6	92	33.1	278	137	49.1	142	50.9	279
天津市	127	43.6	164	56.4	291	138	46.8	89	30.2	68	23.1	295	296	100.0	0	0.0	296
西藏	145	46.2	169	53.8	314	90	27.7	53	16.3	182	56.0	325	175	53.8	150	46.2	325
新疆	129	46.2	150	53.8	279	52	18.6	173	62.0	54	19.4	279	127	45.5	152	54.5	279
云南	234	47.5	259	52.5	493	176	35.3	167	33.5	155	31.1	498	158	31.7	340	68.3	498
浙江	154	52.6	139	47.4	293	99	33.3	99	33.3	99	33.3	297	150	50.5	147	49.5	297
总计	5 299	48.3	5 674	51.7	10 973	3 693	33.2	3 988	35.9	3 430	30.9	11 111	5 521	49.6	5 603	50.4	11 124

注：①表中占比均根据每项的有效样本数计算而得，后续同类表格中同此说明。
②因计算中四舍五入的原因，表格中百分比总和可能会出现不为100.0%的情况，后续表格中同此说明。

从表 4-1 可以看出,参与本次问卷调查的初中生中,男生 5 299 人,占比为 48.3%,女生 5 674 人,占比为 51.7%。总体来说,在性别分布方面,各个省级地区的男女生比例与总样本男女生比例相当,不存在省级样本男女生人数悬殊的情况。

在年级分布方面,初中三个年级的学生人数大致均衡,分别占总样本的三分之一左右。具体来看,初一学生 3 693 人,初二学生 3 988 人,初三学生 3 430 人,其中初二学生的比例最高,占比为 35.9%,初三学生的比例最低,占比为 30.9%。值得注意的是,海南省的样本构成大部分为初三学生(占比 85.6%),且没有初一学生参与调查。其他省级地区的样本在三个年级上均有覆盖,重庆市、广东省、湖南省和新疆维吾尔自治区这四个省级地区的样本中初二学生占比超过一半,其余各省级地区的样本在学生年级分布上较为均匀。

在城乡分布方面,学校所在地的数据表明,城区和乡镇学生约各占总样本的 50%。北京、天津和上海三个直辖市的样本完全由城区初中生组成,另一个直辖市重庆的样本则是城区和乡镇约各占一半。江西省、辽宁省和内蒙古自治区的样本构成仅包含乡镇学生,其他省级地区的样本在城区和乡镇学生分布上较为均衡,各约占一半,与总样本的分布情况一致。

在分析校园欺凌现象的地区差异时,考虑到省级地区样本量分布的不均衡性,本研究依据我国现行的行政区域划分标准,将参与本次问卷调查的 31 个省级地区划分为东部、东北部、中部和西部四大地理区域[①]。这种分类方法有助于我们在不同地理区域间进行比较,从而更准确地分析校园欺凌现象的地区差异,同时也能够在一定程度上缓解样本量不平衡对研究结果的影响,增强了研究结果的代表性和可靠性。

第一节 初中校园欺凌概况

为了了解我国初中校园欺凌的现状,本研究针对不同类型的欺凌行为,对初中生在本次调查之前半年内遭遇、实施、目睹和听闻校园欺凌事件的经历进行了深入调查。

---

① 东部地区包括北京、上海、天津、河北、江苏、浙江、福建、山东、广东和海南 10 个省级地区,东北部地区包括黑龙江、吉林和辽宁 3 个省级地区,中部地区包括山西、安徽、江西、河南、湖北和湖南 6 个省级地区,西部地区包括内蒙古、广西、重庆、四川、贵州、云南、陕西、甘肃、西藏、新疆、青海和宁夏 12 个省级地区。

一、初中生遭遇校园欺凌(受欺者)

在问卷设计中,我们基于校园欺凌的理论研究,在问卷中列出一系列在校园欺凌事件中常见的欺凌行为,特别关注了言语和人际关系中的非暴力型欺凌行为。我们询问了学生在过去半年内遭遇这些行为的频率,包括"从来没有或几乎没有""半年几次""每月几次""一周一次或更多"。调查结果详见表4-2。总体来看,问卷中列出的各项欺凌行为发生率都很低,绝大多数的答卷初中生没有遭遇过任何类型的校园欺凌。调查数据显示,高达97.6%的样本表示"从来没有或几乎没有"遭遇过被敲诈勒索财物,95.5%的样本"从来没有或几乎没有"遭遇过被网络欺凌。

在常见的校园欺凌行为中,发生较为频繁的行为包括嘲笑、使用侮辱性绰号、拿走或弄坏东西、辱骂、在背后说坏话等。其中,答卷初中生遭遇最多的欺凌行为是被在背后说坏话,有25.4%的样本在过去的半年内遭遇过;其次是被拿走或弄坏东西,有21.5%的样本在过去半年内遭遇过。从表4-2可以看出,遭遇最频繁的欺凌行为,有5.0%的学生表示一周遭遇一次或更多侮辱性绰号称呼,有4.5%的学生表示一周一次或更多遭遇在背后说坏话,有3.7%的学生表示遭遇一周一次或更多被辱骂。这表明,初中生遭遇的校园欺凌行为较多聚集在言语欺凌方面,而身体欺凌和网络欺凌则相对较少。

表4-2 调查样本在过去半年内遭遇校园欺凌的频率(n = 11 124)

遭遇欺凌行为	遭遇校园欺凌频率				有效样本数
	从来没有或几乎没有	半年几次	每月几次	一周一次或更多	
	n(有效百分比)				
被故意排挤	9 823(88.6%)	797(7.2%)	246(2.2%)	219(2.0%)	11 085
被嘲笑	9 155(82.6%)	1 187(10.7%)	378(3.4%)	366(3.3%)	11 086
被使用侮辱性绰号	9 200(83.1%)	992(9.0%)	328(3.0%)	554(5.0%)	11 074
被威胁	10 371(93.8%)	436(3.9%)	118(1.1%)	131(1.2%)	11 056
被拿走或弄坏东西	8 694(78.5%)	1 635(14.8%)	436(3.9%)	307(2.8%)	11 072
被打或推搡	10 198(92.1%)	546(4.9%)	152(1.4%)	177(1.6%)	11 073
被散布恶毒谣言	9 832(88.8%)	785(7.1%)	248(2.2%)	206(1.9%)	11 071
被逼去做不想做的事	10 356(93.5%)	451(4.1%)	139(1.3%)	125(1.1%)	11 071

续表

遭遇欺凌行为	遭遇校园欺凌频率				有效样本数
	从来没有或几乎没有	半年几次	每月几次	一周一次或更多	
	n（有效百分比）				
被辱骂	9 397(84.8%)	948(8.6%)	322(2.9%)	408(3.7%)	11 075
被在背后说坏话	8 257(74.6%)	1 766(16.0%)	548(5.0%)	495(4.5%)	11 066
被传播个人隐私	9 887(89.3%)	788(7.1%)	221(2.0%)	181(1.6%)	11 077
被敲诈勒索财物	10 812(97.6%)	156(1.4%)	53(0.5%)	55(0.5%)	11 076
被诬告或陷害	10 128(91.5%)	640(5.8%)	183(1.7%)	119(1.1%)	11 070
被开有关性的玩笑或做猥亵动作	10 163(91.8%)	539(4.9%)	151(1.4%)	223(2.0%)	11 076
被网络欺凌	10 574(95.5%)	358(3.2%)	71(0.6%)	74(0.7%)	11 077

不同地区初中生在校园欺凌的遭遇上呈现出较大差异。根据调查数据得出，不同地区在过去半年内遭遇校园欺凌的学生比例，如表4-3所示。东部地区和东北部地区在过去半年内遭遇各类欺凌行为的学生比例普遍低于中部地区和西部地区。特别是东北部地区，其学生遭遇各类欺凌行为的比例在所有地区中最低。从校园欺凌行为类型的地区分布可以看出，中部地区样本遭遇被故意排挤、被拿走或弄坏东西、被散布恶毒谣言、被逼去做不想做的事、被辱骂、被在背后说坏话、被诬告或陷害、被网络欺凌等欺凌行为的比例高于其他地区。西部地区样本遭遇被嘲笑、被使用侮辱性绰号、被威胁、被打或推搡、被传播个人隐私、被敲诈勒索财物等欺凌行为的比例高于其他地区。

从欺凌类型的地区分布来看，东部地区和东北部地区的欺凌行为主要表现为言语欺凌，较少涉及其他欺凌类型；相比之下，中部地区和西部地区的欺凌类型更为多元化，其中言语欺凌和关系欺凌的占比较高。这些差异可能与各地区的社会经济状况、文化背景、教育资源分配，以及学校管理措施不同等因素有关。因此，针对不同地区的具体情况，采取差异化的预防和干预措施显得尤为重要。

表 4-3 不同地区在过去半年内遭遇校园欺凌的学生比例($n=11\ 124$)

遭遇欺凌行为	地区								总计	
	东部		东北部		中部		西部			
	n	占比/%	n	占比/%	n	占比/%	n	占比/%	n	占比/%
被故意排挤	355	10.1	50	6.7	311	12.7	546	12.4	1 262	11.3
被嘲笑	576	16.4	96	12.9	449	18.3	810	18.4	1 931	17.4
被使用侮辱性绰号	529	15.0	102	13.7	437	17.8	806	18.3	1 874	16.8
被威胁	182	5.2	36	4.8	165	6.7	302	6.8	685	6.2
被拿走或弄坏东西	649	18.5	109	14.6	612	25.0	1 008	22.8	2 378	21.4
被打或推搡	230	6.5	48	6.4	209	8.5	388	8.8	875	7.9
被散布恶毒谣言	331	9.4	58	7.8	310	12.7	540	12.2	1 239	11.1
被逼去做不想做的事	193	5.5	36	4.8	177	7.2	309	7.0	715	6.4
被辱骂	487	13.9	91	12.2	432	17.6	668	15.1	1 678	15.1
被在背后说坏话	767	21.8	135	18.1	698	28.5	1 209	27.4	2 809	25.3
被传播个人隐私	340	9.7	59	7.9	275	11.2	516	11.7	1 190	10.7
被敲诈勒索财物	72	2.0	7	0.9	64	2.6	121	2.7	264	2.4
被诬告或陷害	252	7.2	37	5.0	263	10.7	390	8.8	942	8.5
被开有关性的玩笑或做猥亵动作	280	8.0	35	4.7	213	8.7	385	8.7	913	8.2
被网络欺凌	159	4.5	20	2.7	128	5.2	196	4.4	503	4.5
样本量	3 516	100.0	746	100.0	2 450	100.0	4 412	100.0	11 124	100.0

不同性别的初中生遭遇校园欺凌的情况也存在较大差异。根据调查数据，我们得出不同性别学生在过去半年内遭遇校园欺凌的比例，如表 4-4 所示，可以看出初中男生被在背后说坏话的比例低于女生，被网络欺凌的比例与女生相当，在其他各项遭遇欺凌行为上的比例均高于女生。初中女生所遭遇的校园欺凌行为中，被在背后说坏话、被拿走或弄坏东西、被嘲笑、被使用侮辱性绰号、被辱骂的比例较高，其中被在背后说坏话的占比高达 27.9%。这五种欺凌行为以言语欺凌为主。女生遭遇被打或推搡的占比为 5.6%，被开有关性的玩笑或做猥亵动作的占比为 5.8%，而男生遭遇这两种身体欺凌行为占比是女生的近两倍，分别为 10.3% 和 10.6%。

表 4-4 不同性别学生在过去半年内遭遇校园欺凌的比例($n = 11\,124$)

遭遇欺凌行为	性别				总计	
	男		女			
	n	占比/%	n	占比/%	n	占比/%
被故意排挤	645	12.2	597	10.5	1 242	11.3
被嘲笑	1 019	19.2	871	15.4	1 890	17.2
被使用侮辱性绰号	1 026	19.4	816	14.4	1 842	16.8
被威胁	416	7.9	252	4.4	668	6.1
被拿走或弄坏东西	1 178	22.2	1 162	20.5	2 340	21.3
被打或推搡	544	10.3	317	5.6	861	7.8
被散布恶毒谣言	613	11.6	607	10.7	1 220	11.1
被逼去做不想做的事	373	7.0	331	5.8	704	6.4
被辱骂	905	17.1	741	13.1	1 646	15.0
被在背后说坏话	1 178	22.2	1 585	27.9	2 763	25.2
被传播个人隐私	655	12.4	514	9.1	1 169	10.7
被敲诈勒索财物	165	3.1	89	1.6	254	2.3
被诬告或陷害	535	10.1	390	6.9	925	8.4
被开有关性的玩笑或做猥亵动作	563	10.6	327	5.8	890	8.1
被网络欺凌	245	4.6	249	4.4	494	4.5
样本量	5 299	100.0	5 674	100.0	10 973	100.0

不同学校所在地的初中生遭遇校园欺凌的情况也存在差异。根据调查数据，我们得出不同学校所在地在过去半年内遭遇校园欺凌的学生比例，如表 4-5 所示。在被拿走或弄坏东西、被打或推搡，以及被网络欺凌这三项行为上，城区初中生的遭遇比例相对较高，而在其他各项欺凌行为上，城区初中生的遭遇比例则相对较低。其中，差距最大的是被辱骂和被在背后说坏话这两项欺凌行为，城区初中生的比例分别为 13.6% 和 23.5%，乡镇初中生的比例则分别为 16.5% 和 27.0%。

表 4-5 不同学校所在地在过去半年内遭遇校园欺凌的学生比例($n=11\,124$)

遭遇欺凌行为	学校所在地				总计	
	城区		乡镇			
	n	占比/%	n	占比/%	n	占比/%
被故意排挤	567	10.3	695	12.4	1 262	11.3
被嘲笑	894	16.2	1 037	18.5	1 931	17.4
被使用侮辱性绰号	878	15.9	996	17.8	1 974	17.7
被威胁	302	5.5	383	6.8	685	6.2
被拿走或弄坏东西	1 186	21.5	1 192	21.3	2 378	21.4
被打或推搡	439	8.0	436	7.8	875	7.9
被散布恶毒谣言	592	10.7	647	11.5	1 239	11.1
被逼去做不想做的事	316	5.7	399	7.1	715	6.4
被辱骂	751	13.6	927	16.5	1 678	15.1
被在背后说坏话	1 296	23.5	1 513	27.0	2 809	25.3
被传播个人隐私	566	10.3	624	11.1	1 190	10.7
被敲诈勒索财物	115	2.1	149	2.7	264	2.4
被诬告或陷害	443	8.0	499	8.9	942	8.5
被开有关性的玩笑或做猥亵动作	445	8.1	468	8.4	913	8.2
被网络欺凌	254	4.6	249	4.4	503	4.5
样本量	5 521	100.0	5 603	100.0	11 124	100.0

二、初中生实施校园欺凌(欺凌者)

当被问及在过去半年内是否有欺凌其他学生的行为时,10 770 名学生对此题项做了回答。其中,有 10 504 人(有效百分比 97.5%)选择了"从来没有或几乎没有",仅 40 人(有效百分比 0.4%)选择了"一周一次或更多"。值得注意的是,这道关于是否是欺凌者的题项未答有 354 人,比例为总样本的 3.2%,该比例高于问卷中所有关于是否是受欺者的题项。

该题项描述性数据如表 4-6 所示,笔者进行了列联表分析,以期了解答题初中生在过去半年内实施欺凌行为与若干个人信息变量之间是否存在关联性。

表 4-6 在过去半年内实施校园欺凌行为的学生比例($n=11\,124$)

项目	是否实施欺凌行为				有效样本数
	是		否		
	n	占比/%	n	占比/%	
地区					
东部	59	1.7	3 356	98.3	3 415
东北部	24	3.4	686	96.6	710
中部	63	2.7	2 305	97.3	2 368
西部	120	2.8	4 157	97.2	4 277
性别					
男	196	3.9	4 879	96.1	5 075
女	67	1.2	5 484	98.8	5 551
学校所在地					
城区	108	2.0	5 258	98.0	5 366
乡镇	158	2.9	5 246	97.1	5 404
年级					
初一	65	1.8	3 474	98.2	3 539
初二	120	3.1	3 755	96.9	3 875
初三	81	2.4	3 263	97.6	3 344
成绩					
不好	41	5.0	787	95.0	828
中下	69	3.7	1 784	96.3	1 853
中等	71	2.0	3 498	98.0	3 569
中上	58	1.8	3 164	98.2	3 222
很好	27	2.3	1 163	97.7	1 190
独生子女					
是	70	2.2	3 154	97.8	3 224
否	195	2.6	7 289	97.4	7 484

续表

项目	是否实施欺凌行为				有效样本数
	是		否		
	n	占比/%	n	占比/%	
班干部					
是	75	1.9	3 816	98.1	3 891
否	190	2.8	6 594	97.2	6 784
父母管教方式					
专制型	55	3.3	1 590	96.7	1 645
民主型	106	1.7	6 241	98.3	6 347
溺爱型	3	2.2	131	97.8	134
保护型	31	4.2	705	95.8	736
放任型	18	3.9	449	96.1	467
虐待型	8	8.2	89	91.8	97
家庭经济条件					
非常困难	12	8.9	123	91.1	135
比较困难	32	4.2	733	95.8	765
中等	182	2.2	8 231	97.8	8 413
比较富裕	29	2.3	1 236	97.7	1 265
很富裕	8	8.5	86	91.5	94
好朋友人数					
0个	20	7.0	266	93.0	286
1个	30	4.2	677	95.8	707
2个	17	1.3	1 301	98.7	1 318
3个	19	1.3	1 395	98.7	1 414
4个及以上	177	2.5	6 769	97.5	6 946
受欺者					
是	200	4.4	4 317	95.6	4 517
否	47	0.8	5 881	99.2	5 928

注:实施欺凌行为的人数包含选择"半年几次""每月几次""一周一次或更多"的答卷初中生。

1. 地区差异

不同地区间初中生实施校园欺凌的情况存在显著差异。调查数据显示,东北部地区样本在过去半年内成为欺凌者的学生占比为3.4%,高于其他三个地区。东部地区样本的欺凌者比例是四个地区中最低的,占比为1.7%。

2. 性别差异

不同性别的初中生实施校园欺凌的情况存在显著差异。调查数据显示,男生在过去半年内成为欺凌者的比例为3.9%,女生成为欺凌者的比例为1.2%。

3. 学校所在地差异

不同学校所在地的初中生实施校园欺凌的情况存在显著差异。调查数据显示,城区初中生在过去半年内成为欺凌者的比例为2.0%,低于乡镇学生的2.9%。

4. 年级差异

不同年级的初中生实施校园欺凌的情况存在显著差异。调查数据显示,初二学生在过去半年内成为欺凌者的占比为3.1%,初三学生占比为2.4%,初一学生占比为1.8%。

5. 成绩差异

不同成绩水平的初中生实施校园欺凌的情况存在显著差异。调查数据显示,成绩不好的初中生成为欺凌者的占比最高,达到5.0%;成绩中下水平的学生占比3.7%;成绩中等水平及以上的学生成为欺凌者的占比则在1.8%~2.3%之间。

6. 独生子女差异

调查数据显示,初中生是否为独生子女在实施欺凌行为上不存在显著差异,$\chi^2=1.761$,$p=0.184$。

7. 班干部差异

初中生是否担任班干部在实施欺凌行为上也存在显著差异。调查数据显示,没有担任班干部的初中生成为欺凌者的占比为2.8%,而担任班干部的占比为1.9%。

8. 父母管教方式差异

父母采取不同管教方式的初中生实施校园欺凌的情况存在显著差异。调查数据显示,父母采取虐待型管教方式的初中生在过去半年内成为欺凌者的占比为8.2%,高于其他管教方式;其次是保护型管教方式(占比4.2%)和放任型管教方式(占比 3.9%)。父母采取民主型管教方式的初中生成为欺凌者的比例最低，占比为 1.7%。

9. 家庭经济条件差异

不同家庭经济条件的初中生实施校园欺凌的情况存在显著差异。调查数据显示，家庭经济条件非常困难和很富裕的初中生在过去半年内成为欺凌者的占比分别为 8.9% 和 8.5%，均高于家庭经济条件中等的学生。家庭经济条件比较困难的初中生实施校园欺凌行为的比例(占比 4.2%)高于家庭比较富裕的学生。

10. 好朋友人数差异

好朋友人数不同的初中生，实施校园欺凌的情况存在显著差异。调查数据显示，好朋友人数为 0 个的初中生在过去半年内成为欺凌者的比例最高(占比 7.0%)，好朋友人数为 1 个的学生次之(占比 4.2%)，好朋友人数为 4 个及以上的学生实施校园欺凌行为的比例(占比 2.5%)高于好朋友人数为 2 个和 3 个的学生(占比均为 1.3%)。

11. 受欺者差异

初中生是否受到欺凌在实施欺凌行为上也存在显著差异。调查数据显示，半年内没有受到欺凌的初中生成为欺凌者的占比为 0.8%，而半年内受到欺凌的初中生成为欺凌者的占比为 4.4%。

三、初中生目睹校园欺凌

当被问及在过去半年内是否有目睹校园欺凌事件时，该题项 10 753 个有效回答中，约五分之四的答卷初中生(8 644 人，80.4%)选择了"从来没有或几乎没有"，14.3% 的学生汇报"半年几次"目睹欺凌事件。问卷数据表明，在汇报过去半年内曾经目睹校园欺凌事件的初中生(2 109 人，19.6%)中，绝大多数(72.9%)选择的目睹频率为"半年几次"，有 10.5% 选择的目睹频率为"一周一次或更多"。

不同省级地区的初中生目睹校园欺凌事件的频率比例如表 4-7 所示，省级地区间存在较大差异。在目睹欺凌事件的学生中，目睹频率为"一周一次或更多"比例较高的有上海市(占比 32.0%)和天津市(占比 29.8%)，比例较低的有贵州省(占比 2.5%)和浙江省(占比 3.8%)。

表4-7 不同省级地区初中生在过去半年内目睹校园欺凌事件的发生频率（$n=2109$）

地区	省级地区	目睹校园欺凌发生频率						总计
		半年几次		每月几次		一周一次或更多		
		n	占比/%	n	占比/%	n	占比/%	
东部	北京市	24	70.6	6	17.6	4	11.8	34
	福建	50	69.4	13	18.1	9	12.5	72
	广东	54	87.1	4	6.5	4	6.5	62
	海南	45	69.2	16	24.6	4	6.2	65
	河北	72	72.0	17	17.0	11	11.0	100
	江苏	23	79.3	3	10.3	3	10.3	29
	山东	43	82.7	4	7.7	5	9.6	52
	上海市	16	64.0	1	4.0	8	32.0	25
	天津市	25	53.2	8	17.0	14	29.8	47
	浙江	22	84.6	3	11.5	1	3.8	26
	小计	374	73.0	75	14.6	63	12.3	512
东北部	黑龙江	19	82.6	3	13.0	1	4.3	23
	吉林	45	77.6	7	12.1	6	10.3	58
	辽宁	23	67.6	7	20.6	4	11.8	34
	小计	87	75.7	17	14.8	11	9.6	115
中部	安徽	58	78.4	13	17.6	3	4.1	74
	河南	42	61.8	14	20.6	12	17.6	68
	湖北	26	65.0	10	25.0	4	10.0	40
	湖南	42	53.8	21	26.9	15	19.2	78
	江西	60	71.4	14	16.7	10	11.9	84
	山西	102	75.6	20	14.8	13	9.6	135
	小计	330	68.9	92	19.2	57	11.9	479
西部	甘肃	36	76.6	9	19.1	2	4.3	47
	广西	92	84.4	10	9.2	7	6.4	109
	贵州	35	87.5	4	10.0	1	2.5	40
	内蒙古	26	66.7	9	23.1	4	10.3	39
	宁夏	109	63.0	44	25.4	20	11.6	173

续表

地区	省级地区	目睹校园欺凌发生频率						总计
		半年几次		每月几次		一周一次或更多		
		n	占比/%	n	占比/%	n	占比/%	
西部	青海	86	86.0	10	10.0	4	4.0	100
	陕西	105	68.2	35	22.7	14	9.1	154
	四川	38	86.4	1	2.3	5	11.4	44
	西藏	58	61.1	21	22.1	16	16.8	95
	新疆	20	71.4	4	14.3	4	14.3	28
	云南	82	82.8	10	10.1	7	7.1	99
	重庆市	60	80.0	9	12.0	6	8.0	75
	小计	747	74.5	166	16.6	90	9.0	1 003
总计		1 538	72.9	350	16.6	221	10.5	2 109

比较四大地区的数据，可以看到目睹校园欺凌事件发生的学生占地区总人数的比例呈现出西部地区最高（1 003 人，占总人数 4 412 的 22.7%），中部地区其次（479 人，占总人数 2 450 的 19.6%），东北部地区第三（115 人，占总人数 746 的 15.4%），东部地区最低（512 人，占总人数 3 516 的 14.6%）的结果。

四、初中生听闻校园欺凌

当被问及在过去半年内是否有听闻校园欺凌事件时，该题项 10 744 个有效回答中，近一半（5 252 人，48.9%）的答卷初中生汇报或多或少听闻过校园欺凌事件。问卷数据表明，在汇报过去半年内曾经听闻校园欺凌事件的 5 252 名初中生中，大多数（3 723 人，70.9%）选择的目睹频率为"半年几次"。

根据问卷数据得出不同省级地区初中生听闻校园欺凌事件的频率比例如表 4-8 所示，省级地区间初中生听闻欺凌事件的频率存在较大的差异。在听闻欺凌事件的学生中，听闻频率为"一周一次或更多"占比最高的是西藏（18.6%），而新疆占比最低（2.4%）。

表4-8 不同省级地区初中生在过去半年内听闻校园欺凌事件的发生频率($n=5252$)

地区	省级地区	听闻校园欺凌发生频率						总计
		半年几次		每月几次		一周一次或更多		
		n	占比/%	n	占比/%	n	占比/%	
东部	北京市	59	79.7	6	8.1	9	12.2	74
	福建	119	67.2	38	21.5	20	11.3	177
	广东	166	79.0	33	15.7	11	5.2	210
	海南	91	61.1	37	24.8	21	14.1	149
	河北	219	75.0	49	16.8	24	8.2	292
	江苏	72	75.0	19	19.8	5	5.2	96
	山东	108	80.0	21	15.6	6	4.4	135
	上海市	41	71.9	7	12.3	9	15.8	57
	天津市	75	66.4	25	22.1	13	11.5	113
	浙江	102	81.0	19	15.1	5	4.0	126
	小计	1 052	73.6	254	17.8	123	8.6	1 429
东北部	黑龙江	83	88.3	8	8.5	3	3.2	94
	吉林	99	68.3	32	22.1	14	9.7	145
	辽宁	37	63.8	11	19.0	10	17.2	58
	小计	219	73.7	51	17.2	27	9.1	297
中部	安徽	121	65.4	42	22.7	22	11.9	185
	河南	102	61.4	43	25.9	21	12.7	166
	湖北	87	67.4	24	18.6	18	14.0	129
	湖南	109	58.6	45	24.2	32	17.2	186
	江西	115	63.2	43	23.6	24	13.2	182
	山西	298	75.8	61	15.5	34	8.7	393
	小计	832	67.0	258	20.8	151	12.2	1 241
西部	甘肃	93	75.6	22	17.9	8	6.5	123
	广西	206	69.4	60	20.2	31	10.4	297
	贵州	110	79.7	23	16.7	5	3.6	138
	内蒙古	98	76.6	19	14.8	11	8.6	128
	宁夏	163	58.2	73	26.1	44	15.7	280

续表

| 地区 | 省级地区 | 听闻校园欺凌发生频率 |||||| 总计 |
| | | 半年几次 || 每月几次 || 一周一次或更多 || |
		n	占比/%	n	占比/%	n	占比/%	
西部	青海	134	74.9	33	18.4	12	6.7	179
	陕西	225	67.2	84	25.1	26	7.8	335
	四川	119	82.1	17	11.7	9	6.2	145
	西藏	98	57.0	42	24.4	32	18.6	172
	新疆	70	82.4	13	15.3	2	2.4	85
	云南	179	77.8	35	15.2	16	7.0	230
	重庆市	125	72.3	37	21.4	11	6.4	173
	小计	1 620	70.9	458	20.0	207	9.1	2 285
总计		3 723	70.9	1 021	19.4	508	9.7	5 252

比较四大地区的数据,可以看到听闻校园欺凌事件发生的学生占地区总人数的比例呈现出西部地区最高(2 285 人,占总人数 4 412 的 51.8%),中部地区其次(1 241 人,占总人数 2 450 的 50.7%),东部地区第三(1 429 人,占总人数 3 516 的 40.6%),东北部地区最低(297 人,占总人数 746 的 39.8%)的结果。

五、所在学校发生的校园欺凌

为了进一步了解答卷初中生所在学校发生校园欺凌的情况,问卷针对言语欺凌、关系欺凌和网络欺凌的具体行为进行了发生频率调查,这项调查指向的欺凌行为包括学生亲身经历或亲眼看见或听闻的所有欺凌行为。在过去半年内初级中学校园欺凌行为的发生频率如表 4-9 所示。总体而言,所有类型的欺凌行为发生频率都较低,发生较少的是针对某人进行不友善的网络投票(占比 7.9%)和针对某人进行网络"人肉搜索"(占比 6.4%)。在常见的校园欺凌行为中,发生较为频繁的包括背后说坏话(占比 46.3%)和散布谣言(占比 32.1%)。数据显示,有 12.6% 的答卷初中生汇报自己所在学校背后说坏话的欺凌行为出现一周一次或更多。

表4-9 学生所在学校在过去半年内校园欺凌行为的发生频率（$n=11\,124$）

欺凌行为	发生频率				有效样本数
	从来没有或几乎没有	半年几次	每月几次	一周一次或更多	
	n（有效百分比）				
背后说坏话	5 952(53.7%)	2 375(21.4%)	1 371(12.4%)	1 394(12.6%)	11 092
散布谣言	7 528(67.9%)	1 855(16.7%)	958(8.6%)	749(6.8%)	11 090
传播某人的个人隐私	9 010(81.4%)	1 198(10.8%)	478(4.3%)	382(3.5%)	11 068
集体活动中孤立某人	8 557(77.3%)	1 454(13.1%)	551(5.0%)	509(4.6%)	11 071
漠视某人的存在	8 625(77.9%)	1 451(13.1%)	485(4.4%)	514(4.6%)	11 075
开恶意玩笑羞辱某人	8 145(73.5%)	1 483(13.4%)	715(6.5%)	741(6.7%)	11 084
用卑劣的方式模仿某人	8 382(75.5%)	1 580(14.2%)	619(5.6%)	517(4.7%)	11 098
离间某人与其同学/朋友的关系	8 494(76.6%)	1 569(14.2%)	590(5.3%)	435(3.9%)	11 088
阻止某人参加集体活动	10 000(90.3%)	692(6.2%)	212(1.9%)	174(1.6%)	11 078
排除某人在自己的朋友圈子之外	9 035(81.5%)	1 276(11.5%)	438(3.9%)	340(3.1%)	11 089
鼓动其他人排斥某人	9 163(82.7%)	1 186(10.7%)	391(3.5%)	337(3.0%)	11 077
针对某人进行不友善的网络投票	10 209(92.1%)	562(5.1%)	161(1.5%)	149(1.3%)	11 081
针对某人进行网络"人肉搜索"	10 378(93.6%)	423(3.8%)	127(1.1%)	161(1.5%)	11 089
在网络朋友圈或游戏中排挤孤立某人	9 556(86.3%)	970(8.8%)	279(2.5%)	274(2.5%)	11 079
在网络上谩骂某人	9 014(81.3%)	1 222(11.0%)	414(3.7%)	436(3.9%)	11 086
在网络上传播某人的负面影像	9 760(88.0%)	783(7.1%)	284(2.6%)	266(2.4%)	11 093

针对初中校园发生最为频繁的"背后说坏话"的欺凌行为，笔者分析了不同

地区的发生频率差异,以及不同学校所在地的发生频率差异。结果显示,省级地区间初级中学发生"背后说坏话"欺凌事件的频率存在显著差异,$\chi^2=192.621$,$p=0.000$。如表4-10所示,"背后说坏话"发生频率为"一周一次或更多"占比较高的有福建(占比40.3%)、北京市(占比39.7%)、湖南(占比39.0%)和河南(占比37.1%),而上海市"一周一次或更多"仅占比13.4%,新疆占比16.5%,甘肃占比为16.9%。比较四大地区的数据,可以看到汇报自己所在学校有"背后说坏话"事件发生的学生占地区总样本的比例呈现出中部地区最高(1 240人,占总人数2 450的50.6%),西部地区(2 165人,占总人数4 412的49.1%)和东部地区(1 478人,占总人数3 516的42.0%)次之,东北部地区(257人,占总人数746的34.5%)最低的结果。

表4-10 不同省级地区初级中学在过去半年内"背后说坏话"欺凌事件的发生频率($n=5 140$)

地区	省级地区	"背后说坏话"发生频率						总计
		半年几次		每月几次		一周一次或更多		
		n	占比/%	n	占比/%	n	占比/%	
东部	北京市	29	42.6	12	17.6	27	39.7	68
	福建	50	28.4	55	31.3	71	40.3	176
	广东	114	47.7	69	28.9	56	23.4	239
	海南	72	53.7	28	20.9	34	25.4	134
	河北	167	52.7	83	26.2	67	21.1	317
	江苏	56	41.5	49	36.3	30	22.2	135
	山东	47	42.3	36	32.4	28	25.2	111
	上海市	54	65.9	17	20.7	11	13.4	82
	天津市	47	40.9	33	28.7	35	30.4	115
	浙江	62	61.4	18	17.8	21	20.8	101
	小计	698	47.2	400	27.1	380	25.7	1 478
东北部	黑龙江	39	68.4	7	12.3	11	19.3	57
	吉林	59	43.1	35	25.5	43	31.4	137
	辽宁	22	34.9	23	36.5	18	28.6	63
	小计	120	46.7	65	25.3	72	28.0	257
中部	安徽	87	45.8	54	28.4	49	25.8	190
	河南	53	35.1	42	27.8	56	37.1	151

续表

地区	省级地区	"背后说坏话"发生频率						总计
		半年几次		每月几次		一周一次或更多		
		n	占比/%	n	占比/%	n	占比/%	
中部	湖北	65	46.1	44	31.2	32	22.7	141
	湖南	56	31.6	52	29.4	69	39.0	177
	江西	66	35.9	57	31.0	61	33.2	184
	山西	181	45.6	97	24.4	119	30.0	397
	小计	508	41.0	346	27.9	386	31.1	1 240
西部	甘肃	68	57.6	30	25.4	20	16.9	118
	广西	124	46.6	59	22.2	83	31.2	266
	贵州	68	48.6	43	30.7	29	20.7	140
	内蒙古	64	52.0	34	27.6	25	20.3	123
	宁夏	107	45.0	66	27.7	65	27.3	238
	青海	92	59.0	36	23.1	28	17.9	156
	陕西	122	37.8	97	30.0	104	32.2	323
	四川	73	51.8	31	22.0	37	26.2	141
	西藏	76	41.8	47	25.8	59	32.4	182
	新疆	67	61.5	24	22.0	18	16.5	109
	云南	104	49.8	58	27.8	47	22.5	209
	重庆市	84	52.5	35	21.9	41	25.6	160
	小计	1 049	48.5	560	25.9	556	25.7	2 165
总计		2 375	46.2	1 371	26.7	1 394	27.1	5 140

城区学校和乡镇学校之间"背后说坏话"欺凌事件发生的频率也存在显著差异，$\chi^2=13.316$，$p=0.001$。相比较城区学校（占比25.0%），乡镇学校出现"一周一次或更多"的"背后说坏话"行为比例（占比29.1%）更高一些。

针对初中校园发生第二频繁的"散布谣言"的欺凌行为，笔者分析了不同地区的发生频率差异，以及不同学校所在地的发生频率差异。表4-11显示省级地区间初级中学发生"散布谣言"欺凌事件的频率也存在显著差异，$\chi^2=129.696$，$p=0.000$。"散布谣言"发生频率为"一周一次或更多"比例较高的有北京市（占比36.2%）、天津市（占比32.4%）和吉林（占比31.7%），而浙江"一周一次或更多"仅占比8.8%,安徽占比11.3%,青海和内蒙古占比都为11.4%,新疆和云南占比都为11.7%。数据结果表明,城区学校(占比20.4%)和乡镇学校(占比21.7%)之间"散布谣言"欺凌事件的发生频率并不存在显著差异,$\chi^2=1.964$,$p=0.375$。

表4-11 不同省级地区初级中学在过去半年内"散布谣言"欺凌事件的发生频率($n=3\,562$)

地区	省级地区	"散布谣言"发生频率						总计
		半年几次		每月几次		一周一次或更多		
		n	占比/%	n	占比/%	n	占比/%	
东部	北京市	19	40.4	11	23.4	17	36.2	47
	福建	57	44.2	36	27.9	36	27.9	129
	广东	116	58.6	52	26.3	30	15.2	198
	海南	50	59.5	17	20.2	17	20.2	84
	河北	95	50.0	53	27.9	42	22.1	190
	江苏	46	54.1	18	21.2	21	24.7	85
	山东	32	42.7	25	33.3	18	24.0	75
	上海市	23	57.5	11	27.5	6	15.0	40
	天津市	26	38.2	20	29.4	22	32.4	68
	浙江	41	60.3	21	30.9	6	8.8	68
	小计	505	51.3	264	26.8	215	21.8	984
东北部	黑龙江	22	78.6	2	7.1	4	14.3	28
	吉林	42	41.6	27	26.7	32	31.7	101
	辽宁	24	57.1	6	14.3	12	28.6	42
	小计	88	51.5	35	20.5	48	28.1	171
中部	安徽	66	57.4	36	31.3	13	11.3	115
	河南	56	49.1	33	28.9	25	21.9	114
	湖北	53	48.2	30	27.3	27	24.5	110
	湖南	62	40.5	51	33.3	40	26.1	153
	江西	60	45.5	42	31.8	30	22.7	132
	山西	147	55.1	60	22.5	60	22.5	267
	小计	444	49.8	252	28.3	195	21.9	891

续表

地区	省级地区	"散布谣言"发生频率						总计
		半年几次		每月几次		一周一次或更多		
		n	占比/%	n	占比/%	n	占比/%	
西部	甘肃	49	58.3	25	29.8	10	11.9	84
	广西	95	54.6	35	20.1	44	25.3	174
	贵州	69	66.3	19	18.3	16	15.4	104
	内蒙古	51	58.0	27	30.7	10	11.4	88
	宁夏	81	50.3	45	28.0	35	21.7	161
	青海	61	58.1	32	30.5	12	11.4	105
	陕西	106	45.7	73	31.5	53	22.8	232
	四川	55	54.5	23	22.8	23	22.8	101
	西藏	64	43.5	44	29.9	39	26.5	147
	新疆	43	55.8	25	32.5	9	11.7	77
	云南	78	60.9	35	27.3	15	11.7	128
	重庆市	66	57.4	24	20.9	25	21.7	115
	小计	818	54.0	407	26.8	291	19.2	1 516
总计		1 855	52.1	958	26.9	749	21.0	3 562

从学校有无发生校园欺凌事件这个层面来看,城乡学校存在很大的差异。根据调查数据得出,城区初级中学和乡镇初级中学在过去半年内发生校园欺凌事件的比例如表4-12所示。城区初中在"用卑劣的方式模仿某人"这一欺凌行为上的发生比例高于乡镇初中,在"排挤某人在自己的朋友圈子之外"这一欺凌行为上与乡镇初中的发生比例相同。在其他欺凌行为上,城区初中的发生比例均低于乡镇初中。

表4-12 城区和乡镇初级中学在过去半年内发生校园欺凌事件的比例($n=11\,124$)

欺凌行为	学校所在地				总计	
	城区		乡镇			
	n	占比/%	n	占比/%	n	占比/%
背后说坏话	2 463	44.6	2 677	47.8	5 140	46.2
散布谣言	1 752	31.7	1 810	32.3	3 562	32.0
传播某人的个人隐私	948	17.2	1 110	19.8	2 058	18.5
集体活动中孤立某人	1 234	22.4	1 280	22.8	2 514	22.6
漠视某人的存在	1 161	21.0	1 289	23.0	2 450	22.0
开恶意玩笑羞辱某人	1 372	24.9	1 567	28.0	2 939	26.4
用卑劣的方式模仿某人	1 352	24.5	1 364	24.3	2 716	24.4
离间某人与其同学/朋友的关系	1 229	22.3	1 365	24.4	2 594	23.3
阻止某人参加集体活动	479	8.7	599	10.7	1 078	9.7
排挤某人在自己的朋友圈子之外	1 019	18.5	1 035	18.5	2 054	18.5
鼓动其他人排斥某人	939	17.0	975	17.4	1 914	17.2
针对某人进行不友善的网络投票	398	7.2	474	8.5	872	7.8
针对某人进行网络"人肉搜索"	325	5.9	386	6.9	711	6.4
在网络朋友圈或游戏中排挤孤立某人	753	13.6	770	13.7	1 523	13.7
在网络上谩骂某人	965	17.5	1 107	19.8	2 072	18.6
在网络上传播某人的负面影像	629	11.4	704	12.6	1 333	12.0
样本量	5 521	100.0	5 603	100.0	11 124	100.0

六、小结

在本次调查问卷中,针对校园欺凌事件中常见的欺凌行为列出了故意排挤、嘲笑、使用侮辱性绰号等共15种,主要集中了解初中生遭遇言语欺凌与关系欺凌这两类非暴力型欺凌行为的情况。调查结果发现,初中生遭遇最为频繁的欺凌方式包括被嘲笑、被使用侮辱性绰号、被拿走或弄坏物品、被辱骂、被在背后说坏话这5种,其中被在背后说坏话是初中生遭遇最多的欺凌方式。

不同的经济发展水平、社会文化环境都会对校园欺凌行为造成影响,中部地区和西部地区校园欺凌发生的频率显著高于东部地区和东北部地区,且中部地区和西部地区欺凌方式更加多样化。在调查初中生半年内是否目睹或听闻校园欺凌事件时,结果也都呈现出西部地区最多、中部地区次之、东部和东北部地区最少的态势。

无论是受欺凌者还是欺凌者,在性别上都存在显著差异。初中男生卷入校园欺凌事件的比例高于女生。区别于之前的研究,女生在校园欺凌中的比例也逐渐增长。初中男生更易遭受身体欺凌这样的暴力型欺凌,而女生则更容易卷入言语欺凌、关系欺凌这种非暴力型欺凌。初中男生被在背后说坏话的比例显著低于女生,被网络欺凌的比例与女生相当,在其他各项欺凌行为比例上显著高于女生。值得一提的是,现实生活中,性别与欺凌类型之间的关系正逐步模糊化,尤其体现在网络平台上发生的欺凌行为。

在对校园欺凌实施者的研究中发现:不同地区、不同性别、不同学校所在地、不同年级、不同成绩水平、是否担任班干部、父母的不同管教方式、不同经济条件、不同好朋友人数、是否受到欺凌的初中生实施校园欺凌的情况均存在显著差异,然而是否是独生子女在实施欺凌行为时不存在显著差异,与之前学者研究中显示的独生子女相较于非独生子女更易卷入校园欺凌不同。[①]

调查结果表明,不同省级地区的初中生目睹校园欺凌事件的比例存在较大差异,其中"一周一次或更多"的比例较高的有上海市和天津市。

第二节　初中生校园欺凌认知情况

为了了解初中生对校园欺凌的了解程度和认知程度,问卷针对校园欺凌概念及内涵、事件发生情况、欺凌者与受欺者特征以及校园欺凌危害等方面进行了深入调查。

---

① 韩婷芷.初中生校园欺凌及教育干预研究[D].无锡:江南大学,2020.

一、对校园欺凌概念及内涵的了解

问卷针对校园欺凌概念及内涵的几个重要方面,对答卷初中生的了解程度进行了调查。表4-13呈现了相关问题的回答数据。

表4-13 学生对校园欺凌概念及内涵的认知(n = 11 124)

题项	非常不同意	不同意	不确定	同意	非常同意	M	SD	有效样本数
	n(占比/%)							
我对校园欺凌的概念非常了解	828 (7.5%)	803 (7.3%)	3 717 (33.8%)	3 801 (34.5%)	1 864 (16.9%)	3.46	1.088	11 013
欺凌是青春期的正常现象,长大了就好了	6 573 (59.3%)	3 248 (29.3%)	854 (7.7%)	281 (2.5%)	119 (1.1%)	1.57	0.825	11 075
学生之间发生欺凌行为很正常	6 964 (62.9%)	2 549 (23.0%)	945 (8.5%)	465 (4.2%)	151 (1.4%)	1.58	0.911	11 074
同学之间非恶意的玩笑打闹不是欺凌	1 924 (17.4%)	2 125 (19.2%)	2 597 (23.5%)	3 359 (30.4%)	1 050 (9.5%)	2.95	1.253	11 055
同学之间力量均衡的打架不是欺凌	3 100 (28.1%)	3 453 (31.3%)	3 065 (27.8%)	1 068 (9.7%)	334 (3.0%)	2.28	1.068	11 020
欺凌是重复性的行为,只欺负一次不是欺凌	5 339 (48.4%)	3 132 (28.4%)	1 586 (14.4%)	635 (5.8%)	348 (3.2%)	1.87	1.06	11 040

从表中可以看出,超过半数(占比51.4%)的答卷初中生认为自己对校园欺凌的概念是非常了解的,但有14.8%的学生表示对校园欺凌的概念还不甚了解。绝大多数(占比88.6%)的答卷初中生都不认为"欺凌是青春期的正常现象,长大了就好了"的说法,并且不认为"学生之间发生欺凌行为很正常"(占比85.9%)。

答卷初中生对于"同学之间非恶意的玩笑打闹不是欺凌"的题项给出了不同的回答,36.6%的同学认为算是欺凌,39.9%的同学认为不是欺凌,另有23.5%的同学表示不确定。

答卷初中生对于"同学之间力量均衡的打架不是欺凌"的题项给出了较为一致的回答,59.4%的同学认为算是欺凌,仅12.7%的同学表示不是欺凌。

答卷初中生对于"欺凌是重复性的行为,只欺负一次不是欺凌"的题项给出了较为一致的回答,76.8%的同学不认同"只欺负一次不是欺凌"的说法。

初中生处在青少年成长的关键期,这个时候正是"自我同一性和角色混乱"

的冲突阶段,极易出现认知和行为上的偏差。从调查结果可以看到,初中学生在认知层面认为自己能分清校园欺凌的概念,然而在进行"同学之间非恶意的玩笑打闹不是欺凌"等观点调查时,仍有大部分学生表示不确定或者认为不是欺凌,表明学生对校园欺凌的概念及内涵把握不清,认知存在偏差,一定程度上也会导致学生在实施欺凌或受欺凌时无法辨别,从而加剧校园欺凌。

二、对校园欺凌事件发生情况的了解

当问及校园欺凌行为通常会发生在哪个年级时(见表4-14),超过一半的答卷初中生选择初二(占比53.1%)和初三(占比54.3%),而小学低年级被认为是欺凌最少发生的年级段,仅10.6%的答卷初中生选择小学一至三年级。选择高中的学生比例为48.5%,略多于选择初一年级的学生(占比44.4%)。

表4-14 学生对校园欺凌行为通常发生的年级的认知（$n = 11\,124$）

年级	小学一至三年级	小学四至六年级	初一	初二	初三	高中
n	1 175	3 862	4 935	5 903	6 045	5 394
占比/%	10.6	34.7	44.4	53.1	54.3	48.5

当问及"欺凌行为通常会发生在什么地点"时(见表4-15),校内和校外的人少僻静处被选择的比例最高,均有76.4%的答卷初中生认为欺凌行为会发生在僻静而隐蔽的地点,较少学生选择体育馆和食堂(占比8.4%)这类公开又人员流动较多的地方。其他发生地点集中于楼梯拐角(占比50.1%)、厕所(占比76.3%)、上下学的路上(占比60.1%),由此可见,学校是初中校园欺凌的主要场所。此外,也可以看到网络已成为校园欺凌发生的一个重要领地(占比36.7%)。在对"其他地方"进行补充说明的回答中,"小树林""小巷""网吧"以及"家中"均有重复出现。

表4-15 学生对校园欺凌行为通常发生地点的认知（$n = 11\,124$）

地点	n	占比/%
教室	1 848	16.6
走廊	2 452	22.0
楼梯拐角	5 572	50.1
厕所	8 493	76.3
操场	2 086	18.8

续表

地点	n	占比/%
体育馆	935	8.4
更衣室	3 267	29.4
宿舍	3 883	34.9
食堂	937	8.4
校内人少僻静处	8 495	76.4
上下学的路上	6 689	60.1
校外人少僻静处	8 501	76.4
网络	4 085	36.7
其他地方	769	6.9

在校园欺凌发生频率的相关问题上,如表4-16所示,答卷初中生中有43.7%的人认为"初中的欺凌现象比小学更多",37.1%的人认为"现在的欺凌现象比过去更多",43.4%的人认为"网络上的欺凌现象比现实生活中更多",34.7%的人认为"普通中学的欺凌现象比重点中学更多"。

表4-16 学生对校园欺凌行为发生频率的认知($n=11\ 124$)

题项	非常不同意	不同意	不确定	同意	非常同意	M	SD	有效样本数
	n(占比/%)							
初中的欺凌现象比小学更多	1 563 (14.1%)	1 216 (11.0%)	3 459 (31.2%)	3 725 (33.6%)	1 122 (10.1%)	3.15	1.180	11 085
现在的欺凌现象比过去更多	1 568 (14.2%)	1 418 (12.8%)	3 955 (35.8%)	2 921 (26.4%)	1 186 (10.7%)	3.07	1.177	11 048
网络上的欺凌现象比现实生活中更多	1 148 (10.4%)	924 (8.4%)	4 178 (37.8%)	3 276 (29.6%)	1 529 (13.8%)	3.28	1.127	11 055
普通中学的欺凌现象比重点中学更多	1 229 (11.1%)	1 385 (12.5%)	4 601 (41.7%)	2 829 (25.6%)	1 002 (9.1%)	3.09	1.087	11 046

当被问及自己所知道的欺凌者有没有受到批评或惩罚时,答卷初中生回答知情的7 777人中,有38.6%选择"总是",20.4%选择"经常",18.9%选择"有时",16.1%选择"偶尔",5.9%选择"从未"。这一调查结果从侧面反映家长和教师对于校园欺凌事件的预防、干预和处理,反映了家长和教师对校园欺凌的关注

程度。当欺凌行为发生后,有效的惩戒教育能让初中生意识到自己行为的失范,从而纠正自己的行为。目前来看,仍有部分家长和教师在欺凌行为发生后并未采取任何批评或惩罚措施,忽视了初中生的欺凌行为。

三、对欺凌者特征的了解

当问及"欺凌行为的实施者通常是什么样的人"时,如表4-17所示,在性别上,更多答卷初中生选择实施者为男生(占比50.1%);在人数上,更多学生选择实施者是一群人(占比84.4%);在年纪上,更多学生选择欺凌者比受欺者年纪大(占比49.8%);在体格上,更多学生选择欺凌者比受欺者强壮(占比53.5%)。不到三分之一的答卷初中生选择"同班同学"(占比30.0%)。选择欺凌者为班干部的学生仅有8.7%。在对"其他人"进行补充说明的回答中,多数学生提及"校外人员"或"社会上的小混混"。

表4-17　学生对校园欺凌行为实施者的认知(n = 11 124)

欺凌者	n	占比/%
男生	5 573	50.1
女生	3 084	27.7
单个人	1 592	14.3
一群人	9 391	84.4
同班同学	3 337	30.0
欺凌者比受欺者年纪小	1 919	17.3
欺凌者比受欺者年纪大	5 536	49.8
欺凌者与受欺者年纪相当	3 526	31.7
欺凌者比受欺者强壮	5 954	53.5
欺凌者比受欺者体弱	1 824	16.4
欺凌者与受欺者块头差不多	1 710	15.4
班干部	966	8.7
其他人	668	6.0

关于学生对欺凌者特征的认知(见表4-18),41.5%的初中生不认为"欺凌者大多是家境比较差的学生",38.8%的学生不认为"欺凌者大多是成绩比较差的学生"。关于欺凌者的群体地位,29.6%的初中生认为"欺凌者群体地位低,不

受同伴欢迎",31.5%的学生则不认同这一说法。关于欺凌者与被欺者之间的力量是否均衡,38.2%的学生认为双方存在力量上的不均衡,23.4%的学生则表示双方并不存在力量上的不均衡。44.0%的初中生认同"欺凌者经常是小团体"的说法。

表4-18　学生对欺凌者特征的认知($n=11\,124$)

题项	非常不同意	不同意	不确定	同意	非常同意	M	SD	有效样本数
	n(占比/%)							
欺凌者大多是家境比较差的学生	2 165 (19.6%)	2 424 (21.9%)	4 663 (42.1%)	1 481 (13.4%)	337 (3.0%)	2.58	1.041	11 070
欺凌者大多是成绩比较差的学生	1 988 (18.0%)	2 297 (20.8%)	4 722 (42.7%)	1 625 (14.7%)	422 (3.8%)	2.66	1.053	11 054
欺凌者群体地位低,不受同伴欢迎	1 721 (15.6%)	1 763 (15.9%)	4 307 (38.9%)	2 686 (24.3%)	588 (5.3%)	2.88	1.106	11 065
欺凌者与被欺者之间存在力量上的不均衡	1 407 (12.7%)	1 186 (10.7%)	4 232 (38.3%)	3 316 (30.0%)	902 (8.2%)	3.10	1.111	11 043
欺凌者经常是小团体	1 266 (11.4%)	1 158 (10.5%)	3 773 (34.1%)	3 733 (33.7%)	1 146 (10.3%)	3.21	1.126	11 076

四、对受欺者特征的了解

当被问及欺凌者通常会针对受欺者的哪些方面实施欺凌行为时,如表4-19所示,超过半数的答卷初中生选择了"性格"(占比54.8%)、"体型身材"(占比53.6%)和"外貌"(占比51.9%),不足20%的学生选择了"体能"(占比17.7%)和"兴趣爱好"(占比16.1%)。在对"其他方面"进行补充说明时,不少学生指出欺凌发生有时单纯是因为欺凌者"看不顺眼"受欺者。

表4-19　学生对校园欺凌行为针对的受欺者因素的认知($n=11\,124$)

欺凌行为针对的受欺者因素	n	占比/%
性格	6 094	54.8
性取向	2 889	26.0
外貌	5 778	51.9

续表

欺凌行为针对的受欺者因素	n	占比/%
衣着打扮	4 183	37.6
男性化或女性化	3 703	33.3
体型身材	5 965	53.6
交友或社交能力	3 494	31.4
智力	4 561	41.0
学习成绩	4 380	39.4
体能	1 972	17.7
兴趣爱好	1 786	16.1
家庭构成或成员	2 966	26.7
家庭经济情况	5 288	47.5
其他方面	511	4.6

表4-20呈现了学生对受欺者特征的认知情况。对于"男生比女生更容易受到身体欺凌",答卷初中生给出了不同的回答,36.4%的学生表示同意或非常同意,24.8%的学生表示不同意或非常不同意,另有38.9%的学生表示不确定。而关于"女生比男生更容易受到言语欺凌"的说法,超过半数(占比54.6%)的答卷初中生表示同意或非常同意。同样,近半数(占比49.1%)的答卷初中生同意或非常同意"女生比男生更容易受到人际关系欺凌"的说法。因此,在对受欺者特征分析后我们发现,男生在身体欺凌的卷入比例高于女生,而女生在言语欺凌、关系欺凌的卷入比例则高于男生。这一研究结果与以往学者的研究成果基本保持一致,但是值得注意的是,女生参与校园欺凌的比例在不断提升,在校园欺凌的干预和治理过程中,女生也是不可以忽视的一个群体。此外,"不合群"被认为是受欺者的一项特征,60.7%的答卷初中生认为不合群的学生更容易受到欺凌。

表 4-20 学生对受欺者特征的认知（$n=11\,124$）

题项	非常不同意	不同意	不确定	同意	非常同意	M	SD	有效样本数
	n（占比/%）							
男生比女生更容易受到身体欺凌,例如被殴打	1 066 (9.6%)	1 682 (15.2%)	4 311 (38.9%)	3 068 (27.7%)	959 (8.7%)	3.11	1.071	11 086
女生比男生更容易受到言语欺凌,例如被嘲讽	877 (7.9%)	925 (8.4%)	3 221 (29.1%)	4 574 (41.3%)	1 472 (13.3%)	3.44	1.075	11 069
女生比男生更容易受到人际关系欺凌,例如被排挤	934 (8.4%)	944 (8.5%)	3 759 (33.9%)	3 928 (35.5%)	1 508 (13.6%)	3.37	1.088	11 073
不合群的学生更容易受到欺凌	712 (6.4%)	757 (6.8%)	2 882 (26.0%)	4 908 (44.3%)	1 817 (16.4%)	3.57	1.046	11 076
大多数被欺者是自己招惹的	4 262 (38.5%)	3 004 (27.2%)	2 950 (26.7%)	624 (5.6%)	223 (2.0%)	2.05	1.028	11 063

五、对校园欺凌危害的了解

如表 4-21 所示,关于网络欺凌的危害,50.4%的答卷初中生表示"网络欺凌的危害有时比现实欺凌更大"。针对身体欺凌、言语欺凌和关系欺凌这三种类型的校园欺凌的伤害性,11.1%的答卷初中生非常同意"身体欺凌是最有伤害性的欺凌类型",13.2%的答卷初中生非常同意"言语欺凌是最有伤害性的欺凌类型",10.1%的答卷初中生非常同意"人际关系上的欺凌是最有伤害性的欺凌类型"。针对"欺凌有助于教会受欺者如何更加合群"和"欺凌有助于让受欺者更加坚强"的说法,大多数答卷初中生均表示不同意,分别有 79.0%和 77.8%的学生选择了非常不同意或不同意。

表 4-21 学生对校园欺凌行为危害的认知（$n=11\,124$）

题项	非常不同意	不同意	不确定	同意	非常同意	M	SD	有效样本数
	n（占比/%）							
网络欺凌的危害有时比现实欺凌更大	1 090 (9.9%)	817 (7.4%)	3 583 (32.4%)	3 786 (34.3%)	1 778 (16.1%)	3.39	1.140	11 054
身体欺凌是最有伤害性的欺凌类型	1 152 (10.4%)	1 911 (17.3%)	3 494 (31.6%)	3 273 (29.6%)	1 230 (11.1%)	3.14	1.145	11 060

续表

题项	非常不同意	不同意	不确定	同意	非常同意	M	SD	有效样本数
	n（占比/%）							
言语欺凌是最有伤害性的欺凌类型	927(8.4%)	1 137(10.3%)	3 665(33.1%)	3 873(35.0%)	1 459(13.2%)	3.34	1.094	11 061
人际关系上的欺凌是最有伤害性的欺凌类型	1 007(9.1%)	1 266(11.5%)	4 394(39.9%)	3 241(29.4%)	1 113(10.1%)	3.20	1.067	11 021
欺凌有助于教会受欺者如何更加合群	5 791(52.2%)	2 973(26.8%)	1 821(16.4%)	365(3.3%)	142(1.3%)	1.75	0.932	11 092
欺凌有助于让受欺者更加坚强	5 549(50.1%)	3 067(27.7%)	1 853(16.7%)	439(4.0%)	171(1.5%)	1.79	0.960	11 079

六、对减少校园欺凌途径的了解

基于理论层面对校园欺凌防治策略的研究成果，问卷列举了若干被认为能够有效减少校园欺凌的途径。

如表4-22所示，答卷初中生对这些防治策略均给予了肯定。其中，法治教育、老师的关注及老师对班级秩序的维持被认为是更加有效的途径（平均值均为3.90）。其次，思想品德教育以及对学校的监管的比例也略高于其他防治策略，它们被认为是有效途径。校园欺凌的形成原因复杂，防治相应地也有一定的难度。为减少校园欺凌的发生，以及减少校园欺凌发生后对学生的不良影响，学校、教师、家长、学生都应关注重视，形成合力，加强对校园欺凌的防范、干预与治理。

表4-22 学生对校园欺凌行为防治途径的认知（$n=11\ 124$）

题项	非常不同意	不同意	不确定	同意	非常同意	M	SD	有效样本数
	n（有效百分比）							
同伴的正面影响	389(3.5%)	391(3.5%)	2 704(24.4%)	5 201(46.9%)	2 416(21.8%)	3.8	0.936	11 101
心理辅导	319(2.9%)	516(4.6%)	2 446(22.0%)	5 314(47.9%)	2 505(22.6%)	3.83	0.928	11 100
法治教育	297(2.7%)	392(3.5%)	2 168(19.6%)	5 467(49.3%)	2 755(24.9%)	3.90	0.904	11 079

续表

题项	非常不同意	不同意	不确定	同意	非常同意	M	SD	有效样本数
	n（有效百分比）							
思想品德教育	330 (3.0%)	451 (4.1%)	2 279 (20.6%)	5 316 (48.0%)	2 705 (24.4%)	3.87	0.929	11 081
对传媒和网络的监管	363 (3.3%)	611 (5.5%)	3 004 (27.1%)	4 673 (42.1%)	2 441 (22.0%)	3.74	0.969	11 092
对家长的相关宣传教育	330 (3.0%)	512 (4.6%)	2 661 (24.0%)	5 027 (45.4%)	2 550 (23.0%)	3.81	0.942	11 080
对学校的监管	302 (2.7%)	380 (3.4%)	2 422 (21.8%)	5 288 (47.7)	2 699 (24.3%)	3.87	0.91	11 091
老师的关注	294 (2.7%)	379 (3.4%)	2 265 (20.4%)	5 337 (48.2%)	2 807 (25.3%)	3.90	0.907	11 082
老师对班级秩序的维持	311 (2.8%)	373 (3.4%)	2 245 (20.2%)	5 340 (48.1%)	2 822 (25.4%)	3.90	0.913	11 091
惩戒性的规定和政策	397 (3.6%)	581 (5.2%)	2 814 (25.4%)	4 642 (41.8%)	2 662 (24.0%)	3.77	0.987	11 096

七、小结

基于对初中生校园欺凌认知情况的调查，我们可以发现，目前超过半数的初中生认为自己对校园欺凌的概念是非常了解或比较了解的。然而在对关于校园欺凌的具体观点进行判断时，他们还是有些把握不清，存在认知偏差。因此，初中生对于校园欺凌的概念还是未能清楚把握和界定。校园欺凌的内涵与外延的界定，是研究校园欺凌无法避开的。欺凌行为从仅限于身体伤害的暴力事件到后来扩展为情感上的欺负行为、语言上的虐待行为，以及近年来新型的欺凌方式网络欺凌等行为，呈现出多样与变化的态势。分析校园欺凌行为时，不仅要准确把握校园欺凌的内涵，还要区分校园欺凌、欺侮等概念，同时还需要与学生日常打闹嬉戏行为区分。初中生对校园欺凌概念难以把握，一方面导致了学生受到欺凌无法准确判断，另一方面也会将有意的欺凌行为等同于打闹嬉戏，致使校园欺凌问题加剧。

校园欺凌发生的场所具有隐蔽性、不易察觉等特点。校内和校外人少僻静处所占比例最高，厕所和上下学路上也是校园欺凌发生的集中地点。可以看到，校园欺凌大都发生在课堂外，当学生受到欺凌时，教师以及家长都较难察觉，从而导致了校园欺凌治理存在"灰色地带"。随着互联网的迅速发展,网络欺凌也增加了校园欺凌的隐蔽性。依托互联网,初中生可以进行"匿名"欺凌,很大程度上减少了对自身的约束,忽视了带给他人的伤害。

欺凌者与受欺者的特征在一定程度上具有共性。欺凌者在性别上男生居多,通常年纪比受欺者大,体格更强健,且以一群人为单位实施欺凌。而受欺者则具有"不合群"且"拥有差异"的共同特征。

第三节 初中生对校园欺凌影响因素的认知情况

一、对校园欺凌影响因素的了解

笔者借鉴了国内外研究者关于校园欺凌影响因素的理论成果,列举了被认为是校园欺凌助长因素的几个关键方面,以了解答卷初中生对助长因素的同意程度,数据结果如表4-23所示。53.8%的答卷初中生同意或非常同意"暴力游戏和暴力玩具会助长校园欺凌",64.6%的答卷初中生同意或非常同意"旁观者的冷漠无视会助长校园欺凌",70.4%的答卷初中生同意或非常同意"社会不良风气会助长校园欺凌",66.6%的答卷初中生同意或非常同意"不良家庭环境会助长校园欺凌"。

表4-23 学生对校园欺凌助长因素的认知(n = 11 124)

题项	非常不同意	不同意	不确定	同意	非常同意	M	SD	有效样本数
	n(占比/%)							
暴力游戏和暴力玩具会助长校园欺凌	1 485 (13.4%)	977 (8.8%)	2 647 (23.9%)	3 792 (34.3%)	2 160 (19.5%)	3.38	1.268	11 061
旁观者的冷漠无视会助长校园欺凌	1 241 (11.2%)	664 (6.0%)	2 007 (18.2%)	4 064 (36.8%)	3 068 (27.8%)	3.64	1.257	11 044
社会不良风气会助长校园欺凌	1 056 (9.6%)	506 (4.6%)	1 707 (15.4%)	4 488 (40.6%)	3 295 (29.8%)	3.77	1.200	11 052
不良家庭环境会助长校园欺凌	1 062 (9.6%)	586 (5.3%)	2 047 (18.5%)	4 258 (38.4%)	3 127 (28.2%)	3.7	1.206	11 080

在此基础上,笔者编制了一系列李克特量表题进一步探索学校、家庭和个人作为影响因素在校园欺凌问题上的态度与表现。量表的信效度分析结果如表4-24所示。探索性因子分析(χ^2 = 369 635.345,p = 0.000;KMO = 0.966)表

明量表可分为五个维度,包括两个学校层面、一个家庭层面和两个个人层面。五个维度的 Cronbach's Alpha 系数值在 0.825 到 0.958 之间,表明维度均有较高的内部一致性信度。"学校积极应对欺凌"维度反映了学校层面,包括学校管理层、教师、班级有明确的防范及处理机制。"良好的校园氛围"维度反映了学校学生遵纪守法、和睦相处,不存在问题学生。"父母积极应对欺凌"维度反映了初中生家长关注并引导防范欺凌。"个人积极应对欺凌"维度反映了初中生个人积极帮助受欺者,勇于制止欺凌行为。"个人避免参与欺凌"维度反映了初中生个人主观不实施、不参与暴力型和非暴力型欺凌行为。调查数据表明,答卷初中生对"个人避免参与欺凌"的同意程度是最高的,平均值为 4.10。

表 4-24 校园欺凌影响因素的因子分析和信度分析结果($n = 11\ 124$)

变量/维度	题项数	Cronbach's Alpha	M	SD
学校积极应对欺凌	20	0.958	3.92	0.777
良好的校园氛围	5	0.873	3.46	0.981
父母积极应对欺凌	7	0.926	3.93	0.845
个人积极应对欺凌	6	0.825	3.70	0.748
个人避免参与欺凌	9	0.941	4.10	0.873

注:量表选项 1=非常不同意;2=不同意;3=不确定;4=同意;5=非常同意。

二、影响因素的学校所在地差异

校园欺凌的影响因素存在显著的学校所在地差异。如表 4-25,对调查数据进行独立样本 t 检验的结果显示,在五个维度上,城区学校的初中生给予的同意程度均显著高于乡镇学校。本研究得益于大样本量,从而提高了统计功效,使我们能够检测到组间的微小差异,这些差异在统计上达到了显著性水平($p <$ 0.05,详见表 4-25 至表 4-28)。然而,我们需谨慎对待这些均值比较结果的实际意义,因为统计显著性并不总是等同于实际应用中的重要性。尽管如此,这些微小差异的统计显著性,即便伴随着较小的效应量,也推动我们进一步探究其在教育和社会层面的潜在影响,以便更全面地理解学校所在地、性别、年级及地区变量对校园欺凌影响因素的作用。

表 4-25 校园欺凌影响因素的学校所在地差异($n=11\ 124$)

变量/维度	城区 M(SD)	乡镇 M(SD)	t	df	p
学校积极应对欺凌	3.98(0.799)	3.86(0.751)	8.079	11 053.239	0.000
良好的校园氛围	3.58(0.995)	3.35(0.955)	12.412	11 085.472	0.000
父母积极应对欺凌	3.96(0.860)	3.89(0.828)	4.659	11 084.275	0.000
个人积极应对欺凌	3.77(0.747)	3.64(0.743)	9.127	11 115.000	0.000
个人避免参与欺凌	4.12(0.903)	4.08(0.842)	2.677	11 030.057	0.000

三、影响因素的性别差异

校园欺凌的影响因素存在较大的性别差异。如表 4-26 对调查数据进行独立样本 t 检验的结果显示,在"良好的校园氛围"这个维度上,男生给予的同意程度显著高于女生,而在其他四个维度上,均是女生显著高于男生。

表 4-26 校园欺凌影响因素的性别差异($n=11\ 124$)

变量/维度	男生 M(SD)	女生 M(SD)	t	df	p
学校积极应对欺凌	3.89(0.846)	3.95(0.704)	−4.590	10 328.741	0.035
良好的校园氛围	3.48(1.023)	3.44(0.940)	2.104	10 718.778	0.000
父母积极应对欺凌	3.90(0.875)	3.95(0.817)	−2.551	10 762.797	0.011
个人积极应对欺凌	3.68(0.810)	3.73(0.685)	−4.080	10 395.281	0.000
个人避免参与欺凌	4.01(0.937)	4.19(0.796)	−11.133	10 407.088	0.000

四、影响因素的年级差异

校园欺凌的影响因素存在较大的年级差异。如表 4-27 对调查数据进行单因素方差分析的结果显示,在五个维度上均存在显著的年级差异。事后分析结果表明,在"学校积极应对欺凌"维度上,初一学生和初二学生的认可度没有显著差异,但均显著高于初三学生。在"良好的校园氛围"、"父母积极应对欺凌"和"个人避免参与欺凌"这三个维度上,初一到初三学生的认可度均随着年级升高而显著降低。在"个人积极应对欺凌"维度上,初二学生的认可度显著高于初三学生。

表 4-27　校园欺凌影响因素的年级差异($n = 11\,124$)

变量/维度	初一 M(SD)	初二 M(SD)	初三 M(SD)	F	df_1, df_2	p
学校积极应对欺凌	3.99(0.762)	3.96(0.757)	3.79(0.799)	71.428	2,11 107	0.000
良好的校园氛围	3.61(0.966)	3.42(1.007)	3.35(0.949)	66.627	2,11 107	0.000
父母积极应对欺凌	4.02(0.839)	3.91(0.847)	3.84(0.840)	43.595	2,11 102	0.000
个人积极应对欺凌	3.71(0.761)	3.73(0.740)	3.67(0.740)	5.316	2,11 102	0.005
个人避免参与欺凌	4.19(0.842)	4.11(0.864)	3.98(0.903)	55.997	2,11 097	0.000

五、影响因素的地区差异

校园欺凌的影响因素存在较大的地区差异。如表 4-28 对调查数据进行单因素方差分析的结果显示,在五个维度上均存在显著的地区差异。事后分析结果表明,在"学校积极应对欺凌"维度上,四个地区初中生的认可度均呈现显著差异,东北部地区最高,东部地区次之,西部地区第三,中部地区最低。在"父母积极应对欺凌"维度上,东部地区和东北部地区显著高于中部地区,东北部地区显著高于西部地区。在"个人积极应对欺凌"维度上,中部和西部地区初中生的认可程度没有显著差异,但均显著低于东部地区的初中生。在"个人避免参与欺凌"维度上,四个地区初中生的认可度基本趋于一致。

表 4-28　校园欺凌影响因素的地区差异($n = 11\,124$)

变量/维度	东部 M(SD)	东北部 M(SD)	中部 M(SD)	西部 M(SD)	F	df_1, df_2	p
学校积极应对欺凌	3.97(0.799)	4.05(0.804)	3.84(0.750)	3.90(0.765)	19.628	3,11 118	0.000
良好的校园氛围	3.63(0.974)	3.73(0.905)	3.34(0.983)	3.35(0.972)	83.386	3,11 118	0.000
父母积极应对欺凌	3.95(0.846)	4.02(0.827)	3.88(0.835)	3.91(0.851)	6.603	3,11 113	0.000
个人积极应对欺凌	3.78(0.748)	3.70(0.747)	3.67(0.722)	3.66(0.758)	17.363	3,11 113	0.000
个人避免参与欺凌	4.13(0.887)	4.05(0.898)	4.10(0.846)	4.08(0.871)	2.762	3,11 108	0.040

六、小结

为探究初中生对校园欺凌影响因素的观点,从学校积极应对欺凌、良好的校园氛围、父母积极应对欺凌、个人积极应对欺凌、个人避免参与欺凌这五个维度进行研究。数据表明,校园欺凌影响因素在学校所在地、性别、年级、地区上均存在较大差异。

城区学校的初中生在五个维度上给予的同意程度都显著高于乡镇学校。在学校积极应对欺凌维度上,初一学生和初二学生的认可度均显著高于初三学生。在良好的校园氛围、父母积极应对欺凌和个人避免参与欺凌这三个维度上,初一到初三学生的认可度均随着年级升高而显著降低。在学校积极应对欺凌维度上,东北部地区最高,东部地区次之,西部地区第三,中部地区最低。在良好的校园氛围维度上,东北部地区的认可度最高。在父母积极应对欺凌维度上,东部地区和东北部地区显著高于中部地区,东北部地区显著高于西部地区。在个人积极应对欺凌维度上,中部和西部地区初中生的认可程度没有显著差异,但均显著低于东部地区的初中生。在个人避免参与欺凌维度上,四个地区初中生的认可度无显著差异。

第四节　调查报告小结

本次校园欺凌问卷调查是一次有益的尝试,具有覆盖地区广,涉及话题多,数据缺失少的特点,以最新的全国性大样本数据为基础,较为全面地描述了我国当前校园欺凌的基本情况与特点。笔者借鉴了国内外诸多欺凌理论与欺凌问卷,精心设计问卷工具,在试测后对问卷进行了多次修改和完善,最终成稿实施。但本问卷工具仍然存在个别项目题意不够明确、无法确认回答真实性、维度结构不够清晰、挖掘深度不够到位等问题,笔者将在本次调查的基础上进一步优化问卷并开发小学版和高中版,以期能在广度上、深度上探究校园欺凌现象及其有效治理策略。

本次问卷调查的主要发现与分析汇总如下。

1. 总体而言,校园欺凌在初中生中发生频率比较低

超过半数的答卷初中生在过去半年内没有遭遇过任何类型的校园欺凌。在常见的校园欺凌行为中,发生较为频繁的欺凌方式包括被嘲笑、被使用侮辱性绰号、被拿走或弄坏物品、被辱骂、被在背后说坏话。初中生的校园欺凌行为较多聚集在言语欺凌,而较少涉及肢体欺凌、网络欺凌。

不同地区之间的初中生遭遇校园欺凌存在较大差异,经济文化发展程度较高的地区,校园欺凌的发生频率明显低于经济文化发展程度较低的地区,中部地区与西部地区样本的校园欺凌发生频率更高,行为更具多样性。

不同性别的初中生遭遇校园欺凌的情况也存在差异,男生整体在遭受欺凌行为上比例高于女生,更多遭受肢体攻击等身体欺凌,而在遭受言语欺凌、关系欺凌的比例上显著低于女生。

不同学校所在地的初中生遭遇校园欺凌的情况也存在差异,城区学生遭受校园欺凌的比例显著低于乡镇学生。

2. 初中生对校园欺凌的概念把握不当

在调查结果中,超过半数的答卷初中生认为自己对校园欺凌的概念是非常了解或比较了解的,然而在回答校园欺凌的具体观点调查时,大部分学生无法准确把握校园欺凌的概念,因此存在一定的认知偏差。初中生正处在青春期发展的关键阶段,心智还未成熟,容易情绪化、暴躁不安,因此,也更容易发生争执与斗殴等事件。不少学生对欺凌行为难以辨别,认为欺凌不过是一种发泄,不会造成什么伤害,或是肤浅地认为只要没有肢体上的伤害,就不算欺凌等。欺凌行为包罗万象,其危害性不言而喻。教育者帮助初中生准确认知欺凌的内涵至关重要,厘清欺凌与冲突、欺侮、霸凌、打闹嬉戏行为等概念的区别,区分校园欺凌的行为边界,不仅能有效防范、干预校园欺凌的发生,同时也是帮助学生进行自我保护的手段。教育者正确传达校园欺凌的内涵,有利于改变学生对校园欺凌的不正确看法,帮助学生建立正确的反欺凌观念。

3. 校园欺凌的发生地点具有隐蔽性和不易察觉等特点

校园欺凌的发生地点中,校内和校外人少僻静处发生频率最高。此外,网络逐渐成为校园欺凌发生的一个重要领地。随着互联网的普及与发展,校园欺凌的形式也更加多样化。在本次调查研究中发现,网络欺凌现象比现实生活中的欺凌现象更多,且一半的答卷初中生表示网络欺凌的危害有时比现实欺凌更大。相比较其他欺凌行为,网络欺凌具有时空的随机性、更强的隐蔽性、更广的影响范围、更快的传播速度等特点,是一种非常棘手的欺凌方式。虽然目前来看,网络欺凌发生的频率低于言语欺凌、身体欺凌等方式,但其对初中生的身心不良影响甚至超过现实地点的欺凌。因此,网络欺凌也是校园欺凌防范、干预、治理过程中亟须关注的一种欺凌方式。

4. 欺凌行为发生后,不少学生并未受到应有的批评和惩罚

无论是社会、学校、教师还是家长,对初中生的校园欺凌问题关注度都不足。校园欺凌在总体上而言发生频率低,但一旦发生,其危害性可能是长期,甚至是永久性的。解决校园欺凌问题,家庭、学校、社会合力治理是关键。欺凌行为重在预防,然而当欺凌行为发生后,及时地干预与适当地惩戒至关重要。对于欺凌行为的消极、不作为、一再容忍,只会导致欺凌不断发生,而欺凌实施者的行为如果得不到纠正,也会进一步影响其健康成长,甚至危害社会。

5. 欺凌行为主要涉及欺凌者、受欺者两者之间的关系

结合调查研究,我们发现欺凌者的主要特征为,年纪比受欺者大,体格更强健,实施者为一群人。而受欺者主要特征为,"不合群""拥有差异"。在对受欺者特征进行分析后,我们发现女生卷入校园欺凌的比例在不断提升。因此,校园欺凌治理过程中,女生也是一个不容忽视的群体。

第五章
我国校园欺凌治理的个案研究
——以 S 乡村中学为例

实践是认识的来源,是认识发展的动力,也是检验认识的唯一标准,还是认识的目的与归宿。研究校园欺凌问题不应止步于理论构建、中西方对比,抑或是问卷调研。为此,我们选取 S 省 S 乡村中学为个案开展田野研究,选取该校 W 校长作为线索人物,以深度访谈的形式了解其所在学校校园欺凌的学段分布、欺凌形式、处理方式、预防机制等相关信息。通过 W 校长的工作日记、校园安全日志等文献资料,还原其在校园欺凌治理中所扮演的角色,梳理其记录的校园欺凌案例,总结其对治理校园欺凌的观点。意在截取校园欺凌问题与治理的片影,记录或传递 S 中学与 W 校长在校园欺凌治理实践方面的经验,为后续研究提供参考与借鉴。

第一节 案例情况简介

一、S 省 S 乡村中学

S 省 S 乡村中学位于我国东部沿海某县城东北 10 千米处,占地面积 80 000 平方米。现有教学班 30 个,学生 1 176 人,专任教师 131 人。

学校规划合理,教学楼、实验楼、餐厅、学生公寓、教师公寓等基础设施齐备,还提供多种多样的活动教室,例如实验室、计算机教室、音乐教室、美术教室、书法教室、舞蹈教室、科技活动室、图书阅览室等,能够满足学生兴趣需要。同时,学校体育门类齐全,如 400 米塑胶跑道、高标准足球场、篮球场、羽毛球场,有利于促进学生德智体美劳全面发展。

近几年来,学校致力于深化教育教学管理改革。在教师聘任方面,实行班主任、任课教师和工勤人员的双选双聘;在学生管理方面,采用年级组精细化,形式不断规范,学生行为习惯养成教育日益科学;在教师专业发展方面,开展"双培养和双带头人"工程。学校的教育教学质量逐年提升,先后获得"S 省中小学安全文化建设重点研究基地""B市规范化学校""B市初中教学工作先进单位""B市教科研工作先进单位"等荣誉称号。

二、W校长

W校长,男,大学本科学历,中学高级教师。1993年参加工作,历任P中学一线教师、总务主任,H中学德育主任、工会主席、副校长,于2018年开始担任S中学副校长。任教近30年来,以爱心和责任心为基石,不断加强教育理论学习并应用于实践,积极探究新的教学模式和教学方法,通过寓教于乐的方式提高学生的综合素养和创新能力,曾荣获"W县优秀教育工作者""W县教学能手""W县初中体育优质课'一等奖'"等荣誉。

此外,W校长长期从事德育工作,十分关注青少年的身心健康发展。为了维护学校的稳定和发展、确保学生愉快地学习和生活,W校长善于利用所在学校资源,并整合社会各界力量,建立完善学生管理的长效机制,对学生进行道德教育、心理健康教育与安全教育。在引导学生成长与建设平安校园工作中经验丰富,得到多方认可,被评为"B地区师德先进个人""B市平安校园建设先进个人""W县校园安全先进个人"。

三、S乡村中学校园欺凌相关工作情况

自2018年以来,W校长担任S中学副校长。任教期间,W校长一直保持着记录工作日记的习惯。通过翻阅其入职S中学后的校园安全日志,我们对校园欺凌相关事件的日期、事件内容及作为校长的处理意见进行整理,得到表5-1,其中表内文字均为W校长工作日记原文。

表5-1 W校长记录的校园欺凌事件的日期、内容及处理意见

序号	日期	事件内容	处理意见
1	2018年9月12日	H同学带管制刀具入校事件: S中学八(6)班的W同学和N同学在教室与H同学发生肢体冲突,H同学在被打后带了一把刀来学校,引起了同学们的恐慌。其间,Z同学反映:"和老师说事没有用。"	对事件中的几位同学进行了说教,让几位同学回家反省。安排班主任及时和家长进行了通报和沟通,要求家长多关注孩子的情绪、行为变化
2	2018年9月17日	校车司机训斥学生: S中学G6校车临时换了司机,来替班的W司机在管理学生时训斥了八(7)班的L同学,他将此事反映给了老师	打电话给G6校车的W司机说明情况,确保以后不能出现类似事件

续表

序号	日期	事件内容	处理意见
3	2018年9月18日	校车因乱坐而发生冲突：S中学放学时因校车座位问题，八年级的E同学想打七年级的W同学。八年级的H同学和D同学也预谋打群架	调查清楚，交代各班班主任联系家长再处理
4	2018年10月18日	多起打架事件：八年级(6)班和(4)班的学生打群架八年级(8)班，班内学生打架九年级(3)班，班内学生打架	交班主任处理
5	日期不详	M老师反映班级学生在家里打架，家长来找学校	让家长和派出所反映，派出所已处理
6	日期不详	学生和保洁员打架	
7	2018年11月15日	勒索钱财：九(3)班Z同学和W同学向九(9)班的T同学要钱	定性为欺凌事件，安排L主任处理
8	2018年11月22日	学生餐厅出现学生间打架事件	交由班主任处理
9	日期不详	L同学勒索他人钱财数百元	交由班主任处理
10	日期不详	W老师在班级检查出来一个铁棍子，学生想打架	检查没收
11	2018年12月21日	C同学在宿舍往同学被子上泼水	班主任已批评教育，让家长接回反省
12	2019年1月9日	C同学打M同学事件	Z主任和派出所L所长商讨处理
13	2019年2月17日	寒假期间，L同学和同伙找D同学要钱，D同学出于自我保护，将L同学及其同伙捅成了重伤	
14	2019年3月28日	家长给八年级的Z同学和N同学买了手机，他们和校外不法分子混在一起，造成打架、欺凌、索要财物等重大违纪事件	告知家长，对于孩子不合理的要求(如买手机)要慎重
15	2019年4月18日	Y同学和W同学索要财物事件	和其班主任一起处理
16	2019年4月28日	Z同学欺凌H同学	和其班主任一起处理

续表

序号	日期	事件内容	处理意见
17	2019年5月7日	校外,晚上,派出所L警官通知学生打群架事件	和参与打架的学生班主任联系,通报批评
18	2019年5月9日	八年级W同学在放学路上想打一年级的小学生	批评教育,交由班主任处理
19	2019年5月10日	W同学让L同学帮其代写作业,不帮忙就打他。W同学前后打了L同学三次	重大违纪,批评教育
20	2019年5月21日	临近初三毕业,部分学生因厌学形成男生和女生两个团伙,团伙内学生争着做"老大"	批评教育
21	2019年5月27日	Y同学挑衅八年级的同学	批评教育
22	2019年5月28日	Z同学和D同学约架、打架	通报其家长来学校,批评教育
23	2019年7月6日	W老师反映自己被Z同学索要数千元	
24	2019年9月2日	处理暑假前的群架事件	
25	2019年10月14日	处理L同学摔伤B学生事件	L学生父亲同意承担校方责任险以外的赔偿
26	2019年10月24日	七年级W同学向某同学索要财物	
27	2019年10月24日	W同学、H同学体育课上殴打G同学	
28	日期不详	处理F同学殴打H同学事件	顺利解决
29	2020年6月3日	处理L同学摔伤S同学事件	校方同L学生家长去S学生家道歉
30	2020年6月10日	八年级同Y同学打架的学生携带水果刀进校园	加强对欺凌事件的预控处理
31	2020年7月3日	S同学在校车上目睹L同学与W同学打架,劝架未果,后由司机制止	
32	2020年7月7日	调查Y同学打架事件	

续表

序号	日期	事件内容	处理意见
33	2020年8月1日	调查W同学在校车上打架事件	
34	2020年8月	调查某同学下校车时故意绊倒L同学,与D同学下校车前殴打W学生事件	
35	2020年9月14日	处理L同学想打其他同学事件	安排班主任到校说服教育,共同管理
36	2020年9月17日	某同学想打八年级(6)班W同学	
37	2020年10月9日	L同学打架	已处理
38	2020年10月13日	处理八年级(4)班和八年级(5)班学生在锅炉房打架事件	
39	2020年10月14日	M同学和L同学在教室里打架	
40	2020年10月19日	F同学与两位S同学打架,F同学是惯犯,欺骗老师	调查打架、矛盾,调整管理
41	2020年10月19日	有学生反映八年级、九年级部分学生想打架,并向其他学生索要财物	
42	2020年10月19日	密切关注问题学生,班主任做好统计,防范可能出现的问题	
43	2020年11月6日	学生欺凌现象,有矛盾及时处理	
44	2020年12月4日	九(7)班B同学多次殴打L同学	家长报警,交派出所处理
45	2020年12月4日	调查Z同学和X同学想打W同学,恐吓了5~6个人	
46	2020年12月13日	八(8)班、八(9)班、八(10)班学生打架事件	调查
47	2021年1月6日	L同学殴打Z同学事件	调查L同学(其他违纪事件),请示Y校长:让L同学回家
48	2021年1月20日	Y同学反映班内有学生敲诈本班同学钱财	已处理,家长态度不好

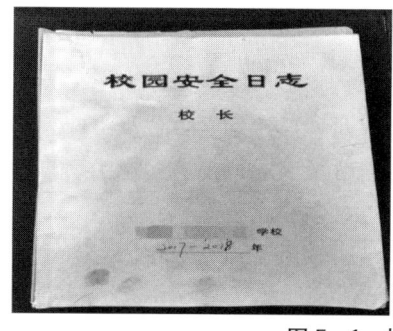 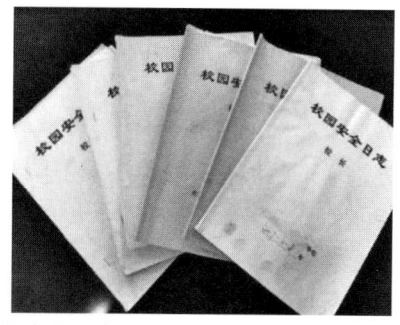

图 5-1 校园安全日志

通过仔细阅读 W 校长自 2018 年 9 月至 2021 年 1 月的校园安全日志,我们发现,在 400 余项校园安全日志中,有 48 起安全事件与校园欺凌有关,所占比例超过 10%。通过对这些校园安全事件进行分析,我们尝试总结出该校校园欺凌有如下特点。

第一,校园欺凌类型多样。在记录的校园欺凌案例中,首先,学生之间发生最多、最常见的是肢体欺凌,常因各种琐事产生矛盾,从言语不合升级至打架、斗殴等激烈行为;其次,少部分还涉及财物勒索,部分学生在上初中后物质欲望膨胀,滋生攀比、拜金等不良风气,进而向周边同学施压,敲诈索取百元至千元不等,来满足过高的物质需求;最后,还存在综合性校园欺凌,部分欺凌案件并不单单划为某一特定类型,同时还存在肢体暴力、财物勒索等各种手段,危害性更强。

第二,欺凌主体与欺凌对象相对复杂。欺凌事件大多发生在学生之间,强势一方对弱势一方进行言语恐吓、肢体暴力等,往往具有突发性和长期性。同时,也有少部分欺凌为学生对教师、学生对校内后勤工作人员、学生对校外人员的欺凌,情形复杂。

第三,欺凌地点较为分散,隐蔽性强。在上述的欺凌案件中,大多数肢体欺凌发生在教室、校车、上下学途中、宿舍、食堂、厕所,甚至锅炉房等地点,常常脱离于教师和学校管理人员的监管,欺凌地点较为隐蔽,不易被发现。

第二节 S 中学校园欺凌现状

通过对 W 校长进行深入访谈,辅以 S 中学校园欺凌的案例记录、治理预案等文件材料整理、实地观察收获等,我们梳理出 S 中学的典型欺凌案例,厘清其治理举措和工作安排,最终呈现出 S 中学校园欺凌现状。

一、典型欺凌案例

在 S 中学校园欺凌案例中,最为突出和普遍的是发生在学生与学生之间的肢体欺凌,同时财物欺凌现象逐年渐增。除此之外,关系欺凌也引起学校管理者的重视。

1. 肢体欺凌

根据欺凌原因的不同,目前肢体欺凌包含两种欺凌情形:一是由于双方存有过节冲突进而产生肢体暴力;二是由于强势力量单方面欺凌,以暴力威胁强迫对方完成指定任务。

(1) 双方存有过节冲突。在肢体欺凌案件的记录中,大部分是因为一时的摩擦和过节,最终导致两人或多人之间打架、斗殴。在十几岁的年纪,有些青少年心存傲气,爱面子,不容他人侵犯,做事冲动。如果和他人稍有言语不合,不懂及时沟通和交流,他们就常采取极端暴力的方式进行解决。在他们眼里,仿佛打赢对方才能保住自己的"面子"。W校长谈到两位同学仅因一些口角而引发六人群架:

2019年6月10日,在周五放学回家的校车上,七年级(3)班的D同学邀请八年级(4)班的C同学到自己村子里去打球,但是C同学表示不情愿,在被对方拒绝后,D同学感到脸面挂不住,颜面尽失,于是开始恶语伤人。到站后,D同学先下车在前面走,而受到侮辱的C同学气不过,于是在后面踢了他一脚,两个人言语不和,直接开始打斗。D同学的好朋友H同学见此情形,立马揪住了C同学的头发,而C同学的三位朋友随即参与斗殴。

同时还有一起由校车乱坐现象而引发的群架事件:

2018年9月18日,学生坐上校车准备回家时,发现有同学不遵守校车规定,随意乱坐位置,占领别人位置还不愿意起来。由于这个原因,八年级的E同学想打七年级的W同学,而八年级的H同学和D同学也预谋打群架。

可以看出,部分青少年年轻气盛,往往不服输、不认输,互相不妥协、不让步,常因为一些鸡毛蒜皮的小事引发激烈的打架斗殴,而身边的朋友见状,不分青红皂白,以暴力方式帮助同学。

(2) 强势一方暴力威胁。除了由于双方过节导致打架之外,还存在一些欺凌者无理由、单方面地欺凌另一方的事件。有些学生脾气暴躁,做事霸道,盛气凌人,倚仗自己身体强壮等优势,常常欺负无辜弱小。W校长谈到有些初中生欺软怕硬,威胁同学做事情:

2019年5月,我们调查一起校车打架事件,从中发现八年级(3)班的W

同学多次强迫 L 同学帮自己完成作业,如果不帮忙的话就会打他,此类事件已经发生了三四次了。这次殴打是在校车上发生,才被我们发现。W 同学又指使 L 同学去写作业,可 L 同学在经受多次欺凌后不愿服从。第二天 W 同学在校车上询问得知对方并未替自己写作业,于是他很生气,把对方叫到自己身后,然后自己站在前面用力推搡对方。

在青少年阶段,有些学生喜欢耍威风、充老大,通过指使别人做事来满足自己的虚荣心,证明自己的"威严",显得风光无限。因此在校园中,不乏有同学存有争强好胜的心态,通过暴力恐吓等威胁手段,使同学屈服于自己,在对方软弱无力的衬托中凸显自己的实力强劲,赢得大家的"尊重"和"羡慕"。

2. 财物欺凌

近年来,面对充满多重诱惑的社会,未成年人渴求过高的经济消费,这导致校园欺凌中财物欺凌次数不断增多,部分欺凌者进行长期金钱勒索,借口多样,数额飙升至近万元。

(1)长期勒索。在财物欺凌案例中,大多数欺凌者在初次勒索尝得甜头后,变本加厉,进行长期持续的敲诈和恐吓。W 校长在 2019 年发现一起长期钱财勒索案件:

> 2019 年 3 月,我们学校八年级(5)班、八年级(10)班等班级学生在校车上勒索他人钱财。其中 L1 同学经常在校车上找 L2 同学要钱,并且指挥 W 同学殴打 L2 同学以勒索更多钱财。有一次,W 同学等 L2 同学上了校车之后,问 L2 同学"有钱吗?"L2 同学一开始回答只有 10 元,之后又说有 500 元是用来付校车的钱。L1 同学让 L2 同学把钱拿出来看看,顺手牵羊拿了 10 元钱。从上学期到现在,L1 同学共向 L2 同学勒索了 70 多元钱,W 同学共向 L2 同学勒索了 50 多元钱。L1 与 W 两人在勒索钱财的过程中,对 L2 同学一直存在语言侮辱和暴力殴打。L2 同学说自己被他们用厚书本砸脑袋,在学校超市以及回家的校车上被恐吓。除此之外,L2 同学还一直受到 L3 同学的恐吓:对方每次见到他都会要钱,通常一次是 20 元。L2 同学总计给了 L3 同学数百元钱。

一开始,被欺凌者由于害怕而向欺凌者妥协,却换来更频繁的勒索和更暴力的对待,时间甚至能持续一个学期之久。并且在乡村里,大部分学生仅有基本的生活费,没有太多额外的零花钱,一旦被校园欺凌者搜刮后,这些孩子难以满足

在校的基本需求,影响正常的学习和生活。正如欺凌工作记录中的另一则欺凌案件:

> Y同学说他最近钱不够花,并让L1同学给他钱。L1同学没有给,Y同学便让他买烟,否则便打L1同学。L1同学出于害怕,给Y同学买了一盒16元的烟,这些钱是从饭钱里面省下来的,L1同学因此几天没有吃饭。

(2) 借口多样。校园欺凌者在进行敲诈勒索时,常常抱有各种各样的借口,例如买手机、有急事、"劳务费"等,一旦借到钱就选择拖延归还,甚至不归还。有些欺凌者采取强硬的态度,直接恐吓威胁对方交出金钱:

> 2019年3月至4月间,八年级(5)班、八年级(7)班的L、W两名学生,为买手机向多位同学勒索财物,在校车上恐吓、殴打威胁同学,从而向其勒索钱财,其中被欺凌者L同学曾向老师告发过两名欺凌同学,结果在回家的校车上被两人打骂、恐吓。

同时,还有欺凌者采取迂回路线,声称有急事进行敲诈,甚至还以帮同学平息打架为由索取"劳务费":

> 2019年3月,Y同学借口有急事要用钱,找D同学借钱,并且表示下个星期自己有钱了就还给对方。到了第二个星期,对方催促他还钱,他不仅三番五次拒绝,还以各种理由继续向对方借钱。D同学总共借给了Y同学120元钱,但是Y同学仅归还了40元,还有80元欠款未还清。2019年4月11日,Y同学又以给H同学平息打架为由向对方索要50元钱。随后H同学将自己10元钱给了Y同学。12日,Y同学又问H同学要了10元钱,并且威胁他把剩下的钱也一并交出来。

无论是何种借口或何种态度,都是校园欺凌者的伪装,其最根本的目的就是榨取身边同学的钱财,满足一己私欲。

(3) 数额巨大。校园欺凌者索取同校学生的金额,小至数元,大到数千元。当欺凌者不断得逞时,贪财欲望便不断膨胀,敲诈金额也逐渐增加。并且有些旁观者看到欺凌者轻而易举地进行敲诈,抓住被欺凌者的软弱无力,在这样的诱惑下,旁观学生也加入财物欺凌中。因此,财物欺凌的金额正如滚雪球般,越来越大。对此,W校长对一件欺凌案件印象深刻:

> 在 2017 年的 12 月,我们发现本校的 H 同学几乎被全班同学勒索财物,数额累计近万元之多。H 同学家境并不富裕,父母做收破烂生意。受到班里同学的压迫和敲诈,H 同学经常从家里偷钱,几百元、几百元地给同学,一点儿一点儿就累积到将近一万元。班里同学看 H 同学好欺负,就以各种理由或无理由向其索要财物,例如要买手机、买衣服、买香烟、买鞋子等等,有的同学索要 10 元、20 元,但也有的同学就索要 300 元、500 元不等,甚至同桌还以胳膊过线罚款为由勒索 900 元,还威胁不让他告诉家长。

可以看出,对于学生来说,金钱是最直接的诱惑,一旦获得可乘之机,校园欺凌者便会狮子大开口,索求无度,欺凌者人数更是从一人到众人。对于被欺凌者来说,财物欺凌正如一个无底洞,上交再多的钱财也于事无补,不会换来对方欺凌的停止,最终导致不仅损失金钱,更是对身心发展造成了不可磨灭的伤害。

3. 关系欺凌

在 S 中学校园欺凌治理工作记录中,更多的是肢体欺凌和财物欺凌,少有记载关系欺凌案例。W 校长表示关系欺凌隐蔽性很强,很难留下明显的外在痕迹,在日常校园管理中不易发觉,但是这种欺凌的危害性也很大:

> 2019 年 6 月的一天,有个初二学生 L 的家长来女生宿舍取走学生的被褥。那天,我正好在宿舍检查卫生,就问这位学生为啥不上(学)了,家长说孩子同宿舍的 G 某挑拨整个宿舍女生,不让理他家孩子,孩子不想读书了。当时我就没有让家长取走被褥,我和班主任到她家进行了走访,了解到 L 同学和 G 同学在上学期是同桌,后来因为琐事产生了矛盾,G 同学打过 L 同学一次,家长找到班主任以后,班主任对其做出了赔礼道歉、通报批评的处罚。但是 G 同学认为 L 同学母亲到校的告发,让自己丢了面子,记恨在心。通过"零食诱导""背后诽谤""恐吓"等不合理手段,G 同学在同宿舍中排挤孤立 L 同学。随着时间的推移,G 同学等人又在班级内使用同样手段对 L 同学进行排挤和孤立,造成 L 同学长时间晚上失眠、白天上课精神恍惚,成绩一落千丈,性格上也越来越孤僻。了解到这种情况后,学校及时对 G 同学进行了停课反省一周、留校察看的处分,让家长带 G 同学到 L 同学家赔礼道歉,并承担 L 同学心理治疗的费用。为了给 L 同学创造一个新的学习环境,随后学校也给 L 同学调换了班级和宿舍。

关系欺凌不像其他类型的欺凌导致学生遭受肉体痛苦或物质损失,它更直击被欺凌者的心灵,对其精神状态造成极大创伤。由于受到大家严重的孤立、疏远、排斥,被欺凌者容易质疑自己、封闭自己,出现心理问题,甚至造成精神世界的崩塌,因此,关系欺凌的伤害性极大,在关系欺凌中的受害者常难以自愈,需要花较长时间才能抚慰心理痛苦。

二、校园欺凌治理举措

对于如何进行校园欺凌治理,W校长强调,应建立欺凌的"应急"和"预防"双效机制,旨在最大限度降低危害事件的发生概率,有力保障学生的身心健康发展,为开展教育教学活动营造良好校园氛围。

1. 建立"防欺凌"应急处置机制

S中学认真贯彻上级指示,成立"反校园欺凌"工作小组,细化校内各部门的职责与任务,形成科学、规范、有序的应急处置机制。

(1) 设立小组负责制。根据上级要求,S中学结合实际情况,成立以应急领导小组为核心,下设现场防暴组、疏散引导组、通信联络组、现场救护组的校园欺凌治理工作小组。应急领导小组由校长、其他校领导和处室、部门负责人组成,统筹规划S中学的校园欺凌处置工作,安排其他四个小组的工作实施,加强人员之间的协商和沟通。现场防暴组负责制止施暴者的危害行为,疏散引导组负责保护现场其他同学的安全,通信联络组负责及时向"110"和上级教育主管部门传达情况,现场救护组负责救治受伤人员,联系"120"。在应急领导小组的指挥下,小组各司其职,分工合作,促进校园欺凌治理有序、高效的展开。

(2) 制定严密的处置流程。在W校长看来,学校解决欺凌事件的流程,主要遵循"欺凌事件发生—调查具体情况—对欺凌者进行批评教育—向家长反映情况—欺凌事件处理"的模式,此外还积极联合其他力量,建立家—校—派出所合力的群防群治体系。

根据校园欺凌的伤害程度,S中学制定了不同情况下的处置流程。对于这种一般性的欺凌案件,W校长认为:

> 这种情况给当事人造成的伤害轻微,没有严重后果,因此,我们主要采取劝诫、引导的方式来帮助欺凌者认识到自己的问题,同时和欺凌者家长沟通,希望家长能够认识到自己孩子的错误,并做出有效措施。

因此,在未造成显著伤害的案例中,由年级主任负责、班主任进行协助。学校在完成调查、取证后,宽慰受害学生的同时,依据校纪校规对欺凌者进行相应处分并辅以主题教育。当校园欺凌升级至对他人造成伤害时,交由德育处负责、年级处进行协助。当欺凌性质较为恶劣时,W校长认为需要借助社会力量:

> 有的欺凌案件给当事人造成的伤害、后果都较为严重,超出了我们学校的处理权限或有的家长不与学校配合,我们只能结合家庭、派出所一块处理,这种处理方式也能对其他轻微欺凌者起到一定的警示作用。
>
> 如果存在与校外人员勾连、情节严重等情况,我们将及时报警,积极和公安机关配合,共同处理。

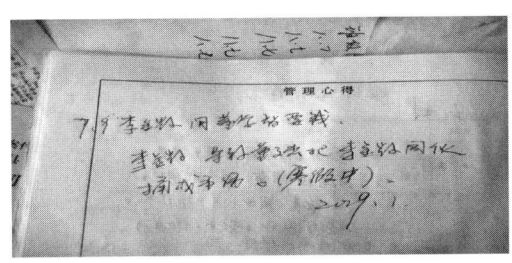

图 5-2 管理心得

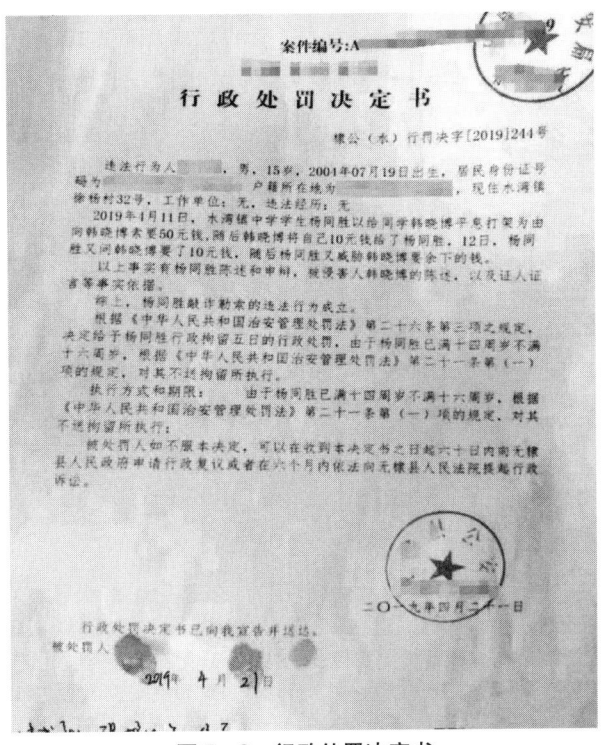

图 5-3 行政处罚决定书

2. 加强欺凌预防管理

S中学不仅组建校园欺凌的专项工作组,还积极联合校内外力量,充分利用各部门优势,将"反校园欺凌"融入学校的日常教育教学中,积极预防校园欺凌现象的发生、发展。

(1) 广泛发动反欺凌的校园宣传。对于如何预防校园欺凌现象,W校长认为首先应向大家普及有关"校园欺凌"的知识,使其树立明确的认识。因此,S中学充分利用学校教育阵地,通过电子屏幕、广播站、校园橱窗、横幅等进行宣传,促进校园师生对校园欺凌现象的重视。W校长充分肯定校园宣传的重要意义:

> 通过举办各式各样的宣传活动,让学生了解"欺凌"的定义,明白发生在身边的哪些事情是欺凌事件,如何去预防欺凌事件的发生,如果发生了欺凌事件应该怎么去处理。如果仅告知学生一味地退缩忍让,不会让欺凌者仁慈收手,只能助长其嚣张气焰,加重欺凌的力度。学生的唯一正确方式,就是告知家长、班主任、学校德育管理者。

除此之外,S中学还积极邀请相关专家和公安人员开展专题讲座,宣传相关法律知识和人物案例,让师生了解校园欺凌的恶劣影响。W校长表示,相关专家的发言更具有权威性,能够对学生形成一定的震慑,他认为:

> 通过召开相关专题会议,能让学生了解欺凌有哪些危害,应受到哪些惩戒,造成严重后果的欺凌者应受到哪些行政处罚或刑事处罚,对欺凌者今后人生道路的影响,等等。

图5-4 预防校园欺凌构建和谐校园宣传

图5-5 2020年秋季"防校园欺凌"共建平安校园活动

(2) 将"反欺凌"融入日常教学活动。W校长认为校园欺凌治理并不是一蹴而就的,需要长期开展连续的各项活动,对学生思想价值观念的树立形成潜移默化的影响,达到"润物细无声"的效果。因此,W校长提倡将"反欺凌"融入日常教学中,制定每学期开展的具体工作。教育内容涉及思想品德、心理健康、校纪校规、遵纪守法、行为规范和安全防范知识等,教育形式不限于主题班会、国旗活动、征文比赛等,以提高学生明辨是非善恶的能力,学会与他人相处。

同时,S中学还加强教职工对校园欺凌的认识,定期定点地组织大家学习有关校园欺凌的基本知识,了解相关政策文本、治理举措,明确自身职责,强化大家的"反欺凌"意识,密切关注学生情况,提高随机应变的能力,更强调教师要以身作则,严禁体罚和变相体罚,决不允许自身成为校园欺凌者。

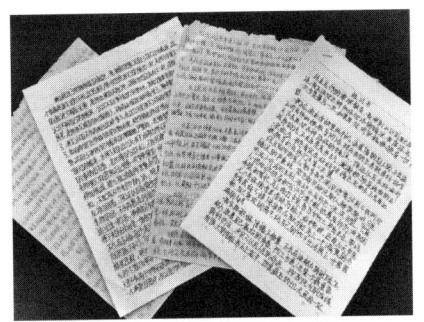

图5-6　相关欺凌者的检讨书

图5-7　组织大家学习有关校园欺凌的基本知识

(3) 加强学生成长的动态管理。S中学针对校园欺凌问题召开多次专题会议,W校长在会议上多次强调要重视校园欺凌的预防工作,要密切关注问题学生的情况并做好统计,对潜在的欺凌事件进行预防和干预。

W校长认为,应特别关注"重点问题学生",采取全员调查摸底,实施学生分类管理,能有效防止恶性欺凌案件发生。W校长将重点关注的学生人群分为以下几个方面:

> 每个班级中都有离异、单亲家庭的学生,他们不遵守纪律、时常和同学有矛盾纠纷、课下经常和其他班级中问题学生不断地联络、在不该聚集的地方(校门口、餐厅、宿舍、厕所)聚集、有过欺凌或打架斗殴史……

通过排查建档,确定每个班级的重点观察对象,管理者、班主任时刻做到有效掌控、监督。W校长指出:

> 首先,班主任在课堂上可观察,近段时间某同学是否有情绪上的异常,

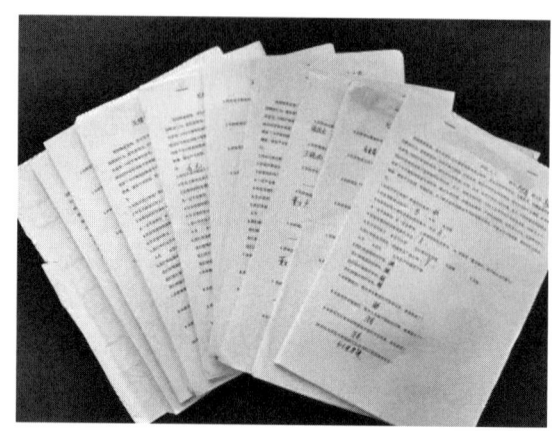

图 5-8　乡村学校欺凌情况调查问卷

及时和其身边同学进行调查了解,通过和父母沟通,了解其在家里的异常表现;其次,管理者可以通过监控观察、了解其近段时间密接其他班级同学的日常表现,一旦发现有欺凌的苗头,及时启动深入调查,防止校园欺凌现象进一步发展。

加强学生成长的动态管理,从各管理部门到各年级主任、班主任等,细化每个责任人的工作要求和职责,密切关注管辖范围的学生和其他人员,及时反馈安全工作信息,排查欺凌隐患。

第三节　S中学校园欺凌的特征和原因剖析

通过呈现S中学校园欺凌现状,我们可以发现校园欺凌一直存在,它是在校园管理中不可避免的问题。梳理S中学近年来的欺凌案例,我们可以总结出校园欺凌的典型特征和新生变化,进而深入反思和分析校园欺凌形成的原因。

一、校园欺凌的特征

在实地调研的基础上,研究发现多数校园欺凌者具有许多共同之处,且在欺凌类型方面随着时代发展不断出现新变化。这值得我们在后续的校园欺凌治理与研究中予以重视与关注。

1. 校园欺凌者

(1) 大多来自留守和离异家庭。通过回顾多年的校园欺凌案件,W校长反映这些校园欺凌者大部分来自留守家庭和离异家庭,缺少监管和关心。

> D同学的父母离异,跟随母亲生活。后来母亲改嫁,和继父共同生活,家境较差。母亲因为溺爱,担心孩子受委屈,尽量满足其一些超出家庭消费预算的需求。随着年龄的增长,家庭越来越不能满足其不合理的需求,结果其慢慢地走上了敲诈勒索同学们财物的道路。

W校长指出,类似于D同学家庭背景的欺凌者不在少数。青少年正处于明确是非观念、树立正确价值观的关键时期,然而缺少父母的陪伴和引导,在充满诱惑的世界中容易迷失方向,甚至误入歧途。

(2)以团伙作案为主。在W校长处理过的校园欺凌案件中,多数以团伙方式实施欺凌,少则2~3人,多则5~7人,在团伙中不仅有主谋策划者,还有协助者,更有诱导对方者,分工明确,安排详细。W校长谈道:"正如人多势众,团伙欺凌从人数上营造出强势、逼迫的氛围,更容易形成'强势'一方与被欺凌者'弱势'一方的明显对比,在这样的压力和情形下,欺凌的成功率更高。"W校长详细指出2015年的Z同学团伙、2017年6月的N同学团伙、2018年9月的L同学团伙、2019年3月的Z同学团伙等事件,皆是联合多人,共同针对弱势同学开展群体欺凌。

(3)**女生欺凌者危害更甚**。校园欺凌者不仅包括男生,还会涉及女生。在谈及校园欺凌时,大部分人通常谈到男生之间的冲突、斗殴等。然而实际上,女生之间的纠纷与矛盾,产生的欺凌危害性更大。W校长谈起两起以女生为主导的校园欺凌案件,指出:

> 部分在校女生学坏以后,以"谈朋友"的形式拉拢校内外不良青年,不断壮大其团伙的势力,使之为虎作伥,社会危害性相较于男生更大,需引起学校管理者高度警惕。

(4)**反侦查意识较强**。通过与W校长的谈话,我们发现大多数校园欺凌者的组织能力较强,具有一定的反侦查意识。W校长提道:

> 今年3月份,我们联合派出所处理了七年级的C同学的索要财物欺凌案件。在派出所里,C同学称"应该还有六个月派出所才能处理我"。根据我国《刑法》第17条的规定,未满14周岁的人,无论实施了何种危害社会的行为,都不负刑事责任。可见欺凌者对法律的了解、欺凌的经验超出了大众原有认知。

欺凌者一般是曾经受到过高年级同学的欺凌,或者受到校外不良青年的影响,形成了较丰富的反侦查经验。他们往往将欺凌地点选在较为隐蔽的地方,造成欺凌事件难以被及时发现。

2. 校园欺凌类型

(1) 财物欺凌频发、数额逐步增加。在对 S 中学校园欺凌案例的梳理中,我们发现以往校园欺凌中,学生的主要目的在于索要小额财物、买些零食等。然而现在,部分欺凌者为了给自己或早恋对象买手机等电子产品,以及团伙聚餐等去敲诈同学索要财物。W 校长提道:"我们学校在 2019 年上半年(2018—2019 年第二学期)处理了 12 起欺凌事件,有 5 起索要财物是为了买手机,一起索要财物是打网络游戏充 QQ 币。"可以看出,财物欺凌在校园欺凌中的发生概率在不断增加。同时,W 校长还指出在财物欺凌中,欺凌者会根据受害人的性格特征,加剧欺凌程度,具体表现为勒索钱财数额逐渐上升:

> 今年上半年 S 学校调查了 12 起欺凌事件,有 11 起是欺凌者索要财物。他们有一个共同的特点:全部是以借钱为借口,而且数额很小,从一元两元开始,根据被欺凌者的反应,一旦表现出害怕、软弱、妥协等情况,欺凌者就会增加敲诈金额至数十元,甚至百元。

(2) 关系欺凌隐蔽,心理伤害更大。除了财物欺凌,W 校长还表露出对关系欺凌现象的关注。他认为在农村寄宿学校里,同班级、同宿舍中"孤立他人"的现象应得到重视。W 校长谈道:

> 这种欺凌现象容易被人们忽视,一是没有肢体上的接触,二是没有言语上的侮辱伤害,三是没有财物上的敲诈勒索。因此这种欺凌现象很有隐蔽性,不易被班主任、德育管理者发现,并且在调查取证、事件的定性上也不容易。但是这种欺凌方式往往给被欺凌者带来巨大的身心伤害,被欺凌者在宿舍里没有安全感,短时间的欺凌会造成其失眠、厌学、神经衰弱等,时间久了易造成其性格上的孤僻、行为上的极端化。

相比其他欺凌类型,关系欺凌是欺凌者以一种冷暴力的方式去孤立和排挤对方,甚至带动周围人群一起排斥。周围人的忽视会使被欺凌者感受到存在"透明化",产生孤独感和无力感,这种无声的暴力会产生更大的心理冲击。

二、校园欺凌的原因剖析

近年来,不断有校园欺凌的新闻爆出,引发各界热议,各地也积极采取相应措施进行治理。但受多方因素影响,校园欺凌案件依然频频发生,被欺凌者面对欺凌时往往束手无策,默默忍受所遭受的伤害。校园欺凌的产生,离不开家庭、学校与社会的影响,这种行为不仅损害学生的身心健康发展,也影响着学校与社会的稳定。

1. 家庭层面

(1) 父母的溺爱。随着农村生活水平的提高,部分富裕起来的家长娇惯和纵容孩子,从小对孩子百依百顺,有求必应。在青少年时期,有些孩子的虚荣心和物质欲望不断膨胀,对家长的索取逐渐增多,超出家长的实际承担能力。在外部诱惑的驱使下,孩子不能从家庭得到满足,就会做出一些出格的事情。在与W校长的访谈中,我们发现财物欺凌在校园欺凌中占较大比重。不少欺凌者通过肢体暴力、言语恐吓等方式,不断索取其他学生的钱财,所敲诈来的钱财大部分用来满足吃喝玩乐等非理性消费。正如上述所讲的D同学,母亲为了弥补家庭离异对孩子所带来的伤害,尽力满足他提出的一切要求。在母亲的溺爱下,孩子习惯于吃好的、用好的,不懂节俭。若家庭无法满足需求,孩子并不会就此善罢甘休,反而会从非法途径牟取不义之财。

(2) 缺乏家庭监管。随着社会发展,农村家庭外出打工、离异的父母有逐步增多的趋势,单亲家庭、问题家庭的孩子以及留守子女同时也逐步增多。W校长谈道:

> 2019年6月至9月,我们随机对两个班级进行了调查,发现离异单亲家庭的孩子、留守子女占班级总人数的15%左右。

同时,W校长谈及一起由于缺少家庭的监管、关爱所产生的校园欺凌案例:

> 受欺凌者Z同学的父母离异,父亲是外地人,母亲是本地人,在本地的厂子里打工,于是Z同学由姥姥姥爷照顾。欺凌者C同学由于父母皆在外打工,因此跟着爷爷奶奶生活。2019年12月,八年级(6)班的Z同学和母亲来学校举报C同学团伙欺凌。说C同学三人团伙对Z同学多次勒索钱物,Z同学多次和母亲、姥爷姥姥撒谎说学校收资料费,母亲起了怀疑,休班从工厂回来后问了村里和Z同学同班级的学生,在母亲的追问下,Z同学说出了钱都被C同学团伙索要去了。我们马上启动了对这个事件的调查,随着调查的深入,我们确定了C同学三人团伙欺凌Z同学的事实,还发现了C同学三人和校外社会青年不正常交往,周六周日经常雇用出租车去县城住

宿、消遣的情况。C 同学三人团伙中一个是校长的亲戚，C 同学三人团伙的父母及校长不愿意让派出所处理，学校依据校纪校规对 C 同学三人做出了处理，事情就此了结。

当离异家庭、留守家庭的孩子在成长过程中遇到困惑和问题时，往往未能得到父母正确、及时的引导。部分孩子逐渐养成不良习惯，出现逃学、沉迷游戏、早恋等行为，甚至勾连校外青年，混迹于酒吧和网吧等场所，而其中不少活动都需要经济支持，所需超出普通学生的日常开销，这也是学生去欺凌他人、使用暴力敲诈他人的诱因之一。同时，家庭监管和亲情的缺失，也使得部分学生成为校园欺凌的主要对象。在离异和留守家庭中，孩子和父母常常分隔两地，缺少沟通和交流。仅仅通过线上交流，父母未能了解孩子生活、学习的具体情况，而孩子由于与父母相处较少而产生疏离感，不主动向父母袒露所遇到的挫折与困难，寻求其帮助和支持。在这样的情况下，欺凌者为满足自身需求多次欺凌他人，而被欺凌者却由于害怕不敢揭发。

（3）家长对校园欺凌的错误认知。不少家长对校园欺凌现象重视程度不够，当自家孩子卷入校园欺凌事件时，态度模糊，不能及时正确处理。W 校长指出，有些欺凌者家长常常出于私心，庇护自己的孩子，不配合学校工作，给欺凌管理造成困难：

2019 年 4 月，学校在处理七年级(9)班的 C 同学欺凌事件时，该家长拒不配合学校对 C 同学处理，到校后无理取闹，为自己的孩子百般辩护，不接受学校的处理结果，最后学校联合派出所对事件进行了妥善处理。

除此之外，部分被欺凌者家长同样未意识到校园欺凌的危害性，害怕孩子以后受打击报复，因此不敢报案。根据 W 校长回忆：

2017 年 12 月，七年级(4)班的班主任 Y 老师急匆匆来到我的办公室，说他班 N 同学被校外人员索要财物。N 同学父亲在家里发现自己抽的烟、钱包里的钱经常少，于是对 N 同学进行质询及打骂，N 同学最终承认偷拿了家里的烟、钱给了学校里的九年级学生。我们当即选择了报案，但 N 同学家长却百般阻挠，担心其孩子再受到打击报复，最后派出所依法对校外人员进行了治安处罚。

无论是欺凌者家长，还是被欺凌者家长，都对校园欺凌现象存在一定的错误认识。有些家长将校园欺凌当作学生之间的"小打小闹"而已,认为简单规劝和处罚就可以了,不要"小题大做""过于较真"。还有些家长秉持"多一事不如少一事"的观念,为了避免遭受报复而选择忍让。不管是哪种想法,都说明家长们没有认识到校园欺凌对被欺凌学生的潜在、长期的心理伤害,忽视和逃避都是对校园欺凌的纵容。

2. 受欺凌者层面

在与 W 校长的沟通中,我们研究发现,以往的校园欺凌案件中受欺凌者有一个共性特点,他们的性格都比较内向、懦弱。在最初的欺凌中,欺凌者以借钱为借口,口气比较强硬,数目较少,但长时间不还。不少受欺凌者害怕受到报复、伤害,又觉得金额不多,最终选择息事宁人。然而,受欺凌者的让步只会换来欺凌者的变本加厉。当受欺凌学生表现出胆小怕事或懦弱以后,欺凌者"借钱"的数额开始逐渐增大,并加大恐吓、胁迫的强度,受害者通常更不敢与教师、家长交流此事。同时,欺凌者一般都具有一定的反侦查能力,整个过程有很强的隐蔽性,使欺凌事件难以被及时发现。W 校长谈到一个典型案例:

> 2016 年 4 月,八年级(2)班的寄宿生 S 同学在周三上午来政教处请假,称自己肚子疼,一脸的痛苦状。在政教主任给他开具请假条的时候,我当时想是不是这个学生买零食吃坏肚子了,于是就问了一句:"你的生活费还剩多少?"结果,他就支支吾吾地说:"剩的很少了。"我当时就感觉不正常,产生了怀疑,就开始询问他的舍友和同班同学,又打电话给他父母核实,还去调查餐厅、超市的监控。最后在大量的事实证据面前,S 同学终于承认饭钱都被本班 G 同学、Z 同学勒索去了,还有的学生借机对其放高利贷。周一从家里捎来的 60 元钱到周三只剩下一元钱了,没钱买饭吃,饿得肚子疼,而且这种状况已经持续了一个多月。最后,学校对欺凌者做出了赔偿索要的财物、批评教育、回家反省、学校处分等处理措施。

W 校长认为,受欺凌者忍气吞声,也是造成校园欺凌的重要原因之一,应帮助学生正确认识校园欺凌,学会保护自己,勇敢向恶势力说"不"。

3. 学校层面

(1) 发现后处理不及时、难以定性。在 S 中学,一旦发现校园欺凌的迹象,学校政教处、安全办立即启动"防欺凌"应急处理预案,负责学校欺凌案件的调查、取证、处理。然而,处理欺凌案件往往需要耗费大量的时间和精力,有时未能及时形成定论。W 校长指出,由于客观原因,学校欺凌处理有时会存在时间上的延误:

欺凌案件都需要进行大量调查、取证等烦琐工作。但是在现行教育体制下,政教处、安全办工作人员在学校,兼顾很多的学校事务及繁重的教学任务,这也造成我们在调查处理欺凌事件时没有时间上的保证。

同时,W校长也谈到在实际处理过程中,有些校园欺凌行为具有隐蔽性,常常难以定性:

在以往处理过的校园欺凌案件中,在肢体上有伤害、索要财物的欺凌案件容易认定,而言语恐吓与行为孤立的欺凌行为比较难以定性。对多次语言上恐吓胁迫、行为上孤立的欺凌事件的认定,法律依据不是十分明确,给学校的治理工作造成了一定困难。

在这样的情况下,言语恐吓和行为孤立难以深入调查,没有直接证据进行支撑,导致最后按学生的一般违纪规定交给班主任进行处理。因此,校园欺凌的复杂性、隐蔽性,以及学校人员如何进行高效的欺凌处理,值得进一步思考。

(2)部分学校管理者对校园欺凌姑息纵容。有的学校管理者对欺凌者的违法犯罪性质认识不够,担心遭公安机关处理后给其以后成长带来负面影响,通常在处理欺凌者时一味挽救、教育,容忍。如果仅仅关注对欺凌者的处理结果,偏向从轻处理,那么事件中被欺凌者所受到的巨大心理创伤,以及一生造成的影响又该如何弥补。学校的不正确处理方式,未能深入欺凌者内心,使其认识到自身所作所为的危害性,这样只能助长欺凌者的嚣张气焰,使其在违法犯罪的道路上越走越远,社会危害性越来越强。

在处理举措轻重的衡量上,W校长也在思考,如何兼顾被欺凌者和欺凌者的成长,引导双方日后积极、健康地发展。在不断摸索的过程中,W校长逐渐认识到"恩威并济"才能更有效抑制校园欺凌:

2019年4月份,我们学校的Y、W两名同学多次敲诈勒索其他学生财物,用于购买手机、早恋消费等,并且拒不悔改。由于屡教不改,无奈之下,只好依法将其交给了公安机关处理,公安机关依法对他们做出了行政拘留处罚。半年多过去了,Y、W二位同学悔改表现良好,此过程使他们及早地认识到了违法犯罪是需要付出深刻代价的,遵守国家法律是做一个合格公民的基本前提。这次惩戒对其今后一生发展都有巨大意义。

(3)部分管理者、班主任责任意识淡薄。在与W校长的交流中,他还谈及

部分学校管理者、班主任在欺凌案件发生时,并未依法依规处理,存在"和稀泥"或不作为的处理方式:

> 2021年11月,我们临近乡镇学校发生了一起欺凌案件,L同学在一天内打了同桌Y同学两次。第二天Y同学的家长找到学校,班主任在调查中又了解到班内W同学等5人多次向Y同学索要财物。受欺凌者的家长了解到这个情况后,立即上报了派出所处理。学校和派出所结合做出了处理结果,5个欺凌者每个人拿出3000元作为经济赔偿。一开始让L同学拿两万元,其间L同学的家长拿1000元和一些礼物去拜访受欺凌者的家长并赔礼道歉,Y同学家长也对李同学及家长表示了谅解。实际上,这个案件班主任、学校有很大的责任,但是在整个协商期间,学校为了推脱自己监管不力的责任,积极胁迫欺凌者L同学的家长多出钱作为经济赔偿,来尽快解决此次案件。为了达到目的,学校长时间不让L同学复学,L同学家长又多次到教体局上访,最后学校对L同学做了在班级内通报批评处理,派出所也没再进行经济处罚,事件到此了结。

在处理校园欺凌案件时,部分学校管理者和班主任不断逃避,更关注如何降低对学校办学的影响,这样的处理方式使欺凌者没有受到正确的处理和应有的惩戒。一方面是因为,在现行教育管理制度下,他们担心自己学校的考核、评定和声誉受损,受到上级部门的追责,所以选择大事化小、小事化了,直至最后不了了之。另一方面是因为他们未能彻底贯彻"以生为本"的教育理念,更顾及自身的利益,将其置身事外,采取忽视和拖延的方式,正如W校长所说:

> 部分学校管理者和班主任尽量采取"拖延战术",等拖到学生离开本学校、本班级,问题也就等于解决了。

4. 上级行政管理部门层面

在对W校长的访谈中,我们发现,上级行政管理部门存在一些不完善的制度和规定,束缚了学校对欺凌案件的治理。

对此,W校长感触颇深,提及2017年在H中学任教时,他分管学校安全工作。这所学校地处城乡接合部,离县城很近。当年,W校长通过所在地派出所的干警了解到学校所在的县城周边居住了16到19周岁的无业青年超过200人。部分无业青年经常到校园周边进行欺凌,勒索学生财物,或教唆学生欺凌其他同学,学校安全形势十分严峻。因此,为了营造和谐的校园氛围,有力抵制校园欺凌的蔓延,W校长将屡教不改的严重欺凌者依法交给派出所做出处罚,取得了良好的效果。在这期间,W校长耗费大量的时间和精力,取得一定的工作成效,维护了校园安定的良好局面,同时也得到了上级负责安全行政部门的肯定和业务表彰证书。然而,这些荣誉没有得到学校、上级教育部门的认可,该校在上级行政管理部门组织的B市"零犯罪学校"评选中意外落选,因为评选规则中有一条规定:三年内有违法犯罪案件的学校不能评为"零犯罪学校"。当时,W校长也是一脸的无奈和困惑,从而对自身工作产生一定的质疑:

> 学校对严重欺凌者缺乏严厉有效的处罚措施,发生了欺凌案件后,该去怎么处理?把有违法犯罪意识的欺凌者,以及长期受到欺凌而造成心理障碍的被欺凌者输送到社会上,是学校教育工作者对学生和社会极不负责任的做法,也是没有履行教育工作者的职责。

在对多年校园治理的回顾中,W校长依然肯定校园欺凌治理工作的价值和意义,他认为:

> 依法治校是惩治校园欺凌的必要手段,在学生初始违法犯罪时就应该受到法律的应有惩戒,不能有通融、协商的余地,让学生尽早在学校里形成正确的人生观及正确的法律意识。

W校长对上级管理部门抱有一定的期许,希望能够不断完善自身制度,尽早撤销一些不合理的规定。

5. 社会层面

(1) 拜金主义思想的影响。进入信息化时代,网络传播媒介拉近了人与人之间的距离,多元文化涌入人们日常生活。在这样的社会背景下,青少年通过手机等社交工具接触到各种信息,容易受到某种价值文化的误导。不少学生受"金钱至上"不良社会风气的影响,拜金思想严重,渴望优越的物质生活,例如在交往聚餐、电子游戏、零食玩具、品牌衣物等需求方面,出现攀比之风、虚荣之风。

为了满足过高的经济消费,如何快速获取大额钱财成了某些学生最关心的问题。如果家庭无力承担,这些学生迫于自身的欲望和追求,很容易采取极端手段,通过欺凌同校学生来牟利。

(2) 社会不良青年的干扰。W校长也屡次提到部分校园学生与社会不良青

年勾连,受其教唆和指使,形成有规模、有组织的欺凌团伙,这种欺凌形式的伤害性更大、波及范围更广:

> 2016年10月,我在校门口值班期间,发现有社会青年L某经常在校门口不远处游荡,并且和上下学的学生时常有接触。经过深度调查,我发现其雇用学校的女同学N某等七名学生索要其他学生财物,受害学生累计30多人且数额巨大。所雇用的七名学生起初都是在上学路上受到L某恐吓胁迫后被索要财物,后来这七名学生逐步演变成L某的帮凶。并且他们还会"吃回扣",在欺凌其他同学、索要财物的同时,自己截留部分钱财,然后再上交给L某。最后,等我们调查清楚后,学校及时向派出所报了案,事情得到了有效处理。

游荡在社会的不良青年法治观念淡薄,常常针对学生这种弱势群体,以敲诈、恐吓、收保护费等不正当手段来获取钱财,干扰学生的正常学习生活,甚至教唆和诱导学生走上违法犯罪的道路,给日常的学校管理和校园治安埋下隐患。

(3) 社会舆论新闻的误导。新闻不仅是向公众揭露社会事实的工具,更应是挖掘事实背后的价值意义,向公众传递正确社会价值观、培育文明素养的重要途径。任何社会舆论的误导,都将对社会治理产生一定的消极影响。W校长在访谈中提及看到的一则新闻:

> 2018年6月,一名16岁高中生被交警查出酒驾,市人民法院受理此案后,做出相对不起诉的决定,得以让该考生能够正常参加今年的高考。我感觉这样的做法虽有人性化考虑,但也容易给学生造成思想上的误导,仿佛法律是可以通融的,也可以不用去遵守,但这就违背了社会主义法治的基本要求——"科学立法,严格执法,公正司法,全民守法"的原则。

因此,W校长倡议校园欺凌治理需要我们整个社会参与协作,良好的价值文化氛围有助于青少年养成明辨是非的能力。

第四节　S中学校园欺凌治理的启示

惩治校园欺凌任重而道远,依法治校是我们的唯一选择。希望我们携起手来把校园欺凌消灭在萌芽状态,使学生在今后的人生道路上少些坎坷和磨难。让校园真正成为广大学生树立正确世界观、人生观、价值观和遵纪守法意识的精神殿堂,为依法治国夯实基础,为中华民族伟大复兴坚守好我们的校园教育主阵地。

一、明确校园欺凌的复杂性和隐蔽性

通过对 S 中学的调查研究,我们发现,实际的欺凌案例常常包含各种欺凌手段和情形,其中不少案例欺凌者的主要目的是进行钱财勒索,欺凌行为同时伴随着肢体暴力的威胁、频繁的言语恐吓等。从中我们得到一个启示:校园欺凌并非某种类型完全独立于其他类型,而常常是多种类型相互交织,形成更加复杂的欺凌情况。因此在治理过程中,要仔细甄别和分类所调查出来的线索,对可疑线索一查到底。同时,校园欺凌还具有隐蔽性。相较于明显的敲诈勒索、打架等,言语恐吓和孤立他人等无明显的欺凌迹象,不易被同学、教师察觉,难以及时发现和制止,并且由于缺乏直接证据,在最后的判定阶段面临难以定性的困境。

以上情况都表明,校园欺凌的治理任重而道远,仍有很多亟须解决的问题。因此,应结合国家扫黑除恶专项行动,在学校中形成防范欺凌、惩治校霸的校园氛围,根据学校的实际情况,因时因地制宜,广泛开展防欺凌的调研活动,并对被欺凌者进行回访与追踪,不断总结经验,完善治理措施。

二、关注重点问题学生,防患于未然

反校园欺凌工作不仅在于高效、及时的治理,更在于周密、持续的预防。

在总结 S 中学校园欺凌案例的基础上,我们研究发现,欺凌者和被欺凌者大多来自留守家庭、离异家庭等,重要他人的缺席导致孩子拥有不完整的成长经历,容易出现不良问题。

因此,加强管理重点问题学生是建立校园安全的基础,我们要通过查阅资料、实地调查等方式对全校学生展开摸底排查,了解学校各年级的小团体、弱势群体、特殊家庭背景的学生,关注性格暴躁、行为孤僻、心理有缺陷的学生,并逐一建档造册。

同时,采取点对点、一对一负责制,安排专人时刻关注重点学生的思想动态、行为举止,如有异常情况发生确保能及时应对处理,防止欺凌事件发生。

除了进行动态跟踪与防控之外,学校也应秉持育人理念,对重点学生加强心理咨询和指导,帮助其树立正确的价值观,养成良好的行为习惯,解决成长道路上的迷茫与困惑,预防他们因年少无知而误入歧途。

三、增强管理者的职责意识和人员配置

管理者在校园欺凌治理中起主导作用,因此管理者的专业素养直接影响校

园欺凌治理工作的落实效果。

对于管理者,最基本、更是最重要的素养就是具备明确的职责意识。

W校长谈及处理欺凌案件时,个别管理者由于人情关系,接受家长的礼物、宴请或受到学校主要领导、上级教育部门领导的干扰,只能不了了之。因此,欺凌管理者要始终秉持对学生、对社会负责的态度,在工作中坚持责任意识、担当意识,始终将"育人"作为自己"教书"的首要职责并贯彻于一言一行。同时秉持"以生为本"的态度和学生沟通交流,得到学生的充分信任,使欺凌受害者敢于把自己身心遭受的凌辱以及内心的恐慌无助向其述说。

除此之外,为了保证校园欺凌治理质量,应做好欺凌治理工作组的人员配置工作。欺凌者一般都具有较强的反侦查能力,欺凌行为较为隐蔽,这就需要管理者进行大量调查、取证等烦琐的工作,还需和家长沟通、合作等。完成一项欺凌案件的处理往往需耗费大量的时间和精力。因此,学校不仅需要高度负责的管理者来确保工作的规范、严密,更需要有充足的人力、物力支持,促进工作高效开展。

四、完善相关法律规定,健全责任追究制度

在对S中学进行实地调查中,我们发现校园欺凌的治理工作由于没有明晰的法律根据,常常遇到难以衡量惩罚程度、不好具体划分欺凌类型等问题,导致给予意见时左右为难。因此,完善有关校园欺凌治理的法制体系迫在眉睫,只有打下坚实的法律基础,才能使反校园欺凌工作做到严格执法,公正司法,全民守法。

同时,将校园欺凌治理条例与学校其他工作条例做好衔接和协调。例如,上级管理部门应将校园欺凌治理工作纳入对中小学办学质量的考评中,不能因出现过校园欺凌等不良现象就免去学校荣誉,应根据学校的实际情况进行综合评定,并给予相应的认可与表彰。

除此之外,还应健全责任追究制度。采取环环相扣的追究方式,明确不同主体的责任。W校长认为,除了根据校规或派出所的处置来追究涉事学生的责任,还应深入调查涉事班主任、任课教师、学校管理者乃至教育主管部门是否存在失察之实。在访谈中,他这样说道:

> 首先,如若被欺凌学生向班主任、任课教师反映情况,任课教师没有上报班主任、班主任没有对欺凌事件认真查处或上报学校,应当予以追究;其次,学校管理者对发生在校内的校园欺凌事件(在平时管理中发现的或班主任上报的欺凌事件),不及时认真处理,对职责落实不到位,对于学生欺凌问

题突出的地区和学校,应当通过通报、约谈、挂牌督办、实施一票否决权制等方式进行综治领导责任追究;最后,学校处理不了的校园欺凌事件,按隐患上报到教育主管部门,教育主管部门应该协调县级各分管部门及时处理和查处,不及时、认真查处办理的,要追究涉事教育主管部门及相关部门的责任。

五、建立"家—校—所"综合治理体系

虽然学校是校园欺凌治理的关键实施者,但这并不意味着仅靠学校一己之力就能够承担预防与处置校园欺凌的重任。

通过总结和梳理 S 中学的欺凌案件,我们发现校园欺凌深受家庭因素、社会因素的影响,欺凌者或被欺凌者大多来自缺少关爱的家庭。

在身心迅速发展的青春期阶段,孩子正需父母的关心,但是离异单亲家庭的孩子、留守子女等往往得不到有效的监管,缺少父母的长期陪伴,容易卷入校园欺凌事件中。

同时,我们还发现校园欺凌者常和社会青年相互勾连或受其指使。因此,对于学校周边的人员管理应给予关注。学校应广泛联合家长、派出所等力量,力争建立全覆盖、全方位的综合治理体系。

在家庭方面,首先,帮助家长正确认识校园欺凌,意识到欺凌行为的危害,掌握基本的干预措施,积极与孩子沟通、交流,留意孩子的日常表现,一旦发现异常及时和学校联系并有效配合。其次,引导家长树立正确的教育观念,选择合适的教养方式,学会和孩子平等相处,给予其更多的关心与爱,才能促进彼此袒露心扉,帮助孩子树立正确的世界观、人生观、价值观,促进其身心健康发展。

在派出所方面,应积极联合警方力量,深入了解周边社会青年的情况,弘扬社会正气,维护良好的社会治安局面。当发现校园欺凌现象时,如果有必要,应请警方介入,共同查处校园欺凌事件。

除此之外,还可以邀请相关的权威专家举办讲座,向师生宣传校园欺凌的危害、应对方法,普及反欺凌知识。

第六章
校园欺凌产生的机制、影响因素与原因

无论是全国性的调查研究,还是针对具体事件的个案研究,我们都发现,校园欺凌的产生绝对不能用偶然性来解释,它的产生存在着明显的规律。

现实生活中的系列问题必然会将我们导向对内在规律与外在要素的思考:为什么有些区域发生欺凌的概率高些,而有些区域发生欺凌的概率却很低?为什么有些孩子与众不同,具有很强的攻击性,在他们身上有没有什么蛛丝马迹可以探寻?父母的素养与教养孩子的方式,以及孩子们成长过程中父母所给予的亲情和爱的多少,对孩子遭受欺凌或发起攻击有没有明显的影响?不同学校的组织文化与管理方式对学校学生欺凌行为的发生能负多大责任?社会所提供的法律法规,在治理欺凌过程中起到多大的作用?社会所提供的文化气氛,以及未来的愿景在治理校园欺凌中可否做出应有的贡献?……我们可以从这些问题入手,来开展对中小学校园欺凌的探究。

第一节 校园欺凌产生的机制

面对越来越多的校园欺凌问题,我们不禁要思考:这些校园欺凌问题发生的内在规律与机制是什么?应该怎么从理论的角度来解释校园欺凌行为发生的内部或外部因素?有没有生理学的动因在机体里催化?大脑神经活动在欺凌行为发生时有没有独特的运行规律?社会关系在其中扮演着什么角色、起到什么作用?家庭与父母的影响是如何产生作用的?如此等等。这些都需要我们从生理学、心理学、社会学、教育学、政治学、文化学、伦理学,甚至宗教学等角度来进行校园欺凌的理论分析。

1. 生态系统的解释

欺凌者的欺凌行为并非与生俱来,用任何单一的理由来归因都是管中窥豹。虽然说孩子的气质类型等先天因素非常重要,但是后天环境系统的影响或许更为重要。

生态系统的解释的主旨是校园欺凌行为是社会生态系统中的"自然现象",这一自然现象是整个社会生态体系运行中各种环境要素之间互动的产物。

生态系统理论又被称为社会生态系统理论,是由美国心理学家尤里·布朗芬布伦纳(Urie Bronfenbrenner)于20世纪80年代正式提出的个体发展模型,旨在考察人的行为与外界环境的相互作用,进而解决实际生活中的问题。将环境看成由内向外的相互联系多层次结构系统,并作为一个整体来审视,为我们深入理解人与外界社会环境的复杂关系提供了理论依据。

据生态系统理论解释,孩子们运用他们的"本领"和"才能"去欺负他人的理由不胜枚举,但最重要的因素是"环境影响"。譬如,孩子的家庭生活、学校生活以及整个社会的文化环境(包括媒体),都默许和助长了这样的行为。

社会生态系统关于欺凌者或被欺凌者的基本观点是:①他们之所以成为欺凌者或被欺凌者,是被环境影响或教育而成的;②他们实施欺凌主要是因为他们在这个系统运行中出现了问题,如配合不当、角色不对或整个环境失调;③他们一般不是自主选择成为欺凌者或被欺凌者的,之所以攻击别人或被别人攻击,都是外在因素引起的,攻击性行为是一种他们机体对自然环境的反应;④儿童发起攻击性行为的先天因素也是构成社会生态系统的重要一部分,它属于一种自我环境的影响。

2. 神经系统的解释

近年来,大脑科学飞速发展,有许多学者对儿童的攻击性行为从脑科学的视角予以解释。他们认为,孩子的欺凌等攻击性行为与神经系统及激素异常息息相关。然而,这些影响攻击性行为的异常和机制的准确性仍处于争议中。但是,大家普遍结论是,被欺凌或暴力伤害的儿童在被攻击时可能会产生神经损害,特别是在他们年幼时。一些研究表明,身体遭受虐待是导致儿童脑损伤的重要原因。[①]

同样,也有研究表明脑瘫[②]和脑组织出现瘀点[③]也是儿童遭受虐待的结果,虽然我们还没有充分证明这种内在的生理关系,但是研究者普遍认为这两者之间确实是存在一定的关系。或者说,尽管这些神经损害的形式并非与儿童攻击

---

① Buchanan A, Oliver J E. Abuse and Neglect as a Cause of Mental Retardation: A Study of 140 Children Admitted to Subnormality Hospitals in Wiltshire[J]. British Journal of Psychiatry, 1977,131:458-467.

② Diamond L J, Jaudes P K. Child Abuse in a Cerebral-Palsied Population[J]. Developmental Medicine and Child Neurology, 1983, 25(2):169-174.

③ Caffey J. On the Theory and Practice of Shaking Infants. Its Potential Residual Effects of Permanent Brain Damage and Mental Retardation[J]. American Journal of Diseases of Children, 1972,124(2):161-169.

直接相联,但是这种链接也是有可能的。

相反,一些研究还显示,如果儿童神经遭受损害,能让一个儿童存在后续虐待行为的更大风险。也就是说,神经损害与遭受虐待或许是互为因果的。所以,我们并不能假定身体虐待会导致神经损害,相反,也不能假定每个神经损害都会产生攻击性。更大的可能是神经损害导致虐待行为,虐待通过某种机制与接下来的侵犯发生关联,而侵犯通过某种机制导致儿童的神经遭受损害。

也有研究专门针对儿童攻击性行为总结出相关的影响因素。其中一个重要因素就是儿童的神经系统存在问题,比如大脑的额叶与边缘系统存在问题。

3. 学习与社会学习的解释

用社会学习理论来解释欺凌性攻击行为之间的联系是最为广泛的。从操作性学习来看,儿童学会攻击是通过他们在攻击性行为中得到强化的。帕特森(Patterson)就开发并测量了一个清晰的模型。

帕特森认为,攻击行为的发展起初源自贫穷家庭父母间的攻击性实践。当儿童以口头或身体攻击回应父母的要求并且迫使父母撤回要求时(the parent withdraws),父母就为孩子提供了一个负强化(即孩子认为命令的撤除是有益的,通过攻击行为可以避免不愉快的要求,所以强化了自己的攻击性行为)。这个强化增加了孩子在其他场合的攻击性,如在学校,孩子可能会对教师和同伴做攻击性行为,因为孩子们不喜欢他的行为方式。如果孩子形成了攻击性的行为习惯,他就会被同伴与成人放弃,就会导致他进入一个攻击性儿童的同伴群体网络中,在这里,孩子的攻击性行为得到正强化。

社会学习最初是由班杜拉(Bandura)构想出的。行为者能够在看到别人得到奖励与惩罚中使行为得到强化。比如,一个儿童看到自己的兄弟姐妹因自己的行为受到惩罚或奖励,观察到的行为就可能影响这个儿童的攻击性行为。学习理论可以在多个方式上帮助我们理解学生在校时产生攻击性行为的影响。一个儿童无论是通过观察还是直接行动,会学到通过语言或肢体攻击可以获得家里的有限资源(食物、空间等)。到了学校,他们同样这样做(如争夺游戏的位置,不让老师看到等)。也就是说,是虐待式家庭的混乱影响着孩子们攻击性的发展,而不是虐待活动本身。

4. 爱与依恋(attachment)的视角解释

鲍比(Bowlby)描述了作为与照顾者具有生理性结合的依恋。孩子的生理性行动(如哭、叫)是为了接近自己的依恋对象(如妈妈),这样更能维持自己的安全。儿童的行为会得到不同的对待,可能是持续地支持和互动,持续地不回应和拒绝互动,也可能是不持续地互动。回应式的互动可以产生安全的依恋,具有渴望接近,亲密接触的快乐,产生恰当的意愿等行为模式;不回应或不持续地互动则会导致焦虑的依恋。这样,他们或者逃避与照料者接触,或者处于渴望接触且伴随生气相纠结的状态,并对照料者产生攻击性行为。通过这种早期的依恋经历,孩子形成了一个内在的人际关系处理的工作模型,这将影响孩子与其他人之间发生的行为。孩子的依恋历史可以导致孩子期待另外的他或她值得并且能够获得应有的注意,或者不值得不能够获得应有的注意。另外,儿童还会形成关于其他人的模型,要么是值得信任的、可以接近的、可以回应的,要么是不值得信任的、不可接受的、不用回应的。①

克里滕登(Crittendden)通过观察,指出受过虐待的孤儿和幼儿表现出两种依恋形式:一种是公开抵抗,一种是消极回避。这两种依恋形式是在儿童表达与其父母亲近的渴望得不到满足,以及父母与其亲近行为中出现愤怒与攻击性反馈中生成的。这种内在的运行与生成机制会使受虐待的儿童能够预料从别人那里得到的是攻击还是漠视。相应地,他们也会变得十分警惕,并把别人的行为都错误地理解成了攻击。受虐待的儿童保持对其父母的抗拒会在后续的生活中得以体现,这种抗拒或许会令他们的父母更加生气,甚至加重对他们的虐待。这种潜在的心理运行机制可能会诱使这些受虐待的儿童形成一种对他人的习惯性负面评价,使其为自己的愤怒与攻击性行为找到所谓的正当理由,导致他们在警惕中常常将他人的行为误解成敌对与攻击。这两种情况的结合最终导致一些受虐待的儿童依赖于表达愤怒情绪与攻击性,使得这些受虐待的儿童在交往活动中过多地攻击同伴与成年人。

赫尔斯霍恩(Hershorn)和罗森鲍姆(Rosenbaum)发现,来自婚姻暴力与不和家庭的孩子与来自婚姻幸福家庭的孩子在问题行为上具有很大差异,其中也包括攻击行为。②

萨尔津格(Salzinger)、费尔德曼(Feldman)、哈默(Hammer)和罗萨里奥(Rosario)研究了87名避难所的儿童与一组来自没有虐待家庭的孩子,他们发现那些来自暴力家庭并且自己也受虐待过的儿童被同伴认为具有攻击性。老师与母亲也认为与其他孩子相比,这些孩子问题行为较多。③

---

① Alexander P C. Application of Attachment Theory to the Study of Sexual Abuse[J]. Journal of Consulting and Clinical Psychology,1992,60(2):185-195.
② Hughes H M. Psychological and Behavioral Correlates of Family Violence in Child Witnesses and Victims[J]. American Journal of Orthopsychiatry,1988,58:77-90.
③ Hughes H M. Psychological and Behavioral Correlates of Family Violence in Child Witnesses and Victims[J]. American Journal of Orthopsychiatry,1988,58:77-90.

5. 社会发展(视角)的解释

有研究发现,受虐待的儿童在社会性发展上存在缺陷,他们与没有受到虐待的儿童在感知社会情境方面存在着不同。这种缺陷与感知情境方面的差异会增加这些受虐待的儿童在社会情境中攻击的可能性。如:一些研究表明,受到虐待的儿童不能正确识别出磁带脚本或图片所要表达的情绪。[1]

对受虐待儿童的相关研究也表明,这些儿童会过度地关注外围的攻击性刺激。[2] 并在某种程度上更愿意将其认为是对自己的敌意与攻击。

这些研究结果都说明,受到虐待的儿童比那些没有受到虐待的儿童更会经常倾向于看到完整情境的攻击过程,并且他们并不擅长识别其他行为和情感。

通过上述众多视角的解释,我们可以尝试对虐待和学校暴力以多种理论相结合的方式进行全方位的剖析,形成多维度的理解。在一些案例中,一个特别的理论也许能够提供一个儿童行为的理解,而其他的视角可以为事件中其他儿童的欺凌行为提供解释。但我们也要认识到,运用多种理论来解释同一个案例存在一定的风险。进行多种理论解释须视儿童受欺凌的具体情况以及校园欺凌的具体类型而定。另外,在具体案例中组合不同理论解释校园欺凌问题时,应注意理论指向的主体,以及理论与理论在维度与层级的区别。譬如,受欺凌者的心理成因主要与其自身个性、生理情况及家庭环境有关。受欺凌者通常拥有自尊低、自信心低、内向及情绪不稳定的特质。旁观者的心理成因主要是由团队的群体机制和其个人机制决定的。群体机制包括寻求行为的参照、对偏离的恐惧和群体的凝聚力。个人机制包括人格、能力、智力以及团体地位和影响力。

第二节 校园欺凌产生的影响因素

我们在分析与思考任何校园欺凌事件时,发现任何一起校园欺凌或暴力事件的背后,都会有许多影响因素在发挥作用。或者说,任何一起校园欺凌或暴力事件在发生之前或形成的过程中,都已经有许许多多的因素在起作用,推波助澜,或明或暗地影响这一事件的发展方向或程度。并且这些因素不是单一的,大多是以群体的样态呈现出来,从各个方面推动着校园欺凌事件的最终产生。

---

[1] Barahal R M, Waterman J, Martin H. The Social Cognitive Development of Abused Children[J]. Journal of Consulting and Clinical Psychology, 1981, 49(4): 508-516.

[2] Reider C, Cicchetti D. Organizational Perspective on Cognitive Control Functioning and Cognitive-Affective Balance in Maltreated Children[J]. Developmental Psychology, 1989, 25(2): 382-393.

关于校园欺凌的影响因素，我们在上文已经有所阐述，现进一步就相关研究进行详细分析。学界关于校园欺凌产生的影响因素的研究成果还是相当丰富的。整体来看，大家基本形成共识，即影响校园欺凌发生的因素是多元的、体系化的，造成校园欺凌的影响因素很多，很复杂，并且每一起校园欺凌事件都有特定的影响因素，分析此类问题时要有针对性，不能空泛地谈影响因素。

美国有学者调查后指出，美国的教师们认为，引发学生欺凌问题最重要的因素是缺乏父母监管(71%)，学校教育缺乏家庭的介入(66%)，大众传媒对暴力事件的报道(55%)。

在这一调查中，36%的学生认为，缺少父母监管是造成校园暴力的主要因素。但是，34%的学生提出了另一个重要的因素，那就是团伙帮派或同伴群体的压力。无论是校内还是校外，同伴群体的压力是在年轻人中发展最快并且最重要的因素。

按照美国都市生活调查(the Metropolitan Life Survey)的数据，造成学校暴力的主要因素有以下9个：一是父母监管的缺失；二是家庭参与学校教育的缺失；三是主要媒体的暴力宣传；四是厌倦学习或缺少学习动力；五是帮派、团伙成员的影响，或同伴群体的压力；六是学生的成绩水平；七是学生民族或种族背景；八是药物或酒的牵连；九是学校监控的过度或缺乏。

到底谁应该为校园欺凌负责？库克(Gwendolyn J. Cooke)在《为所有人建立一个安全的学校》一文中指出，社会的每一个成员都需要为此负责。

同样，加巴里诺(James Garbarino)和德拉拉(Ellen Delara)在《处理学校暴力后果》一文中指出，学生的安全感主要来自以下因素：首先是学校教师和其他工作人员的关爱，这是保障学生在校内以及上学、放学途中感到安全的关键因素；其次是学生对同伴行为的可预测性，这同样能够使学生感受到安全；再次是成年人对学生所感受到的危机与不安全感受的认识；最后是整体学校环境。作为一个制度体系，学校既可以因为能够为学生提供关心与支持的环境而为学生提供安全感，也能够因对学生所处环境的漠视而使学校成为充满不安与敌意的存在。

戈尔茨坦(Arnold P. Goldstein)认为，攻击性行为有多方面的原因，[①]可以分为个人变量与环境变量，每个变量包括的具体因素，见表6-1。

[①] Jane C Conoley and Arnold P Goldstein. School Violence Intervention：A Practical Handbook [M]. New York：the Guilford Press，1997：324-356.

表6-1 攻击性行为形成的原因

一般类型	具体因素
个人变量	
生理素质 认知—情感模式 人际关系技巧	男性与相关的睾酮和气质水平 敌意归因,责备心理投射,错贴标签,低水平的道德推理
环境变量	
文化背景 人际环境 物理环境 消除压抑物的存在 手段的存在 目标的存在	可鼓励攻击行为的社会传统等因素 父母、同伴的犯罪行为,同伴压力,视频,电影,攻击性的生活方式 氛围,喧闹,低概率的监督,不文明行为 酒,药,成功攻击的范例 武器,工具 窗户,墙,汽车,栅栏

保拉·艾伦·米尔斯(Paula Allen-Meares)从干预的视角提出了影响校园欺凌的若干因素,并认为这些因素之间的关系如何是造成有效干预和无效干预的基本原因。他详细分类阐述了欺凌干预的主要方法,并首先指出无效干预的主要特征。

(1)仅仅关注问题的某一根源。学校暴力受到个体、家庭、社区和社会等因素的影响,但是许多学校暴力预防项目仅聚焦一个或两个变量,或层次;忽视多变量影响的复杂性。所以,那些针对一个变量的大多数项目在降低学校暴力方面没有取得有效的结果也不奇怪。他认为,一个成功的预防项目可以强化学校的基础,缓解学校外部因素对学生造成的风险,降低整个学校的受害率。我们认为,一个不成功的预防项目在于没有将学校社会环境置于中心位置。

(2)心理和行为关注。最流行的学校暴力预防项目是心理和行为干预。如制怒、冲突调解、朋辈咨询、课程计划等,这些干涉的类型主要关注个体儿童(或他们的家庭),而很少关注规范语境下的社会动力之间的互相作用。[①] 遗憾的是,很少有例外。研究表明,狭窄地聚焦社会性能力干预、朋辈咨询或调解以及其他类型心理干预在降低学校暴力方面效果不大;在一些案例中,比如朋辈调解项目等,甚至提升了学校暴力与攻击的层级。总的来看,心理项目只有与那些针对学校组织或社会制度的其他干预手段相结合使用,才能产生效果。

---

① Hudley C, Britsch B, Wakefield T, Demorat M, Cho S. An Attribution Retraining Program to Reduce Aggression in Elementary School Students[J]. Psychology in the Schools, 1998, 35(3): 271-282.

（3）概念不清与学校环境使用不当。一般看来，许多"打包"式的项目倾向于项目"叠加"①。这些类型的项目经常与学校的学业课程和社会目标不相关，问题在于部分归于那些与学校暴力和学校环境相关的社会变量还没有形成清楚的概念。例如，研究者很少有围绕走廊打架与操场性骚扰，进行社会动力学方面的研究。再者，研究者与实践者仍不能认真地对学校暴力与年轻人暴力进行概念区分。相反，关于年轻人暴力的许多文章与分析都基于这样的假设，即年轻人是暴力行为的"载体"，而环境动力只起到一个很小或间接的作用。

（4）聚焦于儿童的各种"亏空"。许多学校暴力预防项目都是基于正式的或潜在的理论假设，即环境方面的亏空是暴力行为的原因。例如，许多社会能力项目都是基于社会表现和实践的欠缺，具有攻击性的儿童缺乏处理冲突的社会认知或行为能力。儿童自然就相信只有攻击才可以解决冲突，所以，这些项目都将这样或那样的欠缺列为儿童暴力行为形成的因素。

在分析无效干预的主要特征的同时，保拉·艾伦·米尔斯又指出了成功干预项目的主要特征。根据我们对一些项目的分析，发现成功的学校预防项目具有以下核心特征：①它们强化学生、教师、员工和父母关于所在学校的暴力种类（性骚扰、打架、武器使用）的意识和责任；②它们为整个学校制订一个清晰的指南和制度；③它们将学校中不同的社会系统作为目标，向整个学校共同体传达清晰的暴力事件发生前、发生时与发生后的整个工作流程；④它们强化将学校所有职员、学生以及家长参与项目之中；⑤干预项目都十分适合学校的使命与正常工作流程；⑥它们用学校的全体教师、职员和家长，做好项目的计划、实施和维持；⑦它们会在教室以外的区域增加监控和监督；⑧它们具备文化敏感性与文化能力，沉浸于学生共同体或文化中。

从上述研究成果的分析，我们可以看出，造成或引发校园欺凌行为的因素是多方面的。虽然不同的研究得出不同的结论，但是，结合我们所做的调查数据，以及个案研究成果的分析，我们认为引发校园欺凌的因素主要有学生品德与人格、学生的社会关系、学校领导和管理、学校组织文化、国家政策法规与教育行政以及社会文化等几个方面。下面我们来进行详细的阐述。

第三节　校园欺凌产生的原因

学生欺凌事件的主体是否仅限于欺凌者本身？谁应该为欺凌负责？我们又

---

① Larson J. Managing Student Aggression in High Schools: Implications for Practice[J]. Psychology in the Schools, 1998, 35(3): 283-295.

应该如何正确应对与处理学生欺凌问题？要想回答这些问题，首先要分析一下学生欺凌事件产生的缘由。综上分析，我们认为造成我国校园欺凌事件的原因主要有以下几点：学生人格与道德品质失当，"关键性他人"的不良影响，校园欺凌治理的低效，人本主义教育哲学的偏差，各类新闻媒体的负面影响，反校园欺凌法律法规建设存在缺陷，社会传统与经典文化旁落等。

一、学生人格与道德品质失当

道德问题是学校的中心议题，美好德行是学生的核心素养。美国学者威廉·基尔帕特里克（William Kilpartrick）认为：

> 我们的学校面临的核心问题是一个道德问题，其他所有问题都源于此，因此，除非把品格教育摆在首要位置，否则学校改革中的所有尝试都不会成功。他还说，如果学生不学会自律和尊重他人，那么，不管我们计划建多少卫生诊所或是散发多少安全套，他们还是会和他人随意发生性关系；如果他们不能养成勇敢和正义的习惯，那么，那些专门培养学生自尊心的课程也不能阻止一系列敲诈、凌辱和暴力事件的发生。同样，专门培养对多元化理解能力的课程也不会起作用……如果他们不能养成一些智力品质，如求知欲、客观性、尊重真理、在事实面前保持谦卑等，那么，培养学生批判性思维的这一计划也只能成为课程大纲中的又一个噱头而已。

同样，文森特（Philip. F. Vincent）在《品格教育的规律和步骤：校园文明第一步》（*Rules and Procedures for Character Education, The First Toward School Civility*）一书的第二版中指出，良好习惯和性格的养成至关重要，只有当学校里相互关怀和文明之风兴起的时候，一个安全有序的校园环境才能逐渐形成，才会产生学术成就。麦克莱伦（B. Edward McClellan）在《美国道德教育》（*Moral Education in America*）一书中提到，20世纪80年代末，由位于得克萨斯州圣安东尼的美国品格教育研究院（American Institute of Character Education，AICE）开发的品格教育课程，已进入美国44个州的18 000个教室。麦克莱伦解释道：

> 其效果一直存在争议，支持者认为，品格教育已经让吸烟和酗酒的学生有所减少，学校出勤率有所回升，破坏公共物品的现象也得到抑制。持怀疑态度者认为，这种只占用一天课时中数十分钟的课程能否产生一定的影响值得怀疑。

麦克莱伦说,他们掌管的学校一直都在鼓励大家忍受,让一小部分人的权利得以扩大,但是却几乎从来不提"个人道德责任,即我们为什么不能杀人,强奸,攻击或是抢劫"。如果学校不能提供更多的道德指导,他们担心孩子们可能会到"其他地方寻找集体价值,比如沉浸在电视充满情绪化和暴力的世界,或是和同伴儿们迷失在嘈杂没有道义的喧闹中"。

当下,我国教育学界有一种倾向,就是分析任何教育问题都不乐意从学生的人性或品德的负面维度进行剖析,更愿意从学生品行的正面视角思考,很少有人直接批判学生负面的品质与行为。唯恐有非义务论的伦理嫌疑,唯恐他人对自己是否坚守"性善论"进行质疑或接受他们对自己不"以人为本"的责斥。把学生当"人"看当然要全面地审视其作为"人"的全面性质;在此基础上,才能真正地使他成为"人",也就是说,为了学生的一切,首先要基于了解学生的一切。尊重学生、热爱学生更需要全面地认识学生、了解学生,要把学生当成一个"真实的人"而非"抽象的人"来审视。

1. "美德缺失"使学生行为不当

无论人们愿意与否,我们都不得不承认,纵然大部分学生品德优秀,但也存在由于多种原因造成的部分学生品行低下,人格不健全:他们或品质恶劣,或个性缺陷,或动机不纯,或劣性不改;他们遇事不理智,情绪容易失控,只计回报不计付出,自私自利,自暴自弃,妒忌心强,占有欲过度,好逸恶劳,好吃懒做,不通过自己的努力去争取,更喜欢攻击索取,强取豪夺。

从这个意义上讲,当前许多学生欺凌事件都与欺凌者或被欺凌者的人格品质缺陷有关。[①]

在大多数的课堂上,当老师示意同学们做好准备上课时,越来越多的老师发现,需要越来越长的时间来使学生安静,学生们经常通过大声讲话、取笑、闲混、玩卡带或者开玩笑打断课堂。老师们还注意到,与过去相比,学生们变得更加易怒,他们越来越不喜欢用一种平静的方式来控制自己的情绪与讨论问题。

2. "道德推脱"使学生行为冷漠

就像全晓洁、靳玉乐指出的那样,欺凌问题实质上是道德问题,其发生与发展和"道德推脱"的心理机制联系紧密。

"道德推脱"在欺凌行为中的内部作用机制表现为道德认知偏离、道德责任推脱和道德情感冷漠。

"道德推脱"在校园欺凌中的外部作用机制表现为欺凌者"道德推脱"中的自

---

① 刘建.我国中小学校学生欺凌行为及其治理[J].南京师大学报(社会科学版),2017(1):75-84.

我麻痹、旁观者"道德推脱"下的道德抑制、"道德推脱"笼罩下的集体性失语和"道德推脱"背后的欺凌行为加剧。

校园欺凌问题的治理从外部施压固然重要,但从"道德推脱"入手对校园欺凌问题进行内部治理才是正本清源的关键。具体包括:加强以"移情性道德感"为旨趣的道德情感熏陶,注重以"具身化认知"为标准的道德认知引领,建立以"控制与关怀相均衡"为底色的学校环境。①

3. 不恰当的"习俗"影响学生道德行为习惯的养成

问题不仅出现在道德本身,还有一些影响道德的教育习俗因素。

现实中,孩子们学到的是丛林法则,强权即公理,他们只能依靠自己,不能指望成人来帮助他们解决个人问题。许多人学到的是,他们是没有吸引力的、不受欢迎的人,别人不希望跟他们在一起。例如,有专家指出,当下成人社会积极鼓励的"男孩守则"对欺凌事件的发生应该负责任。

心理学家威廉·波拉克(William Pollack)说过,父母、学校、社会,甚至在男孩还在婴儿期的时候就开始训练他们回避情绪智能。所有人都无意识地共谋灌输波拉克所说的"男孩守则"。主要表现为"坚强的橡树"(男孩应该坚忍克己,从不示弱)、"给他们点厉害瞧瞧"(富有男子汉气概的电影角色和体育教练鼓励年轻男性要表现得强硬,勇于在风险性领域展开较量,男人通过在较量中取胜从而获得在同伴中的地位)、"大转盘"(获取优势、地位和权力,戴上冷酷的面具,即使一切并不好也要假装一切都好,这些命令促使男人努力推动自己去获得建树,去抵制自己不适当的情感)、"别娘娘腔"(如果男生表现出女性化或感情脆弱,就会受到奚落和嘲笑。男性唯一被社会接受的情感表达就是愤怒)。②

二、"关键性他人"的不良影响

人是社会性动物,儿童也不例外。儿童在成长与发展过程中必须同形形色色的人打交道。"物以类聚,人以群分",不同的接触人群会对儿童产生不同的影响。

在儿童众多的接触人群中,关键性他人是指那些在儿童的成长与发展过程中起关键作用的人。关键性他人的最大特征就是和儿童接触最密切的人群。他们的道德品质、生活方式、言谈举止、喜怒哀乐、爱恨情仇等都会对儿童的成长与发展产生重要的影响。

---

① 全晓洁,靳玉乐.校园欺凌的"道德推脱"溯源及其改进策略[J].中国教育学刊,2017(11):91-96.
② [美]埃利奥特·阿伦森.不让一个孩子受伤害[M].顾彬彬,译.上海:华东师范大学出版社,2019:93-94.

一般来看,青少年学生阶段的关键他人主要指父母、教师与关系密切的小伙伴。

1. 父母特质、教育方式及家庭环境失效

关于父母的作用[①],一般从两个视角来阐述:一是父母自身人格特质,二是父母的教育方式和父母营造的家庭环境。关于第一方面,我们发现父母的个性品质和行为习惯对孩子产生影响。父母品德优秀,孩子是一个好人的概率就高,父母品德不良,孩子发生不良行为的概率就高。心理学家高尔顿(Francis Galton)强调,父母遗传素质对孩子行为的影响,"一两的遗传胜于一吨的教育"。我国有谚语云:"龙生龙,凤生凤,老鼠的孩子会打洞;鸡生鸡,狗生狗,小偷的儿子三只手。"在教育领域,有"5+2=0"之说,即在学校受到五天的正向教育会被在周末两天的家庭教育抵消。父母是儿童的第一任教师,父母的言行举止、个性品质、社会行为、文化素养等都无时无刻不对孩子的品德、性格与行为产生影响。

勒温(Kurt lewin)指出,管理风格一般可分为三种类型:一是专制式管理,二是放任自流式管理,三是民主式管理。家庭教育与管理方式一样,也可以从这三个视角分析。多个研究表明,民主式管理方式效果最好,参与的教育方式、和谐的家庭气氛、友好的成员关系等是儿童家庭幸福的基本要求。如果父母专制,以粗暴的方式教育孩子,这样的环境会激发儿童的反抗意识,会滋生暴力情绪。也就是说,如果父母行为趋向暴力,孩子以暴力方式解决问题的概率就高。

相对来说,我们认为良好和谐的家族环境对于减少儿童欺凌行为至关重要。相反,如果家庭充满暴力、气氛不和谐、关系冷漠,会增加儿童校园欺凌发生的概率。

这一方面国外的研究成果较多,豪加德(Jeffrey J. Haugaard)和费里克(Margaret M. Feerick)在《儿童虐待与家庭暴力在学校暴力中的影响》一文中介绍了"儿童在家受到虐待或旁观家庭暴力"与"增加儿童在学校发生欺凌行为概率"的关系。研究结果表明:儿童受到虐待与其在校期间发生欺凌的概率有直接关联,遭受身体上的虐待与上学后产生攻击性行为之间的关系更为明显。

虽然国外众多的校园欺凌研究方法各异,结论不同,但他们的研究无一例外地认为:受过身体虐待的儿童比没遭受过虐待的儿童在生活中发生暴力行为的可能性要高。

焦里尔斯(Jouriles)、墨菲(Murphy)和奥利里(O'Leary)对不同的家庭进行分组,通过对"婚姻关系中存在暴力行为的家庭"与"婚姻关系中不存在暴力行为

[①] 需要注意的是,关于家庭父母之间的关系对孩子欺凌暴力行为产生的影响,不同的研究有不同的结论。但是,从元研究的数据来看,大多数研究还是得出了正相关的结论。

的家庭"进行比较,以验证婚姻不和的相关认识并探寻心理治疗方案。他们的研究结果表明:在控制"儿童性别""年龄"以及"家庭婚姻变化"等因素的前提下,"婚姻中的暴力水平"与儿童见诸动作方面的失范行为(笔者注:诸如打架等肢体冲突)呈正相关。①

赫尔斯霍恩(Hershorn)和罗森鲍姆(Rosenbaum)也得出这样的结论:将生活于存在暴力行为家庭的孩子同生活于和谐家庭的孩子相比较,发现二者在行为方面有众多差异。这些差异包含攻击性行为,往往前者较后者在生活中表现出更多的攻击性。②

萨尔津格(Salzinger)、费尔德曼(Feldman)、哈默(Hammer)和罗萨里奥(Rosario)研究了87名来自避难所的儿童,与一组来自没有虐待行为家庭的孩子。他们发现,那些来自存在暴力家庭,并且有受虐经历的儿童往往被同伴认为具有攻击性,而且老师与母亲也认为与其他孩子相比,这些来自暴力家庭或有受虐经历的孩子具有较多的问题行为。③

2. 朋辈群体的影响不当

学生常常是由小集团控制的,这些小集团内部有严格的等级:运动员、啦啦队员和社团领袖们在最高级,害羞的、笨拙的或举止怪异的孩子处在底层,而在最底层的是很孤单的孩子——那些似乎是没有一个朋友的孩子。④

准确地讲,一个学生所在小集团的社会等级决定了他或她的压力水平和快乐程度。而且,根据倡导社会责任感的教育家卡罗尔·米勒·利伯(Carol Miller Lieber)的观点,那些将自己看作是被"胜利者"团体排斥在外的学生对学校的看法,比那些小圈子里的学生的看法要消极得多。

最重要的是,正如利伯所言,胜利者的圈子比我们所想的要小多了,对那些失败者来说,他们的高中生活经历完全不同。他们成了那看不见的中间层的一部分,默默地承受痛苦、疏远,与其他人没有任何真正的联系。"很多人独自待在角落里,戴着耳机挡住嘲讽,抱膝而坐。"⑤

---

① Jouriles E N, Murphy C M, O'Leary D. Interspousal Aggression, Marital Discard, and Child Problems [J]. Journal of Consulting and Clinical Psychology, 1989,57(3):453-455.
② Hughes H M. Psychological and Behavioral Correlates of Family Violence in Child Witnesses and Victims[J]. American Journal of Orthopsychiatry, 1988,58:77-90.
③ Hughes H M. Psychological and Behavioral Correlates of Family Violence in Child Witnesses and Victims[J]. American Journal of Orthopsychiatry, 1988, 58:77-90.
④ [美]埃利奥特·阿伦森.不让一个孩子受伤害[M].顾彬彬,译.上海:华东师范大学出版社,2019:72-73.
⑤ [美]埃利奥特·阿伦森.不让一个孩子受伤害[M].顾彬彬,译.上海:华东师范大学出版社,2019:76-77.

3. 教师[①]不良师德和教育方式的影响

教师职业是一种特殊的职业,教师面对的是一群纯洁无邪的孩子,他们时时刻刻与一个个灵动的生命打交道。一般来说,教师是除了父母外学生接触最多的个体。

由于青少年学生的年龄特点,"他们都是未完全的动物",所以教师的形象对于儿童的成长来说尤为重要。所谓的学高为师、身正为范讲的就是这个道理。

学生怎么也不会从一个坚持立德树人、学识渊博、教学技能娴熟、品质人格高尚、善恶立场分明的教师那里学会欺凌别的同学;相反,如若教师道德败坏,不以人为本,心里没有学生,作风不良,处理问题方式粗暴,这倒会对学生产生不良的影响。学生会从这样的教师身上学到较多的负面思想与行为,产生欺凌别的同学的不良行为。

同样,我们发现,孩子遭受欺凌大多会瞒着教师,这一般也与教师的不正确的处理方式有关系。例如,如果孩子遭受欺凌,他们告诉教师,部分教师一般会这样处理:"听话,别给我惹事。""我都忙死了,你别添乱了。""人家咋就不欺负别人呢?""走,咱找校长去。""别搭理他,离他远点儿。"如此等等。这样只能增加学生的反感,遇到欺凌问题时,就不再和教师说,欺凌问题自然发现不了。

海曼(Irwin Hyman)等人在《学生异化综合征:学校暴力的另一面》一文中指出,教师对于儿童的精神虐待主要有以下几点:一是基于恐惧与恐吓的纪律与控制技术;二是人与人之间互动较少,交流缺乏兴趣、关爱和情感;三是发展学生实现自我价值的能力和情感机会有限;四是鼓励依赖和顺从,特别是在那些学生可以独立判断的领域;五是以健康风险为由拒绝给予机会,比如一些非传统或没有被教师认可的探索思想;六是语言攻击;七是嘲笑;八是孤立与排斥;九是惩罚性的制裁;十是允许或漠视同伴羞辱;十一是性骚扰和腐败。[②]

这些都是不良的教师行为方式对儿童产生的不良影响,是造成校园欺凌问题的重要原因。

4. 爱的缺失是学生欺凌的重要原因,而这一原因与他的关键性他人最为相关

对于父母来说,给孩子"爱",亲密接触、交流,让孩子感受温暖与幸福比什么都重要。孩子缺乏"被爱的感觉",就会孤寂,内心不安,会到其他不恰当的地方

[①] 作为学生的关键性他人,教师对学生的影响不言而喻,但是鉴于教师是学校管理的执行者与符号标志,所以我们仅在此阐述教师的个人形象、素养等自身的因素对学生的影响。具体教学与管理方面的原因,下面会在学校管理层面论及。

[②] Jane C Conoley and Arnold P Goldstein. School Violence Intervention:A Practical Handbook [M]. New York:the Guilford Press,1997:483 - 506.

寻找慰藉,这样就给错误的"爱"与"关心"提供了机会。

美国圣母玛利亚大学娜瓦尔兹(Narvaez D.)指出:美国的家长与儿童之间缺少足够的亲密接触,而这对于提升学生的健康、道德感和更多的同情心是非常重要的,这些因素同样影响着儿童未来的自我调节能力。

对学校来说也是如此,诺丁斯(Nel Noddings)在《学会关爱与被照顾》(Learning to Care and to Be Cared for)一文中建议道:遍及全美的暴力与生活特征的异化,至少部分是由于学校关爱氛围的缺失,只有建立各种暴力预防项目,才可以增加反抗暴力的知识与能力,这样,学生才会相信学校中的成人与社区非常关心他们,关心他们的幸福与成长。"今天的许多年轻人不仅没有去发展关爱的能力,就连什么是关爱都搞不清楚。一些人混淆了关爱和强迫的意义,一些人自我欺骗说他们关爱的是更富剥削性的问题,还有一些人简单地拒绝承认每个人都有关爱的希望。""对于大多数人来说,很明显,关爱自己是关爱他人的前提。但是,也有许多例外——一些被忽视的儿童,他们具有很强的内在关爱能力,他们去关爱别人但是缺乏别人对他们的关爱,而另一些人虽然得到了别人的关爱,但是却不能发展自己的关爱他人的能力。""对于暴力,一些心理学、教育学者以及研究暴力现象的其他人都在谴责,把其归因于贫困、学校无所作为、缺乏社会能力、对获取工作的绝望、电视和电影的影响以及社会道德的失败等。"

诺丁斯(Nel Noddings)在《学会关爱与被照顾》中还认为"学会被照顾"与"学会关爱"同样重要。学会被照顾的一个基本因素就是这一过程的持续性(continuity)。这种对持续性的重视不仅局限于小学阶段,在初中与高中也应当受到关注。他坚信:"如果我们认真地思考儿童和年轻人对关爱的连续性需求,那么我们就会开始以一种全新的姿态评价我们现行的教育政策。"

当然,除了关爱与被照顾之外,导致爱的缺失还有"辨别与处理人际问题的能力缺失"的原因。换言之,当下儿童在日渐复杂的人际关系中缺乏相应的能力,致使他们既无法正确地择友,又不懂得如何与他人友好相处。

长期以来,我们都特别关注儿童的知识与能力发展,却对儿童的情绪与人际智能的发展不闻不问。使儿童的人际能力与情绪能力得不到很好的发展。社会心理学家丹尼尔·戈尔曼(Daniel Goleman)给情绪智能下的定义为:情绪智能是一个人能够意识到自己的情感并能控制住自己情感的能力。它涉及在与人相处时的自制和同情心的培养,激励自己的能力,以及积极持久工作的能力。

发展心理学家霍华德·加德纳(Howard Gardner)进一步定义了情绪智能的概念,他说,情绪智能的重要性可能比我们传统上赋予智商的还要高。加德纳认为有两种类型的智能可以归在情绪智能的名下:一个被称为内省智能(intrapersonal intelligence),即一种理解自己的才能;另一个被称为人际智能

(interpersonal intelligence),即一种与人友好相处的才能。加德纳说：

> 许多智商160的人为智商100的人服务,是因为前者的内省智能很低,而后者的却很高。在日常世界里,没有任何一种智能能够与人际智能相匹敌。如果你没有这种智能,你就会在婚姻对象的选择、工作机会的把握等上面出问题,我们需要在学校里就训练儿童的人际智能。

三、校园欺凌治理的低效

治理校园欺凌问题,虽然与许多因素有关,但是我们认为,学校教育应该是最为重要的主导性力量。

因为学校是有计划、有组织、有目的,为培养学生而设计的专门性机构,学校也是学生学习与生活最主要的场所,校园欺凌行为的发生也主要与学校有关,所以无论从何种意义上来谈,学校都应该是治理校园欺凌的主阵地与主力。

然而,由于主客观各种因素的影响,我国中小学当前校园欺凌的治理水平还存在一定的问题,如欺凌治理的专业性不强,校园反暴力文化建设有提升的空间,学校道德教育与法治教育效果有待提高,以及学校规模与班级规模等管理方面的问题。这些都需要我们认真对待。

1. 学校领导刻意无视或忽视校园欺凌行为

我们发现,有许多学校的领导者不愿意承认自己学校存在欺凌问题,没有树立正确的校园欺凌管理观。[①]

这主要是因为,他们担心如果承认本地区或本学校存在校园欺凌行为,会直接影响本地区和本学校的形象,影响学区与学校招生,进而影响领导者本人的成长和发展。所以,他们的通常做法就是"减小影响"或"消除影响",正如施瓦茨(Schwartz)所指出的,现在人们对于学校暴力所持的态度中存在着鸵鸟综合征(Ostrich syndrome),虽然公众普遍地认为学校暴力一直存在,但是学校领导却不愿意承认这一点,他们担心人们会排斥带有不安全标签的社区和学校。管理人员尤其担心会因为没有维护好校园安全而受到指责。他的结论是,不敢正视现实的后果是丧失了减少暴力事件的机会。

北湖(North Lakes)学校的许多老师都认为,学校管理者与董事会对于解决

---

① 笔者在调研中曾经遇到过这样让人啼笑皆非的事情。一所学校校园欺凌治理工作做得非常认真扎实,处理并上报了本年度学校发生的校园欺凌暴力事件,本以为会受到奖励,但是相反,在年终学校评优中被淘汰,原因就是该学校本年度发生了校园欺凌事件。

暴力问题做得不够,教师们相信,有些问题他们没有被告知。许多老师相信,在学校管理者看来,保护学区的形象更为重要,而不是学校安全。还有一些老师相信,学校管理者与董事会甚至会极力否定本学区存在校园暴力问题。

2. 学校缺乏欺凌治理的专业举措

如果地区教育行政机构和学校持有不恰当的校园欺凌治理的管理意识与观念,那么自然就会有许多地区和学校的欺凌治理存在思想不重视、观念不正确、治理不专业、制度不健全、过程不科学、效果不明显之类的问题。

在调查中我们发现,尽管教育部等部门多次强调要加强对校园欺凌的治理,但是还是有部分中小学校没有足够重视这一问题,集中表现在认识与实践两个维度中。在认识领域,部分地方教育局与中小学仍然存在个别管理者将可能存在的校园欺凌问题与现象简单地理解为校园纪律问题,将潜在制约教育高质量发展的校园欺凌曲解为学生成长中的正常现象,甚至存在"校园欺凌是儿童自我发展的历练"一类的谬论。在具体实践中,我们也发现一定数量的教育管理主体并没有对治理校园欺凌问题投入应有的资源,继而在个别教育系统中出现缺乏校园欺凌行为发生预警机制、缺乏相应预防与治理制度、缺少相关治理机构、没能形成"家庭—学校—社区"等多元互联机制、学校欺凌治理相关预案不完备、欺凌治理的行动流程不科学、相关心理与法律咨询支持不健全等情况。这些现实存在或潜藏的隐患都会导致欺凌治理中出现定位不准、工作不细的问题,致使学校在面对欺凌事件的初期即陷入紧张的境地,甚至一时间没有工作思路,处理问题时无章可循。尽管在实践过程中能够依赖教学机智与管理机智最终解决问题,但完全依赖行政思维,缺乏专业意识终将制约学校治理校园欺凌能力的完善与发展,妨碍教育高质量发展的进程。

3. 学校规模大小影响欺凌事件的滋生与治理

学校的教育资源是有限的,学校或班级规模越大,学校投入到个体的管理欺凌的平均资源就会越少。换言之,面对学生数量的激增,学校拿不出数量上相匹配的教师或管理人员,从而导致欺凌问题发生的概率增加。

美国学校犯罪与安全研究的调查表明:学生人数越多的学校越容易发生暴力事件,并且学校的注册规模与暴力发生的水平明显相关。据了解,注册规模在1 000以上的学校与注册规模在300以下的学校相比,前者发生暴力事件的概率较后者高出28%。

同样,我国学者在调查后发现,班级规模及人数与校园欺凌的发生频率间存在着关联。学校发展中的"大班额""大校额"变化,使得学生之间的关系更加复杂,且学生个体得到教师的关注与支持份额减少了,这使得学生的焦虑感和不公平感增强,进而增加了欺凌行为发生的概率。①

除此之外,一些不正确的班级管理理念也是造成校园欺凌问题日益严峻的原因之一。博多安(Marie-Nathalie Beaudoin)与泰勒(Maureen Taylor)指出,在班级中提倡竞争,并将竞争视为单一的激励手段也会在一定程度上诱发暴力欺凌行为。因为学生可能会在比较与竞争中滋生脱离教育目的的认识,甚至形成"为了成功无所不用其极"的扭曲观念。

4. 学校道德管理与法治管理失效

美国教育家伊利奇(Illich I.)在《非学校化社会》一书中提出,"学校专断地决定了学生学什么以及什么时候学,当学生感受到比预期的更为无所不及的被操纵时,常常会加强对学校教育的反抗"②。

当前在我国,成"人"教育的理念已经很大程度地被成"才"教育的理念所裹挟。应试教育制度的不足,会放大教育中的社会分层活动中的加重、机械且简单地由成绩排序作为标准的优胜劣汰选拔与考核制度,使一部分学生难有自身潜力得到大众认可的机会。加之其他的制度设计不完备所带来的不公平结果也使部分学生对成功与希望持怀疑甚至是放弃态度。同时,在德育实践中可能存在的形式化问题使得德育活动呈现出低效性特征。此外,学生的思想品德教育质量在考试选拔过程中没能得到相应重视。在这些因素的合力下,校园欺凌的治理成效不佳也似乎是正常的,这最终会为中小学生的道德水平发展埋下诸多隐患。

同样,法治教育不理想也是造成学生欺凌问题日渐显现的原因之一。个别中小学在处理欺凌事件时,一味地秉承"性善论"教育哲学,缺乏法治意识。面对怙恶不悛、屡教不改的学生仍基于"人之初,性本善"的假设,以"大事化小,小事化了"的方式替代全面、系统、科学、严肃的校园欺凌治理,从而使欺凌者逐渐从侥幸劣化成漠视规则与法律的无法无天,"欺负他没事,最多老师批评两句而已"似乎成了大部分欺凌者所具有的病态心理。

加之当前我国在学生欺凌方面的立法起步较晚,发展水平相对滞后,尚未建立起健全的系统的反欺凌法律法规,使得部分学校在处理学生暴力问题时停留在道德层面,而没有从法律的角度思考。尽管学校在处理过程中以规章为依据,但校规校纪往往缺乏相应的约束力,只能以"软处理"的方式作罢。

更值得深思的是,学校对校园欺凌的管教行为有时反被相关法律所钳制。在管教学生过程中,教师一不小心便会"违法"。即便是欺凌情况十分严重,以至于交由公安机关处理,但从众多案例的处理结果来看,往往是"大事化了"或"息

---

① 蔡金花,李贤."大班额""大校额"背景下学校安全管理的挑战与出路[J].中小学管理,2018(7):25-28.
② [美]伊利奇.非学校化社会[M].吴康宁,译.台北:桂冠图书股份有限公司,1994.

事宁人",既无法展现法律的尊严,又不能维护被欺凌者的权益,这些都在无形中助长了学生间的欺凌行径。当人们面对欺凌问题时,尽管大家都倾向于在解决问题的初期诉诸"讲理"与"依法"的路径,但当规则失真时,部分群体又会诉诸"以闹求理"甚至是"以暴制暴"的行为逻辑,这不仅是一种扭曲,更是会对社会运行与治理带来隐患。①

所以,教育界应倾向于用合作学习和学校道德共同体建设来发展积极的学生关系,从根本上改造校园欺凌发生的环境。②

5. 学校缺乏共情的校园文化

一所学校的文化氛围对促进或阻碍学生发展与人交往的技能有很大的影响。学校能够创造一种学习的环境,不仅能防止暴力,而且还能教育年轻人,使之具有成熟的情感和较高的情绪智能。③

当学生感觉到他们的教育是不充分的或低下的,当他们感觉到学校与教师对自己的期待不如班里别的同学时,他们经常会感到无助或灰心丧气,当他们没有有效解决这一问题的方法时,这种沮丧的感觉经常会让他们变得愤怒或暴力。

在部分研究者看来,学校可能存在的成员间缺乏彼此的理解,无法做到互相欣赏、互相支持,即缺乏共情的校园文化,可能是造成校园欺凌最根本的原因。

在这一点上,美国学者阿伦森(Elliot Aronson)的观点值得我们关注。在他看来,"真正的办法是共情,是情感建设,是构建一个包容、体贴和共享的文化。"④"我们要将学校变成一个安全的场所,让学校变成一个对所有学生而言更加愉悦、更具激励作用、更富有同情心、更人性的场所。"⑤

四、人本主义教育哲学的偏差

从某种意义上讲,我国日渐显现的校园欺凌问题与我国教育学与教育哲学理论的发展取向及其在实践中的表达有一定的关系。一言以蔽之,公众对"以人为本"理论的误解与臆测,可能会带来教育实践中受教育对象的"自我中心"表征发生失控与异变,进而导致学生管理的失真。

近年来,伴随着教育改革的深入,教育思想领域对传统"主知主义"理念下的教育批判愈发猛烈。不得不承认,各种式样的人本主义以及其所蕴含的自由、民主观念已然在我国教育界汇聚成一股洪流,对我国的教育发展发挥着全面、深刻

---

① 王占魁.“报应”“报复”抑或“修复”?——社会欺凌的教育哲学省思[J].南京社会科学,2019(6):137-144.
② 顾彬彬.从严惩到调解:校园欺凌干预取向的演变及趋势[J].教育发展研究,2019(4):54-63.
③ [美]埃利奥特·阿伦森.不让一个孩子受伤害[M].顾彬彬,译.上海:华东师范大学出版社,2019:87.
④ [美]埃利奥特·阿伦森.不让一个孩子受伤害[M].顾彬彬,译.上海:华东师范大学出版社,2019:12.
⑤ [美]埃利奥特·阿伦森.不让一个孩子受伤害[M].顾彬彬,译.上海:华东师范大学出版社,2019:12-13.

且持久的影响。这种张扬"人"的教育哲学自然值得称赞与认同,因为它打破了过去相当长一段时间我国封闭、传统、呆板的教育文化,在强调、唤醒个体价值的过程中发挥着重要作用。但不可否认的是,由于人性本身的复杂,加之人本主义本身所具有的理论深度,势必会造成大众无法领略"人"的意涵,不能全面地把握其深层内涵。这种对人本主义不全整的理解,会加重对"以人为本"的误读,使大众在"顾此失彼"中走向极端,以至于在对教育活动的评判中也出现了扭曲与畸变:结果凡是顺应"以人为本"的,都是进步的、不加质疑的、获得普遍认可的;凡是背离"以人为本"的,都是落后的、遭受质疑的、不为人接受的。这种偏见虽然看起来可笑,但确实潜藏在当下的教育实践中。

在这种思想的作用下,凡是涉及教育自由、民主、个性、价值等的理念与行为都会被大加赞美、统统提倡;凡是涉及教育管治、秩序、规范、惩戒等的理念与行为都会被遮遮掩掩、半推半就。久而久之,这种"惟人本主义"俨然成了教育场中的"意识形态"或"元理论",在不知觉中成为指控或评判任何教育思想或实践的标准。过分强调乃至迎合"人"终将使教育远离理性,陷入对"以人为本"的迷思,任由"人"的任性与不羁。这些怪相主要表现为以下四点。

1. 聚焦教育中的"人",漠视教育中的"环境"

在当下的教育现实中,人们总是把目光全部集中在"人"上,认为只要人的矛盾解决了,其他教育上的困惑自然也就解决了。在此理解下,"人"似乎成为教育的"信仰"与唯一,高扬"人"的旗帜而忽略甚至抛弃了教育中诸如物件、制度、组织、氛围、文化等因素,逐渐成为一种"不得已而为之"。日积月累下,这一观念中的极端特质可能会进一步发酵,似乎没有学生积极参与的课堂便不是好课堂,没有学生积极参与的课程便不是好课程,没有学生积极参与的管理便不是好管理,如此等等;似乎教育中的各个方面必须要有显性人的存在,才可能与"好"字沾边,哪怕在实践中为了突出"人"而影响教育实际效果。"以人为本"的另一个畸变表现为"对人的简单化与符号化",教育从促进人的全面发展逐渐异变为促进人的某一个方面的发展。换言之,在部分人眼中,人的某部分的发展竟与人的全面发展画等号。在应试教育体制下,"以人为本"变成以学生分数为本、以学生成绩为本、以学生升学率为本。这些都与人们对人本主义知识的认识偏差相关,都是由于过于强调或片面强调人的因素而忽视了现实、环境、条件与物质等要素所致。

2. 重视"外在"的人性,摒弃"内在"的人性

基于对传统教育与应试教育的批驳,人们往往对人本主义教育哲学投入极大的热情,而这种热情却常常令人失去理智。部分未能全面把握人本主义的人往往单一地抽取理论的非理性成分,将其引入教育中并加以放大,进而带来一系列问题。人非理性的一面往往强调人的外在性,即物质、欲望、激情等更易外化为人的外在显示且易为他人感知的存在。人们往往沉醉于这种光鲜,认为这些表现更能代表人本主义中的"人"。故在教育中,人们似乎更加关注这些人的表层特征,认为以人为本就是以物质的保障、欲望的满足、情绪的发泄、符号的消费、庸俗的表达等为本,而没有或者轻视了对人性中最为重要的理性素养等内在人性的关注与佑护,譬如人生的意义、生活的价值、自然的法则、社会的规范、人生的理想、终极的信仰,等等。在此畸变的理论指导下,学生的理性生活为激情生活所篡夺,在其发展中对内在需求的满足让步于对感官层面沟壑的弥合。理性的匮乏业已使一些学生放纵情感、增加混乱、制造无序、野蛮暴力、不负责任。如果不扭转这一局面,使教育回归理性、经典、主流与常识,则注定会带来相应的苦果。

3. 关注"个体"的人,忽略"群体"的人

在一般人看来,"个体"的人往往是真实的、具体的、直接的,而"群体"的人则是空泛的、抽象的、间接的,所以在践行"以人为本"时,个体性特征更容易得到彰显与表现。例如,在当下的教育现实中,"以学生为本"更多表现为以"某个"或"几个"学生为本。人们似乎相信,相对于群体或学校集体而言,学生个体总是处于弱势,对其应该无条件地给予同情和支持。在现实生活中,个别以"个人"为本的人本主义者,以关怀与体恤个体为口号,为所谓的"个人"争取更大的利益。但就其结果而言,却往往是"个体"不断侵犯"群体"的利益。个人与群体、自由与规则、民主与法治本是辩证统一、须臾不可分离的,而在当下的教育现实中,却经常只见"个人""自由""民主",却不见集体、规则与制度。教育中的怪诞由此滋生。譬如,当代表学校群体的教师与某学生发生矛盾时,即便学生是错误的一方,最后的判定也往往是"个人"的学生获胜;当学生发生伤害或事故,最后的处理结果也大多是作为集体的学校承担责任,即便事故本身的确是意外。这些现象应该引起我们重视,须知,真正的人本主义从来就不是个人主义,真正的人本主义是整合个人与群体利益的学说。我们不能为了某些个人利益而去牺牲更为广大的师生员工的群体利益。

4. 强调"感性"的方法,轻视"理性"的逻辑

在当下的教育领域,人们往往以莫大的热情投入一场轰轰烈烈的思潮与运动中,人本主义亦是如此。在这种躁动中,坚持以人为本诉诸感性抑或狂热的方式,感性的人本主义者不在乎追求和平与安静,更在乎自由而热情的个人表达。他们往往意识不到混乱的危险,意识不到一切激烈热情中潜藏的无政府倾向,意识不到秩序的重要性,以及为达到安全而必须做出的牺牲。美德在这些极端者看来是怯懦的表现,理智被斥为对付自由的阻力,优雅的礼貌被贬成泯灭学生个

性的桎梏。

感性的人本主义鼓励一个狂纵不法的自我,使人与人之间无以成群、不能协作。感性的人本主义不断压迫与攻击理性和经典,结果,规律、逻辑、规则、经典、主流文化在这种非理性的支配下成为弱势,噤若寒蝉,沦为边缘。例如,在所谓"以生为本"的教育理念下,作为传道、授业、解惑者的教师经常处境尴尬,"消失""退却""隐忍"成为他们的常态,加上社会舆论与媒体的推波助澜,"投学生所好""不敢管理学生""看学生与家长脸色"。所谓学生"主体"的彰显竟以教师"主导"的消弭为代价,以人为本在实践中竟畸变成了放手不问、推脱责任。对于这类怪相,作为"学生中心主义"的代言人,杜威(J. Dewey)早就提醒过我们:"实际上,认为自由的原则使学生具有特权,而教师被划在圈外,必须放弃他所有的领导权力,这不过是一种愚蠢的念头。"①我们不能以人本主义之名行反人本主义之实,最终导致非但没有真正实现以人为本,反倒成就了"人"的专制。

五、各类新闻媒体的负面影响

当下社会是一个全媒体时代,各种媒介在日常生活中扮演着越来越重要的角色。媒体信息传播的弥散性、无限性、全天候性、更新快速性表现得尤为突出。正如我们所见,媒体信息内容十分庞杂,信息来源渠道广泛,信息方式多样,信息影响多元且深远,既能给人们的正常生活带来愉悦和便利,也可能给人们带来不安甚至是痛苦。儿童处于身心还没有最终形成的阶段,身心具有很大的可塑性。为此,媒体中的负面信息极有可能对儿童的成长产生消极影响,诱发、催生诸如校园欺凌等问题。

1. 各类媒体信息中含有的暴力内容会影响儿童的言行举止

按照学习理论,媒体中反映出的暴力因素影响儿童的暴力与侵犯行为主要通过示范(demonstration)、奖励(reward)和实践(practice)。据研究,在4岁前,许多孩子不能从虚幻中辨别事实,即使有成人的指导也不行。他们长大后,虽然区别能力加强了,但是早期的印象打下了这个世界是暴力的、威胁的和危险的基础。许多研究认为,由于媒体暴力展现而导致暴力行为增加的青少年的年龄为10~12岁。另外,多个研究也表明,媒体中的负面影响在单亲家庭和低收入家庭中的孩子身上表现最为明显。对不同研究数据的整理表明,媒体暴力对现实生活中的暴力的影响规模大约从5%到15%。②

---

① [美]约翰·杜威.我们怎样思维·经验与教育[M].姜文闵,译.北京:人民教育出版社,1991:227-228.
② Comstock G, Strasburger V C. Deceptive Appearances: Television Violence and Aggressive Behavior [J]. Journal of Adolescent Health, 1990,11(1):31-44.

以美国为例,有学者研究指出,美国电视、音乐视频、电影以及视频游戏是世界上最暴力的。超过 1 000 个研究认为,媒体塑造的暴力形象是造成美国现实生活暴力事件最重要的因素。尽管娱乐公司声称这些形象都是虚构的,不真实的,但是儿童相信他们是真实的。[1] 美国媒体中最重要的组成部分,如电视影像(音像、电影)、印刷品(漫画书、杂志以及报纸)以及收音机,成为对儿童产生负面影响强有力的因素。此外,电视是众多媒体中最重要的信息来源,据统计,美国儿童到 18 岁止能看到 200 000 个暴力角色。美国儿童与青少年每周要花上 23~28 个小时的时间看电视。截至这些学生高中毕业,他们花在教室里上课的时间为 12 000 小时,而花在电视前的时间竟达到 15 000 小时。

美国有多项研究表明:平均一个孩子一年在电视上可以看到 12 000 个谋杀者、强奸犯与袭击者。[2] 超过一半以上的音乐电视、摇滚视频充满暴力,影视对儿童产生影响与威胁的方式主要来自孩子在家中所接触到的电影碟片、电视中的一些频道,以及付费的有线电视节目。资料显示,视频或网络游戏并不是完全有害的。但是不得不承认,超过一半的视频或游戏存在暴力内容,可以直接或间接诱发儿童的暴力行为。据了解,美国七年级和八年级的男生平均每周在视频与游戏上耗费超过 4 个小时,女生在视频与游戏上耗时大致是男生的一半。[3]

可以想象,尚处于学生阶段、心智尚未成熟的青少年儿童受媒体影响之大。这些来自媒体的影响会在潜移默化中改变学生的认知,使他们将影视作品中的夸张与怪诞与现实生活相混淆,不仅将冲突与暴力视作解决问题的方式,还会不自觉地将其体现在自己的认知与行动中。

2. 媒体信息中含有的暴力或有害信息会诱发儿童患病或死亡

媒体信息承载着一些观念,心智尚未成熟且缺乏心理韧性的儿童面对某些暴力或其他有害信息时往往会受到消极影响。这种影响不仅表现在内部心理,还会在外部行为中得以显现。

一是通过模仿媒体人物行为而自杀或自残。例如,在美国,当摇滚巨星科贝恩(Kurt Cobain)于 1994 年举枪自杀后,在那一个周末,媒体报告有好几起青少年自杀事件发生,其中最少死亡 1 人。据美国相关研究,在过去的 30 年里,青少年自杀率增加了 4 倍。有几项关于电视节目和新闻报道与青少年自杀之间关系的研究,研究表明,媒体上越是刊载放映关于自杀的故事,现实中试图自杀的人

---

[1] Strasburger V C. Children, Adolescents, and the Media: Five Crucial Issues[J]. Philadelphia: Hanley & Belfus, 1993,4(3):479-493.
[2] Huston A C, Donnerstein E, Fairchild H, et al. Big World, Small Screen: The Role of Television in American Society[M]. Lincoln: University of Nebraska Press, 1992.
[3] Funk J. Reevaluating the Impact of Video Games[J]. Clinical Pediatrics, 1993,32(2):86-90.

就越多。新闻报道与电视节目里报告自杀事件,特别是一些有吸引力的名人的自杀,可能引起一个地区自杀数量的增加。

二是关于媒体中青少年抽烟的印象影响。研究表明,青少年抽烟与发生反社会行为之间呈正相关。香烟自身的麻痹作用、购买香烟所需的钱财来源,以及抽烟群体的文化特征等都是引发欺凌行为的重要原因。另外,抽烟也是青少年酗酒甚至接触毒品的入门环节。吸烟后,这些青年一般会继续接触酒精、大麻或其他药物。他们中成绩差的或者缺乏自尊的年轻人更有可能养成吸烟的劣习。而这些都与烟草广告或媒体中宣传的抽烟者的正面形象有关。这些宣传无疑会对青少年的身体健康造成伤害。

三是关于媒体中青少年酗酒的印象影响。酗酒同样伤害青少年儿童的健康,而这种伤害也会通过暴力的形式表现出来,因为酒精可以伤害或麻痹神经,干扰青少年正常的言行。我们发现,在媒体上,一个手里拿着酒瓶,快感十足,很有吸引力的模特对于吸引青少年喝酒是很有诱惑力的。据美国的一项研究记载,在马里兰郊区,儿童很少能够辨别出谁是美国总统,但是对啤酒的牌子却如数家珍。一些与酒有关的广告往往伴随着危险的行为,例如在赛车之后的庆祝时刻,车手开怀畅饮。这样的广告通过将一些刺激性活动与饮酒相关联,不仅会给青少年带来极大的诱惑,还会诱导他们将饮酒与模仿成年人、追求刺激、释放激情在内心形成联结,直接或间接引发诸多暴力事件与事故。

四是关于媒体中的性的印象影响。与抽烟、酗酒一样,色情也是媒体对青少年造成的影响,青少年生活中与性有关的活动造成的危害也十分惊人。在一些影视艺术作品尤其是肥皂剧中,充斥着不恰当的对性的描述,诸如滥交、无保护措施的性行为、隐藏性活动的潜在风险(性病、艾滋病或意外怀孕)。此外,这些艺术作品中的女性往往被赋予标签化形象,她们看上去更加开放,更热衷于购物与化妆,痴迷于约会,而知识女性却被塑造成糟糕的形象[①]等等。这些都会造成多方面的消极影响,不仅会使青少年认知扭曲,还可能增加性欺凌与性暴力发生的概率,对青少年学生造成实质性伤害。

3. 媒体信息含有的暴力内容或暴力产品会影响青少年儿童的暴力消费

一是这些媒体中的一些不良内容会塑造青少年儿童的暴力消费观,隐含在媒体中的形象与宣传会直接诱导儿童,让他们的家长为他们购买相关产品。在影视、游戏中暴力人物的影响下,青少年儿童往往会痴迷于这些人物所使用的武器,渴望得到这些道具以在生活中模仿影视或游戏中的主人公,并效仿其暴力行

---

① Steenland S. Growing Up in Prime Time: An Analysis of Adolescent Girls on Television [M]. Washington, D.C.: National Commission on Working Women of Wider Opportunities for Women, 1988.

为。这在当下文化消费产业中表现得更为明显,文化产品开发商们为了经济利益,精准地"利用"青少年的消费心理,投其所好,开发了大量的暴力产品,特别是开发制造了大量在青少年儿童群体中流行的影视形象的相关产品。这类产品中的很大一部分与暴力相关,诸如枪支、刀具、战斗机、坦克等玩具或武器,或网络游戏中的某些特定暴力器械或符号。这种行为与思潮俨然形成一种暴力的消费热点,具有暴力因素的消费在青少年儿童消费中占比越来越大。大量的孩子在商业利益驱动下淹没在暴力元素中,在此影响下,他们往往购买大量与战争和暴力相关的玩具或武器。据统计,仅玩具枪一项在美国每年的销售额就达到1亿美元。[①]

二是这些媒体中的一些不良内容会导致青少年儿童生活暴力化。暴力消费产品充斥着他们的日常生活,在潜移默化中改变着他们,驱使他们日常生活暴力化。他们日常交流的谈资,包括见面时的问候都可能与影视、网络中的暴力形象有关,他们所用的语言文字,所穿的衣服,个人装扮,甚至面部表情与身体动作,或日常生活方式都带着影视或网络游戏中形象的印记,深受影视或网络游戏等的影响。青少年儿童的正常生活正被暴力元素荼毒,似乎暴力渐渐成为他们成长中的一种必然,作为回应,当下青少年儿童的生活也无法避免地走向暴力化。

三是媒体中一些不良内容带来劣币驱逐良币现象,诱发青少年儿童做出反社会行为。虽然电视、各种音像游戏、网络游戏、手机游戏等描述着相互斗争所造成的死亡与毁灭,但是,对媒体上暴力形象限制于规范的努力却经常遭到媒体主办方和产品开发商们以经济为借口的强烈抵制。这样的结果会给青少年儿童带来一种"默认"的错觉:在他们看来,既然成人社会允许到处存在暴力形象与暴力符号,那么他们使用暴力的方式解决问题也应是受到默许的,最起码来说,这不是什么特别严重的问题。这样的事实,往往会带来这样的结果——青少年儿童用不恰当的生活方式取代原本的生活方式,他们更乐意运用在媒体上学到的暴力办法来解决现实生活中所遇到的同样问题。而尊重、忍让、妥协、协商等在他们看来成了一种逃避或拙劣,毕竟在他们所接触的暴力文化中这些都是格格不入且无效的。

4. 媒体追求的新闻效应会引起社会关于校园欺凌的过度焦虑

新闻媒体的宣传效应其实也是一把双刃剑。在宣传欺凌事件,扩大欺凌事件的社会影响,全方面引起社会重视的同时,我们也要注意到新闻媒体的宣传报道也会引起人们对校园欺凌事件的过度关注,甚至形成社会焦虑,不利于校园欺

---

① Cristoffel K K, Cristoffel T. Handguns as a Pediatric Problem[J]. London:BMJ Pub. Group, 1999, 5(2):343.

凌问题的解决。

在一些极端情况下，媒体对欺凌事件的过度宣传和报道会成为一些欺凌者模仿的来源，引发更多的欺凌事件发生。一些媒体对欺凌事件的追踪描述和细致分析，反而为欺凌者提供了学习的机会，他们会模仿和学习新闻报道中的欺凌形式和方式，对被欺凌者采取攻击性行为。这些欺凌者还会从报道中"取长补短"，使校园欺凌行为更隐蔽，极大地增加了校园欺凌的治理难度。

美国的一些研究成果显示，媒体对欺凌事件的过度报道是造成现实生活暴力的重要因素，其在描述暴力方面对美国儿童与青少年产生了非常重要的负面影响。研究指出，许多媒体都在责骂儿童与青少年的暴力和其他一些反社会行为，然而媒体本身正是导致儿童与青少年反社会行为的一个重要因素。因此，在美国，通常会采取限制报道的方式，以免使一些重大欺凌或暴力事件造成新闻轰动性影响，从而减少人们的过度焦虑，减少青少年儿童对媒体新闻的关注，减少他们从中学习的机会和可能。

六、反校园欺凌法律法规建设存在缺陷

纵观我国各界关于校园欺凌防控的理论研究和实践，不得不承认，我国当下在校园欺凌治理的理论与实践层面必须正视的问题之一，就是校园欺凌的法治化防控理念不成熟。

1. 缺乏治理校园欺凌的专门性法律

从微观层面、具体实践维度出发，包括《教育法》《义务教育法》《预防未成年人犯罪法》《未成年人保护法》《民法》（广义的）《治安管理处罚法》《刑法》等在内的"民—行—刑"既有规制校园欺凌的法制体系，在面对校园欺凌问题时仍存在一些有待完善的规定。某些情况下，学生行为的违法犯罪性质存在着界定不清的现象，致使教师在行使惩戒权时不能做到收放自如，一些具体管理措施往往实际效果与预期存在差距。这既无法发挥法律法规在治理欺凌中应有的威慑作用，也难以契合"以惩罚为后盾"的教育保护理念，使之落到实处。加之法律法规之间可能存在重叠和间隙，使得现阶段法律在校园欺凌治理的协调、配套、衔接中仍需要进一步整合。

集中、统一、专门针对校园欺凌治理的"反校园欺凌法"等专项性法律尚未制定，难以发挥总揽全局的引领、辐射作用，难以实现"诸法合体"的综合治理、合力应对效果。为此，在教育高质量发展的新形势下，我们必须认真考虑建构和完善以"反校园欺凌法"为核心的专项反校园欺凌法制体系，从而保证校园欺凌防控法治建设与时俱进和卓有成效。

2. 只重视教育、保护，轻视惩罚的偏向性理念

在我国，个别校园暴力行为遵照《刑法》的相关规定，可被定性为故意杀人罪、故意伤害罪、抢劫罪、抢夺罪、敲诈勒索罪、寻衅滋事罪等犯罪，应当承担刑事责任；一些情节轻微、危害较小的犯罪行为也可构成《治安管理处罚法》等规定的行政违法行为，同时还应承担相应的民事侵权赔偿责任。由于校园欺凌行为与校园暴力行为存在交叉重合关系，因而校园欺凌同样可能构成上述违法犯罪行为，应根据具体情况和轻重程度等区分，进而承担相应的民事责任、行政违法责任、刑事责任。

然而，对于未成年人违法犯罪，我国一贯坚持和实行的是"教育、感化、挽救"方针，以及"教育为主，惩罚为辅"原则。① 例如《未成年人保护法》和《预防未成年人犯罪法》都规定："对犯罪的未成年人追究刑事责任，实行教育、感化、挽救方针，坚持教育为主、惩罚为辅的原则。"但是在我国现有法律体系下，上述法律过于强调对未成年人违法犯罪的教育、保护与挽救，致使法律在应对处理校园欺凌事件时显得疲软乏力。而在《治安管理处罚法》和《刑法》规定中，由于承担相应的行政违法责任与刑事责任具有相应的责任年龄限制，导致对一些违法犯罪行为无法进行有效的规制。即便学生处于相关规定的责任年龄范围内，行政处罚机关和刑事司法机关也大都对未成年人从轻发落，基本以口头教育、当面或书面训诫等为主。在这样的形势下，学校的管教行为有时反被相关法律所钳制。教师在管教学生时不得不以一种谨小慎微的姿态，稍不小心就有"违法"的嫌疑。从现有的许多案例来看，教育管理者在治理校园欺凌过程中大多时候坚持"息事宁人"，被迫扮演促进"和解"的调停人角色，这些都无形地助长了部分学生的欺凌行为。

单纯的口头教育、说服教育和轻罚免罚并不是万能的，也缺乏实际效力，在应对频繁发生的校园欺凌现象时往往更显乏力。我们应当厘清这一观念，即没有惩戒和处罚甚至是严厉处罚的教育不是完整的教育，更难以实现完美的教育。诚然，我国对于未成年人违法犯罪的处置原则和理念强调的是"教育优先"，但这并非意味着要在教育的过程中对学生放任不管，将"惩罚"与"惩戒"排除在教育之外，而是强调"惩罚为辅"。但在教育实践中，我国相关法律的上述规定及其内在精神却往往被人误读、曲解为所谓的"教育保护为主、惩罚为辅为次为补充"。这样的曲解不仅使"保护"与"纵容"在教育中居于领先的主导地位，还会使具体的教育实践在一定程度上发生畸变，甚至沦为打着保护旗号敷衍了事。忽视育

---

① 颜湘颖，姚建龙."宽容而不纵容"的校园欺凌治理机制研究——中小学校园欺凌现象的法学思考[J]. 中国教育学刊，2017(1):10-14.

人过程的教育性,将保护拔高至最高原则,势必会对具有"惩前毖后"功效的惩罚产生轻视、漠视乃至忽视,进而使得所谓的主辅关系失调、失范、失序和失衡,沦为一放了之。单纯、绝对的教育保护单极化倾向,不仅导致惩处流于形式,成为一句空话,而且具有标签赋予的意义。这不仅会淡化欺凌者应负的相应法律责任与承担意识,还会诱发对被害人身心抚慰与恢复的漠视,更难以对欺凌实施者或其他潜在欺凌者进行有效的震慑。

3. 将事后惩治作为解决问题的重心,没将事前预防摆在更为优先的位置

再完美的欺凌处理都不及欺凌不发生。避免青少年阶段学生受到伤害的最好办法,就是不发生伤害,而非在伤害发生后采取一切方法、措施去降低伤害。更何况有些如心理创伤、精神损害等伤痛难以通过单纯的惩处得以恢复和痊愈,一些深度的伤害往往需要被欺凌者用一生来治愈。为此,我们在综合治理校园欺凌时既要重视欺凌发生后的惩治与心理复健,还要构建事前预防的体系和层次,从超前预防、临界预防与再犯预防三个角度出发,建立起自我、家庭、学校、社会、司法等五道防线,开展有梯度的预防。①

超前预防应当着眼于学生的日常学习生活情况与学生个人情况,在观察、比较与关注后做出预测性判断,结合对学生群体的总体考察与个体考察结果锁定一些可能出现欺凌行为的群体或个体,暗中进行观察与关注,尽最大可能避免校园欺凌的发生。

临界预防主要着眼于校园欺凌行为发生的萌芽状态、端倪倾向或发生过程,通过及时进行干预和处理的方式,避免校园欺凌向更为严重的事态发展,进而避免不良的后果。

再犯预防则着眼于已发生的欺凌行为,在给予欺凌者相应的不同层次、不同梯度的教育与惩戒手段后,继续跟进,对他们进行观察和关注,防止再犯行为的发生。

在具体实践环节,事前预防应当从多元主体展开,涵盖学生自身、家庭、学校、社会、司法等不同视角,基于时空、角色、权力、权利、责任、义务等差异化视角展开观察和处理,构建综合预防体系,从而在校园欺凌预防环节发挥合力。

4. 校园欺凌的防治应有综合治理理念

就法律治理层面而言,当下校园欺凌的防治存在单独依仗法律、诉诸主体单一的现象,应革新观念,多管齐下,综合治理。正如颜湘颖、姚建龙在文章中所

---

① 肖建国,姚建龙,颜湘颖,等.建设和谐社会与构建预防青少年犯罪体系[J].犯罪学论丛,2007(1):157-189.

说:学生欺凌不能一罚了之,一放了之。应当坚持"宽容而不纵容"的政策。①

校园欺凌的综合治理需重点关注治理主体与责任承担方,跳出原有责任简单划归于政府、教育主管部门、学校或家庭等某一方的惯性思维,应从系统角度出发,分清责任主次,划定责任与义务边界,依法授予对应主体相应的权力,保障权利与责任的一致。厘清权责边界的意义在于,整合各主体在预防和惩治校园欺凌中的优势,避免"九龙治水而水不得治"的尴尬局面,有效协调在综合治理校园欺凌中各主体间的权责关系。

同时,综合治理理念下还需革新当下在"惩罚指向"中存在的"刑罚偏向性",将这一观念转变为法律责任的"综合认定"与"分别承担",即采用民事责任、行政责任和以刑罚为核心的刑事责任相结合的立体承担体系,综合运用多种手段,防止校园欺凌的防控活动与刑法、刑事责任、刑罚直接挂钩,或跃升为民事责任、行政责任,确保校园欺凌防控的实践不离开校园欺凌的自身场域。

此外,践行综合治理理念需辅之以相应的校纪班规、道德谴责,构建立体完善的综合惩戒体系。不得不承认,当前的校园欺凌惩治受制于一些法律规定的责任年龄、违法犯罪行为类型、危害后果与程度等要素,面临着"小事不处理,处理无大事"的尴尬局面。

以往研究提出的应对举措过于单一化,教育学界在思考校园欺凌治理时过于注重法制体系中作为前置法的《教育法》《治安管理处罚法》等行政法规制和处罚措施。法学界,尤其是刑法学界往往过于依仗运用法制体系中作为后置法、保障法的《刑法》作为校园欺凌兜底性、硬性、强制性的严厉处罚措施。两者面临着过宽或过严的问题,存在两极化的弊端。

学界也提出了"降低相关法律规定的责任年龄"的主张,他们特别强调要降低刑事责任的年龄限制,引进恶意补足刑事责任年龄制度。② 这些举措的确为校园欺凌防控,特别是在惩罚方面开出了一剂"良药"。但毋庸讳言,这些举措的核心指向都是在竭力地发挥《刑法》的前置化、重刑化、强力威慑作用,而有违《刑法》的后置法角色、保障法地位和谦抑精神内核。这一现象固然有部分教育学者的惩罚功利性诉求驱动,也有隔行如隔山的专业领域分工带来的"专业槽鸿沟"所致,使专业外的研究者对于惩罚诉求的指向与内涵产生误解甚或错误。

故而,针对校园欺凌的惩罚方式和类型应当多元化、具有可操作性,真正发挥惩罚的效用。如果用之过当或者"药量"不足,都将折损惩戒的效果,更难以发

---

① 颜湘颖,姚建龙."宽容而不纵容"的校园欺凌治理机制研究——中小学校园欺凌现象的法学思考[J].中国教育学刊,2017(1):10-14.
② 许锋华,徐洁,黄道主.论校园欺凌的法制化治理[J].教育研究与实验,2016(6):50-53.

挥与教育相辅相成的综合效果,也有违形式公平和实质正义的内涵要求。徒善不足以为政,徒法不足以自行。防控校园欺凌,应当综合采用民事责任、行政责任和以刑罚为核心的刑事责任立体法律责任承担体系,辅之以相应的校纪班规、道德谴责等法律外惩戒体系,分类型、分梯度、分层次进行立体完善的综合惩戒体系的搭建和配置,在实际操作和适用中根据个案情形坚持大小相称、轻重适度、罪错相当、罚当其罪原则。同时坚持综合治理原则,采取明刑弼教、双管齐下,把握先后次序、轻重缓急方为正确、切实可行的应对策略,从而使得作为后置法、保障法的刑事法发挥重要的威慑、惩戒作用,并与《行政法》《教育法》等前置法合力协作,形成更具体系性、协调性和衔接性的综合保护、教育、预防与惩戒的立法与司法体系,方可取得应有效果。

5. 在校园欺凌管控中仍坚持成人视角与成人本位

在当下的校园欺凌治理实践中,仍然存在着以人为本理念缺失、以青少年为本观念失位的问题,应避免单纯的以成人视野、成人观念、成人思维等僵化、传统的理解来主导反校园欺凌立法。例如,中国青年政治学院社会工作学院副院长童小军表示:成人对校园欺凌现象很少能看到位。在面对校园欺凌时,成人的观点往往集中在两个方面:对于受欺凌者,"打回去";对于施暴者,以后不许这么做了。然而,对于受欺凌者来说,很少能够"打回去"的;对于施暴者,一句"以后不许欺负人",也难以让他们认识到自己的错误。[①] "欺负他没事,最多老师批评两句。"[②] 在校园欺凌的认定环节中,也应当更多地站在学生,特别是受害学生的视角、立场来进行判断。例如,日本建立了一整套较为完善的校园欺凌治理法制体系,特别是于2013年由日本国会通过专项性立法——《校园欺凌防止对策推进法》,其根据"被害学生的立场"来判断校园欺凌构成与否,并在采取校园欺凌的预防与应对措施上更多地关注到学生群体的特殊性,特别是其有别于成人的生理、心理特点,从而更加具有人性关怀,能够更有效地预防和惩戒校园欺凌行为,切实维护学生的切身利益。将法律引入校园欺凌的治理中,并对中小学生进行法制教育,以此提高其依法维权的意识和能力,进而形成规则观念、法治意识和依法维权意识。[③]

6. 无法给予低龄未成年人犯罪行为以公众期待的惩罚

我国法律规定了责任年龄制度,对于未达到责任年龄的低龄未成年人违法犯罪行为,即便行为十分恶劣,也同样无法给予公众所期待的惩罚。无论是民事

---

① 宋亮,张秀红.治理校园欺凌:明确惩戒,依法处置[J].教育,2017(18):30-32.
② 刘建.我国中小学校学生欺凌行为及其治理[J].南京师大学报(社会科学版),2017(1):75-84.
③ 刘建,闻志强.法治中国建设背景下校园欺凌的法治化防控[J].教育科学研究,2019(3):37-43.

责任、行政责任,还是刑事责任,都存在这样的责任年龄规定。在非法律专业人士看来,责任年龄制度的存在具有明显的"庇护"甚至"放纵"色彩。

根据《中华人民共和国民法通则》(简称《民法》)等法律的规定,对于未满十周岁的无民事行为能力的未成年人,以及已满十周岁未满十八周岁的限制民事行为能力的人,如果造成他人损害的,由监护人承担民事责任。监护人尽了监护责任的,可以适当减轻其民事责任。这一规定意味着,低龄未成年人危害社会行为的民事责任并非由其本人承担,而是由监护人代为承担。

同样,《中华人民共和国治安管理处罚法》(简称《治安管理处罚法》)第十二条规定:"已满十四周岁不满十八周岁的人违反治安管理的,从轻或者减轻处罚;不满十四周岁的人违反治安管理的,不予处罚,但是应当责令其监护人严加管教。"这一规定意味着,未成年人违反治安管理的行政责任应当从轻、减轻或者免于承担。

另外,根据《中华人民共和国刑法》(简称《刑法》)对刑事责任年龄的规定,已满十六周岁的人犯罪,应当负刑事责任;已满十四周岁不满十六周岁的人,对故意杀人等八项罪名应当负刑事责任;已满十二周岁不满十四周岁的人,犯故意杀人、故意伤害罪,致人死亡或者以特别残忍手段致人重伤造成严重残疾,情节恶劣,经最高人民检察院核准追诉的,应当负刑事责任。同时对依照前三款规定追究刑事责任的不满十八周岁的人,应当从轻或减轻处罚。这意味着如果行为人未满十二周岁,即使实施了故意伤害致人重伤、死亡的校园欺凌行为,原则上也无法对行为人进行刑罚处罚,同时在因校园欺凌对被害人造成严重伤害的司法量刑时,即使行为人年满十二周岁,也会从轻或减轻处罚。

近年来国内曝光了多起未满十四周岁低龄未成年人恶性犯罪事件,这些行为如果是由成年人实施,可能面临最高刑为死刑的处罚,但是因为行为人未达到刑事责任年龄,所以结果多是教育释放或由家长领回。这种强烈反差的确容易引起公众"法律纵容"的判断与强烈不满,也成为很多人主张降低刑事责任年龄的主要原因。

7. 法律在"定性""定量"标准上对故意伤害事件的"纵容"

我国对于违法犯罪行为,尤其是应受刑罚处罚的刑事犯罪行为除了有性质的要求外,还有程度的要求,即既定性又定量。对于性质上虽然属于故意伤害、强制侮辱、强制威胁等欺凌行为,但如果未达到《刑法》所要求的"量"的标准,即便引起广泛的社会反响,也无法按照《刑法》给予刑事处罚。

以校园欺凌中常见的故意伤害行为为例,根据《刑法》第二百三十四条及相关司法解释的规定,故意伤害他人必须达到"轻伤"以上后果才可按照故意伤害罪追究其刑事责任。如果是已满十四周岁不满十六周岁的人故意伤害他人,还必须达到"重伤"的后果,才承担故意伤害罪的刑事责任。

对于伤害后果的判断有严格的鉴定标准,根据2014年1月开始施行的《人体损伤程度鉴定标准》,"轻伤"是指使人肢体或者容貌损害,听觉、视觉或者其他器官功能部分障碍,或者其他对于人身健康有中度伤害的损伤,包括轻伤一级和轻伤二级。"重伤"是指使人肢体残废、毁人容貌、丧失听觉、丧失视觉、丧失其他器官功能或者其他对于人身健康有重大伤害的损伤,包括重伤一级和重伤二级。

很多看上去很恶劣的故意伤害他人的校园欺凌行为,尽管在"性质上"属于故意伤害他人,但伤残鉴定往往达不到轻伤或者重伤的"量"的要求,因此无法按照故意伤害罪追究刑事责任。法律规定的这一特点,容易造成公众感受产生落差,同时还有可能带来"法律纵容校园欺凌"的非议。①

七、社会传统与经典文化旁落

新时代新征程,世界百年未有之大变局加速演进,中华民族伟大复兴进入关键时期,战略机遇和风险挑战并存,宣传思想文化工作面临新形势新任务。政治上的民主主义、哲学上的人本主义、思想上的自由主义、文化上的殖民主义、经济上的功利主义、教育上的主知主义以及生活上的享乐主义等外来消极思想仍在侵蚀我国的教育文化。教育文化面临着偏离常识、经典、主流与理性,走向浮躁、庸俗、肤浅、功利与野蛮的风险。中小学校学生欺凌现象便在这样的隐患中慢慢滋长。

"一方水土养一方人",文化对人的影响往往发生在潜移默化中,强大的文化力量能够润物无声,对人们产生正面或负面的影响。我们必须认识到,社会文化的整体发展水平与方向对青少年儿童的发展具有重要的导向作用。

1. 社会文化思想失范

"失范"这一概念是法国社会学家杜尔凯姆(Émile Durkheim)提出的,他在《自杀论》中将"失范"描述为当社会规范和价值相互矛盾、冲突或社会规范与价值相对脆弱时,在个人和社会中都会出现的混乱状态。②

当下,我国改革发展进入深水区、攻坚期,社会文化沿着现代、开放、自由、多元向更高阶迈进。随着改革的深入,各种思想、观念、价值、理论、文化等蜂拥而来。正面的与负面的,进步的与落后的,主流的与非主流的,道德的与非道德的

---

① 颜湘颖,姚建龙."宽容而不纵容"的校园欺凌治理机制研究——中小学校园欺凌现象的法学思考[J].中国教育学刊,2017(1):10-14.
② [法]爱米尔·杜尔凯姆.自杀论[M].钟旭辉,马磊,林庆新,译.杭州:浙江人民出版社,1988:200-236.

等共同存在,使人眼花缭乱。由此,正确的可能变成错误的,经典的可能退让给时髦的,主流的可能成为非主流的,人心浮动,浮躁功利,在这一背景下,营造和谐社会、践行社会民主、提倡个人自由等都由于人们对民主、自由、法治的一知半解而收效不佳。

文化失范对于中小学生影响巨大,使其价值观混乱,影响他们的价值判断与价值选择,使他们误入歧途,善恶不分,美丑不辨,真假不明,甚至黑白颠倒,是非不顾。这些皆为校园欺凌事件的发生埋下了伏笔。"逃离文化"中的学生,因跟不上学校教育的运作,被过早地抛出教育生产流水线,他们不能从学校教育中收获应有的愉悦,往往会逃进自我构建的天地。这样,当其深陷自我中心式生存时,往往更容易深陷"逃离文化",滋生欺凌个性。[1]

可以毫不客气地说,每一个欺凌别人的孩子和被欺凌的孩子都是校园欺凌事件的受害者与替罪羊,始作俑者是人类的天性本能、文化历史、社会氛围、当下的教育理念和体制,以及整个成年人世界对儿童精神生活的漠视和忽略。[2] 从某种意义上看,这与当下社会上一些消极文化有很大的关系。

2. 社会行为规范失序

受上述文化思想失范的影响,我国原有的传统的社会规范逐渐被解构,而新的社会行为规范尚未最终确立,在新旧交替的间隙,很容易产生行为规范失序或失当的现象。在有些人看来,传统规则与制度已经过时,不合时宜,新的规则与制度还没有完全发挥作用,于是便滋生出无视规则,违反规则的思想与行为。

在教育领域,表现在会对学生造成很大的冲击。有些学生无视社会法律、规则,无视学校规章制度,言谈举止没有章法,力图摆脱社会、学校、家庭的管控。再加上社会上出现的越来越多的反主流文化、通俗文化和庸俗文化的不良影响,许多学生沉迷于虚幻空间,对其疯狂追随,盲目崇拜。社会上的许多丑恶现象增加了学生对社会的反感,加剧了他们与社会现实的分离,对理智、道德与主流的不信任。部分学生日渐颓废,从希望到失望,失去梦想与追求,只在乎即时的愉悦与低俗的快乐,追求虚无缥缈的刺激与感受。最终,造成了永恒的、经典的、主流的道德规范失守。他们中的有些人甚至以反传统为荣,以破坏现状为乐,对遵守主流与保持风尚嗤之以鼻。如此,逃学、旷课、打架、斗殴、欺凌事件层出不穷。

规则的缺失与文化的误导两者一旦结合起来,会对学生产生难以挽回的负面影响。部分学生行为越来越离谱,他们离经叛道,背离社会主流,其行为大有失控的苗头。

---

[1] 蔡连玉."逃离文化"视角下校园欺凌治理研究[J].中国教育学刊,2016(11):24-28.
[2] 宗春山.少年江湖——校园欺凌的预防和应对[M].上海:华东师范大学出版社,2018:36.

最后，我们要注意，以上是笔者从某一维度进行的单向归因。但是，我们知道，影响校园欺凌行为的产生绝不是单向性的，它是综合影响的结果。这里，各方面力量的协调配合不到位也是一个重要原因。所以我们说，校园欺凌的产生也是社会共同作用的机制失衡所致。众所周知，教育影响的来源十分广泛，对学生进行教育是一个全社会的行动，绝非哪一个单元可以单独有效完成。社会各个相关机构部门都应该在其中扮演各自的角色，履行一定的责任。反观现实，当下我国各级政府、社区、家庭、学校之间合作水平尚处于初级阶段，共同教育学生的机制没有形成，群教、群防、群治的体系尚未建立。政府无暇顾及，在制定法规、提供服务、创设环境等方面存在缺位现象；社区若有若无，没有与学校建立一种有效的持久的教育补充与合作机制；家庭影响失当，家长粗暴、粗放的教育方式以及爱的缺失或过度是孩子成为欺凌者的有力推手。美国圣母玛利亚大学娜瓦尔兹（Narvaez D.）指出，美国的家长与儿童之间缺少足够的亲密接触，而这对于提升学生的健康、道德感和更多的同情心是非常重要的。这些因素同样影响着儿童未来的自我调节能力。除此之外，更需要我们关注的是各级政府、社区、家庭、学校在教育方面存在诸多的不一致，如人才培养观念的不一致，对教育理解与认知的不一致，对中小学生管理方法与举措的不一致，等等，而这些矛盾与冲突都会直接或间接地引发校园欺凌。

需要说明的是，以上分析的原因是一般性、抽象性的，现实生活中的具体原因非常复杂，并且都是互相交织的，需要结合具体情境展开分析。换一句话说，每一件欺凌事件都有独一无二的发生缘由和治理方式，我们不能简单归因，不能单纯地形成关于校园欺凌的固定意识与刻板印象，要打破我们关于校园欺凌的泛化观念、固有认知与惯性思维。美国加州大学发展心理学教授朱沃恩（Juvonen J.）就提醒我们，对于欺凌行为，要打破五个神话或伪论：一是欺凌来源于缺乏自尊；二是欺凌者都是被社会遗弃者；三是受害者会变得挑衅，富有攻击性；四是欺凌会形塑出相应的性格；五是欺凌行为只是限于欺凌者与被欺凌者内部。多个研究结果表明，以上的惯性认识存在错误，需要我们以一种更富实际与建设性的方式策略处理。[①] 从这个意义上讲，朱沃恩可以说是对我们前期的研究成果提出了反向性的质疑。尽管这样说可能有些虚无主义的色彩，但是校园欺凌的产生的确是实践性的，或是随机性的，需要我们具体问题具体分析，将研究视角置入事件发生的具体情境中，进行细致全面的原因分析。

---

① Jaana Juvonen. Myths and Facts about Bullying in Schools[J]. Behavioral Health Management，2005，25(2):36-39.

第七章
校园欺凌治理的理论模型

从上一章我们可以看出,校园欺凌行为形成产生的原因是多方面的,它是一个复杂的系统或机制,绝不是哪一个单方面的因素导致。所以,如果仅仅想通过单一项目的实施,或单子式的计划安排来缓解,甚至整体解决校园欺凌问题显然不现实,也是不可能成功的。归根结底,校园欺凌问题是社会文化诸系统相互作用而生成的。譬如,以美国为代表的校园欺凌频发的西方国家运用了许多干预项目或预防计划来解决校园欺凌问题。但是校园欺凌仍然存在,且经常发生。这到底是什么缘由?我们思考并得出初步结论:校园欺凌治理是一个体系化的、持久性的、事关社会方方面面的社会治理系统。在这一系统中,各个组成要素相互协调、相互配合、相互影响,共同搭建出校园欺凌治理的良性结构,从而发挥其作用和功能。

第一节 校园欺凌治理模型构建的理论基础

对校园欺凌治理模型的构建,早在 20 世纪 30 年代就已经出现。勒温(Lewin)在 1935 年就指出行为就是人与环境相互作用的结果,即 $B=F(PE)$。1979 年,布朗芬布伦纳(Urie Bronfenbrenner)就提醒研究者要更好地将儿童发展的环境意义予以概念化。自那以后,研究者在年轻人暴力、家庭暴力、社区暴力等领域中强化了邻里、同伴、家庭在儿童攻击模式上的研究,且取得了很大的进展。

事实上,多元环境对个体造成影响并不是一个新的概念,许多研究者都提出了个体、家庭、同伴群体、学校、社区和文化的互相作用。[①] 其中,毋庸讳言,布朗芬布伦纳的生态系统理论最具影响力。他指出,支持所有的个体都是相互关联

[①] 比如 Burstyn 等,2001;Coie 和 Jacobs,1993;Fraser,1996;Garbarino,2001;Henggeler,Schoenwald,Borduim,Rowland,Cunningham. 1998;Jonsin-Reid,1998;Linney,2000;他们都提出过这种相互作用。

的系统中的一部分,而个体位于系统的中心,并且从中心向影响个体的所有系统移动。按照布朗芬布伦纳的观点,儿童是由四个相互关联的系统——微观系统、中间系统、外围系统和宏观系统组成的社会网络不可分离的一部分。儿童处于这些互相作用系统的中心。微观系统包括儿童与其中一个系统的关系,如家庭或班级或操场等。该系统描述了儿童和别人的直接的相互作用,也包括别人对欺凌行为者的反应。微观系统的概念化也包括儿童在欺凌受害连续统一体中的地位。因而,欺凌者既是欺凌者又是受害者(欺凌式受害者),受害者和旁观者是以自己的社会环境与别人互动的。这种互动能够对欺凌或伤害行为产生激化或缓和。中间系统包括儿童生活系统间的相互关系,如家庭和学校。中间系统描述了两个或更多环境的一致性,如家庭和学校关于欺凌行为的一致性。而外围系统包括其他环境背景的影响,如学区反欺凌政策的效果,或学校系统的家长参与。最后,宏观系统主要指的是文化影响,如针对欺凌的社会态度。

加拿大教育哲学家霍奇金森(Hodgkinson)认为,教育领导者的行为领域主要由互相重叠的五个领域组成,其行动领域模型的构成从内到外分别是自我(个人利益)、团体文化(伙伴)、组织文化(组织目标)、亚文化(社区目标)、文化(时代精神与气质)。

在此基础上,加拿大多伦多大学教育学院伯格利(Begley)教授进一步予以细化。他认为,对于教育管理者来说,有七个"领域"需要同时加以关注,这七个领域可以被认定是学校管理价值场的重要标识。伯格利认为对学校管理进行操作要从多领域视角来进行,虽说每个领域之间可能存在潜在的竞争或不一致的价值,但是每一个领域对于那些希望自己行动适当的学校领导者与管理者而言都是十分有益的。这一理论表明,教育价值领域从人的自身一环出发,形成从内到外七个环形。第一环是个人,主要关注与强调个人在组织中的角色以及其在社会组织中所发挥的独特作用;第二环是不同的团体,由离个人最近的家庭、同伴、朋友与熟人等组成;第三环为专业或职业,强调核心专业理念、知识与技术;第四环是组织,作为整个学校或学校共同体出现;第五环是社区与社会,强调学校管理的校外支持与补充;第六环是文化,决定学校教育的氛围与环境;第七环是超验的上帝、信仰与灵性,这是决定学校所有利益相关者行为的终极力量。

除了上述理论外,社会系统论、互动论、冲突论以及诺丁斯提出的"关爱理论"和葛根的"欣赏型探究理论"也产生了很大的影响。

因此,从理论上看,欺凌行为的治理需要全社会的关注与投入,需要动员大家来积极应对学生欺凌事件。但是,目前我国大陆地区对欺凌治理的关注未能全方位覆盖,尚局限于学校教育本身,人们还是习惯地将教育领域发生的一切问题都归咎于学校的"失职"与教师的"无能"。我们认为,虽然学校特别是学校管理者在解决校园欺凌上扮演着重要角色,但绝非全知全能的存在。从更高的角度审视许多教育问题后,往往会发现它们可能不是教育的问题。学生欺凌治理是一个复杂的系统性工作,需要整合社会资源,调动校内外力量,从"整个社会"(whole-society)而非"整个学校"的视角切入。

第二节　国内外校园欺凌治理模型的研究

欧维斯是第一个开发与实施"整个学校"(whole-school)方法治理学生欺凌的专家。这个方法主要包括以下四个层面:一是学校层面,包括一个反欺凌的政策,一个问卷调查,一项日会制度与健全操场监管;二是班级层面,包括课程活动安排,建立班级反欺凌常规,家长与学生共同参与的班级例会与教室管理;三是个人层面,同欺凌者、被欺凌者、家长进行讨论;四是社区层面,争取社区相关利益者介入,譬如社区领导与管理者。很明显,欧维斯美其名曰"整个学校"的方法,从具体的维度来看,已经超出了学校的范围。

美国法林顿(Farrington)和托菲(Ttofi)在2010年经过系统的梳理,认为有效地预防学生欺凌应该包括以下几方面:一是完整的学校反欺凌的政策;二是学生应积极投入到小组合作工作中;三是增强操场等地方的监管或监视;四是利用学校各种会议。[①] 相对来说,这个系统过于简单,与其说是一个体系性的构建,倒不如说是一个具体的治理方法。

美国西利(Seeley)等人通过对美国青少年不良行为预防与制裁机关办公室支持的几项学生欺凌研究进行梳理,就"预防与制止学生欺凌行为"的问题提出了如下建议:第一,让学生信守誓言;第二,为学生提供规范的关爱行为;第三,为学生提供相关的指导程序;第四,为学生提供学习服务性知识的机会,作为提高学校诚信的手段;第五,解决好中小学之间的衔接困难;第六,尽量建立预防机制;第七,抵制使用那些与当地情况不匹配的预制性课程。西利的体系主要还是围绕学校展开,没有从更大的视角来思考问题。

美国学者康奈尔(Cornell)和利姆贝尔(Limber)从法律与政策的视角探究了校园欺凌的内涵与外延。他们认为,任何学生欺凌的治理操作都应该建立在法律法规的基础上。为此,他们建议学校在处理学生欺凌时,应该从以下几个方面做起:一是国家法律应该保护所有学生,而不仅仅是那些受侵犯的学生,也应

---

① Farrington D P, Ttofi M M. Bullying as A Predictor of Offending: Violence, and Later Life Outcomes [J]. Criminal Behaviour and Mental Health, 2011, 21(2):90-98.

包括那些受骚扰的与受欺凌的学生;二是为学生及其家长提供更多的关于欺凌的帮扶手段;三是要对那些涉嫌或报告的欺凌行为进行迅速直接的调查;四是欺凌不能都被视作犯罪,因为从形式到危害程度有很大的差异;五是当欺凌行为涉及性骚扰或侵犯时,学校领导必须让其承担法律责任;六是不管行为的背景与严重性如何,学校不要轻易使用会对那些违规的同学造成严重后果的手段与政策;七是学校政策应该指导学校所有成员来评定那些遭受欺凌的学生的精神健康与学业成绩状况,并提供支持与参考;八是学校政策应该包括训练全体成员对欺凌行为的识别、阻止以及适当的反应能力;九是学校政策应鼓励那些基于证据的对欺凌行为进行预防和干涉的策略。①

当下我国内地(大陆)与港澳台地区对校园欺凌治理模型的探究尚处于起步阶段,暂无明确且体系化的校园欺凌治理模型。

香港城市大学陈庆泉博士与黄成荣教授指出,学校层面的欺凌治理的方法有以下几点:一是正面的学校文化;二是有一个清晰的强有力的反欺凌政策;三是实施一个较长时间的反欺凌项目;四是利用好年龄阶段特点;五是以"整个学校"的方法全员参与;六是对操场等地进行监管;七是对学生欺凌进行多维测评;八是对教师与家长进行专业训练;九是做好反欺凌项目的设计与运行。欺凌治理的班级层面包括班级管理与班级课程,个人层面主要为同伴支持。②

台湾地区魏丽敏教授指出,预防与控制学生欺凌,首先要鼓励受害者揭发,及早发现与制止欺凌行为;其次,鼓励受害者交更多的朋友;再次,关注每一个学生的学业质量;最后,时刻重视每一个学生的行为表现。③

汤普森和史密斯在2011年曾为英国教育部做了一项研究,④研究学校在治理校园欺凌中都选取了哪些策略,且效果如何。下面的内容主要来自这个报告,他们将治理的维度在广义上区分为三类:一是主动性策略(proactive strategies)(在学校和操场,通过设计降低欺凌发生的可能性);二是同伴支持(这既可能是主动的也可能是被动的);三是被动策略(当欺凌发生后所采取的应对策略)。这种分类方式被广泛地应用。在这三个策略维度基础上,他们提出更

---

① Dewey C, Susan P L. Law and Policy on the Concept of Bullying at School[J]. American Psychologist, 2015,70(4):333-343.
② Heng Choon Chan, Dennis S W Wong. Traditional School Bullying and Cyberbullying in Chinese Societies: Prevalence and a Review of the Whole-School Intervention Approach[J]. Aggression and Violent Behavior, 2015,23(3):98-108.
③ 魏丽敏,黄德祥.台湾学生欺凌行为受害学生特质之分析研究[J].台中教育大学学报(教育类),2009,23(1):175-196.
④ 这个研究报告更像是一个材料集,在我们看来,他们主要是将各国治理的方式方法按照他们的逻辑进行统一的整理,形成这个报告。很明显,这个研究主要是按照主动治理和被动治理的逻辑进行的。

为详细的治理方法。

(1) **主动策略所包括的内容**。一是关于欺凌治理的整个学校政策(whole school policy on bullying)。根据法律要求,英国的学校都要求具有一个包括鼓励良好行为和防止一切形式欺凌行为在内的具体行动政策(Education and Inspections Act,2006)。反欺凌政策既包括在这个行动政策之中,又可以独立设置。各学校的政策在校园欺凌相关的质量和范围上存在差异。史密斯等人发现,英国许多学校的反欺凌政策主要由"欺凌的定义""关于提升学校氛围的表述"以及"根据欺凌事件严重性与类型对学生的处罚办法"等三方面构成。然而,很少有政策涉及网络欺凌、同性恋欺凌、残疾或信仰方面的欺凌,且欺凌事件发生后的处理程序与办法也往往被政策所限定。尽管没有证据可以证明欺凌政策可以减少学校欺凌,但是它的确可以为一个学校共同体提供参与欺凌治理的框架,即从学生、教师、学习导师、学校职员、管理者和父母或监护人等实践主体入手。

二是课程材料或方法。课堂活动被运用于欺凌治理,从年龄、性别和文化而言,是一个适合的方法。可以包括被动的活动,如读书或看视频材料,也可以包括主动性形式,如设计和表演戏剧或角色扮演,以及对事件进行辩论和研讨。课程方法可以提升认识欺凌与学校反欺凌政策意识,但是如果课程工作没有得到持续性的反欺凌工作和政策的支持,效果可能是短暂的。一般来说,课程工作在那些创造性的、互动的课程中由有能力的教师教学时最为有效;欺凌治理在那些创造性的、互动的课程中由有能力的教师执行时最为有效。

三是合作团体工作。这是通过学生们一起工作以完成共同的任务,如设计一份报纸等。在这个团队中,每个人都能做出自己的贡献。通过这种活动,可以在互相帮助中将班中受过欺凌的学生整合在团队中。但是,这种活动在操作过程中也可能会被有欺凌行为的儿童所干扰。

四是质量圈。这是一个由学生组成的问题解决小组,惯常通过常规班级研讨的方式作为该组织运行的程序。这个程序大致包含团队组建、资料收集、成果表达等环节。处于"质量圈"的学生们能够将这种机制运用在一系列主题中,也包括对欺凌的治理。保罗、史密斯和布隆伯格(Blumberg)在2012年的研究称:在运用这一方法的英国的中学里,学生间充满了理解,校园欺凌现象显著降低。[①] 这一过程让学生充满兴趣,同时他们也建议了一系列可操作的解决方案。整理这些相关资料有助于学校员工了解长时间以来校园欺凌发生了哪些改变

---

① Paul S., Smith P K, Blumberg H H. Revisiting Cyberbullying in Schools Using the Quality Circle Approach[J]. School Psychology International, 2012,33(5):492-504.

(如新出现的网络欺凌形式),也便于从中得出诸多干预欺凌的好建议。

五是个人、社会、健康和经济教育模式(Personal,Social,Health and Economic Education,PSHE)。许多学校提供了"PSHE"教育模式,这也是常见且最主要的在课程实施中实践的反欺凌操作。通过这一模式,可以促进学生对于不同类型欺凌的认识,增进他们对欺凌后果的了解,促进治理欺凌方法的产生以及增进对欺凌后果的认识。在"PSHE"模式中广泛使用的活动包含 SEAL(Social and Emotional Aspects of Learning,SEAL)、整个学校的方法(whole-school approach)等,以开发学生的社会和情感能力。

小学阶段的 SEAL 项目基于七个主题,其中一个便是"对欺凌说不"。这一主题中包含:欺凌是什么,它感觉上像什么,为什么人会欺凌,学校如何阻止和回应它,学生如何运用他们的社会和情感能力等内容。

2005 年,一个类似的项目也被运用在一个中学中。这个项目是 SEBS(Developing Social,Emotional and Behavioral Skills),它主要包括一个 7 年的教学资源。其主题大概有四个:一个学习的地方(设置学习情境);学会团结与合作(社交与沟通能力);坚持学习(动机激发);了解自我(理解和管控情绪)。

六是自信心训练。受欺凌或处于一定风险的学生可以被教以具体的策略,以一种自信的方式而不是被动或攻击的方式,处理所面临的包括欺凌在内的困难情境。通过常规的课内或课外研讨,学生可以讨论他们的经验与所学。自信心训练会花费一定的时间,且需要定期复习补充才能达到最好的成效。它的确能够帮助受害者发展相关能力与素养,但同样需要注意的是,自信心训练不能用于单独的欺凌问题解决。①

七是操场上的工作。儿童有很大一部分时间花在操场上,小学尤为如此。但现实教学生活中,操场往往相对缺乏监管,致使欺凌现象频发。为此,一个有效的操场监管政策和一个设计良好的游戏场地能够有效地帮助降低欺凌发生的概率。操场现实情境中的具体工作包括通过结构化或重新设计,为学生在休息与午饭时间提供一个更好的展现自身创造性的机会,并以此减少厌倦与欺凌。②

教育标准局(OFSTED)在 2003 年也指出了好的欺凌治理实践所具备的基本特点。包括学校相应地点的有效检查、建立安全的游戏领域、设立安静教室(quiet room)、在上学与放学时进行密切的监控等。培训午饭时间的监管者可以为他们提供组织游戏、辨别欺凌行为、对学生开展访谈以及处理欺凌与解决情境冲突的能力。在培训中,一项重要的内容就是区分欺凌与一般性的玩闹或打

---

①② Smith P K, Sharp S. School Bullying: Insight and Perspectives[M]. London: Routledge, 1994: 301-333.

闹之间的区别。正如博尔顿(Boulton)和弗莱明顿(Flemington)针对这一困境提出一种解决方式,即用一个视频来向孩子们解释玩乐性的打架、直接的打架和欺凌之间的区别,让他们知晓它们之间所表达含义的不同。①

(2) 同伴支持计划所指的内容。基于一个国家性的调查研究,霍尔斯顿(Houlston)、史密斯(Smith)和杰塞尔(Jessel)在 2009 年评估认为:"英国 62%的学校使用了结构性的同伴支持计划。"

同伴支持运用学生们的经验、知识和能力,以一种计划和结构性的方式来预防和降低欺凌行为。同伴支持者无论是志愿者还是学校教职员工选择的学生,都被培训以一种主动和非暴力的形式来处理学生间的人际冲突、社会性排斥和欺凌行为。

小学学段的帮扶者计划往往分布在玩乐时间,用以帮助那些情感失落或没有人一起玩的学生。一些计划还在"操场好友计划"(对特殊学生赋予明确的标识,如特定的帽子或衣服)的基础上,在休息时间或午饭时间对孤单或受欺凌的儿童施加帮助。

其他一些计划同样聚焦于组织操场游戏,或者利用午饭时间开设面向所有人的俱乐部,以增进对校内孤单学生的陪伴。

在中学,也经常存在一些同伴监控或咨询的计划。这些计划一般在一个秘密的地方或经过精心设计的房间进行,由一些"同伴支持者"在特定的时间主持。在这里,学生能够寻求帮助,或通过校内网或担忧/欺凌联络盒来与帮助者取得联系。此外,密友计划(Buddy Schemes)常被用来提供给那些刚进入中学的七年级学生,帮助他们更好地适应新的学校环境。

在综述一些学校同伴支持项目进展情况的基础上,考伊(Cowie)和史密斯(Smith)在 2010 年总结出这样的结论,作为一种减少欺凌的方式,同伴支持计划可以通过如下三个方式运行:①通过对学校环境的整体提升。有许多例子证明,那些使用有效管理的同伴支持计划的学校普遍更为重视、关爱学生的幸福。同伴支持计划也被校内的学生和员工们所支持和认可,同伴支持者也从这种活动经历中获益。②②通过对每一个参与这项计划的学生进行帮助,使其免受后续的伤害。③通过降低整体欺凌率。同伴支持项目的核心问题主要包括"同伴支

---

① Boulton M J and Flemington I. The Effects of A Short Video Intervention on Secondary School Pupils' Involvement in Definitions of and Attitudes Towards Bullying[J]. School Psychology International, 1996,17(4):331-345.

② Houlston C, Smith P K. The Impact of A Peer Counseling Scheme to Address Bullying in An All-Girl London Secondary School: A Short-Term Longitudinal Study[J]. British Journal of Educational Psychology, 2009,79(1):69-86.

持者的选择和培训"、"招募中的性别平衡"(一般来说,女学生志愿者要比男学生志愿者多,特别是在中学阶段)、"一定数量职员的充分而持续的监管"、"计划的有效提升"以及"让学生感受到自己所具有的价值与作用"。①

(3)被动策略主要关切的问题。被动策略是对欺凌事件已经发生后的反应。被动策略包含"制裁的方式""修复的方法"以及"更为间接和非惩罚性方式"。在英国,教育部建议学校选取纪律约束或制裁的方式来规训那些欺凌学生,以向他们清楚表明欺凌行为是错误的。然而,许多反欺凌实践者还是不愿意选择这种直接的方式,至少对于那些不太严重的欺凌事件而言。他们在反欺凌实践中往往倚仗以下方式。

一是直接制裁。具体的惩罚方式往往根据欺凌行为的严重程度而做出调整。可以是班主任的训斥或诫勉谈话、召开家长或监护人会议、临时性地将学生从班级中驱逐出去,也可以是撤回学生的某项权利与奖励,实施放学留校、捡垃圾或校园清扫一类的惩罚。这种惩罚的严重程度逐级提升,直到临时性或永久性地将欺凌者开除。直接制裁一般用于学生做了不可接受的行为后,它既是对欺凌者的规训与惩戒,也是让其他学生知晓何种行为是不被允许的。

二是修复性措施。这一方式的基本原理是通过学生工作来解决冲突,修复欺凌者所造成的伤害并恢复人际关系,且给欺凌者提供认错与弥补的机会;让行凶者感受到受害者的情感,鼓励他们承认自己所犯下的罪行,并努力去修补它。倘若欺凌者拒绝这么做或者不按照达成的决定执行,则可以恢复对其原有的惩罚与制裁。在修复性措施中,修复的具体方法可以是非正式的对话,也可以是正式的促进会。在小而精的讨论会议中,可以由参与欺凌的学生对自身所为进行忏悔与反思。这种非正式会议可由经过专业训练的校内人员主持。在会议中,首先通过对欺凌者提问的方式,复原整个欺凌事件过程;随后向参会者展示欺凌带来的后果;最后大家共同讨论欺凌创伤的修复方式。接着,在正式的修复大会上,召开一个正式的、结构性会议,由欺凌的参与者与他们的父母或监护人、朋友和学校代表参加。他们被聚集到一起讨论这件事的解决路径。一个由青年司法会(Youth Justice Board)发起的全国性评价发现,92%的会议成功地解决了问题。三个月后,在会议中达成的关系修复协议有96%仍保持完好且有效。尽管从整个学校的学生态度上来看,这种修复性措施手段对于治理校园欺凌效果没有什么普遍性的提升,但是学校的员工还是坚持认为他们的学校能够以这种手

---

① Cowie H, Smith P K. Peer Support as A Means of Improving School Safety and Reducing Bullying and Violence. In: Doll B, Pfohl W, Yoon J eds. Handbook of Youth Prevention Science[M]. New York: Routledge, Taylor & Francis Group, 2010.

段获得增益。汤普森和史密斯发现,那些致力于修复性工作、以充分的员工培训作为支撑、用"整个学校"(whole school)的方法实施这项恢复性工作的学校,往往是治理校园欺凌较为成功的学校。

美国学者史威尔和埃斯皮兰经过多年研究,提出了年轻人欺凌干预的社会生态架构。这个架构结合美国国家特点,统合了校园欺凌的各个影响要素。在他们提出的这个社会生态架构中,他们认为欺凌必须跨过个人、家庭、同伴、学校和社区背景。欺凌和伤害是一种生态现象,是个体之间与个体内部诸变量互相作用、长期形成和渗透形成的。[①] 除了他们外,还有许多学者将这个社会生态视角应用于欺凌行为的概念化。如加巴里诺(Garbarino)、德拉拉(deLara DeLara)在 2002 年,纽曼(Newman)、霍恩(Horne)、巴尔托洛穆奇(Bartolomucci)在2000年,欧维斯在1993年,史威尔、多尔(Doll)在2001年等,均提出了社会生态视角下的欺凌相关理论。简言之,他们都认为,欺凌并非单独发生,这个现象是个体、家庭、同伴群体、学校、社区和文化间复杂交错的结果。交错而产生的不同结果会对欺凌行为带来相应的鼓励或抑制效应。

虽然组成这个生态系统的要素是多元的,但个体始终处于社会生态的中心地位,卷入欺凌的个体既可能是欺凌者,又可能是欺凌的受害者,还可能是欺凌行为的旁观者。个体因素会影响欺凌行为。那么,不同性别的人是如何调解欺凌行为的?欺凌者、受害者和旁观者共处于一个家庭,家庭是如何影响欺凌行为的?兄弟姐妹或监护人间的欺凌模式是如何影响欺凌者或受害者个体发展的?社会生态还包括同伴群体和学校,学校氛围是如何影响欺凌者和受害者的?如果个体到一个本来就存在欺凌现象的学校就读,他就很有可能卷入其中。如果个体的同伴群体支持欺凌,那么个体也可能参与这样的行为。沿着这个思路将思考的范围扩大,学校、同伴群体、家庭和个体的社区又是如何支持或抵制欺凌行为的?最后,在涵盖上述内容的文化意涵中,其规范和信仰又是如何支持或抵制欺凌与伤害这一连续统一体的?因为个体总受到他们所处的环境影响,所以从逻辑上讲,欺凌干预同样需要顾及那些对年轻人产生作用的环境。那些缺乏针对多元环境的干预举措,要比那些考虑到社会生态的举措效果差得多。[②]

同样,就欺凌治理的评价来说,要想知道一个干预项目是否有效,也要运用多元评估的方法,使用多元的调查者,囊括跨环境的评价。一个很好的例子是卡帕迪(Capaldi)及其同事在1997年进行的实践。研究者认为数据必须从跨环境

[①] Swearer S M and Doll B. Bullying in Schools: An Ecological Framework[M]. New York: Journal of Emotional Abuse, 2011: 2, 7-23.

[②] Kerns S E, Prinz R J. Critical Issues in the Prevention of Violence-Related Behavior in Youth[J]. Clinical Child and Family Psychology Review, 2002, 5(2): 133-160.

的样本中收集,如家庭、学校、社区和实验室;要采取多元的调查者,如观察者、儿童、同伴、父母、教师;使用多元的方法,如家庭观察,实验室实验,班级与操场观察、问卷、访谈、电话访谈、标准化测试、录音分析等。①

尽管目前已经有超过 300 个基于学校的暴力预防项目,②但是只有不到四分之一的项目被证明有效果。学校如何选择更适合他们学校生态的项目呢?我们坚信,学校要想理解他们学校特定的欺凌动态,必须选取一个具有多元方法、多元调查者、多元背景的评估。

詹姆斯·狄伦(James Dillon)提出一个欺凌预防的整合观点。他承认:干预欺凌与有效领导能够在解决校园欺凌与提升学校教学质量中形成合力。学校欺凌是一个复杂的问题,他认为,有效欺凌干预和学校领导的整合由三个独立的要素组成:意愿、能力和坚持到底。意愿就是使学校安全的承诺和决心,能给学生提供一个发挥潜能的安全之地,意愿意味着知道怎么针对问题和学习怎么完成这项工作。能力主要指进行有效的欺凌干预决策、策略和实施。而坚持到底(the follow through)包括结构、规章和协议,维持和加强欺凌的干预与预防。③

这些研究者对"欺凌干预能力"与"欺凌干预意愿"关系的描述可以用二维象限的模式进行总结。

第一种是低能力低意愿。在此类型中,人们往往认为他们所在的校园里没有什么问题;他们不认为自己学校存在欺凌,欺凌只存在于其他学校;学校对欺凌治理的方法还停留在传统阶段,依赖于"对破坏规章者进行惩罚"的简单方法;当长期存在的校园欺凌行为浮出水面时,这些学校却显得格外吃惊。

第二种是低能力高意愿。在此类型中,人们知道问题的存在,也懂得采取行动的急迫性,但是他们不清楚如何投入他们的时间和精力。在决策中过于急促,缺乏认真计划,没能给予数据做出判断。在实践中,这一类型普遍存在资源浪费的现象,这理应被改进,但是人们最终还是回到传统的窠臼中。当人们看不到改观时,往往会陷入希望破灭后的灰心。

第三种是高能力低意愿。在这一类型里,人们遵循规章和程序,尽管他们不知道为什么要这么做、怎样能够取得效果,却不得不如此。在此类型中,人们常

---

① Capaldi D M, Chamberlain P, Fetrow R A, Wilson J E. Conducting Ecologically Valid Prevention Research: Recruiting and Retaining A "Whole Village" in Multimethod, Multiagent Sduies[J]. American Journal of Community Psycology, 1997, 25(4):471-492.
② Howard K A, Flara J, Griffin M. Violence-Prevention Programs in Schools: State of the Science and Implications for Future Research[J]. Applied & Preventive Psychology, 1999,8(3):197-215.
③ James Dillon. No Place for Bullying: Leadership for School That Care for Every Student[M]. Thousand Oaks: Corwin Press, 2012:3-4.

常抱怨有太多的事情要做,欺凌的干预与治理似乎成了一个命令。人们质疑着欺凌项目实践存在的意义,随着时间发展,他们会对为什么看不到进步产生怀疑,进而消极抵抗。

第四种是高能力高意愿。在这一类型中,人们在一个更大的学校氛围中思考欺凌问题;学校中的全体成员有研究欺凌问题、探究处理路径的意愿。欺凌治理的群体关系也能够在解决问题中不断拉近。大家通过多种渠道收集信息,并用它们来辅助决策。学生在知晓欺凌、主动承担责任中获得教育。欺凌治理者因见证成长与进步,而坚定他们治理欺凌的决心。

在这种二维象限模式中,在回答"谁对欺凌负责"问题时,答案往往是"谁都不应单独受到责备,因为我们都应该对这一问题负责"。在以此建构的"谁应受到责备"模式图中,"欺凌问题"居于中心,而四周被父母、学校、学生和社区四个方面包围。① 在"所有人都应负责"的模式图中,居于中心的则是"阻止",被父母、学生、学校和社区包围,最外围是领导、责任、关爱和合作。

阿斯特(Ron Avi Astor)在 1998 年就提出了一个暴力预防项目,内容主要有以下几项:一是咨询服务。主要包括暴力危机干预,受害者帮助与支持服务,个体或家庭咨询,目击者或受害者创伤应对小组,针对伦理、宗教或种族冲突的咨询服务,以及关于儿童虐待预防教育。二是能力训练。主要包括冲突管理、社会能力训练、亲社会行为课程、技术流训练(skill streaming)、攻击性儿童工作组以及领导训练。三是学生的朋辈计划。主要包括积极的同伴文化、友谊俱乐部、课后体育活动和俱乐部。四是社区项目。主要包括反帮派项目、针对社区暴力的服务、警方反暴力项目、父母支持小组、宗教小组或青年小组。五是教师项目。主要包括教师支持小组或反暴力训练、班级管理,反欺凌运动,以及针对攻击者、受害者和见证者的学习计划。六是物理设施改进提升。主要有设置金属探测器,提供安全警卫等。

除了上述生态观点外,下面是几个著名的欺凌综合预防模型与评价资源的简述。

一是欺凌预防项目。

年级:四至七年级。

参与者:挪威 42 所中小学的 2 500 名学生。(这个项目现已推广到国际,在 15 个国家运用,相关材料被翻译成超过 12 种语言。)

项目内容:该项目的核心内容集中在学校层面、班级层面与个人层面实施。

---

① Dillon J. No Place for Bullying: Leadership for School That Care for Every Student[M]. Thousand Oaks: Corwin Press, 2012:213.

包括：①匿名的问卷调查，以评估欺凌的特性与泛滥程度；②对学生的操行制定积极或消极奖惩标准；③建立一个监控系统；④强化学校反对欺凌的规章制度；⑤运用视频开展课堂研讨，提高师生知识水平，使学生学会同情；⑥对欺凌儿童与受害儿童进行干预；⑦同父母进行讨论。

成效评价：在项目施行初期、4个月、1年与2年分别收集学生的自我报告。报告的内容主要包括：①欺凌与受害事件记录；②测量年轻人的一般反社会行为；③评价学校氛围、秩序与纪律；④测评学生的社会关系以及他们对学校的态度。

实际效果：欺凌与受害事件降低了33%～64%，对等的平级变量降低了30%～70%。另外，在上学前与放学后也没有发现欺凌的替代形式。诸如打架、威胁、逃学等反社会行为也有显著的降低。学校氛围调查显示，学生对学校的总体满意度、校内社会关系评估以及针对学校与学校工作的态度等都有显著的积极方面提升。

二是儿童发展项目。

年级：三至六年级。

参与者：全美6个不同地区的24个小学的4 500名学生。

项目内容：这是一个聚焦于创设合作性与支持性学校环境的综合模型。班级方面要素主要有：①对成员进行合作性学习训练；②实施一个促进跨年级好友活动的互动机制；③开发意在养成自我控制的方法；④建构一个供学生参与设置规范与决策形成的模型。在这一模型中，学校与社区要积极开展活动以增进学校与其他方面的关系，借助布置家庭作业的方式吸引家长参与，进而强化家校的伙伴关系。

成效评价：以项目施行后的1年和2年为回溯调查时间点，对教师进行4次90分钟的观察，以及一项年度问卷进行评估。对学生的评估主要依靠一项对药物使用与过失行为的自我报告来完成。

结果：调查结果表明，学生在项目的干预下表现出较强的团队意识（sense of community），他们更乐意帮助别人，且具有更好的冲突解决能力，更愿意接受那些不同、但具有高度自尊的人；他们具有较强的社交水平与共情能力，在学校不再孤独，很少发生失范行为；在吸食大麻、汽车偷盗与携带武器方面，这一模型也有很大的成效；在模型实施的第二年，学生表现出较低的逃学率，更少地在校内携带武器或偷盗汽车。（$PS<0.01$）

三是FAST Track-家校联合项目（FAST：Family And School Together）。

年级：长期项目，选取三队学生，一至十年级。

参与者：教师与家长联合认定的具有危机的幼儿园儿童。干涉儿童$N=445$，控制组儿童$N=446$。

项目内容:该项目具有多个内容,主要为高欺凌防风险儿童与其父母开设。学生被分配到由5~6个学生组成的"友谊小组"(friendship groups)中,进行角色扮演形式的讨论、模仿故事和电影。该项目主要依托有关情绪理解和交流、友情构建、自我控制以及社会问题解决的反思与实践能力的专题会,并定期召开家长见面会,与欺凌者父母探讨策略,并提供30分钟供家长与孩子共同活动。此外,该项目还以两周为周期,定期进行家访,并组织训练有素的指导教师在30分钟的研讨会中提供学术性指导。

成效评价方式:①CBCL(Child Behavior Checklist)外部量表。用以测量学生的对立、攻击和过失行为。②父母的日常报告。主要调查儿童在过去24小时中涉及攻击与对抗性行为的程度,以及儿童行为的变化。③TOCA-R量表(Teacher Observation of Classroom Adaptation-Revised)。即教师对这些学生在校期间行为的评估。④权威接受量表。侧重观察学生攻击性与极度破坏性行为的朋辈比率。

结果:干预组的学生在情绪认知、情绪处理、社会问题解决方面相较于控制组学生得分更高。同时,干预组的攻击性与报复性的行为要低于控制组。与控制组相比,直接观察所得出的结论表明:干预组会花更多的时间与同伴积极交往,他们比控制组获得更高的同伴社会性偏爱分数,且在语言艺术等级上优于控制组。

四是FAST Track-家校联合PATHS(Promoting Alternative Thinking Strategies)课程项目。

年级:超过三个群组的一至五年级学生。

参与者:根据种族、家庭贫富情况、成绩水平、学校规划等划分的198个干预班级与180个控制组班级,共7560个学生。其中845个高危险的学生分布于干预组或控制组。

项目内容:PATHS课堂管理,共57课时(每次专题会议半小时,每周2~3次),用以培养学生的理解能力与情绪交流能力,意在发展学生积极的社会行为能力,使他们能够进行自我控制与解决社会问题。这些教育内容通过直接教学、讨论、模仿故事和视频来展示。教师每周参加由FAST Track专家进行的训练和指导;实施的实际效果主要通过对教师的观察进行评估。评估中所观察的内容主要包含教学PATHS概念的能力、管理班级、全天表现与概括PATHS效果,以及咨询活动所具有的开放性。

成效评价方式:①对老师进行访谈,内容是关于学生在班级中的表现;②社会性评估,收集数据评估学生的同伴攻击性、同伴多动性与破坏性、同伴社会状态;③通过观察学生的破坏水平与层级、控制变换的能力、遵规守纪的能力、合作的水平、问题解决的能力、表达情感的能力、持久投入任务的能力、批评与支持来评估班级气氛。

结果:实验以多层线性模型(解释性别、位置、群组、干预)进行。干预组的班级在过度活跃、破坏性与攻击性行为方面表现出的水平较低,更有利于班级气氛的建设。三个干预群组中,教师分别对课程管理1次、2次与3次。当把教师的经历也作为分析对象时,那些教学或管理更多群组的教师往往收获更好的班级氛围。项目实施的具体效果与教师的能力和意向有较大关联。[1]

第三节 本贝尼希蒂和阿斯特启发探究式模型[2]

如前所述,有许多关于学校社会环境影响受害者方面的研究都涉及了合作互动的理论。正如邓肯(Duncan)和劳登布什(Raudenbush)所说的那样,关于环境背景(context)的研究与提升社区和学校环境的社会政策密切相关。因为如果某种环境背景因素,被发现在推进儿童和青年成长与发展方面有特殊的帮助,那么政策将侧重于这些环境的建构。[3] 本贝尼希蒂(Benbenishty)和阿斯特(Astor)启发探究式模型就是这样一个以社会生态理论为基础、以儿童欺凌治理为目标,整合多种因素,且内容相对完备的治理模型。

一、关于模型中欺凌的概念界定

概念的界定非常重要,模型中比较清楚地区分了"学校暴力"与"欺凌"这两个术语的使用场景。他们认为,虽然一些研究者和实践者使用这些术语时是可以将二者互换的,但是他们二人聚焦在一个更为宽泛的学校暴力概念,而没有将概念限制在欺凌上。欺凌更多被认为是攻击性行为的亚型(subtype),主要有三个特点:①有意去伤害别人;②犯罪或伤害行为重复或长时期保持在固定或相似的对象上;③欺凌者与受害者之间存在力量的不平衡,强者会对弱者造成身体或精神上的伤害。

在该模型中,他们同意欧维斯关于欺凌的观点。欧氏认为,欺凌这一术语不

---

[1] 以上几个项目来源于:Benbenishty R, Astor R A & Zeira A. Monitoring school violence at the site level: Linking, national, district, and school-level data[J]. Journal of school violence, 2003, 2(2), 29 - 50; Olweus (1993); Battistich, Schaps, Watson, & Solomon (1996); Conduct Problems Prevention Research Group.
[2] 这部分内容主要参考了他们的著作 Rami Benbenishty and Ron Avi Astor. School Violence in Context: Culture, Neighborhood, Family, School, and Gender[M]. New York: Oxford University Press, 2005.
[3] Duncan G J, Raudenbush S W. Assessing the Effects of Context in Studies of Child and Youth Development[J]. Educational Psychologist, 1999, 34(1):29 - 41.

能和学校暴力互用,就像他所强调的,"欺凌是攻击性和暴力行为的一种形式,具有独特的特征,它和学校其他暴力行为只是具有部分重叠的特征"。

我们认为,对欺凌与受害者之间力量不平衡的定义是存在问题的。如果完全遵循这个概念,研究者就不能将那些年幼的或身体虚弱的儿童视为欺凌者,即使这些儿童一直对一个年长者或强壮的儿童进行精神或肉体上的伤害。另一问题的例子是,一个儿童长期地对和他力量、身高相近的同学施加伤害,即使受害者、其他儿童和教师都认为这是一种欺凌行为,那么从概念上来看这不满足"实力悬殊",故而不算作欺凌。① 另一个问题是欺凌内容的定义强调行为本身的重复性或长期性。所以,如果在一个事件中,一个学生在事前没有和一群学生有过直接的互动,却对他们进行暴力攻击,这也不能被认定为欺凌。

本贝尼希蒂和阿斯特指出,"欺凌"这一术语在不同的文化和国家有着不同的意义。史密斯编辑了两本关于全球欺凌研究的书。② 在这两本书中,汇集了许多关于不同国家对欺凌的不同定义与解释。例如,在哈雷尔(Harel)等人1997年做的一项针对年轻人健康危害行为的研究中,以色列的学生被问及是否被欺凌时,问题主要涉及hatrada(英文是harassment,即骚扰),hatzaka(英文是teasing,即嘲笑),biryonoot(英文是bullying,即欺凌)。可见,每一个词在希伯来语中都有不同的意思,而欺凌这个词则强烈地暗示着欺凌者具有强健的身体与武力。另外的两个词一般用来描述虚弱的学生对另一个学生的挑衅、取笑,令其神经紧张。所以,研究者认为,当学生说被欺凌时,我们无法明确他们想要表达的究竟是哪种意思。

鉴于欺凌这一术语的局限,本贝尼希蒂和阿斯特选取使用更为宽泛的学校暴力和伤害的定义。③ 他们将学校暴力定义为任何对学校其他同学的身体、情感、物品(包括学校物品)进行故意伤害或损害的行为。将受害(被害)定义为一个学生报告他或她遭受另一个学生或员工的暴力攻击。这个广义的定义包括语言和社会暴力(如诅咒、羞辱与社会排斥),威胁行为(勒索、恐吓等),身体暴力(推倒、踢、用拳猛击、打),偷盗和损害财物,使用武器(携带、威胁与使用),以及性骚扰。

---

① 关于这一点需要我们关注,一般来说,关于欺凌定义的其中重要的一个标准就是以强凌弱,而他们认为,事实上,社会中也存在"恃弱凌强"的事实。即身体力量的弱并不能代表真正的"弱"。例如言语欺凌暴力、身份欺凌暴力等。这与我们国家的通俗理解还是有较大的差别。
② 这两本书是:Smith P K (Ed.). Violence in School: The Response in Europe[M]. London: Routledge Falmer, 2003 与 Smith P K, Morita Y, Junger G, Tasm J, Olweus D, Catalano R F, Slee P. The Nature of School Bullying: A Cross—national Perspective[M]. New York: Routledge, 1999.
③ 从本贝尼希蒂和阿斯特的阐述中可以看出,他们是把欺凌作为暴力的子概念来界定的,即暴力包括欺凌,欺凌是暴力攻击性行为的部分内容。这也是本研究所持的观点。

二、模型中的变量设置与分析

简单地说,在该模型中因变量是被欺凌者的各种被欺凌状态,自变量为影响不同被欺凌者不同受害的各种因素。正是这复杂的构成要素之间相互发生关联,在不同的关系下产生不同的作用,构成了校园欺凌的总体模式。

关于受害的类型的划分大致如下。按照这一模型的解释,学校受害行为是一个十分宽泛的概念,包括许多形式。这些各自分离的受害行为可以互相关联,衍生出学校受害集束和受害群体。在过去的30年,许多身体与心理的伤害行为都归到校园暴力这一术语中了,校园暴力这一概念拓展到包括身体伤害、心理伤害和财物伤害。现在,这个术语也可以包括那些不同程度和概率的行为,如欺凌、语言威胁和恐吓,人际关系伤害,故意破坏,学校打架斗殴,员工的体罚,性骚扰,帮派暴力,带有武器,针对员工的暴力,强奸,仇视性犯罪(针对特殊种族与宗教的学生、男同性恋、女同性恋、双性人即 bisexual 或变性的学生),约会或恋爱暴力,谋杀,等等。

那么,随着多样的校园伤害问题而来的就是它们之间是如何联系的,在多大程度上具有相似或不同的源流?身体伤害与语言伤害是否具有一定的运行机制?性骚扰伤害与威胁伤害是不同的形式吗?在这些伤害类型之间探究一个独特而清晰的模式,可以帮助研究者更好地将学校暴力作为一种现象来理解。

所以,他们的模型是按照不同的社会背景会影响不同类型的伤害来设定的。例如,校内环境因素,像教师支持、同伴群体行为会影响语言讥笑或欺凌,而不是更为严重的暴力行为。[1]

这一模型下的主要变量,按影响的环境划分如下。

1. 学校层面的变量

(1) 意识。欧维斯认为,如果缺乏全校性的对暴力问题的意识和察觉,许多干预方法不会有很好的效果。缺乏总体的视野与意识可能会带来发生欺凌行为的风险。学校教职员工的态度和行为,特别是教师和校长的意识和行为,在降低欺凌行为中起到重要的作用。

(2) 对暴力的反应。一项国际性研究表明,教师和学校员工对欺凌事件如何反应,可以使欺凌事件本身以及其他同学所受的另外伤害存在较大的不同。[2]

---

[1] 作者认为,像携带枪支入校,这一问题十分重要,需要专门针对这种具体的伤害类型进行设计预防干涉。

[2] Smith P K, Madsen K C, Moody J C. What Causes the Age Decline in Reports of Being Bullied at School? Towards A Developmental Analysis of Risks of Being Bullied[J]. Educational Research, 1999, 41(3):267 - 285.

一些早期的研究成果表明，从总体上看，如果缺乏对欺凌形式认知的长期专项培训，学校员工往往会对持续性的欺凌行为无可奈何。

欧维斯发现，学生对教师缺乏对欺凌的反应很有意见。例如，中学生中很大一部分学生报告称，他们的老师从来不对学生或在班里谈及欺凌问题，超过85%的中学生称他们的老师没有或很少对欺凌做出反应。一项在美国和以色列的研究报告也呈现了相似的结果，一些所谓的发达国家中，许多教师对校园欺凌不闻不问。①

一些研究还表明，同伴群体对欺凌行为的消极反应或对受害者给予支持，对于降低欺凌危害而言十分重要。一群学生鼓励欺凌行为并对欺凌喝彩与高年级学生或不同的伙伴站出来斥责欺凌行为并进行积极干涉相比，两者效果大不相同。②

此外，同伴群体、父母或监护人、教师员工的无动于衷是欺凌行为发生的最重要的因素。

（3）学校氛围。许多研究都强调了营造积极的学校氛围对于减少学校暴力行为的重要性。阿斯特、本贝尼希蒂、泽拉（Zeira）和维诺库（Vinokur）在2002年的一项研究中发现，学生对他们学校暴力问题的整体评价都直接指向学校氛围。

进一步说，学校氛围与学生因暴力问题而畏惧上学直接相关。消极的学校氛围可能在不知不觉中诱发欺凌。里格比指出，那些存在超过正常水平欺凌问题的学校都具有消极的学校氛围。

一般来说，如果学校不重视对校园欺凌问题的培训，那么这些学校的学生就会对学校生活感到不满意，老师也会在欺凌事件中不知所措，无所适从。

他们认为，学校氛围主体结构应该是这样：一是学校制定反对暴力的政策。学校具有清晰、持续、公正的制度可以减少暴力。二是教师对学生的支持。支持性的关系可以降低学生对学校的疏远，给他们与成人建立积极关系的机会。这些成人支持他们，安慰他们，帮助他们克服情感和行为上的问题。③ 三是学生的参与。如果让学生在防止暴力行为中参与干预方案的制定的话，可以提高他们对安全校园的兴趣，效果可能更好。但是就目前而言，学生即使参与学校反欺凌

---

① Astor R A, Meyer H A, Behre W J. Unowned Places and Times: Maps and Interviews about Violence in High Schools[J]. American Educational Research Journal, 1999, 36(1): 3-42.
② Besag V. Bullies and Victims in Schools: A Guide to Understanding and Management [M]. Backingham: Open University Press, 1989.
③ Dwyer K P, Osher D, Hoffman C C. Creating Responsive Schools: Contextualizing Early Warning, Timely Response[J]. Exceptional Children, 2000, 66(3): 347-365.

行为,也并不能理解这些活动的初衷。

(4) 学校规模和班级规模。学校规模与班级规模也是与学校暴力相关的学校层面因素。在教师群体中有一个流行的观点,那就是欺凌或伤害问题随学校和班级规模的增大而增加。鲍文(Bowen G. L.)、鲍文(Bowen N. K.)和里奇曼(Richman)发现,个体的安全感在规模最大的学校中最低,而在规模最小的学校里最高。①

按照沃克(Walker)和格雷什曼(Gresham)的研究,大规模学校和班级存在着更多的挑战。在大规模的学校与班级里,教师很难和学生发展并维持真正意义的关系,那些身处危机中需要特别关心的学生更是如此。② 师生比较高学校的老师在实践中很难有效地管控学生的行为,所以纪律问题和犯罪问题就会相应地更为严重。

(5) 地点与时间。对于有些学校暴力形式来说,研究显示欺凌与伤害主要发生在学校生活的特定地点与特定时间。③ 校园暴力普遍发生在休息期间,或上学前与放学后。欺凌行为发生在操场的概率较高,餐厅或刚出学校的地方发生校园欺凌行为的可能也较大。每个学校因为学生年龄、性别、种族或其他变量的不同,都会有欺凌行为发生概率较高的时间与地点。小学、初中和高中具有不同的组织机构和日常形式,也会影响暴力与欺凌行为发生的时间、地点和行为主体。在这些学生数量较多的地方,成人监控的缺乏与欺凌行为发生概率高之间存在着很大的联系,其他诸如打架、性骚扰、言语攻击等违纪或失范形式亦是如此。

(6) 同伴团体。有许多研究都揭示出同伴团体的行为动机与文化水平都与校园欺凌的伤害程度高度相关。

2. 个体层面的变量

(1) 性别。关于学校暴力,国际上的研究都清楚地表明男生比女生更为暴力。这方面的研究很多,如布罗格(Brog)在 1999 年的研究,美国疾病预防与控制中心在 1996 年、1998 年、2000 年的研究,埃弗雷特(Everett)和普赖斯(Price)在 1995 年的研究,菲茨帕特里克(Fizpatrick)在 1997 年的研究,等等。坎恩(Kann)等人在 1995 年进行了一项名为"年轻人危险行为监控调查"的研究

---

① Bowen G L, Bowen N K, Richman J M. School Size and Middle School Students' Perception of the School Environment[J]. Social Work in Education, 2000, 22(2):69-82.
② Walker H M, Gresham F M. Making Schools Safer and Violence Free[J]. Intervention in School and Clinic, 1997, 32(4):199-204.
③ Astor R A, Meyer H A. The Conceptualization of Violence-Prone School Subcontexts: Is the Dum of the Parts than the Whole? [J]. Urban Education, 2001, 36(3):374-399.

(YRBS),向学生调查上一年度在学校是否有过打架行为,结果表明男生达到23.5%,是女生8.6%的近三倍。同样,男生也经常被别人欺负。男生报告称其受长期欺凌的数字也远远比女生多。一项研究表明,在六年级到十年级的学生中,25.9%的男生与13.7%的女生称其经常受到欺凌。[①]

总体来看,男生遭受欺凌行为更为直接,如踢、掌掴等。女生遭受欺凌行为相对隐匿,如羞辱、排斥等。但是,近年来的一些教育表明,男生与女生在遭受直接欺凌上的比率相似。[②]有些理论指出,男生的友谊形式与女生的友谊形式不同,这种差异是二者受到不同形式欺凌的基本原因。因为女生趋向于建立以亲密与归属为基础的亲近团体,所以像排斥或社会性孤立这样的欺凌行为对于女生影响较大。而男生,特别是十来岁的男生,趋向于组建一个更大而无组织的团体,这样直接攻击行为就会更为有效。[③]

直接攻击行为如打、用拳猛击、身体侮辱,比非直接攻击行为更为公开,且容易识别与惩罚。而非直接攻击的性质往往会导致老师、家长和其他同学忽视而漏掉它。[④]一般受害者不会报告这种行为,一是因为他们感到丢人,二是害怕受到报复。[⑤] 然而,事实上尽管非直接攻击是一个更为隐蔽的形式,但是会对受害者产生长久的负面影响。[⑥] 事实上,鲍德里(Baldry)与温克尔(Winkel)也发现学生中一些自杀意念多与关系性的伤害有关,而不是直接性的伤害。一些具有负面心理问题的受害女生大多表现出难堪、生气、担忧、害怕、丢脸、孤独、害羞、背叛与悲伤。另外,欧维斯等人发现受害者往往得不到老师、家长、学校员工的支持,经常是因为这些攻击性行为是不可见的。

(2)年龄。对于年幼的学生来说,他们比年长的学生更容易受到欺凌,这是持续存在的趋势。事实上,从美国和世界性研究来看,校园欺凌在年龄与一些具体伤害形式上呈反比例关系。欺凌行为在小学前期发生的概率比较高,但是随着儿童逐渐成长,欺凌发生的概率迅速回落,在初中阶段的初期会再次出现小幅

[①②] Nansel T, Overpeck M, Pilla R, Ruan W, Simons-Morton B, Scheidt P. Bullying Behaviors among U. S. Youth: Prevalence and Association with Psychosocial Adjustment[J]. Journal of the American Medical Association,2001,285(16):2094-2100.

[③④] Owens L, MacMullin C. Gender Difference in Aggression in Children and Adolescents in South Australian Schools[J]. International Journal of Adolescence and Youth,1995,6(1-2):21-35.

[⑤] Baldry A C, Winkel F W. Direct and Vicarious Victimization as School and at Home as Risk Factors for Suicidal Cognition among Italian Adolescents[J]. Journal of Adolescence,2003,26(6):703-716.

[⑥] Owens L, Slee P, Shute R. "It hurts a hell of a lot…": The Effects of iIndirect Aggression on Teenage Girls[J]. School Psychology International,2000,21(4):21-35.

增长。从世界范围来看,欺凌伤害行为在高中要比初中与小学低,初中要比小学低。①

（3）身体特征和刻板印象。欧洲的研究表明,一些与伤害相关的大众观念更像是传闻而非事实。例如,人们一般会认为,那些具有肥胖特征、有色头发以及不同的方言或外语、不一样的衣服或眼镜等特征的学生,比其他学生更容易招致欺凌。但是,根据斯堪的纳维亚半岛国家的一些研究表明,那些长期招致欺凌的同学与没有受到欺凌的同学相比,上述特征没有表现得有什么不同。另外,尽管明显的身体缺陷被认为是一个受到伤害的风险因素,但是也没有经验性证据证明和支持这一联系。② 截至目前,唯一在欺凌文献中显示出与欺凌普遍相关的身体因素是儿童的身高与力量。受害者一般趋向于比正常年龄的孩子的身体要瘦弱、矮小。③ 而欺凌者则不然,通常这些孩子比正常年龄的孩子表现得更加身材高大而强壮。事实上,欧维斯坚称受害者的特征是焦虑性行为与身体弱小的结合,而欺凌者的特征是攻击性行为与身体强壮的结合。

在美国,一些研究指出,性别、种族背景、民族部落以及性取向都是可能受害的因素。关于女同性恋、男同性恋、双性或变性年轻人的研究表明,对于公开的持不同性取向的人来说,遭受欺凌是一个很大的问题。同样,那些被认为是不同性取向(LGBT)的正常学生也会遭受欺凌。④

通常情况下,这些学生会因为他们的身体外形、语言或动作形式、与性别相关的社会取向等受到取笑、欺凌和骚扰。学生们经常仅仅被同伴们看成是LGBT而受骚扰。在美国学校里,关于反对LGBT的言论经常在走道和操场上听到。对于男生来说,骚扰主要集中于瘦弱的外形与"女性化"的特征。对于女生来说,主要缘于具有"男性化"特征(看上去像男性、说话像男孩)。

3. 校外方面的因素

（1）欺凌和伤害的家庭教养。研究者指出,一些家庭教育方式会增进儿童的欺凌行为。例如,加巴里诺(Garbarino)指出,在社会关系不好的社会邻里生

---

① Smith P K, Madsen K C, Moody J C. What Causes the Age Decline in Reports of Being Bullied at School? Towards A Developmental Analysis of Risks of Being Bullied[J]. Educational Research, 1999, 41(3):267-285.

② Dawkins J L. Bullying, Physical Disability and the Pediatric Patient[J]. Developmental Medicine and Child Neurology, 1996,38(7):603-612.

③ Voss L D, Mulligan J. Bullying in School: Are Short Pupils as Risk? Questionnaire Study in A Cohort [J]. British Medical Journal, 2000,320(7235):612-613.

④ Klipp G. Resallying Quids: Resilience of Queer Youth in School [J]. ProQuest Information & Learning, 2001,62(1-A).

活的父母,会让孩子在学校采取攻击、挑衅、不信任的方式等行为来保护自己。① 另外一些研究者的研究结果也表明,那些缺乏情感支持、缺乏监管、缺乏家长参与的孩子的欺凌行为较多。

通过对家庭教育与欺凌行为相关的文献进行分析,欧维斯指出有几个影响欺凌行为的家庭教育方面的因素。第一也是最重要的是缺乏父母的温暖,父母没有参与到孩子的日常生活中来,这会增加孩子欺凌行为发生的概率。第二,父母没有给孩子划定可接受与不可接受的行为基本规则,且对孩子的欺凌行为姑息迁就,这都会增加孩子欺凌行为发生的概率。第三,父母在日常生活中与他人交往时经常采用攻击性行为方式,这一行为方式也会增加孩子欺凌行为发生的概率。这一典型"暴力招致暴力"的形式,会诱使孩子们在炫耀武力的过程中学会暴力。②

研究还表明,一些欺凌中的受害者趋向来自那些给予孩子过度保护的家庭。这些孩子在过多的保护中缺乏捍卫自己的能力,因而变得更为脆弱。

此外,一项关于欺凌与受害的重要研究发现,父母与学校长期存在糟糕的关系也会诱发校园欺凌。这些父母本着"过一天算一天"的态度,很少对他们孩子的受欺凌情况保持警觉。有些父母发现孩子在学校中遭遇欺凌时,很少采取具体的方式做出反应。同样,除非欺凌情况特别严重,如出现了身体上的伤害,部分学校一般也不会主动联系家长。最后,随着时间的推移,欺凌者与受害学生的家长就会对学校形成不负责任的认识。同样,学校也对家长产生不好的看法,这样就导致家长与学校合作与联系破灭。

(2)家庭贫困。许多研究者发现,学生或年轻人的暴力行为与家庭贫困之间存在联系。早在1987年,布朗菲尔德(Brownfield)就发现男学生,无论是白人还是黑人,如果他的父亲有过失业的历史,那么这些男学生就会比那些父亲没有失过业的学生更有可能参与暴力行为。③

但是,与上述发现相反的是,博格(Borg)1999年在马耳他的50所中小学调查父亲社会经济状况(SES)与孩子的欺凌行为的关系时惊奇地发现,欺凌与被欺凌可以发生在任何社会背景的学生身上。与之相似,博格的研究还发现,在校

---

① Garbarino J. The American War Zone: What Children Can Tells Us about Living with Violence[J]. Journal of Developmental and Behavioral Pediatrics,1995,16(6):431-435.
② Fraser M W. Aggressive Behavior in Childhood and Early Adolescence: An Ecological-Developmental Perspective on Youth Violence[J]. Social Work,1996,41(4):347-361.
③ Brownfield D. Father-Son Relationship and Violent Behavior[J]. Deviant Behavior,1987,8(1):65-78. 另见 Guerra N G, Huesmann L R, Tolan P H, Van A R, Eron L D. Stressful Events and Individual Beliefs as Correlates of Economic Disadvantage and Aggression among Urban Children[J]. Journal of Consulting and Clinical Psychology,1995,63(4):518-528.

园中的欺凌或被欺凌与学生母亲的就业状态不存在关联。①

（3）社区环境。儿童与青少年成长的社区环境也在年轻人与暴力关系中扮演着重要的角色。贫穷、歧视、缺乏就业与教育机会被认为是对于个人暴力性行为最重要的社区风险。社区环境与学校暴力并非简单的、直接的一一对应，即使在同一社区的孩子，在不同的学校暴力也存在着不同的表现，具有很大差异。这也意味着，学校可以在社区与家庭之间扮演调解角色。

社区影响学校暴力的另一个重要方面是犯罪率。学校中的犯罪与暴力从属于社会领域的犯罪，不能将二者割裂。早在1986年，赫尔曼（Hellman）和比顿（Beaton）就在研究中发现学校暴力率与社区犯罪率之间呈正相关。② 同样的结论也见于其他许多研究中。再者，埃弗雷特（Everett）和普赖斯（Price）在1995年的研究中指出，从高犯罪率社区来的儿童比其他儿童来说更有可能成为受害者。③

（4）种族与文化。种族与文化是学校暴力研究中的重要变量。研究显示，学校暴力概率随着种族与文化的差异而不同。近年来大量关于暴力的研究表明，在欧洲文化中，不同文化的校园暴力有着很大的差异。

在美国，校园欺凌中的被害者与行凶者也因种族背景差异而存在不同。例如，西班牙语裔（拉丁裔）年轻人的正常（moderate）与经常（frequent）接触校园欺凌的比率为12%与10.4%，非洲裔分别为10.2%与8.3%，而白人为10.5%与8.5%。④

但是，需要我们注意的是，纵观全球，种族与文化变量经常是随着社会经济状况（SES）共变的。不同社会中种族文化与社会经济问题之间的关系是混乱的，通常情况表现为"文化的区别在于团体的不同，而团体的差异主要是因为经济发展水平差距而非文化不同"。

---

① Borg M K. The Extent and Nature of Bullying among Primary and Secondary School-Children[J]. Educational Research,1999,41(2):137-153.
② Hellman D A, Beaton S. The Pattern of Violence in Urban Public Schools: The Influence of School and Community[J]. Journal of Research in Crime and Delinquency, 1986, 23:102-127.
③ Everett S A, Price J H. Students' Perceptions of Violence in the Public Schools: The MetLife Survey [J]. Elsevier Science, 1995,17(6):345-352.
④ Nansel TR, Overpeck M, Pilla RS, Ruan WJ, Simons-Morton B, Scheidt P. Bullying Behaviors among U. S. Youth: Prevalence and Association with Psychosocial Adjustment[J]. Journal of the American Medical Association, 2001, 285(16):2094-2100.

第四节　我国校园欺凌多元混合治理生态模型

根据对上述国外多元治理模型或模式,特别是本贝尼希蒂(Benbenishty)和阿斯特(Astor)提出的启发探究式治理模型的分析,我们认为,国外在欺凌治理的理论构建上取得了一定的研究成果。这些理论成果如果与我国教育发展实际相结合,一定能在校园教育实践中取得较好的治理效果。

但是,正如前文所说,校园欺凌治理具有很强的情境性与实践性,每一个欺凌事件都是区别于另一个欺凌事件的。不同的个体、不同的学校、不同的社区、不同的区域、不同的国家都会表现出不同的特征。中国是代表东方文明的古老国家,历史悠久,文化灿烂。进入新世纪,古老中国又进入一个新的时代,不仅承担新的任务与使命,也面临一些新的挑战与难题。所以,从这个视角来看,我国校园欺凌的治理不仅受我国漫长的历史文化风俗习惯等影响,要充分考虑治理的历史性与发展性,而且在新的时代,世界与中国开放多元并存,我们也要学习借鉴国外最新的研究成果,再结合对儿童的学理分析,形成各种不同的欺凌治理的社会构成集合。最终形成一个借鉴中国历史、充分吸收传统文化、学习国外经验、剖析理性逻辑的具有中国特色的多元混合治理的生态模型。

一、欺凌的概念界定

有关欺凌的概念界定,上文已经具体阐述过,在此不再赘言。与国内外许多专家的观点一样,我们认为,校园欺凌与校园暴力是一对既有区别又有联系的概念。我们不能把暴力看作欺凌,但是我们认为无论是什么类型的欺凌都是一种暴力,只是程度强弱、形式不同而已。

暴力与欺凌都是攻击性行为,暴力行为是更为上位的概念,欺凌概念是暴力概念的子集,即校园欺凌是一种特殊的校园暴力,校园暴力则更强调严重的攻击性行为,包括违法犯罪行为。而欺凌一般指那些蓄意的、持续的、恃强凌弱的,造成身体微弱伤害和精神创伤的攻击性行为。

所以,本模型中的欺凌概念与暴力概念是作为更为广泛的概念统一使用的,是将欺凌视作暴力的一部分来对待的。因为,只有这样我们才能更充分地进行研究与实践,而非将欺凌截然区分,分别研究,提出各自不同的理论体系与实践策略。我们认为,这样一则不必要,二则在现实中也很难做到。

二、理论模型内涵的解释与说明

我们在设计校园欺凌多元混合治理生态模型时,目标就是要构建一个多元要素混合影响,相互作用,共同形成整合性成效的生态式治理模式。

不难发现,上述我们所分析的要素,不仅是导致引发校园欺凌的要素集合,更重要的是,我们所要构建的模型是坚持实用主义的,目的不仅是分析影响欺凌形成的要素集,更是为了整合这些要素,利用各个维度的具体要素来构建框架,形成一个多元、混合、生态型的治理结构。

所谓多元,就是指构成校园欺凌的因素是多方面的,我们在治理校园欺凌时也应该从多个要素入手,不能仅仅关注某一个要素;所谓混合,就是指影响和引发校园欺凌事件产生的原因和要素没有什么特定的关系,是各要素之间随机混合发生作用,我们在治理校园欺凌时,决不能指望找出一个线性的,或者有明显的规定与逻辑的方式。所谓生态,就是指校园欺凌的形成是生态的,治理也应该是生态的。我们应该以一种积极的、生长的、乐观的情绪与态度来认识和治理校园欺凌。

具体来说,这种多元、混合与生态主要表现在以下几个方面。

(1) 这个模型是他们建立在其他人研究的基础上,开发设计的多元综合治理生态模型。这个模型展示出环境背景中的学校欺凌,展示学校中的受害者是如何与若干子系统的影响相关联的,如学校因素,学生的家庭、社区以及更大的社会背景。它将学校背景环境置于模型的中心。这一模型的首要目的是:经验性地指出关于环境背景与学校暴力之间交叉的理论性问题。这一模型最大的特点是将学校置于中心,关注主要聚焦学校中发生的受害者。

(2) 这个模型涵括了欺凌的多面性。学校受害者有许多种类型,无论在理论上,还是在经验上,最重要的在于描述不同类型学校受害者的基本比率,以及描述出每种受害者类型是如何与主要的自变量发生关联的。从理论上来看,这种差异化的描述是必需的,因为每个学校受害者类型可能会有多种形式:每种类型受害者的描述性的归因模式是什么?受害者是否因性别、种族以及学校类型而不同?我们认为一种暴力理论必须提出不同类型受害者独特而普遍的模式。尽管有许多种受害形式,如身体暴力、威胁行为、语言与情感伤害、性骚扰、武器相关的伤害以及员工造成的伤害等,但总的来看,独立地描述每一种受害类型也是不够的,需要将不同的受害者类型统一起来,加以详细考察。

(3) 无论是校园欺凌的因变量,还是作为诸多影响要素集群的自变量,都是体现在欺凌者与被欺凌者身上的。模型的假设是以欺凌者作为自变量,而被欺凌者作为因变量存在的。这样的好处是符合人们关于欺凌与被欺凌的常识,也可以将其他更加复杂的关系隐蔽起来,从而直面欺凌问题。但是,并不是说所隐含的其他关系不重要,那些自变量也是可以影响被欺凌者与旁观者的。简言之,我们主要分析这些自变量是如何影响欺凌行为的后果的,没有分析或很少分析这些自变量是如何影响被欺凌者和旁观者的。尽管这些因素有可能对所有人的影响是一样的。

（4）这个模型认为学校是处于社会生态嵌套环境（socioecologically nested contexts）中的。学生所经历的伤害是受他们的个体特征（如性别）和那些更为复杂的社会因素影响的。例如其学校所处地区特点、学生家庭特征（如社会资本、父母受教育水平、家庭收入情况），以及学生自身的文化背景。然而，外部环境是通过校内环境直接影响或通过调节而产生影响的。所以，我们认为一个切实可行的学校暴力理论需要探究更为详细的有关政策、实践、程序、校内效果，以及校外多方面因素可能对学校施加的正面或负面影响。

（5）这个模型认为一个广泛的学校暴力理论必须包括所有与学校伤害问题相关的重要构成部分。许多暴力理论主要关注学生的报告，但是，暴力问题的解决应该关注学生、教师、校长、员工、父母，或社区成员。最低程度上看，对学校暴力影响的理解需要对人们的感知进行探究，如从老师、学生和校长等多个视角进行探究，从他们的观点可以比较分析出系统性的区别。我们相信一个广泛的学校暴力理论应该探究伤害是如何与情绪、认知和社会领域相联系的。当我们对学校暴力事件进行认知解释及做出情绪反应时这更为重要，学生在校受到伤害与他们害怕去学校之间的关系就是一个很好的例子。学生对学校整合的安全或危险的感知如何，是我们需要研究的另一个重要的公开性问题。然而，围绕伤害会存在许多种主观解释、情绪反应和社会后果。

三、欺凌伤害的类型与条目

关于欺凌伤害，从目前的研究成果来看，世界各国具有很大的相似性。简言之，就是攻击一方以欺凌的形式对被攻击的一方进行伤害而造成的后果。

从后果的性质与造成后果的形式手段来看，形成共识的欺凌类型大概有以下几个，即身体欺凌、语言欺凌、心理欺凌、关系欺凌、网络欺凌、性欺凌、偏见欺凌、财物欺凌等。这些欺凌类型大概可以归为两类：一是身体欺凌，二是非身体欺凌。

另外，从欺凌者与被欺凌者之间产生攻击行为的手段与方式向度来看，又可以分为直接欺凌与间接欺凌。

鉴于这部分内容我们在第一章已经详细阐述分析，在此不再赘述。需要说明的是，我们在此提及欺凌伤害的类型与条目，主要是从模型构建的理论构成层面提及的，也就是说，从简单的函数模型来看，欺凌的伤害后果是函数的因变量。因为欺凌伤害的形式与后果不同，所以因变量是不同的，形式各异的因变量自然是形式不同的自变量的函数的结果。

这里想强调的是，不同的自变量之间相互作用或整体作用会形成不同的因变量，即不同的欺凌影响因素之间相互作用或整合作用会形成不同的欺凌后果。

四、欺凌变量的划分与设置

校园欺凌行为的发生是系列影响因素交织作用的结果。如果将行为的产生视为因变量,那么引发校园欺凌行为产生的因素就是自变量。根据我们的研究与对国外成果的借鉴,我们认为,构建校园欺凌影响因素的逻辑是人的从内到外不断扩张、与环境互相作用、与外界事物关系交织而形成的要素体系。这一体系的逻辑安排不是简单地按照个人、校内与校外的顺序,而是从人性、从人与自我的关系、从人与他人的关系、从人与文化的关系,以及从人与信仰的关系出发来构建一个多元整合的生态式模式。这一体系的起点是个体自我,沿着关系、专业、组织、社区、文化,一直到信仰这几个维度展开,而这每一个维度又包括影响校园欺凌发生的诸多具体因素。下面我们就一一分析与论述。

1. 个体维度

我们认为,校园欺凌行为的发生,首先与欺凌者或被欺凌者个人有着密切的关系。学生之所以去欺负别人,或者被别人欺负,有没有学生自己的原因,学生自己本身要负什么责任,这一维度就是校园欺凌行为产生的自我层面解释。

个体维度主要包括以下具体的因素:①学生的性别、年龄、体格、面貌等自然因素。就性别来说,男学生与女学生欺凌与被欺凌的概率与强度可能不一样,年龄大小也是引发校园欺凌行为的重要因素,体格如学生身高、身体强弱等不同也是判断欺凌行为的重要标准;同样,学生独特的面貌特征与特异的装饰打扮也是引发欺凌行为的要素。②学生的智商、情商等智力情感因素。表现在学习上,成绩较好与成绩较差的学生都会成为受攻击的对象。同样,学生情绪智能的大小也会影响学生们的社会交往,从而成为欺凌的影响因素。③学生的性格、气质等个性品质。学生的性格类型会影响学生的行为,外向型性格与内向型性格是影响学生欺凌行为的因素,同样,胆汁质、多血质、黏液质与抑郁质等不同气质类型的学生,其引发校园欺凌行为的概率与方式也是不一样的。④学生的德性、品行等伦理道德因素。具有各种美好德性的学生的德行也是美好的;反之,如若学生道德品质有所欠缺,那么对同学发起攻击伤害行为的概率就大大增加。⑤学生的家庭出身、民族等因素。学生出身显贵或出身贫寒会影响欺凌行为的发生。同样,不同民族的学生在发起攻击性行为方面也会有所不同。⑥学生的性取向等特殊因素。如同性恋的学生很容易引起别人的非议与攻击。虽然在个体维度有以上诸多具体的影响因素,但综合分析,我们认为其中起关键作用的应该是学生的人格与美德。

2. 关系维度

关系维度也可以称为团体维度。人是社会性的动物,人的生存和生活的全部意义体现在人与人的交流交往之中。

学生走出自我之后,首先面对的是他人,需要与他人产生互动,于此,他人对自我的影响就会成为引发欺凌行为发生的重要因素。

关系维度主要包括以下诸多具体要素:①学生的父母、兄弟姐妹等家庭成员的个体或群体特征。一般来说,父母亲是儿童成长的第一影响人,父母亲的气质性格、文化修养、受教育水平、教育孩子的方式等都会影响孩子的成长发展,会影响其欺凌别人或被别人欺凌。家中的兄弟姐妹等其他成员的个性特点,以及家庭整体的气氛等,都是直接或间接引发儿童攻击性行为的因素。②学生的任课教师、班主任、校长等学校人员的个体或群体特征。除了家庭之外,学龄儿童大部分的时间是在学校度过的,"学高为师,身正为范",学生所在学校的校长、他的班主任以及任课教师的个体与工作特征都会影响学生的言行表现,也是学生欺凌行为重要的影响因素。③学生的亲密伙伴的个体或群体特征。"物以类聚,人以群分",学生的心理特点决定着他们很容易受到同伴群体的影响,同伴群体中的各个成员的语言与行为风格极易对学生的言行产生影响,如若孩子所处的同伴群体中的成员发生校园欺凌行为,那么孩子势必会受到影响,被牵扯到事件中去。④学生经常接触的其他重要他人的个体或群体特征。如作为学生粉丝的明星或网络红人,如若他们出现反社会行为,他们的言语行动会影响孩子的行为表现。在这一维度里,我们认为,对校园欺凌产生影响最为关键的是那些"重要他人",如父母、教师与伙伴。

3. 专业维度

专业维度也可以称为管理维度,学生在处理好与周边人的关系之后,必须面对集体生活。学生必须面对的是其身处其中的机构,即学校。他们必须在学校的组织与管理之中,学会学习、学会成长、学会生存。

学校集体生活又可以分为两个层面:一是专业管理层面,二是学校组织气氛层面。

学校组织气氛层面我们下一部分讲述,这一部分主要阐述专业管理层面。就校园欺凌行为来说,所谓的专业维度就是学校专业管理校园欺凌行为的水平。专业管理水平如何,直接影响着该校学生的欺凌与被欺凌状况。学校对欺凌行为的问题认知、专门机构、治理方式等会影响欺凌行为发生和治理的成效。

专业维度主要包括以下具体因素:①学校治理欺凌的规章制度。建立健全学校欺凌行为治理的规章制度是欺凌行为治理的根本要求,如管理制度、组织制度、奖惩制度、协调制度、人员责任制度,等等。②学校治理欺凌的组织机构。成立组织机构是治理校园欺凌的人力资本保障,一所学校中有专人或专门机构负责预防与治理校园欺凌行为会大大提高治理水平,降低欺凌发生概率。③学校治理欺凌的专业资料。这是学校欺凌行为治理的知识保障,教师与学生可以通过教学、研讨等多种方式进行交流学习,了解掌握校园欺凌行为的特征与后果,从而减少欺凌或被欺凌行为。④学校治理欺凌的专业预案。校园欺凌行为治理的专业预案是学校科学专业治理校园欺凌的方法举措,按照既定程序与步骤解决和处理欺凌问题其效果会更好。⑤学校治理欺凌的专业培训。良好的校园欺凌行为治理需要制度性地对教师和学生进行校园欺凌行为相关知识和技能的培训。在这一维度中,设立校园欺凌治理的专业机构,按照治理预案来预防和处理校园欺凌问题是重点。

4. 组织维度

除了专业治理机构与治理能力之外,学校的文化气氛与组织氛围也要对校园欺凌行为的发生负责,在学校专业治理欺凌行为的同时,从组织气氛的视角来构建充满爱和和谐的校园文化,对有效地预防和解决校园欺凌问题至关紧要。

组织维度主要包括以下具体要素:①学校校风、教风、学风等精神文化建设。良好的校风、教风、学风可以春风化雨,潜移默化地对学生产生影响。校风、教风与学风优秀的学校中的学生言行规矩,学习踏实,积极进取,反之,如果一所学校校风、教风、学风较差,那么,学生很可能就会出现许多抽烟酗酒、打架斗殴等反社会行为。②学校的校容、校貌等物质文化建设。优美的校园环境可以陶冶人,学生在整洁美观的校园环境中生活学习自然会受到美的熏陶,格调高雅,行为得当,当然就不会去伤人。如若生活在一所破烂不堪,条件落后,景观丑陋的校园中,学生的审美势必会受到影响,言语行为与为人处事就可能出现偏差,增加不正当的攻击性行为发生的可能。③学校常规管理等制度文化建设。这一点对校园欺凌行为的发生与治理影响很大,如果学校常规管理科学、规范、有序,学生行为便会守规则,讲秩序;如果学校管理专断、混乱、无序,学生便会不守规则,行为放肆,攻击性行为自然就会增多。④学校章程等相关发展愿景与目标定位。其实这也是文化层面,把它单列出来是想强调这主要关涉的是学校发展的愿景与目标是否被师生接受,是否内化为学生发展动力,美好的希望与愿景是减少在校学生欺凌行为的要素之一。⑤学校作为道德共同体的文化打造。这一影响因素主要是从学校领导文化视角来分析的,如果学校领导与管理方式民主、科学、和谐,大家团结和睦,围绕共同的目标齐心协力、努力工作,那么,学校的组织文化就是道德的,生态的;相反,如果领导与管理方式简单粗暴,领导刚愎自用,成员钩心斗角、互相猜疑等,在这样的学校中生活学习,产生欺凌行为或遭受欺凌的概率自然会大大提高。在这一维度中,最为关键的是把学校打造成为一个和谐的道德共同体。

5. 社区维度

社区维度也可以称为社区与社会维度，这里的社区主要是指在学校周边与学校发生联系的社会。

在学生走出学校之后，他们将直接面临社区与社会，迎接最为广泛的社会影响。社会是一个由多种功能体共同组成、相互作用、自然运转的生活系统。这一系统包罗万象。严格意义上讲，这个系统中的任何组成要素都会对学生的行为产生影响，但是鉴于我们分析的是校园欺凌，故在这个层面上思考影响学生行为的社会因素。

社区维度主要包括以下具体要素：①各级立法机构制定的有关学校欺凌治理的法律法规。从西方发达国家的经验来看，如若颁布了专业的有关防治欺凌的法律，就会对校园欺凌问题产生强大的震慑，大大减少欺凌问题的发生。②各级政府制定关于学校治理欺凌的政策规定。除了法律法规之外，各级政府及时制定关于校园安全类、校园欺凌类的政策文件也是减少校园欺凌问题，提高治理成效的很好举措。③公安机关提供的学校周边安全环境。如果学校周围社区的治安环境较好，一般在校园周边发生欺凌事件的概率就很小；如果学校周围社区的治安混乱，社会人员混杂，各类治安事件不断，这也会增加校园欺凌行为的发生。④公安机关关于校园安全的具体举措。学校属地派出所有专人负责分片学校的安全问题，并且有详尽的支持举措，这也是减少校园欺凌问题的重要手段。⑤社区参与学校欺凌治理的具体举措。通过教育手段是没有办法根本解决校园欺凌问题的，没有社区街道等部门参与配合，校园欺凌行为治理效果就会大大降低。⑥各类媒体播放、刊登的信息的性质与影响。各类新媒体、自媒体对青少年学生的影响非常大，媒体中播放、刊登的色情、暴力、具有反主流社会倾向的信息会增加学生发生欺凌行为的次数。⑦媒体对校园欺凌事件的报道与影响。除了媒体刊发的负面信息外，我们发现，有媒体出于新闻轰动性影响的原因，经常会报道校园欺凌的恶性案例，这也会对青少年学生的行为产生影响。⑧各种专业协会的作用与影响。各种专业协会也是影响校园欺凌行为的因素，他们可以通过协会特有的形式发声，呼吁社会、政府、学校对相关问题引起重视，相关协会也可以直接参与治理欺凌行为的案件。在这一维度中，最为关键的是完善预防与治理校园欺凌的法律法规体系。

6. 文化维度

从文化学的视角来看，文化就是人文。简单地说，凡是与人有关系的事物都是文化。人是文化的动物，每个人都不可能躲避社会文化的影响。社区与社会的维度主要阐述的是物质化的社会因素,整个社会的文化水平也是影响校园欺凌行为的重要维度。

文化维度主要包括以下具体要素:①官方主流文化的影响。譬如国家政治文化建设,社会民主法治水平,社会伦理道德水平以及社会和谐程度,都是潜在影响学生行为的重要因素,如果每个公民都能够按照社会主义核心价值观行为行事的话,就会大大减少反社会行为的发生。②历史传统文化的影响。历史经典作品、传统节日、各种风俗、生活习俗、民族传统等都是影响学生身心发展,进而影响学生行为的因素,比如我国历史上存在的报应、报仇等思想都会对学生的欺凌行为产生影响。③社会多元文化的影响。社会多元文化在校园传播流行,其中一些不良社会思潮对学生造成的负面影响不言而喻,直接制约了学生对主流文化的认同。④民间世俗文化的影响。我们在重视正式文化对学生影响的同时,也要高度关注市民文化、市井文化等民间世俗文化的影响,民间的大男子主义、大丈夫主义、个人英雄主义、草莽江湖作风等都会直接或间接影响学生的日常生活与行为方式。⑤暴力、色情等非主流低级亚文化的影响。这一点是从学生的亚文化视角来分析的,青少年亚文化中存在的许多内容,如手机游戏、网络游戏、动漫作品中存在的暴力文化,对学生的欺凌行为产生重大的诱导与推动作用。在这一维度里,重点是建设和宣传社会经典主流文化。

7. 信仰维度

信仰维度就是处理个人当下与未来的关系,思考人生的根本问题,而这一问题对学生的欺凌问题会产生重要的影响。

信仰维度主要包括以下具体要素:①形而上学与意识形态。学生所接受并秉持的哲学观与意识形态是他们最长久的行为方向与动力,共产主义信仰教育是激发学生奉献与牺牲精神的最主要的意识形态,会对学生的生活和行为产生重大影响。②世界观、人生观与价值观。培养学生正确的"三观"是塑造学生正确人生走向的根本路径,也是减少学生反社会行为的根本路径。③人生追求与梦想。教育学生有追求有梦想,自觉为实现中华民族伟大复兴中国梦而努力奋斗,这些都是形塑社会意识正统,减少人生误区与反社会行为的根本性路径。在这一维度里,重点是共产主义信仰教育。

概言之,我们将上述七个维度中所提及的要素归纳于表7-1。需要说明的是,影响校园欺凌行为的要素是多方面的,我们不可能穷尽所有的影响要素,表格中只是我们按照自己的逻辑分析提取的影响要素,以期在分析欺凌行为的产生以及治理方面能够尽量地全面化与体系化。

表 7-1 校园欺凌影响因素

主要维度	影响因素	关键因素
个体	1. 学生的性别、年龄、体格、面貌等自然因素 2. 学生的智商、情商等智力情感因素 3. 学生的性格、气质等个性品质 4. 学生的德性、品行等伦理道德因素 5. 学生的家庭出身、民族等因素 6. 学生的性取向等特殊因素	人格与美德
关系	1. 学生的父母、兄弟姐妹等家庭成员的个体或群体特征 2. 学生的任课教师、班主任、校长等学校人员的个体或群体特征 3. 学生的亲密伙伴的个体或群体特征 4. 学生经常接触的其他重要他人的个体或群体特征	父母、教师与伙伴
专业	1. 学校治理欺凌的规章制度 2. 学校治理欺凌的组织机构 3. 学校治理欺凌的专业资料 4. 学校治理欺凌的专业预案 5. 学校治理欺凌的专业培训	学校欺凌专业治理机构与预案
组织	1. 学校校风、教风、学风等精神文化建设 2. 学校的校容、校貌等物质文化建设 3. 学校常规管理等制度文化建设 4. 学校章程等相关发展愿景与目标定位 5. 学校作为道德共同体的文化打造	和谐的道德共同体的打造
社区	1. 各级立法机构制定的有关学校欺凌治理的法律法规 2. 各级政府制定关于学校治理欺凌的政策规定 3. 公安机关提供的学校周边安全环境 4. 公安机关关于校园安全的具体举措 5. 社区参与学校欺凌治理的具体举措 6. 各类媒体播放、刊登的信息的性质与影响 7. 媒体对校园欺凌事件的报道与影响 8. 各种专业协会的作用与影响	校园欺凌法律法规建设
文化	1. 官方主流文化的影响 2. 历史传统文化的影响 3. 社会多元文化的影响 4. 民间世俗文化的影响 5. 暴力、色情等非主流低级亚文化的影响	经典主流文化
信仰	1. 形而上学与意识形态 2. 世界观、人生观与价值观 3. 人生追求与梦想	共产主义信仰教育

总之,从学生个体到社会关系,到专业管理,到学校组织,到政府社区,到社会文化,最后到信仰信念,①这样就形成一个从自我德性到信仰信念的要素总括。正是这样一个体系性的要素集合,它们或者单一发生作用,或者一对多发生作用,或者共同发生作用,相互影响互相催发,才最终导致形形色色的校园欺凌事件的发生。严格意义上讲,它们都是校园欺凌行为伤害后果这一因变量所对应的自变量,都应该对校园欺凌行为的发生负责。鉴于篇幅的原因,以下我们仅就关键要素的影响予以简要阐述分析。

五、模型的图示表征

我们将上述文字表述用图7-1来表示,在图的中心是校园欺凌行为的发生,围绕这一中心,并存个体(自我)、关系(团体)、专业、组织、社区、文化、信仰等七个维度的影响因素,这七个维度共同指向校园欺凌,共同引发了校园欺凌,同时也是治理校园欺凌的合力因素。而这七个维度彼此是相互联结的,表示这些因素是彼此关联的,它们共同对校园欺凌产生作用。

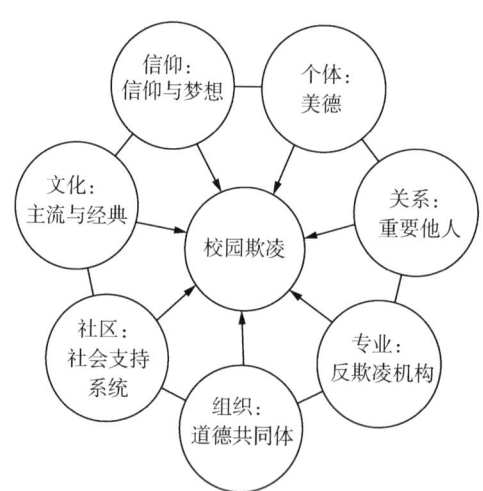

图7-1 校园欺凌社会多元治理模式

根据以上陈述和图示,我们可以用一个正函数式来进行概括与解释,即作为因变量的校园欺凌行为正是上述七个维度所包括的所有要素作为自变量的数学结果。上述罗列的七个维度分别是个体(自我)、关系(团体)、专业、组织、社区、

---

① 需要说明的是,无论是作为因变量的欺凌行为的后果,还是作为影响欺凌行为发生的各自变量,从现实来看,可能不是绝对的。无论是个体、关系、专业、组织、社区、文化,还是信仰,这些因素或许不是绝对的自变量,本身也会受到其他因素的影响。我们只是从校园欺凌产生的角度来分析认定这些变更,没有更多的其他考虑。

文化、信仰,它们的英文分别是 Individual、Relationship、Professional、Organization、Community、Culture、Faith,我们便用每个单词的首字母来代替该单词,于是,这一模型可以用下列函数式来表示。

$$Y = F(I, R, P, O, C, C, F)$$

在这一函数式中,Y 是因变量,即校园欺凌的行为后果,而造成这一后果的自变量是多元混合的。也就是说,Y 的值取决于自变量 I、R、P、O、C、C、F 的共同影响。从治理欺凌的视角来看,要想使 Y 值变小,主要有两种办法:一是使所有自变量的值同时变小,则 Y 值变小;二是在控制其他一个或多个变量值不变的情况下,使另外一个或几个变量的值变小,则 Y 值变小。这就是说,如果我们想保持校园欺凌治理的最好成效,那么就只能想方设法消除或控制各个自变量对校园欺凌的负面影响。

综上,我们认为,校园欺凌行为本身就是一个社会多个领域复合的价值重叠或冲突的结果。每个领域及其价值取向都应对中小学生欺凌行为负责;每个领域或者领域与领域之间的矛盾和不一致,也是造成欺凌行为的原因。校园欺凌行为的治理不仅应该从单一的领域或价值域入手,而且也要全面地、综合地、整体地加以对待。否则,一旦部分与整体间出现价值混淆或价值冲突,欺凌现象就会更为严重。这就需要我们建立一个全方位、多层次、宽领域的社会多元治理模式。

当然,理论模型是基于一种理想的预期与理性的设计而构建出来的相对完美之物。在理论研究迈入实践之前,势必要经历一个漫长且艰苦的理论完善与实践沟通过程。就像姚建龙针对教育部颁发的《关于防治中小学生欺凌和暴力的指导意见》(以下简称《指导意见》)的评述一样:"学生欺凌问题的发生原因是综合性的,绝非学校一家之因,其防治也非学校一家之责。保护未成年学生是全社会的共同责任,只有包括学生、家长在内的各相关部门与主体的共同参与、通力协作、标本兼治,才能有效防治学生欺凌和暴力这一世界各国共同面对的难题,而这也正是《指导意见》的'良苦用心'与核心内容。不过,综合防治的思路尽管被誉为'东方智慧',但也存在'责任稀释'的可能及风险。《指导意见》所明确的相关部门是否能够真正各负其责,协调运转,尚需实践的进一步检验。"[①]这也正是我们一直纠结的问题所在,但是,纠结归纠结,无论是有"过于务虚"的争议也好,还是有"宏大叙事"的嫌疑也罢,我们还是要将这一理性设计之物从实践层面进行延展,以期为实践者提供相对比较完整的知识体系或行动逻辑。

[①] 姚建龙.防治学生欺凌的中国路径:对近期治理校园欺凌政策之评析[J].中国青年社会科学,2017(1):19-25.

第八章
校园欺凌治理的策略路径

校园欺凌就是一种冲突,而冲突发生的原因却来自多方面,所以治理欺凌问题的方式也是多样且复杂的。在上一章所阐述的模型中,我们已经罗列了影响校园欺凌行为的诸多具体要素,但是我们要注意,在一个特定的欺凌案件中,所有影响因素不一定全部是导致问题发生的原因。这些纷繁芜杂的要素不太可能在具体的案例中同时发生作用。我们必须认识到,能够产生影响的要素众多,且发挥作用的形式多样。这些要素或直接影响,或间接影响,或在台前,或在幕后,往往以一个影响因素体系出现。在厘清这些要素的关系时,既要坚持马克思主义哲学的"重点中有全面,全面中有重点"的原理,也要着眼于实践,清楚有些影响因素虽然存在,但是从教育学的视角来看,在实践中难以介入。所以在校园欺凌治理中,我们不可能也不必要面面俱到,只要择取一些重要的影响要素进行阐述,从而获得一个方面的结论,即可完成研究的目标。以下,我们就从模型的七个维度之中,选取一些我们认为比较重要的因素,阐述如何运用这些因素来思考或解决校园欺凌问题。

第一节 个体维度:培养学生具备良好的"美德"

关于青少年暴力与犯罪问题,普林斯顿大学学者迪尤利奥(John. J. DiIulio)在 1995 年就写了一篇影响深远的文章,题目为《超级食肉动物的到来》(*The Coming of the Super Predators*)。在文中,他坚称受社会负面影响,年轻人犯罪已经达到一个很高的比例,而下一波年轻人犯罪可能更为严重。他认为,年轻人犯罪将会快速增长,[①]"孩子在暴力犯罪时比以前更为冲动和无情"。

欺凌事件层出不穷,人们很少从学生的内在道德品质去分析。品性是人的行为的最初原动力,是欺凌行为产生的根本动因。学校、家庭、社会教育应以提

[①] Dewey G C. School Violence: Fears Versus Facts[M]. Mahah: Lawrence Erlbaum Associates, 2006: 11-12.

升学生的道德品性为旨归。"大学之道,在明明德",古之圣人,欲齐家、治国、平天下,皆以修身为本。以孔子思想为代表的儒家学说的核心就是美德教育,培养德才兼备的"君子"。君子者,"修己以敬,修己以安人,修己以安百姓"。拥有美德的君子形象一直是中国古代人才培养的标准,当然也理应是当下中国人才培养的典范。

美德的先验性也是西方伦理学的一个重要理论观点。在古希腊,亚里士多德就强调美德的重要性,并为人们提供了一个德目架构,经由基督教伦理学、康德伦理学等发展,直到今天,以麦金太尔为代表的美德伦理学仍坚持美德决定规则的优先性,即没有美好的德性,再好的规则也没办法遵行。

2016年11月1日,教育部等九部门《关于防治中小学生欺凌和暴力的指导意见》中明确提出:培养学生健全人格和积极心理品质,引导全体中小学生从小知礼仪、明是非、守规矩,做到珍爱生命、尊重他人、团结友善、不恃强凌弱,弘扬公序良俗,传承中华美德。

美德教育与心理教育是十分重要的,它不但是减少校园欺凌行为的重要因素,更是预防校园欺凌与暴力行为发生的关键因素。美国在工业生产领域有一个著名的"海因里希法则"(Heinrich' Law)。如图8-1所示,这个法则的意思是当一个企业有300次隐患或违章,非常可能要发生29次轻伤或故障,另外还会发生一次重伤、死亡事故,所以也叫"300∶29∶1法则"。

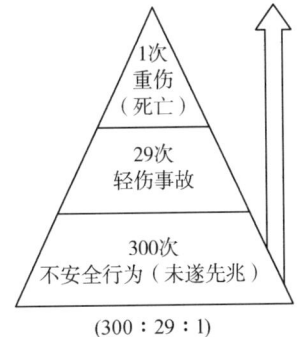

图8-1 海因里希法则

很明显,海因里希法则虽然是针对工业企业安全管理提出的,但是这一法则对学校安全管理、对校园欺凌的预防意义重大,特别是可以帮助我们解释学校道德教育与心理健康教育的重要性。

借助这一理论,我们可以这样推测:校园欺凌行为是一种暴力行为,如果学校发生一起这样的暴力伤害事件,那么或许意味着已经发生了29起相关的矛盾或微小伤害,而在这29起矛盾和微小伤害前,也许已经存在着300个潜在的诱因。那么,为什么29个矛盾和微小伤害没有发展成为严重的欺凌伤害呢?我们认为,这是因为学校道德教育与心理教育在其中发挥了重要的作用。换言之,是学校实施的德育工作,是学校开展的美德培养活动,是学校进行的心理健康教育,将那些潜在的攻击性风险消除在萌芽之中了。

1. 坚持"德育为首,全面发展"理念,重点培养学生的美德

增强校园关于道德与美德教育的重要意识。真正落实"德育为首,全面发展"的素质教育观,改变目前我国部分中小学"智育为首,其他都不发展"的错误教育理念。如果学校不坚守德育为首的办学理念,学生道德品质无法得到保障,成长发展就会出现偏差。

吴元发指出,欺凌者意志薄弱,实质上是由于不明确的实践之知与不完善的品格导致的。具体表现为既知又无知,知善而不为善,在内在选择与外化行动之间出现链条断裂。化解意志薄弱所导致的欺凌行为应从理由化、品格化、德性与德行化入手。即培育实践之知,涵养品格之优,辅以情感和欲望的引导,使实践之知与品格和情感完全融合,以使德性驻扎灵魂,通过习惯养成使道德原则被学生"持有并运用",从而在习惯化的教导中走向德行。①

所以,道德和美德教育应该从中小学严格抓起。弘扬美德,培养学生做具有诚实、守信、善良、正义、礼貌、节制、仁慈、感激、宽容、慷慨、怜悯、温和等美好德性的人,秉持真、善、美观念,摒弃恶念、恶德、恶行,为祛除学生欺凌行为打下坚实的伦理之基。

2. 强化课堂教学德育阵地,培养学生的共情能力

规避校园欺凌行为,教师要教会学生与他人相处的技能。教会学生处理自己的情绪,识别他人的情绪,和平解决冲突,能够与他人共情。共情是指让自己站在对方的立场上体会对方的感受,获得对他人感受的敏感性和理解力,能够准确地判断他人的情感,并做出恰当的回应。学生的共情能力越高,他们越会具有更强的合作意识,攻击性也会越低。倘若学生都能设身处地为他人着想,在日常学习与生活中就不大会冒犯他人。为此,在课堂教学中的德育环节应有意侧重学生的沟通与共情能力,丰富德育教学的内容与维度。

教师要学会共情的教学,在课堂上创造合作、共情和同情,减少竞争,促进合作。比如打造一种拼图式课堂,拼图式课堂是小组学习的一种特殊形式,要求每一个人努力合作以完成最终的作品。拼图式课堂是非常有效的学习方式,每个小组成员在学术活动中都扮演一个重要的角色,这样的过程就鼓舞了每个人去倾听、参与和换位思考。小组目标和个人目标互相补充,相互支持,这种经过设计的合作促进了班上所有学生之间的互动,使他们能够将彼此视作共同任务的

---

① 吴元发.知识与德行的断裂:校园欺凌者何以知善而不为善——从学生意志薄弱现象看校园欺凌事件[J].教育发展研究,2018(12):34-41.

贡献者而予以看重。①

3. 重构以关爱为中心的学校道德教育环境

关爱教育是著名的学校道德教育理论。该理论认为,"学校最应该关注的是促进学生发展、健康与幸福,必须提升学生相互关爱的能力。学校应该围绕关爱的主题开展教育,而非传统纪律,应该提供给学生可以引导他们关爱自己,关爱他人,继而关爱地球上的其他事物,如植物、动物和环境等"②。通过关怀施受—关怀感受并接受—关怀内化—关怀外化的德育发展路径,建立师生、生生间的关怀关系,让学生在感知、理解关怀的基础上学会关怀;通过实践等促进关怀品质的自我建构与内化,从而进行关怀的回馈,以此营造充满理解、尊重、关怀与爱的德育环境,提升学生的关怀道德素养,缓和紧张的学校整体氛围。③

我们认为,要想形成一个以关爱为中心的学校道德教育环境,中小学需要建立一个完整的品格教育计划。学校品格教育主要包括六个组成部分:一要建立支持性的家庭和课堂环境,二要通过倾听和对话来审视价值取向,三要与孩子交流道德取向,四是帮助孩子培养解决问题的能力,五是建立人际关系和解决冲突,六是通过服务培养品格。④

除此之外,还可以开展以关爱、关怀等美德为主题的专题教育、班会与实践活动。

4. 教会学生勇敢,学会同欺凌行为做斗争

虽然欺凌行为是强势一方对弱势一方的攻击,但是我们不能一味地教育学生无奈地"接受",那样做会受到更多的欺凌。所以,我们建议学生在条件具备的情况下学会反击,让学生有点"血性"。我们的德育需要从古典的德育中汲取营养,变得有力又富有理性,进而把学生培养成既有血性,又富有理性的和谐之人,以避免校园欺凌的发生。⑤ "一些家长往往只是教育孩子要有宽大的胸怀,不要斤斤计较,吃亏受委屈也没有什么了不得,却没有教育孩子受到欺负时忍让也是有限度的。我们倡导宽容精神,反对'以暴制暴',但当孩子受到校园暴力侵扰

---

① [美]埃利奥特·阿伦森.不让一个孩子受伤害[M].顾彬彬,译.上海:华东师范大学出版社,2019:131-132.
② Noddings N. The Challenge to Care in Schools: An Alternative Approach to Education[M]. New York: Teachers College Press, 1992:173.
③ 刘珂,杨启光.校园欺凌的道德教育影响因素与环境重构:关怀伦理的视角[J].教育科学研究,2018(3):12-17.
④ [美]Joseph P. Hester.应对校园暴力——学校安全信息指南[M].邵常盈,吕春辉,译.北京:中国轻工业出版社,2006:138.
⑤ 李长伟.德育的古今之变:从强健到柔弱——兼论校园欺凌现象[J].教育理论与实践,2017(31):45-48.

时,要告诉他们绝不能忍让和退却——那与宽容无关"①。

正像费孝通先生1947年访问美国时写下的《蛮一点,孩子!》中所说:"我们做父母的人,无时无刻不就具体的情境去指示孩子们:什么情形之下,用武力来对付人是不应该的什么情形之下,不用武力又是不应该的。"②

5. 反思"以人为本"教育哲学,确立正确的人学观

教育的重要目的是培养学生的个性,张扬学生的自我,但这并不意味着需要牺牲教育的另一根本目的:使学生过着理性的、秩序的生活。

有学者指出:"尽管现代非理性主义做出了一切努力,但是,人是理性的动物这个定义并没有失去它的力量。"③

人的理性本性与非理性主义带来的教育问题督促当下我国的人本主义教育哲学必须回归理性,回归教育常识,以自然、集群、规范、责任、秩序为主题进行人本主义教育哲学的理性重建。

第一,坚持以人为本,教育应当构建一个多元主体并重的生态系统。

在教育范畴中,除了"人"之外还有许多其他要素。"以学生为中心"只是教育众多中心工作中的一个中心。"为了学生"固然重要,但绝非学校教育的唯一使命与责任,以学生为本并非意味着将学生视作学校教育工作的全部。

学校教育除了促进学生成长之外,还有促进文化发展、学术研究和社会进步等作用。学校教育应当是一个扮演多种角色、履行多种功能的多元主体,各主体间互相影响、互相支撑。

在这一点上,我们认为,当下的学校教育要对"人"保持一定的"限度",摆正学生应有的位置与地位,把学生当成教育自然的一部分,不能降低也不要过度拔高。就像约纳斯(H. Jonas)在批判存在主义时所指出的那样,存在主义在弘扬人的意志自由的尊严时,完全抹杀了自然的尊严,"还从来没有一种哲学像存在主义那样如此地不关心自然"④。

在约纳斯看来,人的自由固然重要,但人身所处的自然更是伟大,人类要负起保护人类与自然的责任。

第二,坚持以人为本,教育应当培养理性的人和塑造人的理性行为。

鉴于人本主义教育哲学的理性特点,在学校教育中坚持以人为本,就是要坚

---

① 简平.阳光校园拒绝暴力[M].上海:中国福利会出版社,2006:6.
② 费孝通.费孝通文集:第5卷[M].北京:群言出版社,1999:24-25.
③ [德]恩斯特·卡西尔.人论[M].甘阳,译.上海:上海译文出版社,1985:34.
④ [德]约纳斯.责任原理:技术文明时代的伦理学探索[M]//黄颂杰.西方哲学名著提要.南昌:江西人民出版社,2002:828.

持以那些遵规守纪、彬彬有礼、谈吐斯文、心志高远的学生为本,而不能以那些为所欲为、自以为是、不顾他人、行为放肆的学生为本。

如果学生狂热放纵、行为不端,明显地偏离或违背了规则与秩序,其行为伤及他人或集体,那么我们决然不能再以这种非理性行为为本。

人是理性的动物,真正的自我是自由的限度,或者说真正的人本主义是尊重人的自由的理性主义。理性是自由的条件,自由行动应该且必须接受合理的约束和限制。正如黑格尔所言,如果仅仅把"自由"理解为为所欲为,那样的"自由"仅仅是"任性",并不是真正的自由。古希腊哲学家伊壁鸠鲁也说:"一个不能进行自我节制的人,不能称之为一个自由的人。"

舍勒(M. Scheler)曾指出,人既具有日神的理智、豁达和深沉的精神本质,又具有酒神的欲望、激情和冲动的生命本能,人的生命就是日神精神和酒神精神的统一。兰德曼(M. Landmann)也把人的个体自由创造性和受文化传统的制约性统一起来,认为人是主观精神和客观精神的统一。

即便如此,我们也坚持认为学校教育之"本"只能是"日神"与"传统",只能是主流与经典的观念和行为,这是教育的性质与人的社会性共同决定的。

第三,坚持以人为本,教育应当兼顾学生个体与公共群体的共同利益。

人是生活在社会与群体之中的,任何人不可能脱离与群体的联系。在学校教育中,"以人为本"不仅要指向学生个体,同时也应该以学生群体以及更大的公共集体为本。

坚持以人为本,就要考虑到个人与群体的共同利益,履行好个人与群体的相关责任。罗素曾指出,人不是孤独不群的动物,只要社会生活一天还存在,自我实现就不能算伦理的最高原则。

马克思(K. Marx)同样指出:"人的本质是人的真正的社会联系,所以人在积极实现自己本质的过程中创造、生产人的社会联系、社会本质……这些个人是怎样的,这种社会联系本身就是怎样的。"[1]

正像康德所说的,让学生"只按着那种你同时也想望它变为普遍规律的准则而行动"[2],从而规范着作为个体的学生不同方向与性质的活动行为。

这就是说,在教育中坚持以人为本,就要以群体来规范个体,从集体的角度来思考"以人为本",不能全部以"现实中的人""单个的人"为考察与关怀对象。要从整个学生群体、学校公共集体的特征与发展规律着手,抓住学校集群的性格与特

---

[1] 中共中央马克思恩格斯列宁斯大林著作编译局.马克思恩格斯全集:第42卷[M].北京:人民出版社,1979:24.
[2] [德]伊曼努尔·康德.道德形而上学原理[M].苗力田,译.上海:上海人民出版社,2005:140.

质,建立起关于"理性学生"的"普适标准",并以此标准作为践行以人为本的准绳。

第四,坚持以人为本,教育应当积极创设一种理性宁恬的学校文化。

在教育中,坚持"以人为本"就是要遵循理性的指示,创设一种有秩序的学校文化,平静宁恬,淡泊悠长,不功利、不浮躁、不狂热、不偏执,给学生提供一个自由而有规则的学习和成长环境。

霍布斯(T.Hobbes)认为,每个人生来"对每一个事物都具有权利,甚至对彼此的身体也是这样"①。如果没有一个共同的权利让大家共同服从,则人的自然状态就是一种人对人的战争状态。只有建立共同遵守的行为契约,才能得到和平与文明。

在当下的教育中,坚持"以人为本"就要重树教育权威,依法治教、依法办学、强化管理,使学生知道什么可为什么不可为。要强调规则意识,只有教育讲规矩、学校有规矩、学生懂规矩,学生才能真正地过着一种有秩序的自由生活。

我们认为,纵然坚持人之自由有千百般理由,还应同时坚守教育保守主义,反对一切形式的教育激进主义;坚守经典与永恒,重建严谨、持重、高雅的学校文化。学校教书育人的公善性质决定着以人为本的理性特征,真正的人本主义教育是使每个生活在学校教育中的人都能享受理性的宁恬与幸福。我们可不希望学校教育培养出越来越多的尼采笔下的"查拉图斯特拉"或是"狄俄尼索斯"!

第二节 关系维度:警惕学生身边的"重要他人"

研究表明,中小学生的言行举止主要受其亲缘群体等"重要他人"的影响。虽然学生拥有众多的师长、同学、熟人、亲戚与朋友,但是对其影响最大的还是与其经常接触的父母、师长与伙伴,这类人或团体数量虽然不多,但影响甚巨。他们的德性、态度、价值、观念、言语、行为等极易感染学生,使学生逐渐形成一套与学校、社会所倡导的经典与主流价值体系相"独立"或相"对立"的"思想与行动体系"。我们要时刻观察学生,及时敏锐地捕捉其身上表现出来的"新"特点,分析源头,判定其是否与一些"不正当的人"交往。"物以类聚,人以群分",教育学生正确择友,号召家长做良好表率,要求教师行为示范。

1. 教育学生正确择友,自觉与不适合交往的人保持距离

教会学生正确择友的前提是要明确适合学生交往的人是哪一些人。

我们认为,就朋辈群体来说,适合学生交往,可以和学生做朋友的人具体有

---

① [英]霍布斯.利维坦[M].黎思复,黎廷弼,译.北京:商务印书馆,1985:98.

以下特点：一是诚实善良、志虑忠纯的人；二是性格平和，态度温和，为人谦和的人；三是心理健康、阳光，积极向上，学习认真的人；四是乐于助人、审美正当、心胸坦荡、光明磊落的人；五是性格、脾气与爱好相投的人；六是具有共同成长与发展目标的人。

如果学生和这些人交往做朋友，更可能是"近朱者赤"，不仅平等相处，免受欺负，也会从他们身上学会正直善良，温文尔雅，成为一个正能量的人。反之，对于那些明显具有人格缺陷，心理阴暗，做事消极，学习懒散，行为不端，不鼓劲积极争取，更乐于欺凌霸占的人，是绝对不能与之相处的，要避免和他们有所交集。否则，学生不仅可能会遭受他们的欺负与凌辱，还可能会"近墨者黑"，从他们身上学到大量的负面的思想和行为。

在坚持正确择友的同时，我们也要教育学生在正常的生活学习过程中，不要加入任何"帮派"或不健康的"团体"，不要与所谓的"朋友"去一些不适合青少年去的场所，不要做不适合青少年做的事情，不要参与不适合青少年参与的活动。

2. 从欺凌行为的参与者来说，要加强对"旁观者"的教育与管理

对于欺凌行为来说，旁观者是行为发生过程中的"重要他人"，需要我们高度关注，因为这些旁观者可以增强或减弱欺凌行为的后果与影响。

丹麦教育家亨宁森（Henningsen）提出，欺凌的旁观者也是欺凌，他认为，"旁观者"的心态一日存在，欺凌就无法解决。

英国学者狄波拉（Deborah）等人指出，学生欺凌现象主要包含三种角色：欺凌者、受害者与那些既非欺凌者又非受害者却是见证人的"重要他人"——同伴群体。他们采取一定的方式暗示或支持哪一方，后果可能会完全不同。

除此之外，我们还需要特别关注"团体""伙伴"或者"帮派"等对学生欺凌所造成的影响。

3. 号召家长做良好表率，建设和谐温馨的家庭环境

作为学生的主要生活环境，家庭环境及父母也会对学生产生重要影响。根据不同的家庭风格，可以将家庭大致划分为以下三种。

第一种是砖墙家庭，主要特点是：父母有绝对的权威，雷厉风行，在家庭中居于统治地位；经常通过实际行动、威胁或想象的暴力严格要求孩子遵守规矩；尝试用恐惧与惩罚来屈服孩子的意志与精神；大量使用羞辱的语言来交流；平日里使用威胁与利诱的方式解决问题；过度强调竞争来获取目标；有意使孩子在恐惧的气氛中学习。在这样的家庭中，"爱"是有条件的；父母一般会教导孩子应该思考什么，而不是教他们如何思考。

第二种是水母家庭，主要特点是：家长对孩子的态度如水母触须般飘忽不定,对待孩子的惩罚与奖赏专断而不连贯;随意给予孩子第二次机会;时常以威胁与利诱来管理孩子;父母与孩子的行为往往被情绪所左右。在这样的家庭中,"爱"是有条件的。

第三种是骨干家庭,主要特点是:父母每天以传递积极信息的方式为孩子提供发展上的支持。所传递的积极信息包括以下六个方面:我对你有信心,我相信你,我知道你可以处理生活中的种种状况,我是你的最佳听众,我关心你,你对我很重要。此外,这一类型的家庭还善于总结经验与学习民主,营造充满创意、有助发展且渗透责任感的家庭环境,以促进孩子学习的权威模式来维持纪律,在家庭中推行简单且明确的家规。这样的家庭往往积极引导孩子为自己的行为承担相应后果,习惯于在孩子犯错后给予他们第二次机会,鼓励孩子展现自己,而孩子也在家庭中获得微笑、拥抱等情感支撑。在这样的家庭环境中,孩子能够学会如何接纳自己的情绪,肩负起相应的责任,形成"爱是无条件"的观点并善于思考。在这种家庭中,孩子每天都能得到自我强化,这不仅有助于阻隔外界欺凌的影响,也便于孩子及时获取来自家庭的帮助。

很明显,在我们看来,第三种家庭,即骨干家庭应该是我们所提倡的。也只有在这样的家庭中,欺凌行为才可能得以避免。当然,除此之外,家长的素养与生活方式也非常重要,如果父母喜欢看书,经常在家学习,爱运动,经常一起聊天,不抽烟,不酗酒,没有什么不雅的爱好等,那么这些都会给孩子良好的影响,促进孩子健康成长。

4. 对父母进行专业培训,使其掌握识别与治理欺凌的基本知能

家长首先需要知道什么是欺凌,知道欺凌的概念、特征、类型与危害,以及家庭教育和家庭气氛对学生欺凌行为的影响,知道并掌握基本的预防和干预办法,学会判别和干预欺凌行为。

同样,不仅知识培训非常重要,而且实践判别更为重要。我们认为,当学生出现下面表现时需要高度关注:害怕上学,找各种理由推迟上学时间,或者去学校时走某些隐蔽的、环形的道路;出现尿床、做噩梦或其他焦虑的表现,尤其是早上该上学的时候头疼或胃疼;回家书本或衣服被撕裂,或是身上有擦伤和刀伤;个人一些财物经常丢失;有时索要(甚至是偷窃)额外的金钱,来替换被盗的钱或物;接到神秘的和令人不安的电话;从来不带其他小朋友回家,很少被邀请参加同班同学的社会活动;变得不理性,对父母和兄弟姐妹发脾气;看起来沮丧、悲伤,甚至威胁或试图自杀;不能集中精力做功课,学习成绩下降;拒绝谈论是否存在不舒服,或闪烁其词;携带或试图携带"保护"工具去学校(一根棍子、一把刀等),并且表现出"受害者"的肢体语言,如拒绝眼神交流、耸肩弓身;出现逃学现象;做一些超出自己性格范围的事情,并且陷入麻烦之中。①

同样,美国科卢梭的识别方法也值得我们学习与借鉴。他认为,判别孩子是否受到欺凌,如果出现下列行为,尤其需要我们警觉:①突然对课业失去兴趣或拒绝上学;②走不寻常的路线上学;③成绩退步;④从家庭与学校活动退缩;⑤放学后很饿,说弄丢了午餐费;⑥拿父母的钱,编造用钱的理由;⑦一回家就冲进厕所;⑧沮丧、阴沉、愤怒,接电话或上网后感到畏惧;⑨做出不符合性格的事情;⑩用下流或贬低的言语来谈论同学;⑪停止谈论同学与日常活动;⑫衣服被藏起来、被扯破或不见了;⑬身体上伤势不合情理;⑭胃疼、头疼、恐慌发作、失眠、睡太多、疲倦。②

除此以外,父母帮助儿童对待欺凌问题时还要考虑下面几个方面:①当儿童告知父母遭受欺凌时,要予以响应;②知道儿童被欺凌的征兆;③寻找证明;④了解情境;⑤获得事实。另外,还要站在孩子一边,直接面对欺凌者,做一些表明态度的策略,有时会产生很大的作用。

除以上基本的知能外,家长还要学会与学校领导或教师直接讨论孩子欺凌方面的问题。家长可以从以下几方面做起:首先是和学校联系预约时间;双方在既定的时间地点见面后,家长要陈述孩子遭受欺凌行为的事实;一开始不需要同学校闹出矛盾,避免对学校进行谴责;相信学校,因为学校需要时间进行调查;要清楚地向校方表明,并且让他们知道,你很想与学校的反欺凌政策保持一致,让学校知道家长在某些方面可以一起工作;直到校方给出清楚的解释与结果,否则不要轻易放弃或离开。③

5. 要求教师行为示范,做学生良好的榜样

从某种意义上讲,教师对校园欺凌行为的治理应该是属于下一维度的内容,即属于学校专业治理的内容。但是,鉴于从关系维度来看,谁也不能否认教师是学生生活与学习中的"重要他人",教师与学生之间的关系以及教师的自我形象、道德品质、教学能力、个人魅力、行为方式等都直接或间接对学生的欺凌行为产生重要影响,所以在此还是需要进行简要的阐述,当然也只是从教师的自我因素以及师生关系维度来分析。至于教师的专业管理,基本是融入在学校专业治理行动之中,具体内容在下一部分,在此不作赘述。

首先,教师要立德树人,做学生健康成长发展的楷模。

---

① [爱尔兰]基思·沙利文.反欺凌手册[M].徐维,译.北京:中国致公出版社,2014:29.
② [美]芭芭拉·科娄罗索.陪孩子面对霸凌[M].鲁宓,廖婉如,译.台北:心灵工坊文化事业股份有限公司,2018:77-79.
③ Ken Rigby. Children and Bullying: How Parent and Educators Can Reduce Bullying at School[M]. Oxford: Blackwell publishing, 2008:141.

众所周知,教师职业是一种特殊的职业,教师面对的是一群纯洁无邪的孩子,他们时时刻刻都在与一个个灵动的生命打交道。所以,它必然是一个高尚的职业,是一个需要有品德与境界的职业,是一个需要坚守正能量与主流文化的职业,也是一个需要一些"坚强"与"勇敢"的职业。这一职业的特性要求教师要具备广博的知识与扎实的技能,同时也要具备良好的品德与审美。具备良好的品德与审美就需要教师正直善良,热爱学生,两袖清风,一尘不染,同一切侵犯学生的行为做斗争;需要教师修身养性,陶冶情操,自成高格,完善自我,为学生树立高大的师者形象。教师工作要兢兢业业,生活要淡雅脱俗,为人要正直善良。教师教育教学与管理要有理智有涵养,讲科学讲规范,不能粗暴,不能浮躁,不能离经叛道;要以生为本,为学生的成长发展服务,努力做一个有品德、有知识、有境界、有追求的道德型教师。

其次,教师要积极塑造反欺凌式的社会生活。

教师的生活会影响学生的生活,所以教师要形成恰当的反欺凌生活,这样学生便会耳濡目染,学会在生活中反欺凌。譬如,教师要在生活中学会交朋处友;教师要做一个自信的人;教师在生活中要了解关于打架斗殴的危害;教师自己在生活中要正确对待遭受的不公平行为;教师要学会掌控所面临的一切遭遇;教师要具备娴熟的社会交往能力;教师要在社会关系中锻炼自我,以提升自己的韧性与适应力;教师要有恰当的社会认知;教师不能沉湎于网络、手机游戏等娱乐,应具备高雅的追求;教师要对社会上消极生活保持客观独立;教师要提升帮助别人的意愿;教师要记住一条黄金规则:己所不欲,勿施于人。

除了上述关于教师的品格、修养、生活因素外,教师拥有校园欺凌治理的知识与能力也是必备素养。

教师应该掌握判别欺凌的知识,如何去判别呢?我们认为,除了关于欺凌的理论知识需要了解与掌握外,下列一些操作性知识可以帮助教师更多。当出现下列情境时,教师应警觉是否有校园欺凌发生:①当一个孩子正遭遇大量的负面关注并被人取笑时;②午饭时分独自一人就座,没有任何朋友一起玩耍,除了被嘲笑之外,被同龄人忽略;③从未被选中参与运动队或课堂团队的活动;④在课堂上不发言,当被要求参与课堂活动时缺乏自信,而参与时又引发别人讽刺性的言论;⑤当身体上的问题变得严重时,例如,口吃;⑥当某人被卷入冲突后出现言语错乱、行为反常时;⑦当课堂作业以一种无法理解的方式恶化时;⑧不快乐、悲伤以及退缩时;⑨不规律地参与某项活动或经常性地缺席某项活动;⑩当某个孩子年龄较小,体格较弱,但却在冲突中先动手时。[①]

[①] [爱尔兰]基思·沙利文.反欺凌手册[M].徐维,译.北京:中国致公出版社,2014:29-30.

第三节　专业维度：进行反欺凌专业治理

随着我国学校管理水平的不断发展与整体提升,在当前情境下,对大部分中小学校来说,对其产生破坏性影响的未必是"大事件",更多的是持续性存在的"小事件"。

随着欺凌现象日渐显现,欺凌对学生在学校的正常生活与学习已经造成了一定影响。在每一所学校设立专门的反欺凌机构,实施专业治理已是一种未雨绸缪。学校反欺凌机构不是制裁机构,也不是惩罚机构,而是预防与教育机构。

学校通过必要的手段,使学生的行为保持在可控的范围之内。正如巴特勒(Butler J.)所指出的:"这并不是一个有关身体的简单事实或静止状态,而是一个规训性的规范通过对那些规范的强制性的反复重申以实现。"

从这个意义上说,学校反欺凌机构的最重要的任务就是"见于未萌"和"亡羊补牢"。世界上许多国家的举措为我们提供了启示与借鉴。如美国"零容忍"政策就有力地捍卫了学校教育教学秩序,通过成立由地方管理官员、社区中心、家长、教师与学生共同组成的学校反欺凌组织,对欺凌同学的欺凌行为进行干涉,制定了规范的处置程序,使那些"欺凌者"望而生畏,望而却步。

这方面的国外成果特别丰富,我们选择一些重要的成果略做介绍。联合国教科文组织 2017 年 1 月发布的《校园暴力和欺凌全球数据报告》中全面概括了当前全球校园暴力和欺凌现状,分析了有效干预校园暴力和欺凌的六个要素:基于立法的坚定领导;安全的学校环境;面向师生的能力培养;有效的协作;服务与支持;基于数据的监督和评价。该报告还围绕加强领导、提高认识等方面提出优先行动建议。

爱尔兰学者沙利文开发的学校反欺凌计划六步曲,为我们校园构建一个整合的欺凌专业管理策略提供了很好的思路,这六个步骤如下。

第一步,初步探索。主要是界定理念并着手行动。目标有三:一是界定学校的理念,尤其是与欺凌相关的;二是安排一场关于主动反欺凌的会议;三是提供一份议程、一位主旨发言人,以及为第一次会议准备一位经验丰富的主持人。

第二步,召开第一次会议讨论"我们准备针对校园欺凌做些什么"。会议的目的、内容包括我们所知道的欺凌,对于欺凌我们能做些什么,建立一个反欺凌委员会,确定一个时间框架。会议的主要目标有清晰且热心地介绍会议主题,为所有参与者提供机会,形成一个反欺凌委员会并发展它的职责范围,起草一个初步的计划,包括政策草稿以及处理欺凌问题的方案,另加一份时间表。

第三步,反欺凌委员会开始运作。采用系统科学的分析方法,完成欺凌的调查,拟制反欺凌政策草稿,制定处理欺凌问题的策略,合并研究结果。目标有:检查欺凌周围的一些问题,并为制定一项与学校理念相符的反欺凌政策提供行动方案;报告学校与欺凌相关的优势和劣势,提供一项在学校里的欺凌调查;拟制反欺凌政策的草稿,为采取何种方案和主动进行何种实践提供建议;为学校应当获取哪些其他资源提供建议(如录像资料、书籍和报告);提供一个包含所需信息的简要报告。

第四步,向学校介绍反欺凌计划。目标是考虑反欺凌计划及其建议,针对报告进行辩论,强化政策,为方案的实施提供计划。

第五步,举措到位。广泛传播政策,落实实践,目标是在实践中确立政策和方案,让人们知晓该政策和方案正在实施。

第六步,评估和维护主动反欺凌举措。目标是定期维护修改方案,确保学校的主动反欺凌举措被解释给新入校的学生和教师。[1]

戈尔茨坦(Arnold P. Goldstein)在《管控故意破坏》一文中,提出他的犯罪预防类目,这些类目虽然是针对故意破坏的,但是对于欺凌同样有意义。内容如下:①目标强化(target hardening);②访问控制(access control);③对侵犯者进行转化;④限制与管控那些促进破坏的设备;⑤进出监控屏幕;⑥正式监控(警察、门卫、监控器等);⑦自然监控(员工、家长、行人等);⑧目标物去除;⑨性能识别(潜在目标物的物理性识别符号);⑩去除诱因;⑪设置规章;⑫教育;⑬宣传;⑭处罚;⑮咨询;⑯参与(让学生参与);⑰组织氛围。[2]

史威尔等人(Susan M. Swearer,Dorothy L. Espelage,Scott A. Napolitano)指出了欺凌治理政策开发的几个步骤:①界定欺凌行为;②提供可用的对策;③清楚地说明事件情况;④调查澄清与纪律处分;⑤对欺凌受害者进行援助;⑥进行培训和预防。

在政策实施与欺凌处理上,他们提出以下步骤与方法:①改变学校氛围;②评估欺凌行为及伤害;③全体员工培训;④创建反欺凌咨询团队;⑤调动员工、父母与学生们的积极性;⑥明确规则与后果;⑦增加成人监督;⑧保持持续性的人际互动;⑨学生在课堂上进行社会情绪学习;⑩每年都要坚持这样做下去。

他们同时指出,还要利用各种各样的资源同欺凌行为做斗争。比如,第一步收集资料,第二步提高对欺凌行为的认识,第三步加强家庭与学校的关系,第四步加强社区和学校的关系,第五步是承诺改变社会氛围。

---

[1] [爱尔兰]基思·沙利文.反欺凌手册[M].徐维,译.北京:中国致公出版社,2014:96-104.
[2] Jane C. Conoley and Arnold P. Goldstein. School Violence Intervention: A Practical Handbook [M]. New York: the Guilford Press, 1997:324-356.

凯勒（Harold R. Keller）和塔帕萨克（Renee C. Tapasak）在《以班级为基础的方法》一文中，则从班级管理的视角提出预防与治理欺凌的办法，以班级为基础的暴力预防首先从聚焦教师因素开始，主要表现在以下几个方面：①尊敬、关爱与交流；②有效的教学；③班级管理；④班级安排；⑤班级规则；⑥合作学习；⑦进程监控；⑧构建支持团队。

美国全国学校安全中心（the National School Safety Center）提出中小学校园欺凌治理主要可以分为以下10个步骤。

步骤1：开展反思。（我校有暴力行为吗？性质为何？打架？欺凌？学生间的口头交流？学生对成人？成人对学生？家长对员工？）

步骤2：进行评估。（在过去的三年里，我校有没有对学生、员工和家长进行调查研究？以此判定他们对我校安全的感知情况。）

步骤3：选取综合方法。（我校有没有一个治理学校暴力的综合方法？学生与员工参与讨论安全问题与行动计划吗？将警察作为一种资源了吗？在我们的反暴力项目中，父母与社区成为关键的利益相关者吗？）

步骤4：丰富校园课程。（积极的社会技能方面的教学成为学校课程的一部分吗？）

步骤5：提供针对性培训。（员工受到过平息暴力问题的培训吗？）

步骤6：强化关键环节。（有没有一个控制和监视人员进入学校的计划？员工是否突出了自我保护的重要性？）

步骤7：建立纪律标准。（纪律标准是否清晰地与员工、父母和学生进行交流，并且公正持续地执行？）

步骤8：警惕帮派活动。（有没有一个劝阻帮派活动的系统计划？父母是否提供了关于帮派进展迹象的信息？有没有为学生提供避免参加帮派的备用选项？学生有没有在危险情境时可以接近的爱心成人？）

步骤9：检查武器携带。（我们是否定期寻查并没收武器，或者采取其他手段使学生的武器无处可藏？有没有对在学校携带武器的人进行严格处罚？）

步骤10：制定额外教育计划。（我们是否要求学生停止暴力行动或帮派活动，而去参加一个可选择的教育项目，这个项目教学生在正常的环境之外实现非暴力？）

比恩（Allan L. Beane）在《学校欺凌预防：成功实施反欺凌计划的分步指南》（*Bullying Prevention for Schools: A Step-by-Step Guide to Implementing a Successful Anti-Bullying Program*）一书中提出学校干预欺凌的19个步骤。

步骤1：建立并训练学校禁止欺凌项目团体，开发项目时间线（就是按照时间进行安排计划各项工作）。

步骤2：为学校员工和志愿者提供欺凌禁止意识训练。
步骤3：为学生提供一个欺凌禁止的意识集合。
步骤4：为家长和社区提供一个欺凌禁止的意识展示。
步骤5：开发一个项目评估计划，判定学校欺凌的状态。
步骤6：开发欺凌禁止项目的使命、目标、口号和标识。
步骤7：实施一个欺凌禁止的课程。
步骤8：开发并实施欺凌禁止项目管理策略的计划和政策。
步骤9：建立欺凌禁止规章制度和行为预期。
步骤10：开发纪律准则，采取亲社会（非惩罚性）策略。
步骤11：开发一个响应计划。
步骤12：识别高风险的位置与时间，开发并实施一个可调整的监控计划和程序，建立一个报告和信息交换系统。
步骤13：训练员工、志愿者以及其他关键个体，坚守政策、程序、纪律细则、亲社会策略和回应计划。
步骤14：召开一次成人会议，并为学生提供一个集会程序，以增加他们的意识与参与度。
步骤15：开发并实施一个学生参与并被授权的计划。
步骤16：开发并实施父母和社区参与的教育计划。
步骤17：回顾并确定项目内容和活动的实施与完成情况。
步骤18：制定调查工具，分析前后数据，做出提升。
步骤19：庆祝成功和做下一年的计划。[①]

针对校园欺凌问题的具体对策，设在爱丁堡大学的"反欺凌网络"总结的主要措施包括如下几个方面：①惩罚。给欺凌者予以警告，并记录欺凌现象。学校要了解法律，有些欺凌可能构成犯罪，但多数欺凌并不构成犯罪。②欺凌盒（Bully boxes）。鼓励学生将自己的关切写在纸上并贴在盒子里以备教师查看。教师借此了解情况，但要注意判别内容的真伪。③欺凌法庭（Bully courts）。英国一些地方的学校设立了针对欺凌问题的校内机构，以便解决学生中存在的严重的欺凌问题。但这样的做法较为极端，引发了一些争议。④咨询。在欺凌事件出现后，由教师和其他人员来对欺凌和被欺凌双方进行咨询。但最好由学校配备专门的咨询专业人员。⑤调解。通过第三方，教师或学生，介入当事人双方进行调解。此方法在许多情况下很有效，只是有时欺凌者由于不想终止欺凌行

[①] Allan L B. Bullying Prevention for Schools: A Step-by-Step Guide to Implementing a Successful Anti-Bullying Program[M]. San Francisco: Jossey-Bass, 2009.

为等原因而不愿意参加,而受害者往往也由于自己没有过错而感到协调的结果不公平。⑥同伴咨询(peer counselling)。一些中学委派高年级学生担任同伴咨询员,并对他们进行基本培训,主要工作是了解和处理轻微的校园欺凌事件。⑦报告系统(reporting systems)。这个做法已经十分普遍,许多学校建立了有效的记录学生行为的报告,以避免对欺凌现象的忽略。⑧安全室(safe rooms)。有的学校还专门设立了安全室,在课余和午餐时间向部分可能受欺凌的学生开放,以避免欺凌现象的发生。⑨电话救助热线。英国许多地方设立了针对儿童问题的热线,请志愿者和专业人士协助解决包括欺凌在内的儿童问题。一些学校还设立了处理学生纪律和欺凌问题的内部热线。⑩谈话。这被看作是最为重要的方法,因为只有包括学校、学生、家长、教师等在内的所有各方一起高度关注欺凌问题,并探讨如何避免和解决此类问题,才有可能有效减少欺凌现象的发生。①

关于学校欺凌治理的方案有许多,内容也不一,结合我们国家校园欺凌行为的实际,我们认为最主要的是做好以下几方面的工作。

1. 树立校园安全管理理念与使命

欺凌工作在一些学校仍然没有得到很好的重视,部分学校仍没有把欺凌问题作为学校管理的重要方面。

学校安全理念非常重要,什么样的办学理念决定什么样的办学行为。如果校长们的头脑中没有真正把欺凌问题当作学校的重要工作来做,那么势必会影响学校安全工作的整体质量。

所以,我们在学校章程或学校各项规划中都要彰显对校园安全因素的考量,把校园欺凌当成重中之重的工作来抓,把校园安全工作视作学校最根本的前提性工作。众所周知,从某种意义讲,学校安全要素是1,其他要素是0,没有1,再多的0也没有意义。没有安全这个1,那么教学、课程、质量、科研等做得再好也没有价值。要强化管理团队与教师团队的安全意识,把安全置入学校政策问题的首要地位,并转入课程、教学、管理、师生关系、教师与学校领导文化中,形成校园管理的安全文化。

2. 成立学校欺凌治理工作小组

机构建设是治理欺凌事件的组织保障,没有一个系统性的专业治理机构是不可能有效地治理校园欺凌行为的。

为了进一步完善校园欺凌的法律规制,我国亟须成立专门的校园欺凌治理

---

① 许明.英国中小学校园欺凌现象及其解决对策[J].青年研究,2008(1):44-49.

委员会,明晰学校及其他管理主体反欺凌的法定责任,引入恶意年龄补足制度以及完善校园欺凌的法律救济制度。[①]

例如,美国新泽西州规定,每个学校都要成立一个专门的、合作的、安全的反欺凌小组。所有学校都要成立一个包括家长、老师、专业辅助人员与学生共同组织的校园平安小组。在欧洲,挪威规定:为了更好地降低学生欺凌,须强化教师的权威,成立专业治理机构,提高对学校和班级的控制力。

通常,防治校园欺凌和暴力工作小组成员的构成应该是结构化的,需要包括所有与欺凌行为有关的人员。主要有学校领导、父母联络人、医疗联络人、校园或市镇联络人、公安联络人、心理咨询联络人等。具体见图8-2。

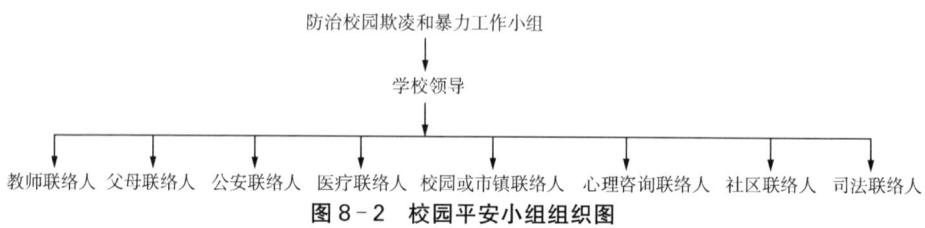

图8-2 校园平安小组组织图

通常,防治校园欺凌和暴力工作小组的主要负责人,可由校长、书记、德育副校长或法治副校长担任,负责统筹工作小组的工作;教师联络人是工作小组的核心成员之一,可以由年级组长、班主任等充当;父母联络人是工作小组的重要成员,可以由具有法律、教育、心理专业背景的有一定社会声望的人担任;社区联络人可以由学校所在地区的居委会或村委会成员担任;公安联络人可由学校辖区派出所警察担任;司法联络人可由学校所在辖区的法院工作人员担任;心理咨询联络人可由学校心理室或社会心理学专家担任;医疗联络人可由学校所在社区医院医生充当。

防治校园欺凌和暴力工作小组的具体工作主要包括以下几点:一是定期召开工作小组会议,通报近期学校发生的校园欺凌相关事宜,并讨论具体的处置措施;二是定期向教师、学生和家长宣传并组织他们学习关于欺凌和暴力的政策文件与实用手册;三是每学期开展防治学生欺凌和暴力的学生活动,并邀请家长参加;四是组织开展防治暴力的应急演练,统筹安排防治学生欺凌的校园和班级活动;五是与学校安全工作小组合作,加强校园周边综合治理,协助有关部门共同维护校园及周边安全;六是建立学生欺凌和暴力事件的报告制度,明确学生报告、家长报告和教师报告的记录、判定和处置程序;七是建立学生欺凌和暴力事

---

① 许锋华,徐洁,黄道主.论校园欺凌的法制化治理[J].教育研究与实验,2016(6):50-53.

件的判定制度,根据《加强中小学生欺凌综合治理方案》的要求,严格区分和定义学生玩闹、欺凌萌芽、标准欺凌和校园暴力,并且征求学校家长委员会的意见。①

3. 制定预防或治理校园欺凌的计划与制度

学校要制定预防和治理校园欺凌的计划与制度,这是科学治理、规范治理的具体体现。

我们认为,制定学校安全计划与制度要明确几个关键的安全问题。

第一,这个计划或制度是否有一个有效可靠的方法和管理结构,以便跟踪与检测安全事件和其他重要的事件信号?简单地说,就是有没有一个"事件报告系统"?

第二,鉴于学校背景中安全的含义,为了有效地测量学校安全的有效性,什么是可接受的风险级别?

第三,学校系统是否准备制定一个长期稳定的,并具有清晰的、不同定义的安全计划?

第四,在一个特定地区的安全计划中,什么才是所需资源最适当的组合方式?

第五,在定义与实施学校安全计划中,专业标准起到什么样的作用?

学校应该围绕这些基本的前提制定欺凌问题危机计划。斯科特(Scott Poland)针对西方世界日渐猖獗的校园欺凌问题指出,学校必须在三个层级制定安全危机预防计划:一是基本预防。包括预防危机发生的系列活动,如冲突解决、枪支安全(西方国家枪支泛滥的苦果)、安全驾驶以及自杀预防等。二是二级干预。包括将学生从危险的地方疏散到安全的地方,当学校成员死去一人时,指导学生直接讨论关于死亡与失去。三是三级干预。包括提供长期跟进,帮助那些遭受严重危机的人。例如,在一年中持续关注和支持自杀者的朋友,特别是在自杀者去世周年纪念日接近时,进一步加强对他们的关注。澳大利亚实施的"学校支持积极行为"项目形成了一个层次分明的三角结构。三角结构的地基是面向所有学生的一级干预,这种全校范围的干预以引导学生形成积极行为为目标,对减少甚至避免校园欺凌现象的出现具有不可撼动的基础性作用;三角结构的中间层次是以预防校园欺凌问题的发生为目标的二级干预,定向干预的措施锁定了校园欺凌的种子,让其无处生根;三角结构的顶端是强化预防工作的三级干预,干预对象是极有可能发生欺凌行为的问题学生,这一层次的干预是校园反欺

---

① 教育部基础教育司.防治中小学生欺凌和暴力指导手册[M].北京:教育科学出版社,2018:28-29.

凌预防工作的重中之重。① 这些都为我们国家中小学校制定校园欺凌计划提供了很好的经验。

4. 添置设施设备、课程知识与信息

学校要进一步加强校园欺凌治理的人防、物防和技防建设。要按照我国有关部门的要求，配齐配足相关设施设备，增加预防校园欺凌行为的物质设施，配备或购买各种安全设备与基本的设施。特别是在校门、围墙内外、操场、教学楼角落，以及其他容易发生校园欺凌行为的地方安装监控，并根据学校制定的规章制度，真正合理合法地运用学校购买的设施设备。

学校要大力开发有关校园欺凌的校本课程或各种读本，提供治理欺凌行为的专业资料包，专业组织学生学习，邀请相关法律或教育专家来校做讲座，对师生进行安全培训。

另外，学校要充分利用心理咨询室开展学生心理健康咨询和疏导，以减少学校欺凌行为的发生，减轻被欺凌学生的伤害。

除此之外，还要进行信息公开，公布学生救助或校园欺凌治理的电话号码，并明确负责人。

5. 对学校安全员进行欺凌治理专业培训

学校安全员是学校预防与治理校园欺凌的中坚力量，主要包括教师、学校领导以及专职工作人员。

但是，我们发现，当前有许多学校安全员对于校园欺凌的内涵、成因、治理策略等仍存在认知偏差。②

例如，教师对于"校园欺凌"概念的整体认知存在窄化倾向，不同学段、学历教师对于校园欺凌的认知存在较大差异。一个好的学校安全员要有三项能力：第一是系统评估能力，要能够把握儿童身心状态与其所处的内外环境；第二是沟通与交流能力，既包含语言方面的聆听、总结、重构、归因以及正面强化，又包含自我表露、获得并做出反馈；第三是问题解决能力，主要包括分析问题的前因后

---

① 马早明,俞凌云.澳大利亚校园反欺凌：学校治理的视角[J].华南师范大学学报(社会科学版),2018(3):105-112.

② 欺凌的界定是有一定难度的,要有正确的认定。熊丙奇认为,调查、处理校园欺凌行为,在校园内也必须有合法的程序,不能就由学校行政主导调查——学校校方也是利益相关方,事关学校声誉,因此,由学校行政处理,很可能淡化处理,甚至不了了之。对于涉嫌校园欺凌这类行为的调查处理,应该由学校学生事务中心处理,学生事务中心成立由校领导、教师代表、家长代表、学生代表、社会人士代表共同组成的调查委员会进行独立的调查,并在调查中举行听证会,听取当事学生的辩护。根据调查结果,做出相应的处罚。同时告知学生,学生如果不服处罚,可以提出申诉,学校事务中心再成立申诉委员会进一步启动调查,然后根据新的调查结果进行处理。见李小宁,张大生.校园欺凌与暴力防治实用手册[M].北京：红旗出版社,2017:166.

果、确定责任方、做好实施策略前的评估与规划、拟定问题解决时间表、在干预欺凌的过程中建立好人际关系、及时进行汇报等。

为避免教师因认知局限而产生校园欺凌"责任稀释"现象,我们应明确界定概念,消解教师校园欺凌的认知障碍;加强教育培训,提升教师校园欺凌的识别力;细化程序设计,保证教师主体职责的归位。①

就像帕钦(Justin W. Patchin)指出的那样,欺凌在很大程度上是一个人际关系问题,而且从事与父母沟通相关工作的教育工作者,需要运用他们的知识对当下的情况做出合理的判断,需要根据事件确定专门的解决方式。在涉及青少年的问题上,"一刀切"的做法常常无法满足解决问题的需要。②

教师要了解学生欺凌,如欺凌的概念、构成要素、人员构成、类型和伤害,以及针对性策略,与校园欺凌相关的法律法规和政策等。教师要具有预防学生欺凌的方法,如开展预防学生欺凌的学生活动,发现与核查学生欺凌事件;教师要有处置学生欺凌事件的基本技能,如处理学生欺凌的能力、与学生家长进行沟通的能力、寻求支持的能力;教师要有处理学生冲突的各类通识技能,如教师与学生沟通技巧的培训、营造无欺凌的班级气氛等。

6. 全方位无死角地排查建档

学校欺凌治理工作一定要精细化。科学的校园欺凌行为的治理就是一种细节管理,通过各种方式的摸底排查,不给欺凌行为的发生留任何空间。

具体地说,学校管理人员、班主任及任课教师要进行学校学生的全员、全方位的管理。通过调查研究、查阅资料、师生访谈等,对所有学生进行矛盾排查,摸清底细,并且建档造册。包括关注班级中的"小群体""小团体"和"小帮派";关注弱势学生和特殊家庭学生群体;关注班级中乐于表现的学生、有一定影响力的学生、争强好胜的学生以及班级里的"小霸王"等;关注学生间不经意地取带有侮辱性的外号和辱骂的行为;关注学生间的小矛盾、小冲突及彼此间的嫉妒等。③

要对那些品质不健全、性格存在缺陷、心理不健康的学生进行登记造册,对于那些有欺凌等攻击性行为前科的学生,以及那些来自特殊家庭或特殊情境的学生要进行高度关注。

进一步说开来,对于那些与学校、教师、学生或家长存在纠纷和积怨的学生,精神异常的学生,有暴力倾向或过激行为的学生,仇视社会或扬言滋事报复的学

---

① 王祈然,吴会会.教师校园欺凌认知的实然状况与应然取向[J].当代青年研究,2018(2):116-121.
② [美]贾斯汀·W.帕钦,萨米尔·K.辛社佳.校园欺凌行为案例研究[M].王怡然,译.哈尔滨:黑龙江教育出版社,2017:74-79.
③ 教育部基础教育司.防治中小学生欺凌和暴力指导手册[M].北京:教育科学出版社,2018:31.

生等重点对象和人员,要进行细致排查,并逐一建档,落实专人加强管控,实行专人负责。如有校园欺凌相关人员涉及校外的应立即向公安等部门报告,对管制刀具和其他可能危及校园安全的物品进行清查,绝不允许这类危险物品进入校园。

7. 迅速及时地处理校园欺凌事件

学校要及时发现、及时调查、及时处理校园欺凌事件,一旦发现校园欺凌行为,就要严格按流程科学规范严肃处理实施欺凌的学生。涉嫌违法犯罪的,要及时向公安部门报案,配合立案查处,并向主管部门报告。

处理校园欺凌事件必须坚持几项基本原则:一是依法性原则,必须依照国家与地方相关法律法规或者政策文件的相关规定和要求,否则很容易滋生后续责任问题;二是科学性原则,必须按照学校制定的计划或预案流程开展治理工作;三是教育性原则,总体坚持"以生为本,惩前毖后、治病救人"的原则来对待欺凌者;四是惩罚性原则,对于那些造成严重后果,性质恶劣的欺凌事件,必须要对欺凌者进行严厉惩罚,不能大事化小,小事化了,姑息养奸。

中小学欺凌治理的具体工作流程,每个学段、每个学校都会有所不同。但是基本的步骤主要有以下几个方面:一是发现问题,就是在学校学生中发现欺凌行为,如学生报告、教师报告、网络报告、调查问卷、留言箱、教师谈话核实等;二是明确管理主体,确定哪个人或哪个部门负责处理这起欺凌行为,如学校相关领导、班主任、家长等;三是问题定性,明确该起欺凌行为的性质与程度,欺凌与被欺凌者双方的信息等,是准欺凌行为、标准欺凌行为,还是校园暴力行为;四是提供法规制度,寻求国家、地方或学校相关法律法规或政策文件的具体条目与内容的支持;五是相关人员介入,确定是否需要学校其他管理人员、其他教师、学生、家长、公安人员等介入;六是依规依法处理,处理方法由欺凌行为后果来定,如隔离、道歉、赔偿弥补、教育权剥夺、纪律惩处、移交公安机关等;七是提供多种预案,治理校园欺凌事件需要准备多种备选方案,以防运行的方案失效;八是公示告知,将处理结果告知相关学生和家长;九是安抚与跟踪。

简单地说,当学校出现突发事件时,校领导或班主任应立即制止。初步判定行为性质,如果是一般性的学生冲突,由班主任或相关教师进行常规教育,恢复正常;如果是欺凌萌芽事件,班主任或相关教师就采取教育为主、惩戒为辅的办法进行批评教育,必要时要求家长配合,恢复正常;如果是疑似标准校园欺凌事件,就要交由所在学校的防治欺凌工作小组进行认定,如果认定是标准的校园欺凌事件,学校要立即联系家长,及时沟通,召开多方参与的协商会议,形成处理意见,启动辅导与惩戒机制,做好善后恢复处理,并持续追踪辅导。

当防治欺凌工作小组确认事件为校园暴力事件时,班主任和教师要进行现场应急处置,立即制止事件,确认救治伤员并保护现场。学校召开领导小组会议,商议并形成对校园暴力事件的具体处置意见,视情节轻重对施暴者进行停课、记过等处分;对被施暴者进行救护,并与当事学生家长沟通协商。对情节较严重的校园暴力事件,学校应立即通报警方,并征询公安和司法部门的意见来进行处置,维护当事人及其法定监护人的合法权益。对偏差行为严重的学生,校方无法胜任辅导工作的,需转入专业的心理辅导机构、医院或专门(工读)学校进行矫正与辅导。学校应持续关注学生的后续矫正与辅导情况,撰写校园暴力事件处置总结报告并报上级教育主管部门备案。①

就具体的学生处理办法来说,在国外,一般可以采用以下几种办法:一是传统的直接制裁法,二是帮助受欺凌者有效应对欺凌的强化法,三是消除分歧的调解法,四是自我反思与压力释放的支持小组法,五是修复关系的恢复性练习法,六是非惩罚性的多阶段共同关注法。

8. 做好治理欺凌事件的总结与报告

一个校园欺凌事件解决后,要及时对该欺凌事件进行总结。主要内容包括:①认真分析该欺凌行为发生的背景,有什么前因后果;②欺凌者与被欺凌者之间的关系、行为特点;③处理整个事件过程中存有哪些好的经验,有什么教训需要吸取;④相关人员在配合上是否存在问题;⑤政策法规有没有需要修正的条目;⑥欺凌者与被欺凌者对处理的结果满意不满意;⑦该事件造成什么样的学校或社会影响;⑧如果以后又发生同样的欺凌行为,学校需要做哪些改进,需要做哪些恢复计划。学校欺凌事件的处理总结或报告需要提交学校管理层审阅,保存学校相关档案中,并上报相关教育行政部门。如若需要,也要将总结与报告知会当地公安机关。

第四节　组织维度:把学校建成道德共同体

欺凌行为的普遍化需要我们重构学校管理哲学,积极建设一个好的学校。许多学生会使用下列词句来描述何为一个好学校:公正、友谊、安全、人们倾听我的声音、人们和善、人们互相帮忙、每个人都被接受、人们一起工作、我在这里能够收获很多。虽然每个年龄阶段的儿童在不同的环境和角色中会有不同的理解,而且除了学生外,教师、父母、管理者也有不同的认识,但是他们基本都认为

---

① 教育部基础教育司.防治中小学生欺凌和暴力指导手册[M].北京:教育科学出版社,2018:33-36.

一个好学校大概是这样的:他们不会打扰我,让我自行其是;没有斗争,学生和谐相处;学生安心学习,尊敬员工;教师从校方得到支持;我有可以依靠的同事;今年我有一个好的班级;父母保证孩子已经做好了准备;孩子不断学习和进步;每个人被尊敬和感到安全;大家一起工作去解决问题;我们经常问如何使学校更好;寻找方法去互相帮助;人们愿意去冒险和犯错,这样才会有进步;学生学会共同学习与独立学习。

如果校长、教师和学生之间关系生疏,彼此冷漠,相互推卸责任,那么肯定就不是一个好学校的样子。如,老师说:"不是我的问题,所有的学生都太懒。"学生说:"不是我的问题,老师们经常不公平。"老师说:"那没用,我拒绝再去做任何事情。"校长说:"不是我的问题,公立学校一贯如此,上级与家长们都不支持我。"老师说:"如果比利不在我班就好了。"学生说:"如果他们开除毕罗尼老师就好了。"校长说:"如果毕罗尼老师能够管理好这个班就好了。"毕罗尼老师说:"如果校长能够对这帮孩子更严格些就好了。"好的学校要在学校中开发培养尊重、欣赏、合作、自我反思、共同体与多元化和忍耐能力或德性。

哈蒂(John A. C. Hattie)通过对800多个研究进行元分析后认为,学校里影响学生成绩的有六个因素:儿童、家庭、学校、课程、教师和教学方法。其中关于学校这一因素主要包括:班级的氛围,如宽容错误、提供安全关爱的环境;同伴影响。[1] 哈蒂经过对实证研究综述与分析,认为教育走向卓越具有六个标志,其中一个就是学校领导者与教师需要在学校、办公室、教室创建一种将错误视作学习机会的环境,在这一环境中,欢迎抛弃那些不正确的知识与理解,并且参与者能够在学习、重新学习以及在探究知识与理解时感到安全。[2] 我们从这个影响广泛的成果中可以看出,学校文化、师生关系、组织气氛对于学生的成绩,进而对学生在校行为的影响是非常重要的。

具体地讲,将学校建设成为道德共同体,就是积极打造民主平等的学生文化、活泼宽松的管理文化、协作治理的组织文化和和谐友好的校园文化。

1. 坚持以生为本,打造民主平等的学生文化

学生是学校的中心,校园欺凌也是通过学生这一载体表达出来的。想要减少或缓解校园欺凌行为,学校应该坚持以生为本,坚持一切工作都是为了学生的成长与发展,都是为了减少学生的伤害。所以,打造民主、自由、平等、公正的学

---

[1] John A C Hattie. Visible Learning:A Synthesis of over 800 Meta-analyses Relating to Achievement [M]. London:Routledge. 2009:22 - 38.

[2] John A C Hattie. Visible Learning:A Synthesis of over 800 Meta-analyses Relating to Achievement [M]. London:Routledge. 2009:239.

生文化是学校共同体建设的重要内容。

为此,应当将学校建设成为道德共同体,使学生拥有平等的学习环境;使学生具有归属感与公平竞争的平等感,促进学校亚文化的健康发展;使学生重视价值、关爱、合作与信任,提供给学生一种非异化的学习情境。公平地对待每一个学生,还学生一种活泼的、阳光的、纯洁的、友善的校园文化。教育与培养学生重视生命的尊严,尊重人权,重视深厚的友谊与一生的友谊,否定暴力,过理性与知性的一生。治理校园欺凌,需要重树教育威严。重树教育威严就是要让全社会始终保持对教育事业的"敬畏",真正在全社会树立"尊师重教"的传统。要保证教育事业的崇高地位;保障学校办学的独立自主;保护教师工作的职业尊严,从而形成一股强大的教育威慑力量,规范教育秩序,重塑社会理性。应当让学生从小就养成尊重师长、尊重他人、尊重生命、尊重人权、尊重权威、尊重规则、尊重秩序的行为习惯。学生越是形成了尊重权威、规则与秩序的习惯,越是会在以后的理性人生中更为自由、民主与个性张扬。重树教育威严是培养学生知礼达仪,避免欺凌,过知性与自由一生的基本前提。

2. 坚持安全为本,打造活泼宽松的管理文化

校园暴力在西方国家正在成为一场危机,渗透于他们的意识中,正沦为媒体的卖点。[①]

如果学生在一个充满暴力的校园环境中生活学习,他们不会集中精力于严格的学业标准,在学校中无忧无虑地生活,达到一个很好的学业水平,充分发挥自己的聪明才智。当教师与学生时时在顾虑是否会成为受害者,而不是考虑教育的问题时,他们是不可能将精力集中于教育与学习上的。

从某种角度看来,对学校来说最重要的就是诚信和开放,为学生营造安全可靠的学习环境。在评价学校的学习环境时,应从以下九个方面入手:①校领导的负责任程度;②校园文化的支持、互动水平;③是否具有成熟的校规及办事流程;④相关人员是否经过专业的学习;⑤行为管理积极与否;⑥是否具有相关的校园安全培训;⑦关注学生的生理及心理健康;⑧学校管理机制能否及时干预问题,针对特定学生给予支持;⑨家校社合作实施情况。

换言之,所有学校应当是一个安全、支持、互相尊重的学习和教学环境,促使学生健康成长。这一观点以六大指导原则为支撑:①确保学校范围内所有成员的人身安全,让他们真正感到安全;②明确在学校的安全感和学校的支持对学生的健康成长和有效学习至关重要;③有责任完善安全制度,维护安全状况,为教

---

① Mulvey E P, Cauffman E. The Inherent Limits of Predicting School Violence [J]. American Psychologist, 2001, 56(10): 797-802.

学团体提供支持,同时履行保护学生的责任;④鼓励学校所有成员积极参与发展和维护安全的学校环境的过程,并提出活动的多样性是有价值的;⑤大力支持和培养青少年的理解能力和自我保护并帮助他人的能力;⑥致力于通过建立"整体"学校和实事求是的途径营造安全的学校氛围。这六大指导原则体现出安全、支持、尊重的三大根本理念,突出强调学生的安全和健康是在所有学校内高效学习的首要保证。

将视角转向国外,特朗普(Kenneth S. Trump)在《安全政策、人事与实施》一文中提出"不同学校在安全问题上存在差异"的观点,见表 8-1。

表 8-1 不同学校在安全问题上的观点

旧学校	新学校
警方与学校在学校安全方面存在观念冲突	如果不能完全相同,警方与学校具有相似的目标,他们需要合作实现目标,以达成共同的目标
学生问题行为构成犯罪的学校仅用"行政"方式处理	犯罪行为与暴力违规相区别并相应处理,校方相关人员必须在《刑法》与警方办事程序方面进行培训,犯罪报告要程式化,有书面指导
避免或尽量减少报告学校的犯罪行为	具有强制、标准与连续的犯罪报告方面的法规、政策与程序;这些材料被用于分析、预防与干预学校的犯罪行为
安全对于学校来说无甚功劳,是公共关系的灾难	安全是积极主动的,它是实现积极公共关系的有效工具
学校安全在很大程度上,基于以预防为目的的课程和传统的纪律管理上	学校安全需要一个集预防、干涉和实施的多面和平衡的方法

因此,从上面可以看出,要想建设一个安全的学校,就要转变学校哲学。确立安全理念要基于以下五点:一是法律实施与学校办学要有相近而不冲突的目的;二是对学生犯罪问题必须从管理与法律两方面同时展开;三是犯罪报告是一个积极的安全工作;四是安全是一个有效的公共关系工具,而不是公共关系的灾难;五是学校安全工作需要一个多元的方法。[①]

莫里森(Gale M. Morrison)、弗隆(Michael J. Furlong)、丁考(Barbara D'incau)以及莫里森(Richard L. Morrison)在《安全学校:整合学校改革议程,防

---

① Jane C Conoley and Arnold P Goldstein. School Violence Intervention:A Practical Handbook [M]. New York:the Guilford Press,1997:256-296.

止学校混乱与暴力》一文中提出,增减学校效率的因素主要有以下几点:①清晰的学校使命;②对学生的学业与行为持有很高的期待;③指导性领导;④一个安全和有序的环境;⑤学生具有学习机会和学习时间;⑥对学生的表现经常进行管控与反馈;⑦积极的家校关系。

同样,在我国《义务教育学校校长专业标准》中关于学校安全也有表述,例如,在第 50 条:努力打造平安校园,建立和完善学校各种应急管理机制,定期实施安全演练,正确应对和妥善处置学校突发事件。

3. 坚持服务为本,打造协作治理的组织文化

任何组织机构在运行中都会对个体或团体在心理、智力、文化、精神、经济或身体等方面造成正向或负向的影响。在教育环境中,我们习以为常的某些实践与程序,也许确实存在着阻碍学生发展的现象。

制度暴力的例子在学校有很多,比如排斥性行为、极度竞争性学习环境、对虐待行为的宽容、基于排斥和处罚的纪律政策,以及带有歧视性的政策。

制止青少年欺凌行为,要注重培养积极的校风。积极的学校氛围有助于实现激发和鼓励学生在学校尊重、合作、信任以及共担责任的教育目的。① 一个有思想的管理者应持有人与人性观念,将热情、关爱、容忍、责任、自由、平等、自足、冒险、共同体等观念带入学校管理中。减少学生欺凌需要学校管理做到支持性、发展性与服务性文化转型。

卡什曼(Kevin Cashman)在《从里向外的领导艺术》(*Leadership from the Inside Out*)一书中提出了"服务型领导"的概念,总结服务型领导者要具备以下特征:①为人正直,以身则则;②制定注重学生成才和自我发展的策略;③管理变化,分清轻重,创建愿景,树立诚信;④请家长和学生分享他们的权利和知识,以及共同承担学生成功的责任;⑤激励同事和学生取得成功;⑥顺应多样化学生群体中大多数人的看法;⑦让学生的需要和成功促进教学;⑧让学生学会学习,并以结果为导向;⑨鼓励学生积极学习知识并学以致用;⑩鼓励教师和学生的智力冒险;⑪做出解决问题而不是产生问题的决策;⑫不怕艰难,因为任何校园安全问题都不可能轻易解决。

建设学校服务型领导也表现在学校领导标准中,《美国教育领导者专业标准》(PSEL2015)由 10 条一级标准,83 条二级标准构成。具体内容为:标准 1 是使命、愿景和核心价值观,标准 2 是道德与职业规范,标准 3 是公平和文化响应,标准 4 是课程、教学和评价,标准 5 是关爱支持学生的学校共同体,标准 6 是学

---

① [美]贾斯汀·W.帕钦,萨米尔·K.辛社佳.校园欺凌行为案例研究[M].王怡然,译.哈尔滨:黑龙江教育出版社,2017:74-79.

校人事专业能力,标准 7 是教职员工专业共同体,标准 8 是家庭与社区有意义参与,标准 9 是运营和管理,标准 10 是学校改进。从这个标准我们可以看出,美国学校组织都是坚持道德共同体的隐喻,已经看不到官僚机构的影响了,服务型领导是美国教育领导者的主要专业标准。同样,在我国教育领导者专业标准中也具有这样的特点。在我国《义务教育学校校长专业标准》中有关于服务型领导的表述,例如,第 43 条:倡导民主管理和科学管理,坚持教书育人、管理育人、服务育人。

4. 坚持关爱为本,打造和谐友好的校园文化

关怀与被关怀是人类的基本需要,认真倾听并且积极回应是关怀的基本标志,对每个个体的需要予以恰当的反应,进而建立和维护关心关系是关怀伦理的基本思想。在关怀教育理论视域下,学校最应该关注的是促进学生发展、健康与幸福,必须提升学生相互关爱的能力。学校应该围绕关爱的主题开展教育,而非传统纪律,应该引导他们关爱自己,关爱他人,继而关爱地球上的其他事物,如植物、动物和环境等

埃斯皮兰(D. L. Espelage)和史威尔(S. M. Swearer)研究发现,正面的学校氛围与环境可以抵消学生由于缺乏家庭关爱与同伴关心所引致的潜在欺凌风险的负面因素。因而,正面的、沟通的学校文化氛围,是可以降低或减缓学生欺凌行为的风险因素的。在一个充满关爱与关心的学校中,学生之间彼此关心关爱,都能够设身处地为彼此着想,感同身受,同理你我,就不会恃强凌弱。

所以,我们在学校管理中、在课堂教学中、在师生关系中、在学生活动中、在课程改革中、在教育评价中,都要自觉地将关心与关爱的理念渗透其中,让学生、全体教师员工、学校所有的利益相关者,都能真切地体会到同学的关爱、教师的关爱、领导的关爱、家长的关爱、社会的关爱,让学生在关爱中享受教育的美好与幸福,在关爱中茁壮成长,在关爱中成就自我。

一般来说,学校对校园欺凌的干预主要有外围干预与根源干预两种。外围干预是即时性的,也是权宜性的。在一所学校中倘若缺失换位思考、宽容与共情,只追求些敷衍而缺乏具体、有效的实际行动,就会滋生出一种诡异的氛围。不仅会使学生群体中的"输家"感到不快,也会很快地使那些所谓的"赢家"发生蜕变。

为此,对校园欺凌根源性干预的根本性方法在于构建共情性的文化。正如阿伦森(Elliot Aronson)在谈及校园欺凌时所说的:"我们能够将学校从一个高度竞争、小集团密布、充满排挤的地方,转变为让学生学会相互欣赏,体验共情、同情以及互相尊重的地方。创建一种非常真实的氛围,要创建一种不让任何一

个人生恨的氛围。将学校变成一个更人道、更具同情心的地方。学习生物、文学和微积分与学习重要的人类价值并不相悖。相反,正如美国教育哲学家约翰·杜威在大约一个世纪前指出的那样,我们完全有理由相信个体间是相互促进增强的。"

试想,如若在一所学校中真正做到了以生为本、以安全为本、以服务为本、以关爱为本的话,那么这所学校就不会出现或很少出现校园欺凌问题。文化的影响力是非常大的,优秀的学校文化可以浸染学生的思想,规范学生的行为,塑造学生的气质,从而规避学生的反社会倾向与行为。

第五节　社区维度：建设支持系统

学生欺凌行为的解决并不能仅仅依靠学校,政府、社区、家庭应该与学校紧密联系,互相支持,共建治理体系。

政府的使命在于"保障"和"清扫",给学校提供一个优良的发展环境。

20世纪60年代美国就制定实施了校园安全法,时至今日,共有48个州制定并实施了"反欺凌法"。瑞典、加拿大、日本、韩国、南非等国也有专门针对学生欺凌的法律。

相对来说,我国校园安全方面的法律法规至今尚未正式出台,应该尽快加强校园安全立法工作,从法律的高度保护青少年学生的健康成长;要明确各级行政官员、学校安全委员会、校长、管理人员、教师、家长与学生的相关法律责任;要健全惩戒制度,对欺凌者实施应有的规训和惩罚,让欺凌者为自己的过错付出代价,对那些造成严重后果并涉及违法的欺凌者,要严厉依法制裁惩处,绝不姑息养奸。

社区的使命在"帮扶"与"代管",比如,美国就设立了未成年人社区矫正制度。对于判决未成年人的大多数案件,都采取了非监禁执行。对于那些危害较轻微的行为,比如破坏财产、盗窃、伤害等,强制行为人参加一定期限的社区服务。

总的来说,发达国家社区参与管控学校欺凌行为相对成熟,我国社区的教育管理功能还远远没有发挥出来。

学生欺凌行为的治理需要家庭的支持,家庭教育的理念与取向影响着学校教育的效果。家庭成员特别是父母要积极投身对孩子的教育引导,为孩子做好表率,提高自身素养,营造宽松和谐的家庭气氛,养成正确的教育孩子的方式,让家庭充满爱与关心,这些都是减少孩子发生欺凌行为风险的有效举措。

各种专业协会要发挥智库作用,加强对治理欺凌的研究,为学校和政府机构献计献策。

美国全国儿童医院和相关机构协会(the National Association of Children's Hospitals and Related Institutions)主席劳伦斯(Lawrence A. McAndrews)说："我们更希望把这个钱花在教育上,而不是花在治疗枪伤上。"

除此之外,媒体也应加入,为减少校园欺凌行为贡献智慧与力量。

1. 加强反欺凌立法,保障学校秩序安全

关于欺凌立法状况,我国目前还没有单独的校园欺凌方面的安全专门法。在此,我们呼吁应尽快制定反校园欺凌法,构建一个完整的反校园欺凌法治体系。

纵观世界各国,特别是西方教育法治发达国家,均针对校园欺凌采取了专门立法的方式,同时辅之以配套的关联法律规定,形成了较为完整、衔接、严密的法治体系予以治理和预防。

例如,美国是世界上最早制定反校园欺凌立法规定的国家,而且美国联邦政府从联邦层面、50个州政府从各州层面都已经制定了相关的反校园欺凌法律规定,形成了统一严密、衔接完整的法律规制体系。

在亚洲地区,2004年,韩国制定第一部校园暴力预防及对策法,2008年和2012年共进行了3次全面修订,目前已形成较为完整的法律规制体系。日本也于2013年针对校园欺凌通过了专门性法律,即校园欺凌防止对策推进法。

应当说,这些专门针对校园欺凌制定的法律规定,对于有效进行法律规制起到了积极、重要的作用。

事实上,针对我国校园欺凌现象及其造成的后果,2016年3月"两会"期间,全国人大代表刘晓翠专门提出制定"反校园暴力法"的立法议案,引发了社会各界的广泛关注。

有鉴于此,我们认为我国也应当效仿西方教育法治发达国家,针对校园欺凌开展专项性立法的实践做法,加速推进反校园欺凌法的立法工作,同时以反校园欺凌法为基础和核心,进一步修订、完善其他关联法律法规体系,并做好衔接、配套、协调,合力应对校园欺凌的防控。

结合我国校园欺凌实际情况,同时考虑到我国的立法体制机制,在借鉴、吸收西方教育法治发达国家反校园欺凌立法经验的基础上,我们认为,可从以下几个方面着手推进。

首先,做好立法前的准备工作。主要是有关校园欺凌的一线数据统计工作的规范化、机制化与持久化,从而从整体上全面把握我国校园欺凌的基本情况、发展态势、地域、年级、性别、年龄、学校分布和行为特征等内容。这一工作必须引起教育部、地方教育主管部门和学校的重视,须下大力气开展,并长效化、机制化、逐渐规范化和更加精确化。同时对于相关数据要逐级存档备查,并且定期、不定期开展调查问卷进行验证和评估,确保数据统计工作的依法、全面、公开、透明。每年定期公布上一年度数据并接受社会各界监督,建立健全校园欺凌数据调查搜集整理发布体制机制。对于瞒报、漏报等情形要进行立法,开展严厉的行政追责。日本政府和文部科学省(相当于我国教育部)非常关注和重视校园欺凌问题,其中第一项工作就是强化一线数据搜集、统计和调查工作,力求全面、深入地了解校园欺凌实际情况,及时掌握事态变化,从而为制定更符合实际、更具有针对性的应对和处置举措奠定基础。从1985年开始,日本政府每年都会发布上一年度关于校园欺凌主题的官方统计调查分析报告,迄今已坚持30余年。这一调查统计报告的数据具有权威性、全面性、细致性、连续性等特点,并置于公共场所备查,接受新闻媒体和社会公众监督。与此同时,日本政府还通过经费保障、人员配备、逐步改进统计工作方式、公开数据并接受各方面监督等确保这项工作取得了实效,从而为及时有效应对校园欺凌打下了坚实基础,这些做法值得我们借鉴和引入。

其次,完善反校园欺凌法的内容构想。借鉴西方教育法治发达国家的反校园欺凌法治建设经验,在内容体系上应当包含以下内容:防控理念与基本原则;基本概念与理论范畴的界定;责任主体与权责配置;有效应对举措特别是重大、紧迫校园欺凌事件的临时处置举措;保障措施(包括经费、人员、机构以及受欺凌被害人的保护,如网络欺凌等);法律责任;法律实施的检查、监督与立法反馈。在防控理念与基本原则方面,必须明确规定对于校园欺凌的"零容忍"这一基本立场。一者,为数较多的国外反校园欺凌立法都对此做了明确规定,表达了鲜明的立场和基本态度。最早发动反对校园欺凌运动的国家之一的挪威在2002年启动了对校园欺凌的"零容忍方案",这也是世界上公认的较为成功的反校园欺凌方案。美国也表达了相同的立场和态度。以2010年《新泽西州反霸凌法》为例,其在立法目的中开宗明义:"立法机关对于霸凌行为是零容忍的。霸凌行为在学生间造成了人身伤害或者财产损失的恐慌氛围,影响到了学校的正常教学和管理秩序,必须加以预防和干预。"亚洲地区的韩国和日本也持相同的立场,如在日本,政府和民众对于校园欺凌发生的普遍性、严重性和危害性等有深刻的认识,因而对待校园欺凌的态度也从以往的漠视、忽视、容忍变为愤怒、谴责和积极加以防治的零容忍立场。这些国家的做法值得我们学习和吸收。二者,结合我国实际情况,对待以青少年为主体的学生实施违法犯罪行为一般重视教育保护,惩戒形同虚设,而学校、家长、社会以及政府等大多因为利害关系对中小学校园发生的欺凌的认知定位存在偏差,抱持内部处理、大事化小、小事化了的消极敷衍态度,使得一些学生在实施校园欺凌行为时得以受到庇护而更加有恃无恐,这些都不利于对校园欺凌的有效防治。三者,中共中央办公厅、国务院办公厅印发的《关于进一步深化预防青少年违法犯罪工作的意见》指出,针对校园欺凌治理,应当坚持"宽容但不纵容"的原则,这与零容忍的基本立场并不矛盾、冲突和排斥,应当正确理解和协调把握二者的关系,树立正确、科学的防治理念。零容忍的态度和法律立场传递给社会大众,特别是学生、家长与学校明确的信号,鲜明表达了官方态度和法律的基本立场,重在清晰明确地表达对于校园欺凌的绝对否定性评价,"宽容但不纵容"的原则则是在处置策略和应对举措上的具体问题具体分析和分流处理,二者的内涵指向和侧重点虽不同,但在根本方向、终极意旨上是一致的。综上,应当在立法中明确零容忍的立场,从而唤醒相关涉事主体,对校园欺凌形成有力的舆论威慑。

  同时,在立法中明确规定针对校园欺凌防控坚持的基本方针与原则。笔者认为以下几点较为重要,可供立法者参酌。一是校园欺凌防控必须坚持早发现、早预防、早应对、早处置原则。纵观各国反校园欺凌立法,不仅关注校园欺凌的事后处置和惩治追责,而且强调要注重预防,树立并坚持"早发现、早预防、早处置"的正确、科学的应对理念,使得事后惩治与事前预防连为一体,应对校园欺凌更具体系性、全面性、及时性和有效性。二是教育与惩戒并重原则。防止偏废一方,才能发挥实效。三是综合治理原则。即不仅应当重视法律规制,也应重视道德、法治教育;不仅重视严厉的作为后置法、保障法的《刑法》规制,也注意发挥作为前置法的《民法》《教育法》等为代表的行政法以及校纪班规等的积极作用,加强相互之间的协调和衔接,合力惩治校园欺凌。四是多元化主体参与治理原则。即构建中央与地方两个层级,教育主管部门、学校、家庭、社区与志愿者组织、公益组织、新闻媒体等非官方的第三方民间力量共同参与、协作的五位一体的立体综合式防控体系。五是坚持以人为本和学生视域下的人性化处置原则。防止成人思维、视角、观念独占反校园欺凌法。

  立法中应当明确规定校园欺凌的基本概念和相关理论范畴,从而为前述的数据统计提供合法性基础,同时也为后续法律规定提供基础性支撑。在责任主体与权责配置方面,应当明确学校和校长是第一责任人,规定其应当承担的相关法定义务,如情况及时通报义务,调查确认报告义务,支援、指导、建议义务,学习环境整备义务,情报提供义务,协作配合反校园欺凌委员会、公安机关等义务。同时规定在中央到地方的教育主管部门机构体系内单独设立反校园欺凌委员会,明确上下级之间的领导关系,规定各学校应当设立学校内部的反校园欺凌治理机构。对于反校园欺凌委员会的组成人员,应当包括学校主管责任人员、教师、家长、妇联、共青团、教育界、法律界、公安司法界,以及心理学界等不同来源、部门、学科背景的多元化成分。

在有效应对举措方面,特别是应对重大、紧急类型的校园欺凌行为时,应当区分类型和程度规定相应的临时处置举措。鉴于现代社会信息网络的快速发展势头和世界范围内校园欺凌发展的一般规律,有必要单独针对网络欺凌做出专门规定。在保障措施方面,应当明确规定包括经费来源、人员配备、机构设置、工作机制,以及受欺凌被害人的保护、救助措施;在法律责任方面,应当明确中央及地方,教育主管部门、反校园欺凌委员会、学校、教师、家长等的不同责任;在法律实施的检查、监督与立法反馈方面,应当规定立法机关对于相关法律实践情形定期不定期开展执法检查和质询、监督,同时要求各级教育主管部门和反校园欺凌委员会报告工作和给予立法反馈意见和建议,从而促使立法不断适应形势发展变化予以适时调整、修订和完善。

当然,反校园欺凌法主要是从法律建设的角度来谈的。除了立法之外,对原来的相关法律法规也要进行必要的修正。因为随着社会的发展,学校教育出现了许多新的问题,如果不对法律法规进行相应的修正,就不能解决校园欺凌领域出现的新问题。《刑法》规定,已满十六周岁的人犯罪,应当负刑事责任。已满十四周岁不满十六周岁的人,犯故意杀人、故意伤害致人重伤或者死亡、强奸、抢劫、贩卖毒品、放火、爆炸、投放危险物质罪的,应当负刑事责任。已满十二周岁不满十四周岁的人,犯故意杀人、故意伤害罪,致人死亡或者以特别残忍手段致人重伤造成严重残疾,情节恶劣,经最高人民检察院核准追诉的,应当负刑事责任。换言之,由于刑法规定的刑事责任最低年龄是十四周岁,如果行为人未满十四周岁,即便实施了造成被害人重伤、死亡等严重后果的校园欺凌行为,倘若没有最高人民检察院的核准追诉,也无法受到刑罚处罚。为此,最高人民检察院的核准追诉标准成了治理校园欺凌与法律建设的关键。

美国青少年刑事犯罪责任年龄非常复杂,各州之间存在较大的差异。但是,美国的立法精神是,一个未成年人犯了成年人所犯的罪,就不应再被当作孩子来看待,无论多小的年龄都应以成年人的身份为他们所犯的成年人的罪负责。[1]

有学者指出,一个必须正视的事实是,在《刑法》规定的刑事责任年龄未降低、刑事追诉标准未降低的情况下,对绝大多数学生欺凌事件的施暴者实际仍然无法予以刑事处罚,试图单纯地通过严罚特别是刑事处罚以遏制学生欺凌,恐难以如愿。[2]

---

[1] 李洪海.国外青少年犯罪研究文集[M].北京:中国展望出版社,1987:218-220.
[2] 姚建龙.防治学生欺凌的中国路径:对近期治理校园欺凌政策之评析[J].中国青年社会科学,2017(1):19-25.

所以，我国不仅要出台治理校园欺凌的专项法律，还应在《教育法》《义务教育法》《预防未成年人犯罪法》《未成年人保护法》等与未成年人相关的法律中对于校园欺凌行为做出明确界定和处罚规定。只有构建完善的校园欺凌法律框架体系，才能从根本上使人们对于校园欺凌有明确的认知，为下一步防治工作的开展提供法律保障。①

除了立法外，我们还要关注正确使用法律。美国学者的观点为我们提供了一些政策性思考，他们认为，正确使用法律主要包括以下几部分建议：一是懂法律，二是守法律，三是培训全体成员，四是社区参与，五是评价问题，六是干预，七是监控进程。每项建议都对应着注意事项，也为我们在学校中正确运用法律提供了思想，详见表8-2。

表8-2 正确使用法律的建议及注意事项

建 议	注意事项
懂法律（know the law）	学校需要学区法律部门的一个代表，他对联邦法律和州法律都很了解，并与其所在学区的政策建立团队一起工作
守法律（follow the law）	保证学校管理者要以法律为指南，正确地遵循法律的规定
培训全体成员（Train all school staff）	培训员工理解学校和学生安全与不安全分别表现出来的特点，在暴力发生时或发生后知道如何去回应
社区参与（involve the community）	公开现行的政策和程序，鼓励社区成员参与预防暴力行动计划委员会
评价问题（evaluate the issue）	回顾学区与学校各项政策，设计可以跟踪的针对学校暴力的措施。进行资源审计，优先推荐干预措施
干预（intervene）	修复评价阶段确定的缺陷，考虑所要采用的预防计划或学校的纪律政策，建立一个危机应对小组和程序
监控进程（monitor the progress）	监测进展，记录成效，必要时修正计划，提供持续性的员工培训

另外，关于运用法律与法规，我们还要学会处理好两个问题：一是我们必须认识到，法律法规虽然重要，但绝不是解决欺凌或暴力问题的全部办法。甚至

---

① 李琦，田友谊.依法治校视角下校园欺凌现象的审视与防治[J].教育科学研究,2018(4):20-23.

说,关于依法治理校园欺凌问题,教育界一直存在争议。帕钦就指出,制止青少年欺凌行为,不要增加正式的制裁。因为大多数青少年在参与欺凌行为之前,根本不会考虑可能为这种行为付出的代价,尤其是可能的刑事后果。[①] 譬如在美国,人们对许多欺凌问题的强制处理不满意,有许多报告指出一些处罚过于严厉,没有必要。例如:在科罗拉多州朗蒙特(Longmont)市,一个10岁的学生被除名,因为她带一把小刀进入学校,而这把小刀是她妈妈放在她的午饭盒里以备切苹果用的。在路易斯安那州的亚里山德里亚市,一个二年级的学生被除名,因为她携带了她爷爷的镀金怀表,而这个表上附带着一把小刀。在弗吉尼亚州的纽波特纽斯,一个幼儿园的小孩被停学,因为他携带了一个传呼机(beeper),并在研学途中(field trip)在同学面前展示。在俄亥俄州的费尔伯恩,一个13岁的优秀学生被学校停课10天,因为他的同学给了他两个Midol片(可能是某种药片)。在佛罗里达州的奥卡拉,两个男孩子,一个9岁一个10岁,被学校用手铐拘捕,因为他们用简笔画描述一个同学被刺死和吊死。我们认为,目前在我国这个问题并不普遍存在,我国大部分欺凌问题治理的案例恰恰相反,大多数都是妥协忍让,不了了之。除非造成严重的身体伤害,否则被欺凌者一方一般不会诉诸法律解决。同样,对于那些犯了严重错误的学生,只要不是犯罪,人们还是坚持能忍则忍、能放则放的原则。例如,对于那些犯了严重欺凌行为,后果非常严重的学生,到底送不送去专门学校和少管所,[②]大家的意见就很不一致。

需要注意的第二个问题是要处理好法律法规与规章制度之间的问题。法律法规属于处理欺凌问题最为严肃、最为强制性的规范,而地方教育行政机构和学校制定的规章制度不属法律范畴,虽然有制约性,但是从效力上讲不能与法律法规相提并论。国内有学者提出可以通过软硬法综合治理,我们认为这是一个不错的建议。所谓"硬法",是指由国家机关按照相关程序制定的规范性法律文件,简称法律法规,它以国家强制力为后盾保证实施。所谓"软法",是由一定人类共同体通过其成员参与、协商等方式制定或认可的规则,一般是共同体内的成员自愿达成的契约、协议。教育行政部门依照"硬法"制定的行政政策,发布的通知、纲要、规划等正式文件,学校教师和学生等组织遵循教育治理的需要确立的内部章程、规则、守则等规范都属于"软法"的范畴。[③]

我们认为,对于那些造成严重后果、影响较大的暴力问题交于法律法规处

[①] [美]贾斯汀·W.帕钦,萨米尔·K.辛杜佳.校园欺凌行为案例研究[M].王怡然,译.哈尔滨:黑龙江教育出版社,2017:74-79.
[②] 对于专门学校,我国当前相关法律政策规定,必须要经由家长同意才能入学,而现实中,很少有家长会同意把他们的孩子送去专门学校,因为一旦送去专门学校,会对孩子的未来产生很大的影响。
[③] 张克雷,张龄文.论校园欺凌的软硬法治理[J].上海教育科研,2017(4):16-19.

理,而大多数伤害较小、影响较小的欺凌问题交由规章制度处理便可。这样在对欺凌者进行惩罚的同时,也给他们保留了一些余地和机会,他们毕竟还是学生和孩子。

还要说明的是,除了制定反校园欺凌法之外,还可以通过有偿法律服务,聘请律师充当学校法律顾问,按照法律法规规定以及学校和顾问之间签订的协议来专门负责学校的安全应对工作,也包括欺凌行为的法律事务。这样"专门的工作交给专门的人来做",不仅可以强调欺凌治理的法制化与专业化,也可以省下学校的时间与精力,从事教育教学与学生日常管理工作。

2. 强化社区的教育功能,建立良好的社区安全环境

在国外特别是西方发达国家,社区的功能履行非常成熟,社区除了常规的管理职能外,还有服务当地中小学的功能,甚至在有些国家,譬如美国,社区本身就是教育工作的负责部门与执行部门,也从事各种形式的教育培训或其他教育类工作。就学生欺凌治理问题,国外许多国家都将其当成一项重要的使命和职责。

强化社区的教育功能,首先需要建设一个安全的社区环境。无论是学校所在的社区,还是学生家庭所在的社区,都应该是一个安全的社区。儿童与青少年成长的社区也在年轻人与欺凌关系中起着重要的作用。一般来说,贫穷、落后、脏乱、歧视、缺乏就业与教育机会被认为是引发个人暴力行为的最重要的社区风险。社区环境影响学校欺凌的另一个重要方面是犯罪率。我们认为,学校中发生的欺凌行为甚至暴力犯罪行为,并不能完全独立于社区的其他犯罪。

如上所述,早在1986年,赫尔曼和比顿就研究发现在学校暴力率与社区犯罪率之间呈正相关。[1]

埃弗雷特和普赖斯在1995年的研究中指出,从高犯罪率社区中来的儿童比其他儿童更有可能成为受害者。[2]

当然,从相反的角度来看也是问题。从某种意义上讲,社区环境与学校欺凌并非直接相关,即使在同一社区的孩子,在不同学校里的暴力表现也不相同,有很大的差异。但是,无论如何,安全的社区环境与校园欺凌行为发生应该是有重要的联系的。所以,作为基层的政府机构,社区要想方设法保障本社区的安全,给学校提供一个安全的周遭环境。为此,社区可以针对校园欺凌制定相关的安全项目,如反帮派、巡查、社区服务、父母支持、帮扶小组等。

---

[1] Hellman D. A., Beaton S. The Pattern of Violence in Urban Public Schools: The Influence of School and Community[J]. Journal of Research in Crime and Delinquency, 1986, 23:102-127.

[2] Everett S. A., Price J. H. Students' Perceptions of Violence in the Public Schools: The MetLife Survey [J]. Elsevier Science, 1995,17(6):345-352.

良好的社区环境对于减少校园欺凌行为具有重要的作用。据美国的一项研究结果显示，学生有较强的团队意识(sense of community)，更乐意帮助别人，具有更好的冲突解决能力，更愿意接受那些不同的、具有高度自尊的人，具有较强的社会能力与情感，在学校不再孤独，很少发生过失行为。

其次，社区还应该直接承担一些对欺凌者与暴力攻击者的教育与惩罚工作。由于学校性质与功能定位的特殊性，在校园欺凌行为的处理上，学校的功能发挥会受到限制，或者说治理的效果受影响。

譬如，如果一个孩子总是欺负另一个孩子，学校所能采取的最好办法就是批评教育，或者罚抄作业等。由于这些方法对于欺凌者来说司空见惯，所以也不会有什么真正的效力。如若有社区的参与，让这些孩子到社区参加义务劳动之类的事，这样处理或许效果会好得多，毕竟在孩子们心中会认为，来自学校与教师外的惩罚更为严重。

在这方面，美国就设立了未成年人社区矫正制度，对于判决未成年人的大多数案件，都采取了非监禁执行。对于那些较轻微的行为，比如破坏财产、盗窃、伤害等，强制其参加一定期限的社区服务，服务量达到要求与服务期满后，由社区出证明让其返校上课。

在我国，无论是城市社区街道，还是农村集镇，都管理着很多服务性与公益性的组织，如图书馆、养老院、福利院等，社区街道可以利用这些资源教育学生参与校园欺凌行为的治理。

从广义上讲，学校区域的公安机关也属于大社区，所以我们就将公安方面的因素放在社区因素中来阐述。

公安机关是维护社会治安，直接处理违法犯罪行为的机构。所以，就校园欺凌行为来说，我们不可能不借助公安机关的力量。可以说，如若没有警察参与校园欺凌工作，是无法真正解决校园欺凌问题的。

所以，我们要积极建立警察支持体制，以保障校园治安。

警察参与校园欺凌的治理还有一个重要的原因：学校和警局需要在预防青少年暴力方面进行充分必要的交流，因为一些学校暴力行为实际上是社区争端扩散的结果。

国外有一个名为"更安全的学校伙伴关系"(The Safer Schools Partnership, SSP)的项目，就是专门从事警校合作的项目。它是一个将警务人员在一定的时间安排在中小学的项目计划。研究人员发现，SSP 具有积极的影响，在 SSP 引导的学校，逃学与旷课的人数在减少，对警察的态度也更为积极，攻击的程度在降低，考试成绩在不断提高。所以，我国中小学也要建立警察入校制度，规定学校的负责片警，开展制度性的工作。警察为学校提供治安服务，到中小学为师生开展治理讲座,负责处理学校发生的欺凌事件等学校安全工作。

3. 加大对媒介的监控,为学生提供良好的网络环境

上面我们已经阐述过,造成校园欺凌的影响因素很多,很复杂。调查研究显示,教师认为最重要的因素是父母缺乏监管(占比71%),学校教育缺乏家庭的介入(占比66%),大众传媒对暴力的报道(占比55%)。作为欺凌影响的非直接因素,55%的比率已经算是非常高了。早在1993年1月,美国全国学校董事会协会(the National Boards Association)报告了美国学校的暴力问题已经扩展到全社会,城市、郊区以及农村地区都有。基于对全国范围700多个地区所进行的调查,他们指出,酒与药物滥用、容易接近枪支、贫穷、家庭的破裂、媒体的描述等被认为是暴力产生的原因。

细细思考,学生的欺凌行为其实都是似曾相识的。可以说,学生校园欺凌行为恰恰是我们成人社会的现象复制。"不是我的问题,我是跟你们学的。""你们不是更野蛮、更暴力吗?""你们天天打打杀杀,为什么让我们老实本分?"从讽刺意义上讲,校园欺凌不正是反映出我们成人社会对侵犯与暴力文化推崇的部分吗?"无论是体育活动还是电影中,我们学生每年花上成千上万小时学习并模仿着媒体中、家庭中与社区中的暴力场景,他们是我们建立的社会与文化的产品,这也难怪他们在校园中出现暴力行为。"

德克森(Daniel John Derksen)和施特拉斯布格尔(Victor S. Strasburger)曾在《媒体与电视暴力:在儿童暴力、侵犯与反社会行为中的影响》一文中指出,媒体是造成现实生活暴力的重要因素,它在描述暴力方面对美国儿童产生了非常重要的负面影响。

媒体确实要为校园欺凌行为负责。很多媒体都在责骂儿童与青少年的暴力和其他一些社会行为,然而媒体本身正是导致儿童与青少年反社会行为的一个重要因素。电视、各种音像游戏描述着斗争的死亡与毁灭,限制媒体上的暴力形象的努力却经常遭到工厂企业的财务资源理由的抵制。尽管媒体暴力不是现实生活暴力的最主要因素,但是它是一个非常重要的影响因素。媒体中最重要的组成部分——影视(电视、音像、电影)、印刷品(漫画书、杂志以及报纸),以及收音机,成为对儿童产生负面影响的强有力因素。

美国是工业国家里暴力死亡率最高的国家,超过1 000个研究与评论认为,媒体塑造的暴力形象是造成美国现实生活暴力事件最重要的因素。尽管娱乐公司声称这些形象都是虚构的,但是,儿童相信他们是真实的。[1] 更为重要的是,

---

[1] Strasburger V C. Children, Adolescents, and the Media: Five Crucial Issues[J]. Philadelphia: Hanley & Belfus, 1993,4(3):479-493.

这一后果使儿童对媒体中的形象的认知产生微妙的变化,他们潜移默化,扭曲了一些信息,将冲突斗争视作可以接受的。许多研究表明,由于媒体对暴力的展现,而导致暴力行为增加的青少年的年龄为10~12岁。专家们相信这种影响是毋庸置疑的。

青少年处于权威崇拜的年龄,其行为很容易受到那些公众人物的影响。无论是球星、电影明星、歌星或网络红人等,其行为极易对青少年的思想和行为产生影响。这方面的例子很多,媒体中播放或报告某公众人物的新闻,青少年多会跟踪与模仿。例如,在韩国,国民演员崔真实(Choi Jin Sil)于2008年自杀后,在那个月里,媒体报道的模仿自杀事件显著增加。儿童看到媒体中的警察拿枪,或卡通中的枪支使用,也就尝试使用与玩弄枪支,"例如,一个七岁的儿童看到爸爸的没有退下子弹的枪支,便拿着玩耍,结果意外杀死自己三岁的小妹妹"。枪支的使用在媒体中被描述可以用来解决冲突,所以就不奇怪在学校中出现越来越多的枪支或其他武器了。

除了暴力外,媒体中的商业广告等也会影响学生的生活。譬如,烟草广告通过传递有利于社会与身体的宣传,增加了青少年吸烟的概率。媒体上一个手里拿着啤酒,快乐、有吸引力的模特对于吸引人来喝酒是很有诱惑力的。媒体中的色情内容也对青少年造成很大影响,青少年中的性活动造成的危害十分惊人。电视剧,特别是那些肥皂剧,提供了不恰当的有关性的描述,如性频繁,低估性活动的后果(艾滋病或怀孕),不避孕与使用安全套,女人在媒体上看上去更为开放热情,更热衷购物与化妆,迷恋约会,知识女性被描述得不合时宜等,而这些都容易使青少年学生产生攻击性行为。

国外管控媒体的一些做法值得我们学习与借鉴。例如,在美国,成立过一个关于网络电视暴力的市民特别小组(the Citizens Task Force),这个市民小组主要由以下团体成员构成:全美小学校长协会(the National Association of Elementary School Principals,NAESP),全美中学校长协会(the National Association of Secondary School Principals,NASSP),美国媒体协会(American Medical Association),美国儿童与青少年精神病学会(American Academy of Child and Adolescent Psychiatry),美国精神病协会(American Psychiatric Association),美国全国家长教师协会(American PTA),全国宗教委员会(National Council of Churches)以及美国互动电视(American for Responsive Television)。这个关于网络电视暴力的市民特别小组在20世纪90年代建议:一是实施一个由媒体、公众与政府制定的限制暴力娱乐节目的强力法规;二是作为上一规则的一部分,要在不播放一些不必要的暴力节目,在儿童节目中严格限制暴力的出现,并且从上午6点到晚上10点禁止播放暴力节目等方面达成一致；三是如果一些娱乐公司拒绝合作，那么由美国联邦通信委员会（FCC）制定一项反暴力播放规则或条款；四是提供机械或电子设备，以便父母可以阻截暴力节目；五是在暴力节目播出前与播放过程中，要给观看者以提醒警告；六是开发一个电视暴力的评级系统；七是美国联邦通信委员会举办电视暴力的听证会；八是促使美国联邦通信委员会支持儿童电视节目，给儿童提供更多的选择；九是在监狱里禁止播放暴力节目；十是举办白宫峰会，聚焦于探讨美国暴力流行的现象，特别是媒体暴力方面的内容。

社会发展日新月异，技术更新换代加速。在当前，传统媒体仍在，各种新式媒体又纷纷出现。智能手机、掌上电脑、平板电脑方便快捷，无线网络拓宽网上空间，网络速度不断提高，各种自媒体、新媒体等传播手段纷纷出现，短视频、直播、微博、QQ、微信等以不同的形式登台，光怪陆离，色彩斑斓，诱惑很大，学生很容易接触到，势必会对学生的生活学习产生重大影响。坊间曾流传："只要给农村留守儿童一部智能手机，这个孩子就会荒废掉！"从当下发生的诸多案例来看，这并非危言耸听，这些都给学生管理工作带来了前所未有的困难，我们要高度重视媒体影响这一问题。

结合我国实际情况，我们认为，应对媒体与娱乐产业方面的涉欺凌负面因素，可以从以下几方面做起。

第一，完善媒体管理与信息管理的法律法规，健全相关管理政策。从国家的层面进一步完善对媒体创设、门户设置、信息审定、信息传播等方面的法律法规，强化媒体的正向功能，提高以法治思维和法治方式管理媒体的能力。

第二，加强宣传，积极营造气氛，引起全民对媒体娱乐暴力的重视。在我国，普通民众对媒体娱乐界的认识主要还是传统的观点，大多都是抱着无所谓的态度，或者无可奈何的态度，或者不能过于苛刻的态度，没有意识到媒体中的暴力成分对青少年学生所造成的重大影响。"我们不能因噎废食"，但人们也不能只关心媒体给自己带来的便利与快乐，没有认识到其负面影响，以及给学生的成长和发展所带来的烦恼。

第三，从技术层面对电视网络等媒体进行分级限定。倡导电视网络媒体管理人员在认为有潜在的攻击内容时，对节目进行调节，做到对那些明显欺凌等攻击性行为标以警示，内容为"以下涉及暴力内容，请家长慎重"。在网络视频中也可采用同样的系统。同样，要呼吁商品制造商和电视或网络广告商消除那些他们宣传的含有暴力内容的广告节目，选取在公共认知中形象良好的公共人物作为代言人，不能只考虑经济收益，更要考虑社会效益，为青少年学生健康成长做些有益的工作。

第四，鼓励教师和父母监管和控制孩子对流行媒体产品（游戏、视频和电视节目等)的视听习惯。要想真正做到减少电子产品或电视节目中的暴力因素对学生的影响，教师和家长可以从以下几个方面做工作。一是严格管控。学生在达到一定年龄之前不让其拥有智能手机等电子产品，达到一定年龄的学生在使用电子产品时，浏览内容与使用时间要有明确限定；同样，在家中，学龄儿童观看电视的内容与时间也要有明确的规定，并且无论是学校的要求，还是家长的要求，一定要让这些要求与规定成为孩子的习惯，不能随意破坏，给儿童可乘之机。二是学校与家庭要创造一些替代性娱乐，在学校多开展丰富多彩、有益身心、积极健康的课外活动，家长可以利用孩子的闲暇时间和他们一起外出游玩，多和孩子交流，多给孩子正面引导，让他们从网络游戏与电子产品中解脱出来。三是家长与教师等相关人员不仅要讲事实、摆道理，循循善诱，还要做好榜样，在学生面前保持良好形象，在学生面前不玩游戏，不看含有暴力内容的电视节目，不讲暴力的故事。平时言语行为谦和，彬彬有礼，知性优雅，给孩子们做一个良好的榜样。具体来说，电视、游戏、网络的负面影响可以采用以下几种方法防止：①限制每个儿童看电视、打游戏与上网的时间为一天最多两个小时，不允许形成一天三到四个小时的习惯，从一开始就建立严格的要求；②控制学生所接触的电视游戏与网络内容；③和孩子一起看电视、打游戏或上网浏览节目；④和孩子一起讨论媒体中让人不快的场景；⑤不要把各类媒体当成电子保姆，当成家长管教孩子的方式；⑥以积极的角色提供反馈，无论是积极的还是消极的；⑦鼓励孩子积极参与其他课后活动，并为之做好计划。

4. 构建"整个社会"(Whole-Society)政策，实现 GCPSSF(政府、社区、警察、社会、学校、家庭)互联互通

我们在上文已经提到，欺凌行为有多面性与复杂性，它是一个基于社会、社区、学校的，以及基于个人与人际方面的统合物。单独一个方面是不可能真正处理好校园欺凌问题的。

事实上也是如此，当下我国社会各个方面在教育问题上存在许多的不匹配，这些不匹配在一定程度上会阻碍我国教育的发展与进步。各级政府、社区、家庭、学校在教育方面存在诸多的不一致，如人才培养的观念不一致，对教育的理解与认知不一致，对中小学生的管理方法与举措不一致等。这些矛盾与冲突都会直接或间接地引发学生欺凌的产生。

所以，我们要对多方面的影响进行综合化，心往一处想，劲往一处使，全方位、多层次、宽领域地治理校园欺凌问题。

然而，这一非常简单的道理在现实中却没有得到很好的重视。例如，当校园欺凌成为人们共同关注的问题时，我们发现，作为每个个体的人与机构其实并不大惊小怪,他们各自视若平常,都是从他人身上来找问题,于是相互指责,互相推诿。警察谴责家长,家长谴责学校,学校谴责行政,行政谴责媒体,媒体谴责社会影响,如此往复,恶性循环。结果是每一方都提出一个解决方案:让家长负起责任来,学校管理得再严些,教师教得再好些,不让学生看电视、玩手机、上网,警察要多到学校转转,等等。问题恰恰是这些举措没有形成合力,而在不同程度上是各做各的,没有互相支撑、彼此配合,效果当然会大打折扣。

尽管全球许多研究者都在关注学校暴力问题研究,其中大多数的问题是关于校内动因,而它们与社会环境之间的关系研究,例如家庭与社区,并没有得到很好的探索研究。就像一些研究者所认为的那样:我们不知道构成"学校暴力"的不同类型暴力的共现(co-occurrence)关系;我们没有关于影响学校的社会性因素是如何强化或平息暴力的经验性证明;我们不知道同一学校因素是否在不同的文化与学校背景中起作用;我们不知道学校、社区或家庭在多大程度上,并以什么样的方式有助于学校暴力问题的解决。①

欺凌无效干预的主要特征之一就是仅仅关注问题的某一根源。学校暴力受到个体、家庭、社区和社会等因素的影响,但是许多学校暴力预防项目仅聚焦一个或两个变量或层次,忽视了多变量影响的复杂性。所以,那些针对一个变量的大多数项目在降低学校暴力方面没有取得有效的结果也就不足为怪了。

在构建校园欺凌治理体系时,可遵循"学校一体"理念。欺凌行为的治理要从学生视角,提出共同与欺凌作斗争的策略,通过课程、同伴支持、家长与社区参与等学校所有要素来开展工作。在"学校一体"中不仅包含学校内部要素,还应积极与学校外的社会因素相联结。为此,"学校一体"理念还不足以完全胜任校园欺凌的治理,还应该进一步上升为"社会一体"的高度,将影响学生成长发展相关的所有因素全部纳入,构筑全面、全体、全程的欺凌影响因素干预体系。

美国教育协会(National Education Association,NEA)提出:安全社区+安全家庭=安全学校。如果社区不太安全,帮派、毒品、低俗文化、不负责任媒体、贫困,以及种族与民族等社会因素出现,学校就不会安全。如果家庭也存在问题,如父母感情破裂、家庭暴力、心理疾病等,那么学校就不会安全。在处理校园暴力的政策和项目中,NEA提出学校的使命,即履行一个民主社会的承诺,NEA将提升公立教育质量,促进教育专业化发展,扩大教职员工的权利,提高他们的兴趣,支持所有人的人权、民事权和经济权。可见,NEA所关注的校园暴力在上述使命中也深入其中。

---

① Rami Benbenishty, Ron Avi Astor. School Violence in Context: Culture, Neighborhood, Family, School, and Gender[M]. New York: Oxford University Press, 2005:1-18.

国外那些运行良好的反欺凌项目中,如 OBPP、WITS,除了学校员工,社区领导人(警务工作者、消防员、长者等)也在项目成功与提供全年支持中发挥着重要作用。这些项目都是以学校为中心,由政治秩序、社会结构和纪律、行为标准、学校人员训练、学生预防、学校安全评估、父母参与和社区合作等共同构成的。学校应与家长、司法服务部门、社会服务部门,以及其他的社区部门建立正式的合作关系,分享信息。更多的教育者要与父母、警察、宗教人士、社区联合会一起创造一个去除暴力的课外或周末项目。

第六节 文化维度:塑造经典高雅文化

社会文化氛围对于理解学生欺凌而言是重要的考量因素。可以说,消除学生欺凌事件的最有效的方法还是"正本清源",给学生一个清新爽朗、纯洁干净的社会文化环境。

审视暴力的另一个重要的透镜就是社会与文化背景。

早在 1994 年,索里亚诺(Soriano)与希门尼斯(Jimenez)就提出学校暴力研究必须包括文化与背景问题,因为文化可以揭示不同的处理模式,从而提供预防工作的重要信息。索里亚诺及其同事认为,当"在一个有些人容易获取特权同时又可以排斥他人的社会、经济与文化背景中,不同样式的文化不断地聚集一起"时,暴力爆发的可能性更大。种族主义、阶层歧视主义、性别歧视主义,以及种族特权等被认为与学校暴力相关。[1]

下面我们就从文化的视角来阐述分析一下如何认识并创建积极有效的文化,从而减少或缓解校园欺凌问题。

什么是文化?阿诺德(Matthew Arnold)指出,文化是对尽善尽美的研究,文化的视野超越工具手段,它憎恶怨恨,它自有强烈的爱好,那就是热切追求美好与光明。同样,在布迪厄(Pierre Bourdieu)看来,"品味"的范畴是文化的一个标志,位于文化等级制度顶峰的是"纯粹"的美学审视,人们追求的文化的至高境界应该是纯粹的审美。[2] 即无论如何,文化的使命与担当在于努力去认识最美好的知识。虽然如此,文化却有好坏之别,好的文化促人进步,坏的文化让人落后。

当前,全面深化改革已进入深水区、攻坚期。思想领域受经济功利主义和文化消费主义等因素的影响,学校文化面临严峻挑战,生活中、网络上充斥着的各

---

[1] Soriano M, Soriano F I, Jimenez E. School Violence among Culturally Diverse Populations: Sociocultural and Institutional Considerations[J]. School Psychology Review, 1994, 23(2):216-235.
[2] [英]马修·阿诺德.文化与无政府状态:政治与社会批评[M].韩敏中,译.北京:生活·读书·新知三联书店,2002:33.

种庸俗文化也不可避免地影响着校园文化。何为庸俗文化？庸俗文化就是平庸低俗的文化，是低层次的粗野文化，从形式到内容无不体现了腐朽、低俗与落后的特点。就像斯道雷(John Storey)所指出的那样：在我们的社会中，庸俗与庸俗文化带有低级粗俗的含义，是为那些不能理解、更谈不上欣赏真正文化的人服务的二流文化。① 庸俗文化是人类文明的糟粕，是迟滞人类文明发展与进步的精神垃圾。庸俗文化就是不以正确的价值观与意识形态为指导，丢掉了文化中真、善、美的精髓，远离培养现代品格的新人目标，干扰了人类文明的主旋律，不能给人们提供新鲜的精神食粮的平庸低俗文化。

当下，庸俗文化主要体现在以下几个方面。

1. 文化目标的功利化

文化目标的功利化忽视了文化的价值意义，把利益当成文化的最大价值，存在价值自我与庸俗自我的严重错位：价值自我重精神、重自尊、重成就，它代表了官方与主流；庸俗自我重物质、重感性、重功利，则明显地显示了反主流文化的倾向。庸俗文化的功利化使人逐渐形成"自我中心主义"，掀起所谓"个性解放"的"无政府主义"浪潮。在处理自我与社会、自我与他人、个人本位与社会本位关系时更加突出前者，通常表现出"自以为是""自私自利""蔑视权威"等问题。这种自我中心主义容易引发人们追名逐利，只追求眼前的利益、享受，忘记本身的职责。这种功利的庸俗文化观很容易使人们形成灰色的人生观，降低体验生活本身的能力，永无休止地寻找着弗洛伊德的"替代性快乐"与利维斯的"替代性生活"。人们只能以庸俗填补内心的空虚，内心越空虚，就会消费更多的庸俗，结果就会像范·登·哈格(Ernest Van Den Haag)所说的那样："瘾君子"在文化的梦魇里，在无聊和消遣中，永无休止地晃来荡去。②

2. 文化内容的低俗化

在庸俗文化流行的大潮中，人们不可避免地卷进了"污泥浊水"。譬如，当下我国社会上流行的各种"抗日神剧""相亲选秀节目""谈话节目"等，为达到其想要的"艺术化"或"功利化"效果，片面放大或抽取内容中的政治、思想、历史或情感因素，使之"文化"化，但实质多是支离破碎、浮躁肤浅、东拼西凑、南辕北辙的东西，在满足人们所谓视听感官刺激之后，真正值得思考的有价值的东西并不多。手机和网络游戏占据了人们的生活与学习时间，"肥皂剧"与动漫传递着时尚的伦理，各种"选秀节目"引发了他们的"一夜成名"明星梦和打造了世俗化甚

---

① [英]约翰·斯道雷.文化理论与通俗文化导论[M].杨竹山,等译.南京:南京大学出版社,2001:12.
② [英]约翰·斯道雷.文化理论与通俗文化导论[M].杨竹山,等译.南京:南京大学出版社,2006:50.

至是庸俗化的偶像。社会文化中一些作品格调不高,如有的调侃崇高、扭曲经典、颠覆历史、丑化英雄;有的是非不分、善恶不辨、以丑为美,过度渲染社会阴暗面;有的搜奇猎艳,宣泄情场的失意,咏唱违背起码道德的男女之情,或感叹人生无常与命运的无奈等。这类作品往往消解人们的道德准则,腐蚀他们的心灵,使学生丧失了人生理想和信仰。受网络社会的影响,当前人们的日常生活网络化,出现各种不雅的网络语言,越来越多的"黄段子"在人群中流传,一些黄色、低级下流的污秽作品通过各种手段流行,腐蚀人们的心志。庸俗的社会文化已经造就了一群不喜动脑只重娱乐的主流文化的"旁观者",在品位上集体下沉。大家更注重的是物质攀比与炫耀,而非知识与理性的文化深藏与积淀,大家更注重的是某种感官满足的快然一笑,而非探索成长与进步背后的生活和学习的逻辑。

对低俗文化的沉湎助长了制造一种与多数人志向不相应的社会氛围,实际上阻碍了人们真正的感觉和认真的思考。他们否定理智,崇尚感性;否定纪律和秩序,害怕法度,崇拜主观、自发与任意;否定或摒弃信仰,崇拜物质和肉体自然。内心缺乏基本的审美,逐步退化为一种"粗俗人的文化":去不适宜去的地方,说不适宜说的话,做不适宜做的事。

3. 文化结果媚俗化

一些人只知道当红明星,追捧某些缺乏道德感与羞耻感的"网络红人",不知道对国家民族做出重要贡献的社会精英;只关注网络名人与明星的最新动向,不知道对国家与社会发生的重大事件予以关心。庸俗文化中的媚俗使坚守正统文化的文化精英的地位越来越弱,精英文化地位的趋弱与庸俗文化地位的强大使学校处于文化葛兰西法则的威胁之中:坏的将驱逐好的,"铭刻在社会法律中的'自然的'正义,被加以颠倒;应得到奖赏者与好人却输多赢少"[1],从而最终把社会中的人变成一群"幼稚的玩客"。他们"在一种多少无意义的放纵中达到更高地肯定生命……没有了航线,就像船舵被固定了一样,肯定生命的船只也只能在其波涛汹涌的航行中原地打转。"[2]

文化结果的媚俗会促使人们做出更多的反社会主流文化行为。他们反抗权威,无视社会的规范,穿奇装异服、抽烟、酗酒,保持与社会时刻表不同的节奏,以粗言俗语彼此嘲弄、破坏公物、蔑视法律、偷窃、打架,从中获取刺激和兴奋感。他们从渲染暴力的影视片中,学得以极其轻率的态度对待人生中有价值的东西,并极不恰当地模仿那些看似英雄的行为、装饰。[3] 他们蔑视社会的正统安排,以

---

[1] [美]约翰·费斯克.理解大众文化[M].王晓珏,宋伟杰,译.北京:中央编译出版社,2001:106.
[2] [法]阿尔贝特·施韦泽.文化哲学[M].陈泽环,译.上海:上海人民出版社,2017:252.
[3] 杨善民,韩锋.文化哲学[M].济南:山东大学出版社,2002:93.

一种非主流的思想与方式批判一切经典与传统。他们追求社会主流认可之外的不能登大雅之堂的"文化艺术",并以此为荣,想方设法地予以维护。

4. 文化方式的形式化

低俗文化是没有生命力的文化,本身就不含深沉,没有历史厚重感。埃利亚斯(Norbert Elias)说:"尽管我们应该靠本领和德行来博得别人的尊重,可是有多少人真有本事和德行呢?是的,又有多少人懂得如何去尊重本事和德行呢?那些流于表面的东西往往更能打动那些只注重外表的人们,尤其是在能迎合他们愿望的时候。"①"一方面是肤浅无知、繁文缛节和表面的敷衍应酬,而另一方面则是转向内心世界,使情感深沉、醉心于阅读以及注重个人的教养。在这种特殊的社会状况中的对立便是康德在'文化'和'文明'的命题上所表达的那种矛盾。"②

很明显,这种矛盾与对立恒久地存在于社会文化之中。遗憾的是,好多人仅注重形式化的外表或符号,而很少有人去关注本属于文化本质的那份沉甸甸的内在深沉与历史静寂。庸俗文化"使人们失去思想和深度,注重外在与形式",霍克海默(M. Max Horkheimer)指出,随着文化的深度的消减,文化工业正悄悄地按着自己的形式与尺度来调节、操纵和塑造人。现代社会庸俗文化结构上倾向于表面性的虚假的东西,更确切地说,它毫不关心各种深层的矛盾、差异与不公平,阻碍学生对于其所属的文化进行评论与合理的理解。形式化的庸俗文化通过提供"同一嗜好"来熨平人们不同文化个性的褶皱,安排并固定化他们的外部表现甚至内心表达,麻醉人们的精神世界,使他们乐此不疲,按照庸俗文化的要求不折不扣地随大流做着庸俗的事,说着庸俗的话。他们不需要一种探索的、启蒙的、沉思的文化,他们不对作品做非功利的高雅的审美反应,因为他们主要指望靠通俗文化养精蓄锐、娱乐消遣。③

我们可以尝试用任何能找到的词来标示在社会中所感觉并希望追求的庸俗的趣味:它有多粗俗?多性感?多花哨?多怪诞?多时髦?多古怪?多刺激?多够味?多浓艳?而标示传统的审美品位的词——真、善、美、规则、和谐、有序已经多多少少地失去了些意义。这正如施韦泽(Albert Schweitzer)所言,关于文化本身的思考被以文化的名义而争斗的相互矛盾的利益理想阻碍了。④

---

① [德]诺贝特·埃利亚斯.文明的进程:文明的社会起源和心理起源的研究.第一卷:西方国家世俗上层行为的变化[M].王佩莉,译.北京:生活·读书·新知三联书店,1998:68.
② [德]诺贝特·埃利亚斯.文明的进程:文明的社会起源和心理起源的研究.第一卷:西方国家世俗上层行为的变化[M].王佩莉,译.北京:生活·读书·新知三联书店,1998:80.
③ 西蒙·杜林,冉利华.高雅文化对低俗文化:从文化研究的视角进行的讨论[J].文艺研究,2005(10):38-48,166-167.
④ [法]阿尔贝特·施韦泽.文化哲学[M].上海:上海人民出版社,2017:53.

反庸俗文化就是要旗帜鲜明地坚持经典高雅文化,不给庸俗文化留下任何的发展空间,使社会成为文化净土。高雅文化是那一类习惯上被视为代表文化中最高成就,并且常常在教育机构与文化机构里被讨论与传播的精选的知识及知识的表现形式,它所隐含的特定的标准、态度和教养形成了社会主流的文化。

高雅文化是有品位、有境界的纯朴性文化,子夏问曰:"巧笑倩兮,美目盼兮,素以为绚兮。何谓也?"子曰:"绘事后素。""素"是指没有经过加工与造作的自然美好状态,孔子在此强调的正是天然、纯洁与无邪,并以此作为人行言行事的基础。子曰:"《诗》三百,一言以蔽之,曰'思无邪'。"孔子以"无邪"作为祛除作品中庸俗成分的标准与原则,强调文化作品的正统、高雅与品位。高雅文化是有道德的幸福文化,康德(I. Kant)反对那种把个人幸福(功利主义的幸福观)作为最高原则的伦理学说,幸福原则向道德提供的动机不但不能培养道德,反而败坏了道德,完全摧毁了道德的崇高,亵渎了道德的尊严。

"你的行动,要把你自己人身中的人性,和其他人身中的人性,在任何时候都同样看作是目的,永远不能只看作是手段。"①康德把责任和爱好的冲突称为"自然辩证法",在理智战胜了人欲、克服了由爱好而来的冲动并且历经艰难困苦,完成了棘手的责任的时候,人们身心愉悦,胸中充满深沉的宁恬,这就是道德生活中的真正幸福。②

高雅文化还是一种超越性文化,马尔库塞(Herbert Marcuse)指出,高雅文化的深层本质和核心内涵就是它对社会现实和当下生活的否定、反抗和超越。"艺术作为生活的一部分,这本身就是对现存生活的有意否定,包括否定它的全部体制,它的整个物质和精神文化,它的一切非道德的德性,它的强求和放纵的行为,它的劳作和嬉戏"③。在马尔库塞看来,高雅文化艺术的否定性、超越性决定了它是一种革命性的力量,具有强大的解放功能。它具有净化人们灵魂、满足人们深层精神需要的作用,能使人们摆脱日常生活的烦琐和低调,同社会功利和手段的世界相对立,追求美好的生活境界。它在生活的可怕的琐碎繁杂中为人们展示更高贵、更深沉、更真实、更美好的东西,以满足人们在日常劳作和嬉戏中没有满足的需求。

如何建设高雅文化,提高人们的文化品位呢?

(1)重视人们的审美与教养。当下社会,提高人们的审美素养日渐凸显。可以说,人们的审美发展应是社会发展和人的发展的重要主题。但是,如上所

---

① [德]伊曼努尔·康德.道德形而上学原理[M].苗力田,译.上海:上海人民出版社,2005:48.
② [德]伊曼努尔·康德.道德形而上学原理[M].苗力田,译.上海:上海人民出版社,2005:序8.
③ [美]马尔库塞.现代文明与人的困境[M].尤小兵,等译.上海:生活·读书·新知三联书店,1989:365.

述,我们发现,许多人只对物质文明感兴趣。也就是说,关于国民素养,大家关注更多的还是知识、技能、财富,而人们的自我审美素养和能力没有得到应有的重视。没有审美的人怎么能成就出审美的社会?同样,教育的审美能力的发展必然建基于社会整体的审美素养的提升。因此,无论从事何种职业,无论扮演什么社会角色,履行什么样的社会功能,作为社会一员,每个人都应该是一个高雅的人,是一个有品位与境界的人,是一个坚守正能量与主流文化的人。生活并不都是苟且,也需要诗与远方,所以,我们也需要是些许"清高"与"脱俗"的人。具备良好的审美就需要人们修身养性,陶冶情操,自成高格,完善自我。多读几本智慧的书,多看几部主流的影视剧,多听几首动人的雅乐,多交几个正向的朋友,多做几件美善的好事。工作兢兢业业,生活淡雅脱俗,为人正直善良。一身正气,两袖清风,努力做一个有品位、有境界、有深度、有追求的审美型国民。

(2)摒弃庸俗文化资本,为人们提供更多的高雅文化资本。布迪厄(Pierre Bourdieu)批判地提出"文化资本"的概念,社会的主导文化是统治阶级的文化,所以那些拥有丰富文化资本的阶级的"继承者"就得了"先天之利"。而从功能主义视角来看,布迪厄的"文化资本理论"的意义在于,抛开阶级或阶层的划分,我们当须提供给所有人更多的"高雅文化资本",使人们在高雅文化的世界中徜徉。我们认为,在当下,我国去除庸俗文化,建设经典高雅文化主要包括以下几个方面:一是坚定主流,要坚持中国特色社会主义文化发展道路,打造具有中国特色的社会主义文化体系;二是古为今用,对于我国历史传统文化来说,要坚决去除封建历史的文化糟粕,保留中华文化精髓与特色,并将其传承与发扬下去;三是洋为中用,对于国外文化来说,要坚决去除其中不正确、不健康、不适宜的内容,以及同我国主流文化相矛盾、相冲突、相违背的内容,积极引进国外文化中科学的、进步的、高雅的内容。只有坚持这几个原则,围绕这几个要求,积极引进、创造、生成先进文化资本,为我国人民的文化生活服务,才能提高人们的经典与高雅文化水平。

(3)实施"美学拯救",维护经典主流文化传统。蔡元培曾说过,"吾国之患,……而根本,则在于大多数之人皆汲汲于近功近利,而毫无高尚之思想,惟提倡美育足以药之"[①]。后现代文化学者阿多诺(T. W. Adorno)指出,文化艺术产品的商品化、标准化、生产过程的被操纵性以及商品实现过程的大众媒介化,促成了文化工业将个体纳入社会控制的思维和行为模式中的整个过程。按照他们的观点,我们只有通过具有自律性与批判功能的文化来进行"美学拯救",提升人们的审美意识与能力,才能挽救并重建日益颓废的高雅文化。简单地说,实施

---

① 中国蔡元培研究会.蔡元培全集:第三卷[M].杭州:浙江教育出版社,1997:630.

"美学拯救",就是加强教育,提升国民的美学知识、审美能力与审美鉴赏,坚持经典、正统、主流、高雅的文化内涵,维护社会秩序,用审美来提升国民素质,传承传统文化,吸收优秀外来文化,批判社会中的丑恶现象,消除恶德、恶言、恶行,构建一个美的国家与美的民族。

(4) 开展各种"抵制教育",同社会恶俗、低俗现象做斗争。在阿诺德与利维斯看来,历史已经表明社会常常毁于"不健康的大多数人的道德沦丧"。他们指出,传统权威衰落的时刻正是大众庸俗文化崛起的时候,后者紧紧挤压有教养的少数人,成为"无政府主义"培育的温床。庸俗文化形成了一条破坏战线,威胁"要把我们置于无法恢复的混乱境地之中"。为抵制这种威胁,我们要在社会中引入一种抵制庸俗文化的教育。所以,社会文化总动员就是要控制社会里不守规矩的力量对经典正统的浸染,做抵抗不健康文化的前沿阵地与主力军。利维斯甚至计划了一个补救措施:派遣文化传教士,就是一支小规模、秘密的文化知识分子队伍,在学校里建立"文化前沿阵地",维护文化传统;在学校里武装学生,向野蛮的庸俗发起进攻,从而维持和产生一个"受教育、有教养的群体",让"世界上最好的思想和言论"得以传承。我们认为,要想取得更好的效果,还可以在全社会各个层面都来开展"抵制教育",树立审美与高雅代表与楷模,通过各种前沿美学阵地,向社会恶俗、低俗现象发起进攻,将庸俗、低俗、恶俗现象消灭殆尽,打造出清朗的美丽世界。

(5) 倡导高雅文化,祛除的是庸俗文化,并非大众文化与通俗文化。桑塔格(Susan Sontag)新感性论的一个重要结果是"高级"与"低级"文化之间的差别似乎变得越来越没有意义。"新感性是多元的,这种多元性既专注于严肃,又专注于嬉笑、怀旧之情。"①按照这种新感性的观点,在学校中,一首中国古诗词的美,一道数学题的解决方法的美,毕加索的一幅绘画作品的美,贝多芬的一首交响乐的美,和当下的流行音乐的美是同样可以感觉的。但是,即便如此,对于学校而言,这一"新感性"的前提条件是,无论何种文化都必须是积极的、健康的与进取的,最起码是无伤大雅,人们都能普遍接受的。哈贝马斯也持有相似的观点,他指出:"只有在多元性的声音中,理性的同一性才是可以理解的。"②但是,哈贝马斯提醒我们,其前提是每一个有语言和行为能力的主体在自觉放弃权利和暴力使用的前提下,自由、平等地参与话语的论证,并且,在此过程中,人人都必须怀着追求真理、服从真理的动机与愿望。

精神的重大使命是创立世界观。习近平总书记在文艺工作座谈会上指出,

---

① [美]苏珊·桑塔格.反对阐释[M].程巍,译.上海:上海译文出版社,2003:350-352.
② [德]哈贝马斯.后形而上学思想[M].曹卫东,付德根,译.南京:译林出版社,2001:139.

低俗不是通俗,欲望不代表希望,单纯感官娱乐不等于精神快乐。追求真善美是文艺的永恒价值,艺术的最高境界就是让人动心,让人们的灵魂经受洗礼,让人们发现自然的美、生活的美、心灵的美。学校文化同样如此,因此,对一个有理想、有境界、有品位的学校领导者来说,塑造学校文化就要祛除文化的功利化、低俗化、媚俗化、形式化,平心静气,道法自然。始终保持高雅、经典与主流的文化自觉,确立正统性、品位性、深沉性、静寂性的文化性格,以此统领、设计、谋划文化发展,这才是社会文化建设的大气魄、大智慧、大追求。同样,也是去除校园欺凌的背景性策略。

第七节 信仰维度:坚持信仰与理想

我们认为,当下学生欺凌行为不断,与学生缺乏必要的信仰与理想信念有重要的关系。

一般来说,信仰是指对某种主张、主义、宗教,或对某人、某物的信奉和尊敬,并把它奉为自己的行为准则。信仰是人们的一种高级的精神活动。塞缪尔·斯迈尔斯(Samuel Smiles)在《信仰的力量》中说道:"能够激发灵魂的高贵与伟大的,只有虔诚的信仰。在最危险的情形下,最虔诚的信仰支撑着我们;在最严重的困难面前,也是虔诚的信仰帮助我们获得胜利。"人生的目标、生活的目的、生命的服从、生活的激情、生命的力量、良心的自由、信仰的伟大等人生的真谛,把上苍赋予我们的脆弱的自然生命塑造并升华成了具有高贵品格和坚强意志的精神生命。信仰是"跨越时空的永恒经典,泽被后世的心灵福音"和"个人奋斗的精神标本,高贵情操的良知堡垒"。

有了信仰,人们就有了精神的寄托,有了行动的指南。有信仰就会有追求,才能知敬畏,才会守底线。缺乏信仰灵魂便无所托寄,内心没有约束,行为违规不自知,放纵散漫不自觉。坚持信仰才会有理想信念,缺乏理想信念,人生便会消极无为,无所事事,彷徨、苦闷,甚至会祸害社会,给自己和他人造成伤害;拥有理想信念,才能怀揣目标,勇攀高峰,敢为天下先,承担社会责任,才能为自己与他人的美好生活而去努力打拼,实现自己的人生价值。从根本上说,让学生持有信仰与理想,加强信仰教育与理想教育是学生乐观与理性生活的基础,也是消除学生欺凌行为的心灵保障。

我们认为,学校在治理校园欺凌行为,重建学校文化时应该有这样的远见,那就是学校在构建学校发展目标、建立新的学校办学模式时,要将信仰、信念、态度、愿景、价值观作为学校未来发展的最基本的要素。在制定学校发展计划的过程中,我们应该坚持这样的理念,即有效的领导在于全体师生内心精神力量的驱动,这种包括信仰与价值观的精神会迸发出强大的力量,这些要素会让我们树立新的目标,形成新的工作方式,使我们更有力量,更有激情,并使我们在信仰所规定的价值体系与实践体系中高歌前进。校园的氛围必须清晰地反映出一个愿景,这个愿景应该体现管理者、教师、家长和学生共同的价值观和信仰。这也是通过信仰治理欺凌的最后逻辑。

当前有些学生品行低下,缺乏敬畏之心,行为乖张,做事不合法度,离经叛道,自我中心,甚至唯我独尊,等等,主要是受社会上一些消极的思想、意识、信仰与价值观影响造成的。

如何才能祛除学生成长发展过程中的这些消极的思想意识与价值体系呢?我们认为,最根本的办法还是要在学校中开展积极的、主流的、正统的信仰教育与理想教育,把学生的思想意识与价值取向,归统到习近平新时代中国特色社会主义思想指导下的信仰教育与理想教育上来。我们认为,在我国中小学开展信仰教育与理想教育,需要从以下三个方面做好工作。

1. 教育学生追求共产主义信仰,做党的事业的可靠接班人

我国是中国共产党领导的社会主义国家,共产主义学说是我们党的理论基础,也是我们党治国理政的重要思想基础之一。共产主义学说是由马克思、恩格斯创立的无产阶级的思想体系,是人类历史最进步、最革命的科学学说。共产主义信仰是指对共产主义学说与理论的信服与尊崇,并将其作为行为指南和奋斗目标。确立了共产主义信仰,就要把全人类实现共产主义作为自己终生奋斗的理想,就要用共产主义思想体系观察世界、观察社会、观察人生,树立科学的世界观与人生观;就要用共产主义道德原则和规范来处理个人与社会、集体与他人的关系,培养高尚的道德品质。

同样,中小学生只有从小追求共产主义信仰,才能在共产主义学说与理论的指导下不断进步与成长,才能按共产主义的道德规范进行实践,才会处理好各种关系,才会形成正确的价值取向,才会成为德智体美劳全面发展的社会主义合格的建设者与可靠接班人。追求共产主义信仰,广大中小学生就会将共产主义的理论要求应用于生活与学习,努力进取,苦练本领,为未来服务国家、服务民族、服务人民、服务社会打好扎实的知识基础;就会用共产主义规范要求自我,坚守原则与底线,杜绝违法乱纪,规避任意攻击与侵犯他人,做一个遵纪守法的好公民;就会时刻准备,保持警醒,自觉地同各种错误的思想与行为做斗争;就会自立高格,志向远大,心怀国家,放眼天下,最终形成共产主义的理想情怀。

2. 教育学生用马克思主义理论武装头脑,做社会主义祖国的合格建设者

马克思主义理论体系由马克思主义哲学、马克思主义政治经济学和科学社会主义三个部分组成。学习马克思主义就是坚持唯物主义学说,自觉同各种迷惑学说做斗争;学习马克思主义就是坚持经济基础决定上层建筑,自觉投身国家各项事业建设;学习马克思主义就是坚持大公无私、人民至上的社会主义理念,全心全意为人民服务。马克思主义理论体系的核心是人民为本,发展为先,实事求是,它是一个全面的、人本的、统合的理论学说。

①用马克思主义理论体系武装学生头脑,可以让中小学生从小就坚持唯物主义哲学与唯物史观,用物质决定意识、物质第一性的基本原理来思考生活学习中存在的问题,用唯物主义原理来辨析社会上存在的各种错误的观念与行为,用唯物主义原理来判断学校中出现的各种反社会行为与暴力行为,用唯物主义原理和方法同学校欺凌行为做斗争。②用马克思主义理论体系武装学生头脑,可以让学生从小就获得马克思政治经济学的基础内容,从小确立劳动创造价值的观念,形成热爱劳动、用劳动创造价值的理念;让学生知道用欺凌手段夺取他人劳动成果和私人物品的可耻性,确立生产是社会发展的基础的理念,教育学生为国家未来的建设努力学习,锻炼本领。③用马克思主义理论体系武装学生头脑,可以让学生从小就确立人民为大、群体为大、尊重他人的理念,从小养成全心全意为人民服务的观念,确立为群体利益可以牺牲个人利益的观念,确立尊敬师长、友爱同学和他人的基本意识。很明显,这些对于学生抵制校园欺凌行为具有重要的价值与意义。

3. 引导学生践行习近平新时代中国特色社会主义思想,做中华民族伟大复兴的圆梦人

习近平总书记在党的二十大工作报告中指出:"育人的根本在于立德。全面贯彻党的教育方针,落实立德树人根本任务,培养德智体美劳全面发展的社会主义建设者和接班人。"把握好育人的根本、办人民满意的教育,需要我们在教育实践中坚持不懈地用习近平新时代中国特色社会主义思想凝心铸魂。

习近平新时代中国特色社会主义思想是当代中国马克思主义、二十一世纪马克思主义,是中华文化和中国精神的时代精华,实现了马克思主义中国化新的飞跃。习近平新时代中国特色社会主义思想,坚持马克思主义立场观点方法,坚持科学社会主义基本原则,科学总结世界社会主义运动经验教训,根据时代和实践发展变化,以崭新的思想内容丰富和发展了马克思主义,形成了系统科学的理论体系。习近平新时代中国特色社会主义思想的最核心内容是"八个明确"和"十四个坚持",体系完整,逻辑严密,内涵丰富,博大精深,充满着对马克思主义的坚定信仰,充满着对社会主义和共产主义的坚定信念,展现了当代中国共产党人的政治品格、价值追求和精神风范。概括地讲,"为人民谋幸福、为民族谋复兴、为世界谋大同"是深刻理解和全面把握习近平新时代中国特色社会主义思想的金钥匙,也是指导教育工作发展方向的金钥匙。

以习近平同志为核心的党中央在统筹推进"五位一体"总体布局、协调推进"四个全面"战略布局的进程中,始终高度重视对教育、科技、人才事业发展的战略引领。党的二十大报告明确提出:"教育、科技、人才是全面建设社会主义现代化国家的基础性、战略性支撑。必须坚持科技是第一生产力、人才是第一资源、创新是第一动力,深入实施科教兴国战略、人才强国战略、创新驱动发展战略,开辟发展新领域新赛道,不断塑造发展新动能新优势",对"坚持教育优先发展、科技自立自强、人才引领驱动,加快建设教育强国、科技强国、人才强国"进行整体谋划,并将"建成教育强国、科技强国、人才强国"纳入2035年我国发展的总体目标。在庆祝中国共产主义青年团成立100周年大会上,习近平总书记强调:"实现中国梦是一场历史接力赛,当代青年要在实现民族复兴的赛道上奋勇争先。"2023年5月31日,习近平总书记在北京育英学校考察时更是指出:"人才培养,关键在教师。广大教师要牢记为党育人、为国育才的初心使命,以人民教育家为榜样,以德立身、以德立学、以德施教。"

教育关乎中华民族伟大复兴,需要广大教育工作者砥砺前行,踔厉奋发。站在新时代、新征程的角度讲,倘若对校园欺凌行为不够重视,或任由其发生,就是阻碍新时代发展,就是让人们不幸福,就是给民族复兴添乱。所以,广大教育工作者要让学生认识到自身作为社会主义事业建设者与接班人的神圣与光荣使命,教育学生努力学习,遵规守纪,坚守社会主义核心价值观,促进学生德智体美劳全面发展,做好一名学生的本分,履行社会职责,为中华民族的伟大复兴做出自己的贡献。

总之,我们所建构的"多元整合生态治理模型"主要从个体维度、关系维度、专业维度、组织维度、社区维度、文化维度以及信仰维度等七个维度逐一阐述,每一个维度都提出了许多原则性的方法,在原则性的方法之下,我们也尽量提供一些具体的治理方式与举措,每个维度也都提供了许多国内外特别是国外近年来的一些做法。但是,我们要再次强调,治理校园欺凌决不能是"单子式"的治理方法,如果单子式的治理方法能够解决一切问题的话,那么,我们就不会出现今天仍然存在、明天还会继续不断发生的校园欺凌事件了。所以,就像这个模型的名字一样,我们在治理校园欺凌行为时,要坚持一种多元混合的方式,要坚持一种多元协作的方式,要坚持一种共同作用的生态方式。在这七个维度的总体框架下,每个维度中的每个变量各负其责、彼此作用、互相联系、互相配合、资源共享,这样才能真正解决"头痛医头、脚痛医脚"的问题,才能有效地治理校园欺凌问题。

参考文献

著作

[1] 学校管理法要义[M].谢冰,易克枭,译.蒋维乔,校订.上海:商务印书馆,1917.

[2] 郑朝熙.单级小学校管理法[M].上海:商务印书馆,1920.

[3] 周维城,林壬,李步青.新制学校管理法[M].上海:中华书局,1921.

[4] 王素意.校长和小学[M].上海:商务印书馆,1933.

[5] 朱智贤.小学学生出席与缺席问题[M].上海:商务印书馆,1935.

[6] 中共中央马克思恩格斯列宁斯大林著作编译局.马克思恩格斯全集:第42卷[M].北京:人民出版社,1979.

[7] [英]霍布斯.利维坦[M].黎思复,黎廷弼,译.北京:商务印书馆,1985.

[8] [德]恩斯特·卡西尔.人论[M].甘阳,译.上海:上海译文出版社,1985.

[9] 李洪海.国外青少年犯罪研究文集[M].北京:中国展望出版社,1987.

[10] [法]爱米尔·杜尔凯姆.自杀论[M].钟旭辉,马磊,林庆新,译.杭州:浙江人民出版社,1988.

[11] [美]马尔库塞.现代文明与人的困境[M].李小兵,等译.上海:生活·读书·新知三联书店,1989.

[12] [美]约翰·杜威.我们怎样思维·经验与教育[M].姜文闵,译.北京:人民教育出版社,1991.

[13] 王岳川,尚水.后现代主义文化与美学[M].北京:北京大学出版社,1993.

[14] [美]伊万·伊利奇.非学校化社会[M].吴康宁,译.台北:桂冠图书股份有限公司,1994.

[15] 中国蔡元培研究会.蔡元培全集:第三卷[M].杭州:浙江教育出版社,1997.

[16] [德]诺贝特·埃利亚斯.文明的进程:文明的社会起源和心理起源的研究.第一卷:西方国家世俗上层行为的变化[M].王佩莉,译.北京:生活·读书·新知三联书店,1998.

[17] 费孝通.费孝通文集:第5卷[M].北京:群言出版社,1999.

[18] [巴西]保罗·弗莱雷.被压迫者教育学[M].顾建新,赵友华,何曙荣,译.上海:华东师范大学出版社,2001.

[19] [德]哈贝马斯.后形而上学思想[M].曹卫东,付德根,译.南京:译林出版社,2001.

[20] [美]约翰·费斯克.理解大众文化[M].王晓珏,宋伟杰,译.北京:中央编译出版社,2001.

[21] [英]约翰·斯道雷.文化理论与通俗文化导论[M].杨竹山,等译.南京:南京大学出版社,2001.

[22] 陈慈幸.青少年法治教育与犯罪预防[M].台北:涛石文化事业有限公司,2002.

[23] [英]马修·阿诺德.文化与无政府状态:政治与社会批评[M].韩敏中,译.北京:生活·读书·新知三联书店,2002.

[24] 杨善民,韩锋.文化哲学[M].济南:山东大学出版社,2002.

[25] [德]约纳斯.责任原理:技术文明时代的伦理学探索[M]//黄颂杰.西方哲学名著提要.南昌:江西人民出版社,2002.

[26] [美]苏珊·桑塔格.反对阐释[M].程巍,译.上海:上海译文出版社,2003.

[27] 徐久生.校园暴力研究[M].北京:中国方正出版社,2004.

[28] [德]伊曼努尔·康德.道德形而上学原理[M].苗力田,译.上海:上海人民出版社,2005.

[29] 简平.阳光校园拒绝暴力[M].上海:中国福利会出版社,2006.

[30] 姚建龙.校园暴力控制研究[M].上海:复旦大学出版社,2010.

[31] 南琦.向霸凌说不[M].台北:远流出版事业股份有限公司,2011.

[32] 胡元斌.校园暴力侵害预防管理与教育[M].长春:吉林出版集团有限责任公司,2012.

[33] 吴明隆,陈明珠.霸凌议题与校园霸凌策略[M].台北:五南图书出版公司,2012.

[34] 宋雁慧.中学校园暴力及其防治研究[M].北京:北京师范大学出版社,2013.

[35] [爱尔兰]基思·沙利文.反欺凌手册[M].徐维,译.北京:中国致公出版社,2014.

[36] [法]阿尔贝特·施韦泽.文化哲学[M].上海:上海人民出版社,2017.

[37] [美]芭芭拉·科卢梭.如何应对校园欺凌[M].肖飒,译.上海:华东师范大学出版社,2017.

[38] [美]贾斯汀·W.帕钦,萨米尔·K.辛社佳.校园欺凌行为案例研究[M].王怡然,译.哈尔滨:黑龙江教育出版社,2017.

[39] [美]芭芭拉·科娄罗索.陪孩子面对霸凌[M].鲁宓,廖婉如,译.台北:心灵工坊文化事业股份有限公司,2018.

[40] 教育部基础教育司.防治中小学生欺凌和暴力指导手册[M].北京:教育科学出版社,2018.

[41] 宗春山.少年江湖——校园欺凌的预防和应对[M].上海:华东师范大学出版社,2018.

[42] [美]埃利奥特·阿伦森.不让一个孩子受伤害[M].顾彬彬,译.上海:华东师范大学出版社,2019.

[43] 任海涛.校园欺凌法治研究[M].北京:中国政法大学出版社,2019.

[44] Besag V. Bullies and Victims in Schools: A Guide to Understanding and Management[M]. Buckingham: Open University Press, 1989.

[45] Huston A C, Donnerstein E, Fairchild H, et al. Big World, Small Screen: The Role of Television in American Society[M]. Lincoln: University of Nebraska Press, 1992.

[46] Smith P K, Sharp S. School Bullying: Insight and Perspectives[M]. London: Routledge, 1994.

[47] Jane C Conoley and Arnold P Goldstein. School Violence Intervention: A Practical Handbook[M]. New York: the Guilford Press, 1997.

[48] Smith P K, Y Morita J, Junger-Tas Olweus D, Catalano R and Slee P. The Nature of School Bullying: A Cross-National Perspective[M]. London: Taylor&Frances/Routledge, 1999.

[49] Moore M H, Petrie C V, Braga A A, McLaughlin B L. Deadly lessons: Understanding Lethal School Violence[M]. Washington, D. C.: The National Academies Press, 2003.

[50] Vossekuil B, Fein R A, Reddy M. The Final Report and Findings of the Safe School Initiative: Implication for the Prevention of School Attacks in the United States[M]. Washington, D. C.: U. S. Secret Service and U. S. Department of Education, 2004.

[51] Whitaker D J, Rosenbluth B, Valle L A, Sanchez E. Expect Respect: A School-Based Intervention to Promote Awareness and Effective Response toBullying and Sex Harassment. In: Espelage D L, Swearer S M. Bullying in American Schools: A Social-Ecological Perspective on Prevention and Intervention[M]. Mahwah: Lawrence Erlbaum and Associates, 2004.

[52] Rami Benbenishty, Ron Avi Astor. School Violence in Context: Culture, Neighborhood, Family, School, and Gender[M]. New York: Oxford University Press, 2005.

[53] Dewey G C. School Violence: Fears Versus Facts[M]. Mahwah: Lawrence Erlbaum Associations, 2006.

[54] Ken Rigby. Children and Bullying: How Parent and Educators Can Reduce Bullying at School[M]. Malden: Blackwell publishing, 2008.

[55] Allan L B. Bullying Prevention for Schools: A Step-by-Step Guide to Implementing a Successful Anti-Bullying Program[M]. San Francisco: Jossey-Bass, 2009.

[56] Cowie H, Smith P K. Peer Support as A Means of Improving School Safety and Reducing Bullying and Violence. In: Doll B., Pfohl W., Yoon J. Handbook of youth prevention science[M]. New York: Routledge, Taylor & Francis Group, 2010.

[57] Department for Education. The Importance of Teaching: The Schools White Paper 2010[M]. London: Department for Education, 2010.

[58] Olweus D, Limber S. The Olweus Bullying Prevention Program: Implementation and Evaluation Over Two Decades. In: Jimerson S, Swearer S, Espelage D. Handbook of Bullying in Schools: An International Perspective[M]. New York: Routledge, 2010.

[59] Salmivalli C, Kärnä A, Poskiparta E. From Peer Putdowns to Peer Support: A Theoretical Model and How It Translated into a National Anti-bullying program. In: Jimerson S, Swearer S, Espelage D. Handbook of Bullying in Schools: An International Perspective[M]. New York: Routledge/Taylor & Francis Group, 2010.

[60] Slee P T. The P. E. A. C. E. Pack. A Program for Reducing Bullying in Our Schools. In: Jimerson S R, Swearer S M, Espelage D L. Handbook of Bullying in Schools: An International Perspective[M]. New York: Routledge/Taylor & Francis Group, 2010.

[61] James Dillon. No Place for Bullying: Leadership for School that Care for Every Student[M]. Thousand Oaks: Corwin Press, 2012.

[62] Peter K Smith, Keumjoo Kwak, Yuichi Toda. School Bullying in Different Cultures: Eastern and Western Perspectives[M]. Cambridge: Cambridge University Press, 2016.

[63] Wenxin Zhang, Liang Chen, Guanghui Chen, Research on School Bullying in Mainland China. In: Peter K S, Keumjoo K, Yuichi T. School Bullying in Different Cultures: Eastern and Western Perspectives[M]. Cambridge: Cambridge University Press, 2016.

[64] Elizabeth Kandel Englander. Bullying and Cyberbullying: What Every Educator Needs to Know[M]. Cambridge: Harvard Education Press, 2023.

期刊报纸论文等

[1] 李廷翰.贫民教育谭(续)[J].教育杂志,1909(7):27－32.

[2] 日人某.儿童感化[J].教育杂志,1909(5):27－28.

[3] 巽吾.都会与儿童之关系[J].教育杂志,1912(12):11－16.

[4] 贾丰臻.说训育不振之原因[J].教育杂志,1913(9):99－105.

[5] 巽吾.教室外之管理[J].教育杂志,1913(5):43－49.

[6] 吴谷峰.涟水县立初等小学校概况(民国三年七月以前)[J].教育杂志,1914(9):11－19.

[7] 吴谷峰.安东县立初等小学初学年修身教授实况[J].教育杂志,1914(12):162－166.

[8] 朱元善.小学校公共心养成之要求[J].教育杂志,1914(12):143-156.

[9] 侯鸿鉴.劣等儿之德性及其涵养法(未完)[J].教育杂志,1915(3):32-41.

[10] 侯鸿鉴.劣等儿之德性及其涵养法(续)[J].教育杂志,1915(6):89-100.

[11] 贾丰臻.童子军与教育主义[J].教育杂志,1916(10):151-156.

[12] 朱元善.少年义勇团与儿童之心理[J].教育杂志,1916(5):69-73.

[13] 盛侬侠.记一日间之教授训练[J].教育杂志,1918(5):21-28.

[14] 厚生.劣等生学习指导法[J].教育杂志,1920(7):1-18.

[15] 陈献可.特殊级教学的报告[J].教育杂志,1921(3):1-10.

[16] 章柳泉.论小学校训育[J].教育杂志,1925(4):1-19.

[17] 杨彬如.乡村小学训育方面之改进[J].教育杂志,1926(12):8-16.

[18] 王骏声.浙江一中训育上的新计划[J].教育杂志,1927(6):1-8.

[19] 杨彬如.小学训育问题之原理与实施[J].教育杂志,1928(12):1-15.

[20] 赵廷为.小学校里的训育标语[J].教育杂志,1928(6):1-8.

[21] 罗迪先,黄紫轩.小学训育上几个实际问题的处理[J].教育杂志,1928(9):1-7.

[22] 韦息予.小学儿童不良习惯之改正[J].教育杂志,1929(3):47-57.

[23] 刘孟晋.小学训育具体标准编订与使用之研究[J].教育杂志,1930(4):45-57.

[24] 马精武.顽劣儿童的研究[J].教育杂志,1930(9):41-47.

[25] 佚名.青岛日本学生之蛮横[J].教育杂志,1930(11):119.

[26] 孙钰,吴增芥,吴守谦,等.对于全国儿童年实施委员会提倡小学废止体罚的我见[J].教育杂志,1935(12):87-108.

[27] 王丙辰.乡村小学儿童缺席的原因及补救办法[J].教育杂志,1937(6):47-51.

[28] 李世声.我们怎样教育顽皮儿童[J].天津教育,1951(2):45-48.

[29] 本刊编辑部.我们应该怎样对待张发仁这样的孩子?[J].江苏教育,1953(14):20-23.

[30] 曹玉成.回忆唐豫仁的转变[J].江苏教育,1953(13):18-19.

[31] 廖志燕,獐四足,毛基甫,等.在热爱儿童的基础上耐心细致地教育顽皮的儿童[J].江苏教育,1953(12):5-6.

[32] 佚名.加强纪律教育[J].江苏教育,1953(8):3-4.

[33] 北京第十二中学.我们是怎样进行整顿学生纪律工作的[J].人民教育,1953(10):32-33,15.

[34] 高瑞莲."告状"[J].江苏教育,1954(2):17.

[35] 贾振翼.张发仁的劣根性是难以教育的[J].江苏教育,1954(2):25.

[36] 姜贻芹.张发仁是可以教好的[J].江苏教育,1954(3):25.

[37] 李方.从张发仁的倔强谈起[J].江苏教育,1954(2):25-26.

[38] 立章.他不是极端顽皮而不堪教的孩子[J].江苏教育,1954(3):24.

[39] 徐毅,许慎忻.张发仁不能算是太坏的学生[J].江苏教育,1954(2):25.

[40] 杨世英.郭学敏同学变好了[J].江苏教育,1954(6):21.
[41] 中华人民共和国教育部.小学生守则[J].江苏教育,1955(5):3.
[42] 虞诚.在教学过程中培养学生的自觉纪律——纪律教育讲话之五[J].江苏教育,1955(24):21.
[43] 杨庚泉.顽皮儿童也是要求进步的[J].江苏教育,1956(20):15-16.
[44] 虞诚.教师同家长合作培养学生的自觉纪律——纪律教育讲话之七[J].江苏教育,1956(2):15-16.
[45] 虞诚.通过少先队的组织培养学生的自觉纪律——纪律教育讲话之八[J].江苏教育,1956(3):32.
[46] 虞诚.在课外活动中培养学生的自觉纪律——纪律教育讲话之六[J].江苏教育,1956(1):13.
[47] 林默卿.加强对个别顽皮儿童的教育[J].江苏教育,1957(乙2):33.
[48] 王亦名.顽皮的孩子变成了优秀学生[J].安徽教育,1959(12):43-45.
[49] 王政先.如何对待顽皮的孩子[J].湖南教育,1959(4):19-20.
[50] 陈娟."调皮"儿童是可以教育好的[J].江苏教育,1961(12):10.
[51] 左叶发.用优良班集体的传统教育学生自觉遵守纪律[J].江西教育,1963(10):15-16.
[52] 马俊英.调皮学生转变了[J].黄河建设,1965(9):38.
[53] 程英帆,赵海燕.中学生违法犯罪问题试析[J].政法论坛,1982(2):71-74,89.
[54] 吴松涛.青少年学生犯罪的初步研究[J].教育论丛,1985(S1):44-45.
[55] 倪小宇.开放城市的家庭问题与中学生违法犯罪[J].青年研究,1986(6):31-36.
[56] 艾政梅.顽皮学生的心理及其教育[J].九江师专学报,1987(Z1):126-128.
[57] 陈正国.正确对待顽皮好动的学生[J].宁夏教育,1987(Z1):16-17.
[58] 吉龙.怎样对待打架斗殴的孩子?[J].大家健康,1994(3):49.
[59] 秦润华.由一少年抢劫引起的思考[J].少年儿童研究,1995(3):8-9.
[60] 谷永磊.试论学生违纪现象及其对策[J].中央政法管理干部学院学报,1996(3):60-62.
[61] 庞桂美,杨守存.校园暴力及其成因分析[J].山东青少年研究,1996(3):37-38.
[62] 雷少波,姚贵平.校园暴力的现象分析及教育对策初探[J].教学与管理,1998(11):18-19.
[63] 张文新,武建芬. Olweus 儿童欺负问卷中文版的修订[J].心理发展与教育,1999(2):7-11,37.
[64] 桑标,陈国鹏.校园内外欺负现象的心理学分析与解决对策[J].当代青年研究,2000(3):10-12.
[65] 邱慧萍,叶清.学生暴力行为分析及其防治[J].江西教育科研,2006(5):27-29.
[66] 李莉.学校欺负行为的类型、特点及其干预[J].四川教育学院学报,2007(4):8-10.

[67] 林瑞青.青少年学生言语欺凌行为研究[J].天津师范大学学报(基础教育版),2007(3):58-62.

[68] 许明.英国中小学校园欺凌现象及其解决对策[J].青年研究,2008(1):44-49.

[69] 刘天娥,龚伦军.当前校园欺凌行为的特征、成因与对策[J].山东省青年管理干部学院学报,2009(4):80-83.

[70] 魏丽敏,黄德祥.台湾学生欺凌行为受害学生特质之分析研究[J].台中教育大学学报:教育类,2009(1):175-196.

[71] 朱瑾.校园受欺负学生的心理分析与干预策略[J].现代中小学教育,2009(3):48-51.

[72] 印海翔.校园霸凌的行为与特征[J].大众心理学,2011(4):44-45.

[73] 黄成荣,郑汉光,马勤.香港学童欺凌行为与全校总动员手法[J].预防青少年犯罪研究.2012(7):86-96.

[74] 杨立新,陶盈.校园欺凌行为的侵权责任研究[J].福建论坛(人文社会科学版),2013(8):177-182.

[75] 魏重政,刘文利.性少数学生心理健康与遭受校园欺凌之间关系研究[J].中国临床心理学杂志,2015(4):701-705.

[76] 殷之嵩.加拿大:学校安全深入细节[J].人民教育,2015(8):10.

[77] 蔡连玉."逃离文化"视角下校园欺凌治理研究[J].中国教育学刊,2016(11):24-28.

[78] 马倩,徐洁,陶夏.美国规制校园欺凌的三维体系及其组件[J].教育学术月刊,2016(10):49-54,68.

[79] 魏叶美,范国睿.社会学理论视域下的校园欺凌现象分析[J].教育科学研究,2016(2):20-23,46.

[80] 许锋华,徐洁,黄道主.论校园欺凌的法制化治理[J].教育研究与实验,2016(6):50-53.

[81] 杨廷乾,接园,高文涛.加拿大安大略省校园预防欺凌计划研究[J].比较教育研究,2016(4):62-65,77.

[82] 叶徐生.欺凌并非暴力的子概念[J].教育科学研究,2016(10):1.

[83] 章恩友,陈胜.中小学校园欺凌现象的心理学思考[J].中国教育学刊,2016(11):13-17.

[84] 驻澳大利亚使馆教育处.澳大利亚:"反欺凌"的责任主体下移[J].人民教育,2016(11):23-25.

[85] 陈俊杰.中小学校园欺凌的法律治理探索[J].教育实践与研究,2017(18):46-48.

[86] 高晓霞.日本校园欺凌的社会问题化:成因、治理及其启示[J].南京师大学报(社会科学版),2017(4):100-108.

[87] 胡春光.校园欺凌行为:意涵、成因及其防治策略[J].教育研究与实验,2017(1):73-79.

[88] 李长伟.德育的古今之变:从强健到柔弱——兼论校园欺凌现象[J].教育理论与实

践,2017(31):45-48.

[89] 李春雨.俄罗斯中学校园欺凌的城乡对比研究[J].上海教育科研,2017(7):41-45,31.

[90] 李天航.校园欺凌中旁观者行为失范的反思[J].教学与管理,2017(36):32-34.

[91] 李伟清,孙炜,徐金坪.我国校园欺凌调查与中美治理对策研究[J].教育科学研究,2017(11):54-59.

[92] 廖婧茜,靳玉乐.美国校园欺凌问题治理的发展、经验及启示[J].教育科学,2017(5):89-96.

[93] 林进材.校园欺凌行为的类型与形成及因应策略之探析[J].湖南师范大学教育科学学报,2017(1):1-6.

[94] 刘建.我国中小学校学生欺凌行为及其治理[J].南京师大学报(社会科学版),2017(1):75-84.

[95] 刘雪可,闫巧.农村中小学校园欺凌现状及规避策略研究[J].当代教育科学,2017(11):68-72.

[96] 陆伟,宋映泉,梁净.农村寄宿制学校中的校园霸凌研究[J].北京师范大学学报(社会科学版),2017(5):5-17.

[97] 全晓洁,靳玉乐.校园欺凌的"道德推脱"溯源及其改进策略[J].中国教育学刊,2017(11):91-96.

[98] 宋亮,张秀红.治理校园欺凌:明确惩戒,依法处置[J].教育,2017(18):30-32.

[99] 孙时进,施泽艺.校园欺凌的心理因素和治理方法:心理学的视角[J].华东师范大学学报(教育科学版),2017(2):51-56,119.

[100] 王永春.芬兰中小学 KiVa 反欺凌项目述评[J].上海教育科研,2017(7):46-49.

[101] 向广宇,闻志强.日本校园欺凌现状、防治经验与启示——以《校园欺凌防止对策推进法》为主视角[J].大连理工大学学报(社会科学版),2017(1):1-10.

[102] 肖建国,姚建龙,颜湘颖,等.建设和谐社会与构建预防青少年犯罪体系[J].犯罪学论丛,2007(1):157-189.

[103] 颜湘颖,姚建龙."宽容而不纵容"的校园欺凌治理机制研究——中小学校园欺凌现象的法学思考[J].中国教育学刊,2017(1):10-14.

[104] 杨帆,俞冰,朱永新,等.校园欺凌与学校归属感的相关效应:来自新教育实验的证据[J].课程,教材,教法,2017(5):113-120.

[105] 姚建龙.防治学生欺凌的中国路径:对近期治理校园欺凌政策之评析[J].中国青年社会科学,2017(1):19-25.

[106] 任海涛."校园欺凌"的概念界定及其法律责任[J].华东师范大学学报(教育科学版),2017(2):43-50,118.

[107] 蔡金花,李贤."大班额""大校额"背景下学校安全管理的挑战与出路[J].中小学管理,2018(7):25-28.

[108] 陈光辉,杨晓霞,张文新.芬兰反校园欺凌项目 KiVa 及其实践启示[J].中国特殊教育,2018(9):80-85.

[109] 胡学亮.中小学校园欺凌高发原因与对策分析[J].中国教育学刊,2018(1):31-37.

[110] 黄亮,赵德成.家庭社会经济文化地位与学生遭受校园欺凌关系的实证研究——家长支持和教师支持的中介作用[J].教育科学,2018(1):7-13.

[111] 李朝阳.美国校园反欺凌项目的层级、内容与实施[J].比较教育研究,2018(3):26-31,38.

[112] 李琦,田友谊.依法治校视角下校园欺凌现象的审视与防治[J].教育科学研究,2018(4):20-23.

[113] 李雯.让欺凌远离学生:《加强中小学生欺凌综合治理方案》内容解析与实践要点[J].中小学管理,2018(2):26-30.

[114] 李先军,苏明明.美国佐治亚州校园欺凌干预体系探析[J].比较教育研究,2018(3):32-38.

[115] 刘珂,杨启光.校园欺凌的道德教育影响因素与环境重构:关怀伦理的视角[J].教育科学研究,2018(3):12-17.

[116] 刘旭东.法治视阈下校园欺凌的治理路径——以日本实践经验为借鉴基础[J].当代青年研究,2018(6):67-73.

[117] 马早明,俞凌云.澳大利亚校园反欺凌:学校治理的视角[J].华南师范大学学报(社会科学版),2018(3):105-112.

[118] 屈书杰,贾贝贝.英国校园欺凌综合治理体系及其对中国的启示[J].河北大学学报(哲学社会科学版),2018(1):57-63.

[119] 吴元发.知识与德行的断裂:校园欺凌者何以知善而不为善——从学生意志薄弱现象看校园欺凌事件[J].教育发展研究,2018(12):34-41.

[120] 尹美善,杨颖秀.韩国中小学校园暴力校内防控机制及启示[J].教育科学研究,2018(3):18-23.

[121] 俞凌云,马早明."校园欺凌":内涵辨识、应用限度与重新界定[J].教育发展研究,2018(12):26-33.

[122] 高露,李彬.英国中小学校园欺凌治理政策与实践路径[J].中国人民大学教育学刊,2019(2):20-34.

[123] 顾彬彬.从严惩到调解:校园欺凌干预取向的演变及趋势[J].教育发展研究,2019(4):54-63.

[124] 纪沅坤.校园欺凌防治项目的成效及其原因分析——以 OBPP 项目为例[J].外国教育研究,2019(5):118-128.

[125] 江宋标,陈定贵.学生欺凌的校园防治策略[J].基础教育研究,2019(12):7-8.

[126] 刘建,闻志强.法治中国建设背景下校园欺凌的法治化防控[J].教育科学研究,2019(3):37-43.

[127] 刘杨,李高峰.爱尔兰反校园欺凌行动探析[J].比较教育研究,2019(2):98-104,112.

[128] 邵守刚.犯罪预防视角下校园欺凌防治机制的构建与完善[J].预防青少年犯罪研究,2019(5):53-60.

[129] 王占魁."报应""报复"抑或"修复"?——社会欺凌的教育哲学省思[J].南京社会科学,2019(6):137-144.

[130] 张沿沿,顾建军.美国"阻止欺凌"教学视频制作研究[J].比较教育研究,2019(6):83-89.

[131] 刘於清,唐莉红.伦理学视角下中小学校园欺凌治理研究[J].湖南广播电视大学学报,2020(1):91-96.

[132] 衣青.谁欺负我们[N].小朋友,1949-03-10(19).

[133] 郑兴勇,雷鸣.预防学生暴力行为的对策[N].广安日报,2005-11-12(3).

[134] 陈晓英.校园欺凌谁来解围[N].法制日报,2015-07-13(8).

[135] 张兵娟.中学生校园欺凌成因及预防对策研究[D].西南大学,2018.

[136] Caffey J. On the Theory and Practice of Shaking Infants. Its Potential Residual Effects of Permanent Brain Damage and Mental Retardation[J]. American Journey of Diseases in Children, 1972, 124(2).

[137] Buchanan A, Oliver J E. Abuse and Neglect as a Cause of Mental Retardation: A Study of 140 Children Admitted to Subnormality Hospitals in Wiltshire.[J]. British Journal of Psychiatry, 1977, 131.

[138] Williams J W. Discipline in the Public Schools: A Problem of Perception?[J]. Phi Delta Kappan, 1979, 60(5).

[139] Barahal R M, Waterman J, Martin H. The Social Cognitive Development of Abused Children[J]. Journal of Consulting and Clinical Psychology, 1981, 49(4).

[140] Diamond L J, Jaudes P K. Child Abuse in a Cerebral-Palsied Population[J]. Developmental Medicine and Child Neurology, 1983, 25(2).

[141] Hellman D A, Beaton S. The Pattern of Violence in Urban Public Schools: The Influence of School and Community[J]. Journal of Research in Crime and Delinquency, 1986, 23.

[142] Jouriles E N, Murphy C M, O'Leary D. Interspousal Aggression, Marital Discard, and Child Problems[J]. Journal of Consulting and Clinical Psychology, 1989, 57(3).

[143] Reider C, Cicchetti D. Organizational Perspective on Cognitive Control Functioning and Cognitive-Affective Balance in Maltreated Children[J]. Developmental Psychology, 1989, 25(2).

[144] Comstock G, Strasburger V C. Deceptive Appearances: Television Violence and

Aggressive Behavior[J]. Journal of Adolescent Health, 1990,11(1).

[145] Alexander P C. Application of Attachment Theory to the Study of Sexual Abuse [J]. Journal of Consulting and Clinical Psychology, 1992,60(2).

[146] Hoover J H, Oliver R and Hazler R J. Bullying: Perceptions of Adolescent Victims in the Midwestern USA[J]. School Psychology International, 1992,13(1).

[147] Funk J. Reevaluating the Impact of Video Games[J]. Clinical Pediatrics, 1993, 32(2).

[148] Strasburger V C. Children, Adolescents, and the Media: Five Crucial Issues[J]. Philadelphia : Hanley & Belfus, 1993,4(3).

[149] Soriano M, Soriano F I, Jimenez E. School Violence among Culturally Diverse Populations: Sociocultural and Institutional Considerations[J]. School Psychology Review, 1994, 23(2).

[150] Everett S A, Price J H. Students' Perceptions of Violence in the Public Schools: The MetLife Survey[J]. Elsevier Science 1995,17(6).

[151] Garbarino J. The American War Zone: What Children Can Tells Us about Living with Violence[J]. Journal of Developmental and Behavioral Pediatrics, 1995, 16(6).

[152] Owens L, MacMullin C. Gender Difference in Aggression in Children and Adolescents in South Australian Schools[J]. International Journal of Adolescence and Youth, 1995,6(1-2).

[153] Boulton M J and Flemington I. The Effects of A Short Video Intervention on Secondary School Pupils' Involvement in Definitions of and Attitudes towards Bullying[J]. School Psychology International, 1996,17(4).

[154] Dawkins J L. Bullying, Physical Disability and the Pediatric Patient [J]. Developmental Medicine and Child Neurology, 1996,38(7).

[155] Fraser M W. Aggressive Behavior in Childhood and Early Adolescence: An Ecological-Developmental Perspective on Youth Violence[J]. Social Work, 1996, 41(4).

[156] Williams K, Chambers M, Logan S, Robinson D. Association of Common Health Symptoms with Bullying in Primary School Children[J]. BMJ, 1996,313(7048).

[157] Capaldi D M, Chamberlain P, Fetrow R A, Wilson J E. Conducting Ecologically Valid Prevention Research: Recruiting and Retaining A "Whole Village" in Multimethod, Multiagent Studies[J]. American Journal of Community Psycology, 1997, 25(4).

[158] Huesmannn L R, Guerra N G. Children's Normative Beliefs about Aggression and Aggressive Behavior[J]. Journal of Personality and Social Psychology, 1997,72(2).

[159] Walker H M, Gresham F M. Making Schools Safer and Violence Free[J]. Intervention in School and Clinic, 1997,32(4).

[160] Hudley C, Britsch B, Wakefield T, Demorat M, Cho S. An attribution Retraining Program to Reduce Aggression in Elementary School Students[J]. Psychology in the Schools, 1998,35(3).

[161] Larson J. Managing Student Aggression in High Schools: Implications for Practice [J]. Psychology in the Schools, 1998,35(3).

[162] Astor R A, Meyer H A, Behre W J. Unowned Places and Times: Maps and Interviews about Violence in High Schools[J]. American Educational Research Journal, 1999,36(1).

[163] Cristoffel K K, Cristoffel T. Handguns as a Pediatric Problem[J]. London: BMJ Pub. Group, 1999,5(2).

[164] David J, Geraldine L. Do You Like What You See? Self-perceptions of Adolescent Bullies[J]. British Educational Research Journal, 1999(9).

[165] Duncan G J, Raudenbush S W. Assessing the Effects of Context in Studies of Child and Youth Development[J]. Educational Psychologist, 1999,34(1).

[166] Howard K A, Flara J, Griffin M. Violence-Prevention Programs in Schools: State of the Science and Implications for Future Research[J]. Applied & Preventive Psychology, 1999,8(3).

[167] Smith P K, Madsen K C, Moody J C. What Causes the Age Decline in Reports of Being Bullied at School? Towards A Developmental Analysis of Risks of Being Bullied[J]. Educational research, 1999,41(3).

[168] Bowen G L, Bowen N K, Richman J M. School Size and Middle School Students' Perception of the School Environment[J]. Social Work in Education, 2000, 22(2).

[169] Craig W M, Pepler D J, Atlas R. Observations of Bullying in the Playground and in the Classroom[J]. School of Psychology International, 2000, 21(1).

[170] Dwyer K P, Osher D, Hoffman C C. Creating Responsive Schools: Contextualizing Eearly Warning, Timely Response[J]. Exceptional Children, 2000,66(3).

[171] Owens L, Slee P, Shute R. "It hurts a hell of a lot…": The Effects of iIndirect Aggression on Teenage Girls[J]. School Psychology International, 2000, 21(4).

[172] Smith P K. Bullying in Schools: Lessons From Two Decades of Research[J]. Aggressive Behavior, 2000, 26(1).

[173] Voss L D, Mulligan J. Bullying in School: Are Short Pupils as Risk? Questionnaire Study in A Cohort[J]. British Medical Journal, 2000,320(7235).

[174] Astor R A, Meyer H A. The Conceptualization of Violence-Prone School Subcontexts: Is the Dum of the Parts than the Whole? [J]. Urban Education,

2001,36(3).

[175] Klipp G. Resallying Quids: Resilience of Queer Youth in School[J]. ProQuest Information & Learning, 2001,62(1-A).

[176] Mulvey E P, Cauffman E. The Inherent Limits of Predicting School Violence[J]. American Psychologist, 2001,56(10).

[177] Nansel T, Overpeck M, Pilla R, Ruan W, Simons-Morton B, Scheidt P. Bullying Behaviors among U. S. Youth: Prevalence and Association with Psychosocial Adjustment[J]. Journal of the American Medical Association, 2001, 285(16).

[178] Kerns S E, Prinz R J. Critical Issues in the Prevention of Violence-Related Behavior in Youth[J]. Clinical Child and Family Psychology Review, 2002,5(2).

[179] Owens L, Shute R, Slee P T. "You just stare at them and give them daggers": Nonverbal Expressions of Social Aggression in Teenage Girls[J]. International Journal of Adolescence and Youth, 2002,10(4).

[180] Baldry A C, Winkel F W. Direct and Vicarious Victimization as School and at Home as Risk Factors for Suicidal Cognition among Italian Adolescents[J]. Journal of Adolescence, 2003, 26(6).

[181] Frey K S, Nolen S B, Edstrom L V, Hirschstein M K. Effects of A School-Based Social-Emotional Competence Program: Linking Children's Goals, Attributions, and Behavior[J]. Journal of Applied Developmental Psychology, 2005, 26(2).

[182] Jaana Juvonen. Myths and Facts about Bullying in Schools[J]. Behavioral Health Management, 2005, 25(2).

[183] Due P, Hanson E H, Merlo J A, Holstein B E. Is Victimization from Bullying Associated with Medicine Use among Adolescents? A National Representative Cross-Sectional Survey in Denmark[J]. Pediatrics, 2007,120(1).

[184] Smith P K, Mahdavi J, Carvalho M, Fisher S Russell S and Tippett N. Cyberbullying: Its Nature and Impact in Secondary School Pupils[J]. Journal of Child Psychology and psychiatry, 2008,49(4).

[185] Frey K S, Hirschstein M K, Edstrom L V, Snell J L. Observed Reductions in School Bullying, Nonbullying Aggression, and Destructive Bystander Behavior: A Longitudinal Evaluation[J]. Journal of Educational Psychology, 2009,101(2).

[186] Houlston C, Smith P K. The Impact of A Peer Counseling Scheme to Address Bullying in An All-Girl London Secondary School: A Short-Term Longitudinal Study[J]. British Journal of Educational Psychology, 2009,79(1).

[187] Larochette A C, Murphy A N, Craig W M. Racial Bullying and Victimization in Canadian School-Aged Children: Individual and School Level Effects[J]. School Psychology International, 2010,31(4).

［188］Salmivalli C. Bullying and the Peer Group: A Review［J］. Aggression and Violent Behavior, 2010, 15(2).

［189］Waterman C. The Importance of Teaching: The Schools White Paper 2010［J］. Education Journal, 2010, 125.

［190］Cross D, Epstein M, Hearn L, Slee P T, Shaw T, Monks H, Schwartz T. National Safe Schools Framework: Policy and Practice to Reduce Bullying in Australian Schools［J］. International Journal of Behavioural Development, 2011, 35(5).

［191］Farrington D P, Ttofi M M. Bullying As A Predictor of Offending: Violence, and Later Life Outcomes［J］. Criminal Behaviour and Mental Health, 2011, 21(2).

［192］Kärnä A, Voeten M, Little T, Poskiparta E, Kaljonen A, Salmivalli C. A large-Scale Evaluation of the KiVa Antibullying Program: Grades 4 – 6［J］. Child Development, 2011, 82(1).

［193］Leadbeater B, Sukhawathanakul P. Multicomponent Programs for Reducing Peer Victimization in Early Elementary School: A Longitudinal Evaluation of the WITS Primary Program［J］. Journal of Community Psychology, 2011, 39(5).

［194］Pack C, White A, Racynski K, Wang A. Evaluation of the Safe School Ambassadors Program: A Student-Led Approach to Reducing Mistreatment and Bullying in School［J］. Clearing House, 2011, 84(4).

［195］Christina Salmivalli, Poskiparta, Elisa. Making Bullying Prevention a Priority in Finnish Schools［J］. New Directions for Youth Development, 2012(133).

［196］Espelage D L, Low S, De La Rue L. Relations between Peer Victimization Subtypes, Family Violence, and Psychological Outcomes during Adolescence［J］. Psychology of Violence, 2012, 2(4).

［197］Hoglund W, Hosan N, Leadbeater B. Using Your WITS: A 6-year Follow-Up of A Peer Victimization Prevention Program［J］. School Psychology Review, 2012, 41(2).

［198］Paul S, Smith P K, Blumberg H H. Revisiting Cyberbullying in Schools Using the Quality Circle approach［J］. School Psychology International, 2012, 33(5).

［199］Dan Olweus. School Bullying: Development and Some Important Challenges［J］. Annual Review of Clinical Psychology, 2013(9).

［200］Espelage D L, Low S, Polanin J R, Brown E C. The Impact of A Middle School Program to Reduce Aggression, Victimization, and Sexual Violence［J］. Journal of Adolescent Health, 2013, 53(2).

［201］Smith B H, Low S. The Role of Social-Emotional Learning in Bullying Prevention Efforts［J］. Theory Into Practice, 2013, 52(4).

[202] Christina Satmivalli. Participant Roles in Bullying: How Can Peer Bystanders Be Utilized in Interventions? [J]. Theory into Practice, 2014, 53(4).

[203] Juvonen J, Graham S. Bullying in Schools: the Power of Bullies and the Plight of Victims[J]. Annu Rev Psychol, 2014, 65(1).

[204] Dewey C, Susan P L. Law and Policy on the Concept of Bullying at School[J]. American Psychologist, 2015, 70(4).

[205] Heng Choon Chan, Dennis S W Wong. Traditional School Bullying and Cyberbullying in Chinese Societies: Prevalence and A Review of the Whole-School Intervention Approach[J]. Aggression and Violent Behavior, 2015, 23(3).

[206] Silja Saarento, Aaron J Boulton & Christina Salmivalli. Reducing Bullying and Victimization: Student-and Classroom-Level Mechanisms of Change[J]. Journal of Abnormal Child Psychology, 2015, 43(1).

[207] Graham S, Juvonen J. Ethnicity, Peer Harassment, and Adjustment in Middle School: An Exploratory Study[J]. Journal of Early Adolescence, 2022, 22(2).

[208] U.S. Department of Education, U. S. Department of Justice. Safeguarding Our Children: An Action Guide[R]. Washington, D.C.: U.S. Government Publishing Office, 2000.

后　记

　　写一本具有研究味道的校园欺凌治理著作是本研究的初衷。这主要是因为当下校园欺凌研究以及相关的成果基本停留在实践操作层面，对校园欺凌的整全性研究或深化性研究并不多见。仅有的校园欺凌的理论研究成果也大多局限于某一隅，研究视野、研究路径或研究层次并不利于问题的解释和解决。相对于碎片化、简浅性的成果而言，整全性或深入性研究对于认识、理解、反思或治理校园欺凌行为或许更具意义。

　　本书先从欺凌的内涵说起，界定清楚校园欺凌的性质与特征。然后从比较和历史两个维度出发，对国外发达国家的校园欺凌行为进行全方位的梳理，对我国自清末以降的校园欺凌行为进行历史爬梳。以此为基础，面向全国进行调查研究，发放万余份问卷，获得校园欺凌行为的整全面貌。又以某一学校为案例，对校园欺凌行为及其治理做了个案研究。基于调查研究和个案研究，重点分析了我国校园欺凌行为形成的主要原因和原则性对策，构建出治理校园欺凌行为的多元生态治理模型，并对应地提出治理校园欺凌的具体策略方法。

　　在这里，需要再次强调的是，本研究的基本观点可以凝练为以下几个方面：一是校园欺凌行为治理是系统性工作，具有很强的情境性，需要社会多层面、全方位参与，单子式、固定化的治理方式效果有限。二是性善论的人性假设在校园欺凌行为治理中很多时候起负面作用，需要我们重新思考或重构一种复杂性的人性观，仅仅以"性善"这一假说解决不了欺凌问题。三是当下我国校园欺凌行为的发生率是很小的，标准的欺凌行为发生概率更低，但是欺凌行为一旦发生，则对学生的伤害尤其严重，因此决不能因为概率较小而忽视。四是对于中小学校来说，治理校园欺凌行为应该是学校的专业行为，需要学校专门采取措施应对，不能与常规管理混为一谈。五是纵然国外有许多好的治理理论和经验，但是我国校园欺凌治理具有我国特色，他山之石未必能够攻玉。六是欺凌行为是学生成长过程中可能会遭遇到的特定阶段的特定事件，社会不必要过于担心和焦虑。

　　鉴于多方面的原因，对校园欺凌行为进行研究是比较困难的，无论是调查访谈，还是个案选择等，都很难实施，甚至无法进行下去，如果没有对欺凌行为抱有积极心态和热情的专家、学者、教师、校长、同事、朋友、家长等的共同关心，这项研究几乎不可能完成。在此，真诚地感谢课题组成员闻志强、赵家荣、王建、李帛芊、王璐的坚守和付出，感谢美国阿拉巴马大学约翰·塔特教授（C. John Tarter）和孙静萍教授（Sun Jingping）等导师们的指导和提供的帮助。感谢张新平教授、冯建军教授、程晋宽教授、叶忠教授、陈韶峰教授、陈学军教授、姚继军教授、杨跃教授、黄菊香书记、刘菲菲老师等在本课题研究过程中所提供的意见和建议。感谢顾继玲、解凯彬、朱雪梅等教授在问卷调查时所提供的重要帮助。感谢在研究期间提供调查支持的全国各省市自治区的相关教研员、校长、老师们，以及近乎 13 000 名中学生。感谢研究生项晨、冯阳阳、张雪莹、魏琴、沈欣雨、郭芸婷、汪佳怡等同学为本课题付出的时间和精力。感谢南京师范大学出版社张鹏社长、朱海榕老师、甄文亮老师的认可和接纳。

诚如霍布斯所认为的那样，你有权打我，那么，我同样有权打你，这样的结果大多是两败俱伤；如果换个思路，洛克（John locke）的观点更可接受：你尊重我，那我也同样尊重你，这样便可共享和平。因此，学会关爱，彼此尊重，营造和平的校园文化，为孩子们提供一个安全幸福的校园生活是我们共同的责任。

换言之，在祛除校园欺凌行为上，我们一个都不能少，一个都不应少！

刘建于金陵随园

2023 年 12 月